Políticas
da Natureza

FUNDAÇÃO EDITORA DA UNESP

Presidente do Conselho Curador
Mário Sérgio Vasconcelos

Diretor-Presidente
Jézio Hernani Bomfim Gutierre

Superintendente Administrativo e Financeiro
William de Souza Agostinho

Conselho Editorial Acadêmico
Danilo Rothberg
Luis Fernando Ayerbe
Marcelo Takeshi Yamashita
Maria Cristina Pereira Lima
Milton Terumitsu Sogabe
Newton La Scala Júnior
Pedro Angelo Pagni
Renata Junqueira de Souza
Sandra Aparecida Ferreira
Valéria dos Santos Guimarães

Editores-Adjuntos
Anderson Nobara
Leandro Rodrigues

BRUNO LATOUR

Políticas
da natureza
Como associar as ciências
à democracia

Tradução
Carlos Aurélio Mota de Souza

© Éditions La Découverte, Paris, France, 1999, 2004
© 2019 Editora Unesp
Título original: *Politiques de la nature –
Comment faire entrer les sciences en démocratie*

Direitos de publicação reservados à:
Fundação Editora da Unesp (FEU)
Praça da Sé, 108
01001-900 – São Paulo – SP
Tel.: (0xx11) 3242-7171
Fax: (0xx11) 3242-7172
www.editoraunesp.com.br
www.livrariaunesp.com.br
atendimento.editora@unesp.br

Dados Internacionais de Catalogação na Publicação (CIP)
de acordo com ISBD
Elaborado por Vagner Rodolfo da Silva – CRB-8/9410

L359p
Latour, Bruno
    Políticas da natureza: como associar as ciências à democracia / Bruno Latour; traduzido por Carlos Aurélio Mota de Souza. – São Paulo: Editora Unesp, 2019.

    Tradução de: *Politiques de la nature – Comment faire entrer les sciences en démocratie*
    Inclui bibliografia.
    ISBN: 978-85-393-0772-2

    1. Ecologia política. 2. Filosofia. 3. Ciências. 4. Biologia. 5. Ecologia. 6. Ecopolítica. 7. Latour, Bruno. I. Souza, Carlos Aurélio Mota de. II. Título.

2018-1605   CDD 304.2
                                                                CDU 504:32

Editora afiliada:

*Para Isabelle Stengers,
filósofa da exigência*

Sumário

Advertência   9
Introdução – Que fazer da ecologia política?   11
Agradecimentos   23

1 Por que a ecologia política não saberia conservar a natureza?   25
2 Como reunir o coletivo   95
3 Uma nova separação dos poderes   143
4 As competências do coletivo   189
5 A exploração dos mundos comuns   259

Conclusão – Que fazer? Ecologia política!   307
Glossário   317
Referências bibliográficas   331
Resumo da discussão (para o leitor apressado...)   345

Advertência

Todos os termos marcados com um asterisco são referidos no glossário ao fim da obra. Como me abstive de qualquer inovação linguística, recorro a esse sinal para lembrar ao leitor que é preciso compreender as expressões comuns em um sentido que, progressivamente, fui especializando.

Introdução
Que fazer da ecologia política?

Que fazer da ecologia política? Nada. Que fazer? Ecologia política! A primeira questão: todos aqueles que esperaram da política da natureza uma renovação da vida pública têm constatado a estagnação dos chamados movimentos "verdes". Eles bem que gostariam de saber por que a montanha tantas vezes deu à luz um rato. À segunda questão, todo mundo, apesar das aparências, é obrigado a dar a mesma resposta. Não podemos fazer de outra forma, visto que não existe, de um lado, a política, e, de outro, a natureza. Desde a invenção do termo, toda política é definida por sua relação com a natureza, cada relação, cada propriedade, cada função depende da vontade polêmica de limitar, de reformar, de fundar, de encurtar caminhos, de iluminar a vida pública. Em consequência, não temos a escolha sobre o que fazer ou não fazer com a ecologia política, mas de fazê-lo sub-repticiamente, distinguindo *as questões da natureza e as questões da política*, ou, *explicitamente*, tratando-as como uma só questão, que se propõe a todos os *coletivos*. Agora que os movimentos ecológicos nos anunciam a irrupção da natureza na política, será necessário imaginar, o mais das vezes com eles e algumas vezes contra eles, o que poderia ser uma política enfim livre desta espada de Dâmocles: a natureza.

Já existe, poderão objetar, uma ecologia política. Ela tem inumeráveis nuances, desde a mais profunda até a mais superficial, passando por todas as formas utópicas, razoáveis ou liberais. Quaisquer que sejam as reservas que se possa ter em vista disso, essas correntes já teceram milhares de ligações entre a natureza e a política. É isto mesmo o que todos reclamam entre si: dirigir, enfim, uma política da natureza; modificar, enfim, a vida pública para que ela leve em conta a natureza; adaptar, enfim, nosso sistema de produção às exigências da natureza; preservar, enfim, a natureza, contra as degradações humanas, por meio de uma política prudente e durável. Brevemente, sob formas múltiplas, às vezes vagas, noutras contraditórias, trata-se muito bem, desde já, de fazer entrar a preocupação com a natureza na vida pública.

Como poderíamos pretender que exista aí uma empreitada nova, que nem sequer começou? Pode-se discutir a utilidade, duvidar de suas aplicações, o que não se pode é fazer como se ela não estivesse amplamente iniciada; e como se ela não estivesse em grande parte acabada. Se a ecologia política está em xeque, não foi por falta de ter tentado aclimatar a natureza na vida pública. Se ela perde sua influência, é muito simplesmente, dirão alguns, por ter contra si inúmeros interesses poderosos; é porque, dirão outros, ela não teve jamais substância suficiente para rivalizar com a política de sempre. É muito tarde, em todo caso, para retomar a questão a novos custos. Tanto faz enterrar o movimento para que ele retorne ao cemitério – bastante cheio – das ideologias do século, como bater-se ainda mais corajosamente para fazê-lo triunfar tal como aí está. Nos dois casos, os dados estão lançados, os conceitos, identificados, as posições, conhecidas. Vocês chegam tarde demais a um debate bem imobilizado. Parou-se de pensar. Era preciso que tivessem se mexido dez anos atrás.

Pretendemos, neste livro, propor uma hipótese diferente, que nos fará, talvez, ser perdoados pela intervenção fora de hora. Do ponto de vista conceitual, a ecologia política não *começou ainda a existir*; apenas se juntaram os dois termos, "ecologia" e "política", alheios inteiramente aos componentes; em consequência, as dificuldades que os movimentos ecológicos enfrentaram até aqui não provam *nada*, nem quanto às derrotas passadas, nem quanto a seus possíveis êxitos. A razão desse atraso é bem simples. Acreditou--se, muito depressa, que bastaria reempregar tais ou quais antigos conceitos de natureza e de política, para estabelecer os direitos e as formas de uma ecologia política. Ora, *oikos, logos, physis* e *polis* permanecem como os verdadeiros enigmas, tanto que não se apresentam os quatro conceitos em jogo *de uma só vez*. Acreditou-se poder fazer economia desse trabalho conceitual sem se aperceber que as noções de natureza e de política já haviam sido desenhadas, ao longo dos séculos, para *tornar impossível* qualquer reconciliação, qualquer síntese, qualquer combinação entre os dois termos. Ainda mais grave foi a pretensão, no entusiasmo de uma visão ecumênica, de "ultrapassar" a antiga distinção entre humanos e coisas, entre sujeitos de direito e objetos de ciência, sem considerar que eles haviam sido aparelhados, delineados, esculpidos, para se tornar pouco a pouco incompatíveis.

Muito longe de "ultrapassar" as dicotomias entre homem e natureza, entre sujeito e objeto, entre sistemas de produção e ambiente, a fim de encontrar o mais rapidamente possível os remédios para a crise, era preciso, ao contrário, *diminuir* o movimento, tomar seu tempo, suspendê-lo, depois descer abaixo dessas dicotomias, para cavar como a velha toupeira. Tal é, pelo menos, nosso argumento. Em lugar de cortar o nó górdio, iremos abalá-lo de mil maneiras, até que se possa introduzir aí uma conexão, desfazendo certos nós, a fim de renová-los diversamente. Em matéria de filosofia política da ciência, é preciso tomar seu tempo, a fim de não perdê-la.

Os ecologistas se sentiram um tanto exaltados assim que lançaram seu slogan *Act locally, think globally* (Agir localmente, pensar globalmente). Quanto ao global, nenhum outro pensamento lhes veio senão essa natureza já composta, já totalizada, já instituída para neutralizar a política. Para pensar "globalmente", era preciso começar por descobrir as instituições graças às quais se forma lentamente a globalidade. Ora, a natureza, como veremos, se presta a isso tão mal quanto possível.

De fato, neste livro, vamos avançar como a tartaruga da fábula, e como ela, pelo menos assim o esperamos, acabaremos por ultrapassar a lebre, que havia decidido, em sua grande sabedoria, que a ecologia política era uma questão ultrapassada, enterrada, incapaz de fazer pensar, de refundar a moral, a epistemologia e a democracia, ou que pretendia, em três saltos, "reconciliar o homem e a natureza". Para nos forçar a diminuir a marcha, vamos nos interessar simultaneamente pelas ciências, pelas naturezas e pelas políticas. A produção científica: tal é a primeira sutileza que encontraremos em nosso caminho. A ecologia política leva, como se diz, "à natureza em suas relações com a sociedade". Muito bem. Mas essa natureza se torna reconhecível por intermédio das ciências; ela é formada por meio das redes de instrumentos; define-se por intermédio das profissões, de disciplinas, de protocolos; é distribuída em bases de dados; discutida pela comunidade científica. A *ecologia*, como seu nome indica, não tem acesso diretamente à natureza, tal qual ela é; é uma "logia", como todas as disciplinas científicas. Sob o nome de ciências encontramos já uma mistura bastante complexa de provas e de operadores da prova, uma Cidade científica, que age como *terceiro* em todas as relações com a sociedade. Ora, esse terceiro, os movimentos ecológicos, procurou um atalho, a fim de, justamente, acelerar seus progressos militantes. A ciência permanece, para eles, como um espelho do mundo, a ponto de se poder, quase sempre, em sua literatura, tomar natureza e ciência como *sinônimos*.[1] Lançamos a hipótese, ao contrário, de que é preciso remeter o enigma da

---

1 Coisa surpreendente, agora que a maior parte dos negócios desencadeados pelo movimento ecologista depende inteiramente das ciências para se tornar visível, que as exceções a essa regra permaneçam pouco numerosas. Que se pense, por exemplo, no "efeito estufa" ou no desaparecimento progressivo dos cetáceos: a cada vez, as disciplinas acadêmicas se encontram em primeira linha, o que não era o caso para outros movimentos sociais. Encontrar-se-á em Moscovici (1977) uma dessas exceções, tão preciosa quanto seu livro de trinta anos. Porém, na obra seminal de Serres (1990) consta que a ligação é mais estreita entre o questionamento das ciências e o da ecologia pelo viés de uma antropologia conjunta do direito e das ciências. O presente trabalho prolonga

produção científica ao coração da ecologia política. Diminuiremos, talvez, a aquisição de certezas que deveriam servir de fermento ao combate político, mas incluiremos, entre a natureza e a sociedade, um terceiro termo, cujo papel vai se revelar capital.

A natureza: eis o segundo retardador que a ecologia política vai encontrar em seu caminho. Como a natureza, pode-se objetar, seria capaz de estorvar um conjunto de disciplinas sábias e militantes que buscam um modo de protegê-la, respeitá-la, defendê-la, inseri-la no jogo político, fazer dela um objeto estético, um sujeito de direito, enfim, uma preocupação? Entretanto, é daí que decorre a dificuldade. Cada vez que se procura misturar fatos científicos e valores estéticos, políticos, econômicos e morais, entramos em contradição. Se nos entregamos demais aos fatos, o humano cai inteiramente na objetividade, torna-se uma coisa contábil e calculável, um balancete energético, uma espécie entre outras. Se se concede demais aos valores, a natureza inteira pende para o mito incerto, para a poesia, para o romantismo; tudo se torna alma e espírito. Pior se se misturam os fatos e os valores, posto que são privados, de uma vez, o conhecimento autônomo e a moral independente.[2] Não se saberá jamais, por exemplo, se as previsões apocalípticas com as quais os militantes ecológicos nos ameaçam ocultam o poder dos cientistas sobre os políticos ou a dominação dos políticos sobre os pobres cientistas.

Este livro levanta a hipótese de que a ecologia política não abrange tudo sobre "a natureza" – essa mistura de política grega,

---

alguns dos avanços de Serres sobre a função contratual das ciências. Também se achará em Beck, Giddens e Lash (1994) e Beck (1997) alusões frequentes à sociologia das ciências, assim como no livro, importante para mim, de Lascoumes (1994). De resto, à exceção de trabalhos sobre a participação do público (Irwin; Wynne, 1996; Lash; Szerszynski; Wynne, 1996), as intersecções entre a ecologia e os *science studies* permanecem surpreendentemente esporádicas. Ver, entretanto, os trabalhos de Yearley (1991), de Eder (1996) e de Robertson et al. (1996).

2 Encontrar-se-á, no anexo do Capítulo 1, uma cartografia das posições possíveis que mostram bem a instabilidade da noção de natureza.

de cartesianismo francês e de parques americanos. Digamos isto brutalmente: *com a natureza, não há nada a fazer.* Mais ainda, em nenhum momento de sua breve história, a ecologia política tratou da natureza, de sua defesa, de sua proteção. Como iremos mostrar no primeiro capítulo, a crença de que ela se interessa pela natureza é a doença infantil da ecologia política, o que a impede de sair de sua incapacidade em compreender, afinal, sua prática. Esperamos que esse desmame, mesmo que pareça um pouco brutal, tenha efeitos mais favoráveis do que manter forçadamente a noção de natureza como único objeto da ecologia política.

O terceiro obstáculo, o mais perturbador, o mais discutido, vem, é claro, da política. São conhecidas as diferenças entre a ecologia científica e a ecologia política, entre o ecólogo e o ecologista militante. Sabe-se, também, da dificuldade que os movimentos ecológicos sempre tiveram para se situar sobre o tabuleiro político. À direita? À esquerda? À extrema direita? À extrema esquerda? Nem à direita, nem à esquerda? Na administração? Se em parte nenhuma, na utopia? Acima, na tecnocracia? Abaixo, retornando às fontes? Para além, na plena realização de si? Por todo lado, como sugere a bela hipótese Gaia, de uma Terra que reuniria todos os ecossistemas em um só organismo integrado? Pode haver aí uma ciência de Gaia, um culto de Gaia, mas poderia haver aí uma política de Gaia? Se viermos a defender a Terra Mãe, é também política? E se é para pôr fim às poluições, fechar os lixões municipais, reduzir o barulho dos escapamentos, de fato não vale a pena remover céu e terra: bastará um bom departamento ministerial. Nossa hipótese é que quiseram se inserir no tabuleiro político sem redesenhar as casas, sem redefinir as regras, sem remodelar os peões.

Nada prova, com efeito, que a repartição dos papéis entre a política humana e a ciência das coisas, entre as exigências da liberdade e os poderes da necessidade, possa ser utilizada tal como é, a fim de abrigar a ecologia política. Talvez seja preciso mesmo chegar ao ponto de se levantar a hipótese de que a liberdade política dos humanos só se definiu para obstruí-la com leis da necessidade natural. A democracia ter-se-ia tornado voluntariamente impotente.

O homem nasceu livre, por todo lado ele está encadeado; o contrato social pretende emancipá-lo; só a ecologia política é capaz, mas não é o homem livre que ela pode levar à salvação. Forçada, para encontrar um nicho, a redefinir a política e a ciência, a liberdade e a necessidade, o humano e o não humano, a ecologia política perdeu a coragem no caminho. Ela acreditou poder se apoiar na natureza para acelerar a democracia. As duas hoje lhe faltam. É preciso retomar a tarefa para um percurso mais longo, mais perigoso também.

De que autoridade dispomos para fazer a ecologia política se submeter a estes três desafios: da produção científica, do abandono da natureza e da redefinição do político? O autor e aqueles em quem se inspira são militantes ecologistas? Não. Ecólogos reconhecidos? Também não. Políticos influentes, então? Menos ainda. Se pudéssemos alegar qualquer autoridade, o leitor ganharia tempo, nós o compreendemos bem: isso poderia gerar confiança. Mas não se trata de ganhar tempo, de ir mais depressa, de sintetizar as massas de dados, de resolver com rapidez os problemas urgentes, de prevenir, por uma ação fulminante, a chegada de cataclismos igualmente fulminantes. Nem se trataria, graças a uma erudição meticulosa, de render justiça aos pensadores da ecologia. Neste livro, trata-se apenas de se voltar a perguntar por si mesmo – talvez apenas para si – o que a natureza, a ciência e a política têm a fazer em conjunto. A fraqueza, aos nossos olhos, pode levar mais longe que a força.

Se não temos autoridade própria, nos beneficiamos, entretanto, de uma vantagem particular, e essa é a única que nos autoriza a entrar em relação com o leitor: nós nos interessamos exatamente tanto pela produção científica quanto pela produção política. Ou, mais ainda, *admiramos tanto* os políticos quanto os cientistas. Que o leitor pense sobre isso: esse duplo respeito não é tão frequente. Justamente nossa ausência de autoridade oferece a garantia de que não utilizaremos a ciência para servir à política, nem a política para servir à ciência. Pretendemos transformar essa minúscula vantagem no ás de ouro. À questão colocada – que fazer da ecologia política? –, ainda não temos a resposta definitiva. Sabemos somente que, se não se tentar modificar os termos do debate, reatando diferentemente o nó górdio das ciências e das políticas, a experiência em escala real não provará nada, tanto em um sentido quanto em outro. Sempre estará ausente um protocolo adaptado; sempre gostaríamos de haver deixado passar a chance que a ecologia oferecia, talvez, de redefinir a política.

Acrescentemos um último constrangimento ao qual havíamos desejado nos submeter. Ainda que devêssemos retomar o tema das três noções conjuntas de natureza, política e ciência, escolhemos não utilizar nem o tom da denúncia, nem o tom profético, que muitas vezes acompanham os trabalhos de ecologia política. Mesmo que nos preparemos para atravessar uma série de hipóteses, cada uma mais estranha que a precedente, é sobre o *senso comum** que desejamos, antes de tudo, refletir. Acontece que ele se opõe, no momento, ao *bom senso,** na ideia de que, para ser rápido, é preciso andar lentamente, e que, para ser simples, devíamos dar provisoriamente a aparência da radicalidade. Nosso fim não é, pois, revolver a ordem estabelecida dos conceitos, mas de descrever o estado atual: a ecologia política já opera, na prática, tudo o que afirmamos que ela deve fazer. Nós só acreditamos que as urgências da ação a têm impedido até aqui de situar a originalidade exata do que ela executava às apalpadelas, por não compreender a reviravolta na posição das ciências que essas inovações implicavam. O único serviço que poderíamos lhe prestar é o de lhe propor uma outra interpretação dela mesma, um outro senso comum, a fim de que ela veja se não ficaria mais à vontade. Até aqui, a nosso ver, os filósofos não fizeram pela política da natureza mais do que o *prêt-à-porter.* Acreditamos que ela merece um modelo sob medida: talvez ela se encontrasse menos incomodada em suas atividades.[3]

---

3 Na "geopolítica" da filosofia da natureza, a França se beneficia de uma vantagem comparativa evidente, pois a noção de uma natureza a-humana que se deveria proteger não teve jamais direito de cidadania. De Diderot a Dagognet (1990), passando por Bergson, Leroi-Gourhan e Haudricourt (1987), encontramos, na França, uma rica tradição "construtivista", que faz o elogio da artificialidade da natureza, graças à figura industriosa do engenheiro.

Para dar a este livro uma linha razoável, temos falado pouco dos estudos de campo, que, no entanto, nos serviram de fundamento. Sem termos podido facilitar o essencial da argumentação, garantindo-o com sólidas provas empíricas, nós o organizamos de modo meticuloso, de tal sorte que o leitor sempre saiba as dificuldades que o esperam – além do glossário, redigimos, no final, uma recapitulação de conjunto, que poderá servir, de qualquer forma, de "cola".[4] Seja como for, nenhum casebre de conceitos pode fazer justiça

> Encontramos, por exemplo, em Moscovici, uma versão notável desse construtivismo de origem francesa: "O mundo se recusa à inteligência, se transforma em astro morto, renega o sentido de sua própria existência, se, no acontecimento de sua constituição, não o vemos encarnar o trabalho do pastor ou do fazendeiro, do artesão ou do relojoeiro; acrescentarei a essa comparação todas as espécies de cientistas. O sopro que atravessa suas visões é o do reconhecimento emocionado, violento, espontâneo, do sujeito natural por si mesmo" (Moscovici, 1977 p.170).
> É essa tradição, acredito, que explica por que a filosofia da ecologia – superficial ou profunda – foi criticada tão depressa, por exemplo, em Roger e Guéry (1991) e Bourg (1993). Infelizmente, essa crítica da versão americana da natureza, graças à revelação do trabalho humano, permitiu aos franceses não levar adiante essa ideia (da filosofia da ecologia). Tendo criticado a ecologia profunda e seu respeito excessivo por uma natureza mítica, aquela da *wilderness*, acreditaram que não haveria nada mais para pensar e que o elogio da artificialidade e da engenharia, à moda de Saint-Simon, seria suficiente para repensar a época. Para um panorama completo da filosofia da natureza, com um bom conhecimento da literatura estrangeira, ver Larrère (1997) e Larrère e Larrère (1997).
> 4 Tendo aprendido por experiência que não podemos exigir muito dos leitores, compus este livro como se não tivessem nenhum conhecimento de minhas pesquisas precedentes. Quem as tiver percorrido verá, entretanto, que retomo com ares novos o último capítulo de minha investigação sobre a Constituição moderna, sobre o que chamei de "Parlamento das coisas", que vimos na ocasião, de certo modo, do exterior (Latour, 1991). Que me tenham sido necessários cerca de dez anos para descrever seu interior não prova só minha lentidão de mente. Acreditei que havíamos falado mal das ciências, mas que sabíamos estar informados sobre a política. Eu não imaginava que ela se diferenciava tanto do retrato desenhado pela politologia quanto daquele da ciência traçado pela epistemologia.
> Eu estava redondamente enganado. Expliquei-me em outro trabalho que serve de introdução ao presente, e no qual tentei extrair a filosofia própria à sociologia das ciências que nós, meus colegas e eu, conduzimos há inúmeros anos, e que permanece tão difícil de aclimatar, em particular na França (Latour, 1999b).

à paisagem colorida no meio da qual é erguida sua delgada parede de tábuas e sobre a qual pode, através de suas estreitas janelas, oferecer apenas visões teóricas.

No Capítulo 1, vamos nos desfazer da noção de natureza, utilizando sucessivamente as contribuições da sociologia das ciências, da prática dos movimentos ecológicos (distinta de sua filosofia) e da antropologia comparada. A ecologia política, como veremos, não saberia conservar a natureza. No Capítulo 2, vamos proceder a uma troca de propriedades entre os humanos e os não humanos,* o que nos permitirá, sob o nome de coletivo,* imaginar um sucessor às instituições políticas desastradamente agregadas, até aqui, sob a égide da natureza e da sociedade. Esse novo coletivo nos permitirá, no Capítulo 3, proceder à transformação de uma venerável distinção, a dos fatos e dos valores, substituindo-a por uma nova separação dos poderes,* que nos oferecerá melhores garantias morais. É a distinção entre duas novas assembleias, cuja primeira se perguntará "Quantos somos nós?", e a segunda, "Podemos viver juntos?", que servirá de constituição à ecologia política. No Capítulo 4, o leitor será recompensado em seus esforços por uma "visita dirigida" às novas instituições e por uma apresentação das novas atribuições que contribuem para a animação de um corpo político que se tornou, enfim, viável. As dificuldades recomeçarão no capítulo 5, em que seremos obrigados a encontrar um sucessor para a antiga divisão que diferenciava a natureza – no singular – das culturas – no plural –, a fim de recolocar a questão do nome de coletivos e da composição progressiva do mundo comum* que a noção de natureza, assim como a de sociedade, teria simplificado de forma

---

O presente livro também segue o trabalho sobre os "fatiches" [*faitiches*], no qual me esforcei por me desabituar das noções de crença e de irracional para introduzir esta antropologia experimental,* que encontra em Latour (1996a), de certo modo, seu protocolo. Finalmente, supõe-se evidente toda uma outra teoria do social, além daquela das ciências da sociedade* (simples apêndice, como se verá, da política da natureza criticada nas páginas que seguem), e da qual se encontrará, em sentido próprio, uma "ilustração" em outro trabalho recente, que escrevi com Émilie Hermant (Latour; Hermant, 1998).

prematura. Por fim, na Conclusão, iremos nos interrogar quanto ao tipo de Leviatã que permite à ecologia política sair do estado de natureza. Diante do espetáculo abraçado em todo o tempo, o leitor nos perdoará, talvez, pela aridez do percurso.

Antes de fecharmos esta Introdução, devemos definir o uso particular que faremos desta expressão-chave, ecologia política.* Bem sabemos que é costume distinguir a ecologia científica da ecologia política; a primeira se pratica nos laboratórios e nas expedições de campo; a segunda, nos movimentos militantes e no Parlamento. Mas, como iremos retrabalhar inteiramente a própria distinção das duas expressões, de ciência e de política, compreender-se-á que não poderíamos tomar como certa uma distinção que vai se tornar insustentável ao longo dos capítulos. Ao fim de algumas páginas, de todo modo, pouco nos importará diferenciar aqueles que querem conhecer os ecossistemas, defender o ambiente, proteger a natureza ou regenerar a vida pública, uma vez que iremos aprender a diferenciar, mais depressa, a composição do mundo comum que se faz formalmente, ou "segundo as normas", daquela que se faz fora de qualquer procedimento regrado. Para o momento, conservamos a expressão ecologia política, que permanece um emblema enigmático, permitindo-nos designar, sem o definir às pressas, a boa maneira de compor um mundo comum, a que os gregos denominavam um *cosmo*.*

Agradecimentos

Um livro como este não tem, verdadeiramente, um autor, mas, sobretudo, um secretário de redação, encarregado de estabelecer o texto e de trazer a termo o levantamento das conclusões. O autor se exprimirá de forma mais pessoal nas notas, nas quais citará as experiências e as leituras que particularmente o influenciaram; o secretário conservará, no texto principal, a primeira pessoa do plural que toca àquele que fala em nome de um "colaborador" de maior dimensão, e se absterá, tanto quanto possível, de interromper o lento e laborioso trabalho conceitual que deve monopolizar a atenção do leitor.

O Ministério do Ambiente, pelo representante de sua divisão de estudos e pesquisas, teve a generosidade de sustentar este projeto incomum de pesquisa fundamental que visava, desde o início, à confecção de um livro (contrato nº 96.060). Do resultado ele não é, isto deve ser dito, de nenhum modo responsável. Eu me beneficiei, todo o tempo, do indispensável apoio de Claude Gilbert, cujo trabalho de ligação permitiu a criação de um meio de pesquisa original, sob responsabilidade coletiva. Agradeço aos estudantes da London School of Economics, em particular a Noortje Marres, que me assistiram durante todos os cursos sobre a política da natureza e deram a esta empreitada sua forma definitiva. Tenho a maior gratidão pelos especialistas que aceitaram analisar meus rascunhos, sobretudo Marie-Angèle Hermitte e Laurent Thévenot. Nomeá-los todos significa revelar toda a extensão de minhas incompetências e minhas dívidas. Encontram-se nas notas suas contribuições mais importantes.

Este livro não teria progredido sem os ricos estudos de Florian Charvolin sobre o Ministério do Ambiente; de Rémi Barbier sobre os dejetos; de Patricia Pellegrini sobre os animais domésticos; de Élizabeth Rémy sobre as linhas de alta tensão; de Jean-Pierre Le Bourhis sobre a política da água; de Jean-Claude Petit sobre o fim do ciclo do combustível nuclear; de Yannick Barthe sobre o soterramento dos dejetos radioativos; de Volonona Rabehisora e Michel Callon sobre a Associação Francesa contra as miopatias.

Visto que, segundo a célebre expressão de Sully, um tanto deturpada, "pilhagem e bricolagem são as duas tetas da ciência", eu pilhei, sem vergonha, as *Cosmopolitiques* de Isabelle Stengers, a quem dedico esta obra, assim como as pesquisas de Michel Callon sobre a antropologia do mercado. Entretanto, nesses dois anos, tive como objetivo, de modo constante, fazer justiça à experiência verdadeiramente histórica do meu amigo David Western, diretor, em um momento decisivo, do Kenya Wildlife Service, quando mediu à perfeição a distância que separa a política da natureza, que redigi em casa, daquilo que ele praticou todos os dias no campo, no meio dos elefantes, dos Massai, dos turistas, dos doadores internacionais, dos políticos locais, das tropas de búfalos e de gnus – sem esquecer seus "caros colegas" e outras espécies carnívoras...

1
POR QUE A ECOLOGIA POLÍTICA NÃO SABERIA CONSERVAR A NATUREZA?

Dizem que um interesse pela natureza seria toda a novidade da ecologia política. Estenderia o campo estreito das preocupações clássicas da política a novos seres que se encontravam até aqui pouco ou mal representados. Neste primeiro capítulo, desejamos verificar a solidez dessa ligação entre a ecologia política e a natureza. Mostraremos que a ecologia política não saberia conservar a natureza, apesar do que ela afirma algumas vezes, pelo menos em suas teorias. Com efeito, a natureza é o obstáculo principal que congela há muito o desenvolvimento do discurso público. Esse ponto de vista, que tem a aparência de um paradoxo, como veremos, exige que juntemos três resultados distintos: um, vindo da sociologia das ciências, outro, da prática dos movimentos ecológicos, e o terceiro, da antropologia comparada. Aí está toda a dificuldade deste capítulo: para tratar do verdadeiro objeto desta obra, temos necessidade de considerar como compreendidas demonstrações que demandariam, cada uma, vários volumes. Ou bem perdemos um tempo precioso em convencer o leitor, ou bem andamos o mais rápido possível, pedindo-lhe apenas para julgar a árvore por seus frutos, ou seja, aguardar até os capítulos seguintes para ver como os postulados aqui apresentados permitem renovar o exercício da vida pública.

Comecemos por um pequeno resultado de sociologia das ciências, sem o que o conjunto do caminho restaria impraticável. Em tudo o que se seguirá, vamos pedir ao leitor que aceite dissociar *as ciências** – no plural e em minúscula – da *Ciência** – no singular e em maiúscula; que ele admita que o discurso sobre a Ciência não mantém nenhuma relação direta com a vida das ciências; que o problema do conhecimento se insere de forma bem diferente, conforme agitamos a Ciência ou nos apegamos às idas e vindas das ciências, tais como elas se fazem; que aceite considerar, enfim, que se a natureza – no singular – tem uma parte ligada com a Ciência, as ciências, no que lhes toca, não exigem absolutamente uma tal unificação. Se tentarmos enfrentar a questão da ecologia política como se a Ciência e as ciências fossem a mesma empresa, chegaríamos a posições radicalmente distintas. Na primeira seção, com efeito, vamos definir a Ciência* como *a politização das ciências pela epistemologia, a fim de tornar impotente a vida política ordinária, fazendo pesar sobre ela a ameaça de uma natureza indiscutível*. Vamos, decerto, ter de justificar essa definição, que parece tão contrária ao bom senso. Mas, se na única palavra Ciência já se encontra reunido o imbróglio de política, natureza e saberes que devemos aprender a desatar, compreende-se facilmente que não poderemos começar nosso caminho sem levantar a hipoteca que a Ciência faz pesar, desde há muito, tanto sobre o exercício da política quanto sobre as práticas dos pesquisadores científicos.[1]

---

1 Vamos encontrar introduções em idioma francês em Callon (1989), Vinck (1995) e Latour (1995a). Por razões que só ficarão claras ao fim deste trabalho, os franceses têm uma dificuldade particular com a sociologia das ciências, que eles associam inevitavelmente a um sociologismo que poria em risco a República universal. Para eles, "fora da Ciência, nada de França". Compreende-se que seja difícil aclimatar uma disciplina que pretende falar empiricamente da prática "das" ciências. Felizmente, a história social das ciências começa a ser bem provida, mesmo na França, graças ao trabalho de Dominique Pestre; ver, por exemplo, Licoppe (1996). Sou particularmente grato, com certeza, pelo livro, agora clássico, de Shapin e Schaffer (1993) e aos trabalhos de Simon Schaffer e de seu grupo em Cambridge.

De início, sair da Caverna

Para acelerar as coisas, mas com precisão, nada funciona melhor que um mito. Ora, no Ocidente, nos tornamos, ao longo dos tempos, os herdeiros de uma alegoria que definiu as relações da Ciência e da sociedade: aquela da Caverna,* contada por Platão em *A República*. Não vamos nos perder nos dédalos da história da filosofia grega. Desse mito, bem conhecido, não queremos retirar senão as duas rupturas que vão nos permitir dramatizar todas as virtudes que se poderiam esperar da Ciência. É a tirania do social, da vida pública, da política, dos sentimentos subjetivos, da agitação vulgar, em suma, da Caverna obscura, que o Filósofo – e, mais tarde, o Sábio – deve afastar de si, se quiser chegar à verdade. Tal é, a partir desse mito, a primeira ruptura. Não existe nenhuma continuidade possível entre o mundo dos humanos e o acesso às verdades "não feitas pela mão do homem". A alegoria da Caverna permite criar, pelo mesmo gesto, uma certa ideia da Ciência e uma certa ideia do mundo social que vão lhe servir de ferramenta. Mas o mito propõe, igualmente, uma segunda ruptura: o Sábio, uma vez equipado de leis não feitas pela mão do homem, que ele acaba de contemplar, posto que soube se retirar do inferno do mundo social, pode voltar à Caverna a fim de aí instaurar ordem, pelos resultados indiscutíveis que farão cessar o falatório indefinido dos ignorantes. Também não há mais continuidade entre a doravante irrefutável lei objetiva e a logorreia humana, muito humana, dos prisioneiros apegados às trevas e que não sabem jamais como encerrar suas intermináveis disputas.

A astúcia desse mito, que explica sua inusitada eficácia, tende à seguinte extravagância: qualquer uma dessas duas rupturas não impede, contudo, seu exato contrário, que se encontra combinado na figura única e heroica do Filósofo-Sábio, ao mesmo tempo legislador e salvador. Ainda que o mundo da verdade difira em absoluto, e não relativamente, do mundo social, o Sábio pode, apesar de tudo, *ir e voltar* de um a outro mundo: a passagem, fechada para todos os outros, está aberta somente a ele. Nele e por ele, a tirania do mundo social se interrompe de forma milagrosa: na ida, para lhe permitir contemplar, enfim, o mundo objetivo; na volta, para lhe possibilitar substituir, qual um novo Moisés, a tirania da ignorância pela indiscutível legislação de leis científicas. Sem essa dupla ruptura, não há Ciência, epistemologia nem política sob influência, nem concepção ocidental da vida pública.

No mito original, como se sabe, o Filósofo não chega, a não ser com as mais extremas dificuldades, a quebrar as cadeias que o prendiam ao mundo obscuro, e então, ao preço de experiências esgotantes, ele retorna à Caverna, e seus antigos colegas detentos condenam à morte o portador de boas-novas. Ao longo dos séculos, graças a Deus, a sorte do Filósofo, que se torna Sábio, foi bastante melhorada... Grandes orçamentos, vastos laboratórios, imensas empresas, possantes equipamentos permitem aos pesquisadores, hoje, ir e vir com toda a segurança do mundo social ao das ideias, e deste à Caverna obscura onde eles vêm trazer a luz. A porta estreita se tornou uma larga avenida. Em 25 séculos, contudo, uma única coisa não mudou um iota: a dupla ruptura que a forma do mito, incessantemente repisado, consegue manter sempre tão radical. Tal é o obstáculo que precisamos levantar se desejamos mudar os próprios termos pelos quais se define a vida política.

Por mais vastos que sejam os laboratórios, por mais ligados aos industriais que sejam os pesquisadores, por mais numerosos que sejam os técnicos, por mais ativos que sejam os instrumentos para transformar os dados, por mais construtivas que sejam as teorias, por mais artificiais que sejam os modelos, de nada adianta, declaremos sem cerimônia, que a Ciência não possa sobreviver senão à condição de distinguir de modo absoluto, e não relativo, as coisas "tais como elas são" da "representação que os humanos fazem delas". Sem essa divisão entre "questões ontológicas" e "questões epistemológicas", é o conjunto da vida moral e social que se encontrará ameaçada.[2] Por quê? Porque, sem ela, não haverá mais reserva

---

2 Contrariamente a Popper (1979), que critica o "totalitarismo" de Platão para melhor salvar Sócrates, não é nem a um, nem a outro que apresento aqui, mas à repetição obsessiva do mito, hoje banalizado, que pretende salvar sempre

indiscutível para pôr fim ao vozerio incessante do obscurantismo e da ignorância. Não haverá mais um meio seguro para diferenciar o verdadeiro do falso. Não se poderá mais desprender-se dos determinantes sociais para compreender o que são as coisas mesmas, e então, sem essa compreensão essencial, não se poderá mais acalentar a esperança de pacificar a vida pública, sempre ameaçada de guerra civil. A natureza e as crenças humanas sobre a natureza se confundiriam em um espantoso caos. A vida pública, debruçada sobre ela mesma, teria falta dessa transcendência, sem a qual nenhuma disputa interminável poderia acabar.

Se, polidamente, assinalarmos que a facilidade com a qual os sábios passam do mundo social àquele das realidades exteriores, a comodidade com que demonstram essa importação-exportação de leis científicas e a rapidez com a qual eles convertem o humano e o objetivo provam bem que não há ruptura entre os dois mundos, e que se trata muito mais de um tecido sem costura, seremos acusados de relativismo; dir-se-á que tentamos dar à Ciência uma "explicação social"; denunciarão em nós molestas tendências ao imoralismo; talvez nos perguntem publicamente se cremos ou não na realidade do mundo exterior ou se estamos prestes a nos lançar do décimo quinto andar de um prédio, pois estimamos que as leis da gravidade, elas também, sejam "construídas socialmente"![3]

É preciso poder contornar esse sofisma dos filósofos das ciências, que fez calar a política 25 séculos depois, logo que ela enfrentou a questão da natureza. Confessemos logo de saída: a armadilha é inevitável. Porém, à primeira vista, nada deveria ser mais inocente que a epistemologia,* conhecimento do conhecimento, descrição meticulosa das práticas científicas em toda sua complexidade. Não confundamos essa epistemologia aí, bastante respeitável, com uma outra atividade, que designaremos pela expressão de *epistemolo-*

---

a República pela Ciência. Ver Latour (1997), para uma análise detalhada do *Górgias*, que deve muito aos estudos notáveis de Cassin (1995).
3 Encontraremos todas essas inépcias na famosa "questão Sokal". Para um balanço dessa tempestade em copo d'água, ver Jurdant (1998) e Jeanneret (1998).

*gia (política),** inserindo a palavra entre parênteses, uma vez que essa disciplina pretende se limitar à Ciência, desde que ela não vise senão humilhar a política.[4] Essa forma de epistemologia não tem, por finalidade, de forma alguma, *descrever* as ciências, contrariamente ao que a epistemologia poderia fazer entender, mas *evitar* toda interrogação sobre a natureza das complexas ligações entre as ciências e as sociedades, pela invocação da Ciência como única salvação contra o inferno social. A dupla ruptura da Caverna não se funda em nenhuma pesquisa empírica, em nenhum fato de observação, ela é até contrária ao senso comum, à prática cotidiana de todos os estudiosos; e se ela jamais existiu, 25 séculos de ciências, de laboratórios, de instituições de sábios, desde há muito tempo a apagaram. Nada adianta, a polícia epistemológica sempre anulará esse conhecimento ordinário, criando essa dupla ruptura entre os elementos que tudo religa, e peneirando aqueles que a põem em dúvida, como relativistas, sofistas e imorais, desejosos de arrui-

---

4 Promessa de bêbado: eu havia jurado não mais falar mal dos epistemólogos. O referido "negócio Sokal" me devolveu, contra essa forma de fundamentalismo – bastante semelhante ao integrismo em religião –, uma raiva santa para a qual às vezes me deixei novamente levar. Então distingo, daqui em diante, a epistemologia política,* que trata simultaneamente da organização da vida pública e das ciências, da epistemologia *stricto sensu*, que aplica a filosofia aos problemas do conhecimento, sem se ocupar particularmente em afastar a questão política. Steven Shapin seria um exemplo da primeira e Duhem da segunda. Tenho o maior respeito por epistemólogos, meus colegas que se esforçam por compreender, com outras ferramentas que não as minhas, o segredo das práticas científicas. Respeito igualmente esses epistemólogos políticos que concordam em tratar como um *mesmo problema* de filosofia a teoria das ciências e a politologia. Por outro lado, não tenho o menor respeito por aqueles que pretendem que o "problema do conhecimento" deva ser *distinguido* da questão política, a fim de manter sob controle o frenesi do mundo social. Contra esses epistemólogos, é necessário lutar. É para diferenciá-los dos outros que insiro parênteses na expressão epistemologia (política). Ou bem falamos de organização da vida pública, e não é necessário mesclar questões sobre a natureza da atividade científica, ou bem falamos de produção científica e não há nenhuma razão para misturar considerações sobre a política. Epistemologia política contra epistemologia política, sim; epistemologia contra epistemologia, perfeito; epistemologia contra política, nada feito.

nar todas as nossas oportunidades de chegar à realidade exterior e, assim, de reformar, por efeito reflexo, a sociedade.

Para que a ideia de dupla ruptura tenha resistido por séculos a todas as evidências contrárias, uma forte razão deve ter mantido a necessidade. Essa razão só pode ser política – ou religiosa. É preciso supor que a epistemologia (política) depende de outra coisa que a faça se manter no lugar e lhe preste sua poderosa eficácia. Como explicar, sem isso, a paixão vingativa com a qual a sociologia das ciências, depois de tanto tempo, foi acolhida? Se se tratasse apenas da descrição da prática dos laboratórios, não se ouviria gritar tão forte, e os epistemólogos se mesclariam sem problema aos seus confrades antropólogos. Ao se indignarem violentamente, os epistemólogos (políticos) mostraram a ponta da orelha: sua armadilha foi revelada. Ela não caçará mais nem uma mosca.

Qual é a utilidade do mito da Caverna, hoje? A de permitir uma Constituição* que organize a vida pública *em duas câmaras:*[5] a primeira é este salão obscuro desenhado por Platão, onde os ignorantes se encontram acorrentados, sem poder se olhar diretamente, comunicando-se apenas por ficções projetadas sobre uma espécie de tela de cinema; a segunda se situa do lado de fora, em um mundo composto não de humanos, mas de não humanos, insensíveis às nossas disputas, às nossas ignorâncias e aos limites de nossas representações, bem como de nossas produções fictícias. Toda a astúcia do modelo está no papel desempenhado por esse número bem reduzido de pessoas, as únicas capazes de fazer a ligação entre as duas assembleias e de converter a autoridade de uma na da outra. Apesar do fascínio exercido pelas Ideias – incluindo aquelas que pretendem denunciar o idealismo da solução platônica –, não se trata, de forma alguma, de opor o mundo das sombras àquele da realidade,

---

5 A noção de Constituição,* essencial à compreensão desse assunto, se encontra há muito tempo desenvolvida em Latour (1991): trata-se de substituir a oposição entre o conhecimento e o poder, entre a natureza e a sociedade, por uma operação prévia de distribuição dos direitos e dos deveres dos humanos e dos não humanos. É essa noção que permite a antropologia simétrica e que torna a modernidade comparável às outras formas de organização pública.

mas de *repartir os poderes*, inventando, ao mesmo tempo, uma certa definição da Ciência e uma certa definição da política. A despeito das aparências, aí não se trata de idealismo, mas dos modos mais básicos de organização política: o mito da Caverna permite tornar a democracia impossível, neutralizando-a: esse é seu único ás. Nessa Constituição permitida pela epistemologia (política), qual é, de fato, a *repartição de poderes* entre essas duas câmaras? A primeira abarca a totalidade dos humanos falantes, os quais se encontram apenas com o poder de ignorar em comum, ou de crer por consenso nas ficções esvaziadas de toda realidade exterior. A segunda se compõe exclusivamente de objetos reais, que têm a propriedade de definir o que existe, mas sem o dom da palavra. De um lado, o vozerio de ficções, de outro, o silêncio da realidade. A sutileza dessa organização repousa inteiramente no poder dado *àqueles que podem passar de uma à outra câmara*. Alguns expertos, selecionados com o maior cuidado e capazes de fazer a ligação entre os dois conjuntos, teriam o poder de falar – uma vez que são humanos –, de dizer a verdade – posto que escapam do mundo social graças à ascese do conhecimento – e, finalmente, de pôr ordem na assembleia dos humanos, fechando-lhes o bico – pois podem retornar à câmara baixa a fim de reconduzir os escravos que jazem agrilhoados no grande salão. Em suma, esses poucos eleitos poderiam se ver dotados da mais fabulosa capacidade política jamais inventada: *fazer falar o mundo mudo, dizer a verdade sem que haja discussão, pôr fim aos debates intermináveis, por uma forma indiscutível de autoridade, que se limitaria às próprias coisas.*

Mas, à primeira vista, uma tal separação de poderes não poderia se manter. Muitas hipóteses inverossímeis, muitos privilégios indevidos seriam necessários aí. Jamais o povo aceitaria se definir como um amontoado de eternos prisioneiros que não podem se falar diretamente nem tocar coletivamente aquilo sobre o que falam, e que se encontram reduzidos a conversar para não dizerem nada. Ademais, jamais alguém aceitaria entregar tantos poderes a um grupo de expertos que ninguém elegeu. Mesmo admitindo-se essa primeira série de absurdos, como imaginar que os Sábios, e somente eles, possam ter acesso às próprias coisas inacessíveis? Mais extravagante ainda: por qual milagre as coisas mudas se tornariam subitamente capazes de falar? Por qual truque de mágica essas coisas reais, uma vez falando pela boca desses filósofos-reis, teriam a propriedade inaudita de se tornar no mesmo instante indiscutíveis e de fechar a boca dos outros humanos? Como imaginar que esses objetos não humanos possam ser mobilizados para resolver os problemas dos prisioneiros, já que, previamente, se definiu a condição humana pelo corte com toda a realidade? Não, decididamente esse conto de fadas não pode passar como uma filosofia política entre outras – e menos ainda superior a todas as outras...

É esquecer a contribuição, minúscula mas indispensável, da epistemologia (política): graças aos parênteses, vamos nomear de "Ciência" uma das duas assembleias, e de "política" a outra. Vamos fazer dessa questão, eminentemente política, sobre a repartição do poder entre essas duas câmaras, um caso de distinção, *de uma parte*, entre uma imensa questão puramente epistemológica sobre a natureza das ideias e do mundo exterior, assim como sobre os limites de nosso conhecimento, e, *de outra*, uma questão somente política e sociológica sobre a natureza do mundo social; feito isso, a filosofia política se torna estrábica para sempre. O indispensável trabalho da epistemologia política se encontra escondido para sempre atrás da aparente confusão que a polícia epistemológica vai criar entre a política (no sentido do que distingue a Ciência das Ideias e o mundo da Caverna) e a política (no sentido das paixões e dos interesses daqueles que jazem na Caverna).

Então, quando se trata de uma teoria constitucional para fazer assentar separadamente os humanos, privados de toda a realidade, e os não humanos, tendo todo o poder, pode-se afirmar com tranquilidade, e sobretudo, que não é preciso mesclar as sublimes questões epistemológicas – sobre a natureza das coisas – com as baixas questões políticas – sobre os valores e a dificuldade de viver em comum. A astúcia é tão simples! Como aquelas armadilhas nas quais as enguias podem entrar com a maior facilidade, mas não podem jamais encontrar a saída. Se vocês experimentarem agitar a armadilha, apertando-a, ela vai se fechar mais estreitamente ainda, e por isso serão acusados de querer "confundir" as questões políticas e as questões cognitivas! Vão afirmar que vocês estão politizando a Ciência, que desejam reduzir o mundo exterior às projeções que se fazem os ilotas acorrentados. Que vocês abandonaram todo critério para julgar o verdadeiro e o falso! Por mais que vocês se debatam, estarão cada vez mais no mesmo lugar. Aqueles que politizaram as ciências* para tornar impossível a vida política se encontram em posição própria para acusá-los de poluir a pureza das ciências com reles considerações sociais! Aqueles que por um sofisma dividiram a vida pública em Ciência e em sociedade, vão acusá-los de sofisma! Vocês morrerão de fome ou sufocados, antes de haver roído as grades da prisão na qual estão livremente encarcerados.

A intenção política por trás das pretensões epistemológicas será vista com muita facilidade se não tivermos feito, graças ao mito da Caverna, uma pequena hipótese suplementar: toda a máquina não funcionará se o povo não se encontrar previamente imerso na obscuridade da gruta, com cada indivíduo separado dos outros, amarrado a seu banco, sem contato com a realidade, preso aos rumores e aos preconceitos, sempre prestes a se lançar ao pescoço daqueles que vêm para reformá-lo. Em suma, sem uma certa definição da sociologia, nada de polícia epistemológica pensável. É assim que os homens vivem? Pouco importa. O mito exige, de início, que nós, humanos, desçamos à Caverna, cortemos nossas inumeráveis ligações com a realidade, percamos todo contato com nossos semelhantes, abandonemos o trabalho das ciências e comecemos a nos tornar incultos, raivosos, paralisados e cumulados de ficção. É então, e só então, que a Ciência virá nos salvar. Menos contundente do que o relato bíblico da Queda, o mito começa por algo abjeto, do qual ele se preserva de nos relatar a origem. Ora, nenhum pecado original obriga a começar a vida pública pela idade das cavernas. A epistemologia (política) superestimou um tanto suas capacidades: ela pode nos agradar um momento por seu teatro de sombras, que contrapõe, em uma sala escura, as forças do bem e as do mal, *right and might*, mas não nos pode obrigar a comprar um bilhete para assistir ao seu edificante espetáculo. Como as Luzes só podem nos ofuscar se a epistemologia (política) antes nos fizer descer à Caverna, existe um meio muito mais simples do que aquele de Platão para sair da Caverna: nunca entrar nela!

Qualquer hesitação sobre a exterioridade da Ciência devia nos precipitar, tchibum!, na "simples construção social". Pretendemos escapar a essa escolha cominatória: ou a realidade do mundo exterior ou o inferno do social. Uma tal armadilha pode conduzir à única condição de que ninguém examine, ao mesmo tempo, a ideia de Ciência e a de sociedade, que ninguém duvide, *simultaneamente*, da epistemologia e da sociologia. É preciso que aqueles que estudam a Ciência acreditem no que os sociólogos dizem da política, e que, inversamente, os sociólogos creiam no que os epistemólogos (políticos) afirmam da Ciência. Dito de outra forma, é preciso que não haja sociólogos *das* ciências, porque, então, as alternativas seriam vistas muito às claras, o contraste se atenuaria, compreender-se-ia que nada na Ciência se assemelha às ciências, e que nada no coletivo se assemelha ao inferno do social. A salvação para a Ciência não vem exceto em um mundo social previamente privado de todos seus meios de se tornar moral, razoável e sábio. Mas, para que essa teoria da Ciência possa ter lugar na explicação sobre o trabalho das ciências, é preciso que uma não menos absurda teoria do social venha a ter um lugar na análise sobre o que é a vida pública.[6]

Uma vez contornado, o truque perde toda sua eficácia. Temos dificuldade em acreditar que se tenha podido levar a sério as ques-

---

6 Nunca entendi como os leitores dos *science studies* poderiam deixar de ver, nessas pesquisas, e isso desde seus inícios, o questionamento da própria noção de social, de explicação social, de história social. Ver, nesse ponto decisivo, artigos já antigos de Callon e Latour (1981) e Callon (1986). Estive entrosado em duas disputas iluminantes nesse aspecto, com defensores da "construção social" (Collins; Yearley, 1992), com nossa resposta em Callon e Latour (1992) e Bloor (1998), e com minha resposta em Latour (1999a). Acusam-se os *science studies* de terem politizado a Ciência quando fizeram precisamente o inverso: eles despolitizaram as ciências, pondo fim ao sequestro da epistemologia pela polícia epistemológica.

tões epistemológicas como se elas fossem, de fato, distintas da organização do corpo social. Daqui em diante, logo que se ouvirem censores trazendo à tona "grandes" questões sobre a existência de uma realidade objetiva, não vamos nos fatigar mais em responder, tentando provar que somos, apesar de tudo, "realistas". Bastará retorquir com uma outra questão: "Vejam como é curioso; vocês tentam, então, organizar a vida civil *com duas câmaras*, das quais uma teria autoridade e não a palavra, e a outra, a palavra, mas não a autoridade; acreditam vocês, verdadeiramente, que isso seja razoável?". Contra a polícia epistemológica é preciso fazer política e, sobretudo, nada de epistemologia. Todavia, o pensamento político dos ocidentais viveu longo tempo paralisado por essa ameaça vinda de fora e que poderia a qualquer momento esvaziar de sua substância o essencial de suas deliberações: a natureza indiscutível das leis não humanas, a Ciência confundida com as ciências, a política reduzida ao inferno da Caverna.

Abandonando o mito da Caverna, nós progredimos bastante, pois sabemos, doravante, como evitar a trapaça da politização das ciências.[7] O objeto desta obra não é o de provar esse pequeno ponto de sociologia das ciências, mas tirar daí as consequências para a filosofia política. Como conceber uma democracia que não viva sob a ameaça constante de um socorro vindo da Ciência? A que se assemelharia a vida pública daqueles que se recusassem entrar na

---

7 A palavra "politizar" é compreendida daqui em diante de duas maneiras distintas. A primeira volta a reservar apenas ao inferno da Caverna os jogos de poder e a tratar o mundo da Ciência como apolítico. A celebérrima "neutralidade" da Ciência provém dessa distribuição prévia das funções entre a Ciência, de uma parte, a política de outra. "Politizar", por pouco que se aceite essa divisão de trabalho, sempre voltará a explicar a Ciência pura e perfeita pelas "apostas de poder" nas quais se debatem sem esperança os escravos acorrentados. Contra essa contaminação da neutralidade científica, sempre será suficiente, para voltar à pureza inicial, recordar a diferença absoluta que existe entre as preocupações do mundo humano e a realidade fria das coisas. Mas politizar remete também à *própria invenção dessa diferença absoluta*, a essa distribuição de papéis entre, de um lado, uma reserva apolítica e, de outro, a redução da vida pública à aflição das paixões ou dos interesses. A fim de despolitizar as ciências (de acordo com a primeira acepção da palavra), precisamos repolitizar a Ciência.

Caverna? Que forma tomariam as ciências liberadas da obrigação de servir politicamente à Ciência? Que propriedades teria a natureza se ela não tivesse mais a capacidade de fazer cessar a discussão pública? Tais são as questões que se pode começar a fazer, uma vez saídos em massa da Caverna, ao fim de uma sessão de epistemologia (política), da qual nos apercebemos retrospectivamente que ela não fora senão uma *distração* sobre o caminho que teria podido levar à filosofia política. Assim como diferenciamos a Ciência das ciências, vamos opor à política-poder,* herdeira da Caverna, a política* concebida como *composição progressiva do mundo comum.**

Crise ecológica ou crise da objetividade?

A sociologia das ciências, poder-se-á objetar, ainda não está muito expandida. Parece difícil servir-se dela para reinventar formas separadas da vida pública. Como um resultado tão esotérico poderia nos ajudar a definir um futuro senso comum? É porque vamos juntá-lo ao imenso movimento social da ecologia política que ele vai, surpreendentemente, permitir esclarecer. Daqui para a frente, a cada vez que nos falarem de natureza, não importa se para defendê-la, dominá-la, atacá-la, protegê-la ou ignorá-la, saberemos que assim se designa *a segunda câmara de uma vida pública que desejam paralisar*. Se se trata, então, de um problema de Constituição política, e nunca da designação de uma parte do universo, duas questões se apresentam: por que aqueles que se dirigem a nós desejam duas câmaras distintas, da qual somente uma leva o nome de política? De que poder dispõem aqueles que fazem a ligação entre as duas? No momento em que saímos do mito da Caverna, e não estamos mais intimidados com o apelo à natureza, vamos poder escolher, na ecologia política, o que é tradicional e o que é novo, o que prolonga a baixa polícia epistemológica e o que inventa a epistemologia política* do futuro.

O resultado não se faz esperar: a literatura sobre a ecologia política, lida por esse ângulo, resta assaz decepcionante. Com efeito, ela, o mais das vezes, apenas retoma, sem modificar uma linha, a Constituição moderna* de uma política bifocal, da qual uma se chama política e a outra, sob o nome de natureza, torna impotente a primeira.[8] Essas retomadas, esses *remakes*, tornam-se até divertidos quando se pretende passar do antropocentrismo dos modernos – dito por vezes "cartesiano"! – ao naturo-centrismo dos ecologistas, como se, desde o começo do Ocidente, desde o mito original da queda na Caverna não se tivesse jamais pensado em outra coisa além de formar a vida pública em torno de *dois* centros, dos quais um seria a natureza. Se a ecologia política apresenta um problema, não é porque introduziu, *enfim*, a natureza nas preocupações políticas, exclusivamente voltadas, até então, em direção aos humanos, mas porque ela *continua, ai de nós, a utilizar a natureza para fazer abortar a política*. Os ecologistas simplesmente substituíram a natureza cinzenta e fria dos antigos epistemólogos (políticos) por uma natureza mais verde e mais quente. No mais, essas duas naturezas se assemelham em tudo: amorais, ditam a conduta moral em lugar da ética; apolíticas, decidem sobre a política em lugar da política.[9] É preciso passar por esse julgamento pouco caridoso a fim de devol-

---

8 Ficamos confundidos em ver que Zimmerman (1994), depois de um livro notável sobre a técnica em Heidegger, aproxima a filosofia da ecologia sem fazer mover um milímetro a posição política tradicional da natureza.

9 É suficiente, para nos convencermos, reler um dos pensadores mais influentes em que se invoca a ecologia, Hans Jonas, para ver a que ponto ele une, em suma, uma obrigação que os jusnaturalistas do tempo passado não teriam jamais ousado impor, desde o momento em que a natureza acrescenta ao poder das causas sua formidável exigência moral: "Nossa demonstração precedente de que a natureza cultiva os valores, desde que cultiva fins e que então é toda livre de valores, não trouxe ainda a resposta à questão de saber se o consentir à sua 'decisão de valor' é deixado a nosso bel-prazer ou se é nossa obrigação: se, portanto, para exprimir de forma paradoxal, os valores que são postos incontestavelmente por ela e para ela são igualmente válidos (ou mesmo somente o fato de ter valores!), em cujo caso nosso único consentimento seria uma obrigação" (Jonas, 1990, p.155). Há agora, portanto, duas razões em vez de uma, em obedecer à natureza: "Em nossa contraproposta, o 'poder' quer dizer: deixar se expandirem no mundo os efeitos causais que se confrontam em seguida com o 'dever-ser' da nossa responsabilidade" (Ibid., p.247).

ver aos diversos movimentos ecológicos uma filosofia que esteja à altura de suas ambições e conforme a sua verdadeira novidade.

Por que, então, se interessar pela ecologia política se a literatura não consegue nada além de nos jogar de novo na Caverna? É porque, como vamos mostrar nesta segunda seção, a ecologia política não se apoia, ou melhor, não se apoia *mais*, *enfim*, sobre a natureza, ainda menos em sua conservação, sua proteção, sua defesa.[10] Para seguir essa delicada operação, é preciso que o leitor, após haver distinguido as ciências da Ciência, aceite introduzir uma diferenciação entre a *prática* dos movimentos ecológicos, há trinta anos, e a *teoria* dessa prática militante. Chamaremos de ecologia militante* a primeira, e de filosofia da ecologia* ou *Naturpolitik** (expressão construída sobre o modelo da *Realpolitik*), a segunda. Se vamos parecer algumas vezes injustos em relação a esta última, é porque nos interessamos muito apaixonadamente pela primeira.[11]

---

10 Não confundamos com a crítica da vida selvagem, *wilderness*, que será objeto da seção seguinte.

11 Uma vez mais, existem, conheço bem isto, inumeráveis tons entre todos esses pensamentos que eu reúno muito injustamente sob a expressão "filosofia da ecologia".* A urgência, para mim, não é nem a justiça, nem a erudição, mas a criação de um espaço completamente livre do empreendimento da natureza. Desse ponto de vista, forçadamente parcial e mesmo partidário, as nuances desaparecem muito depressa. Entretanto, desde as primeiras palavras, vamos nos convencer facilmente disto, a natureza retorna nos escritos desses excelentes autores que eu muito depressa amalgamei, fonte de todas as exigências morais e científicas. Jonas não é o único exemplo. Ainda mais notável é William Cronon, autor da melhor das obras sobre a história de um ambiente, *Nature's Metropolis: Chicago and the Great West* (1991), que termina a introdução de um livro em que se encontram reunidos os mais sofisticados dos pós-modernos americanos, *Uncommon Ground: Rethinking the Human Place in Nature* (1996), por esta frase que deixa a antiga natureza absolutamente intacta: "Não obstante, as pedras permanecem, e as árvores, e os pássaros, e o vento e o céu. Primeiramente, e antes de tudo, eles permanecem eles mesmos, *a despeito* das numerosas significações que neles encontramos. Podemos deslocá-los e lhes impor nossos desígnios. Podemos nos esforçar por dobrá-los à nossa vontade. *Mas, no fim das contas*, eles permanecem misteriosos, artefatos de um mundo que nós não fabricamos e cujo sentido, que têm por eles mesmos, nunca será bem conhecido. Esta rocha silenciosa, esta natureza a propósito da qual nós

Há sempre o perigo, sabemos bem, de diferenciar teoria e prática: arriscamos deixar subentender, ao mesmo tempo, que os militantes não saberiam realmente o que fazem e que sucumbiriam a uma ilusão que o filósofo viria a denunciar. Se recorremos, entretanto, a essa perigosa distinção, é porque os movimentos "verdes", querendo restituir à natureza uma dimensão política, tocaram no coração do que chamamos de Constituição moderna.*[12] Ora, por uma extravagância estratégica, que é o objeto deste capítulo, *sob a alegação de proteger a natureza, os movimentos ecológicos também conservaram a concepção da natureza que torna impraticável seu combate político*. Pelo fato de "a natureza" ser justamente feita, como o veremos adiante, para eviscerar a política, não se pode pretender conservá-la quando se a lança no debate público. Temos, pois, o direito, no caso curioso da ecologia política, de falar de um divórcio crescente entre sua prática abundante e a teoria que ela tem.[13]

---

discutimos assim, também estão entre as coisas mais importantes que *temos em comum*. É a razão pela qual nos preocupamos de tal forma com elas. Paradoxalmente, é o terreno não comum, que não podemos não compartilhar [*It is, paradoxically, the uncommon ground we cannot help but share*]" (p.55-6, tradução e itálicos meus). Seguem-se seiscentas páginas de desconstrução crítica, para deixar a natureza desempenhar o papel que ela sempre teve no modernismo: aquele do *mundo comum*, indiferente às nossas disputas!

12 Não temos necessidade, para o momento, de uma definição precisa do modernismo. É suficiente saber que a relação da Ciência com a sociedade oferece, a meu ver, o mais seguro meio para distinguir "modernos", "pré-modernos", "antimodernos" e "pós-modernos". Para todos esses pontos, ver Latour (1991). Se o uso do adjetivo surpreende, pode-se ler em seguida a primeira seção do Capítulo 5: "As duas flechas do tempo".

13 Não faltam boas razões, bem o sei, que permitiriam explicar por que, no fogo de um novo combate, os pensadores da ecologia não dedicaram todas suas forças para discutir a natureza política da natureza. Tal qual Sartre anteriormente, eles não quiseram "desesperar Billancourt", pondo-se a duvidar da Ciência que lhes parecia servir como alavanca indispensável à emoção pública. Esse "naturalismo estratégico" lhes permitiu devolver contra seus inimigos essas famosas leis inelutáveis da natureza. Era uma boa guerra, talvez, e há alguma injustiça em criticá-los por esse uso conveniente da natureza, mas isso ficou da má filosofia política. A longo prazo, não se pode colocar vinho novo em odres velhos. Ver, por exemplo, o uso grotesco do cientificismo em Ehrlich e Ehrlich

Assim que começamos a voltar nossa atenção para a prática das crises ecológicas, percebemos, de imediato, que elas não se apresentam jamais sob a forma de uma crise da "natureza". Aparecem muito mais como *crises da objetividade*, como se os novos objetos que produzimos coletivamente não viessem a cair no leito de Procusto da política de duplo foco, como se aos "objetos calvos", sem risco, da tradição se opusessem daí em diante os "objetos cabeludos" ou descabelados, objetos incertos, que os movimentos militantes esparramam em seu rastro. Temos necessidade dessa metáfora inconveniente para sublinhar a que ponto a crise alcança *todos* os objetos e não somente aqueles a que se conferiu o rótulo "natural" – etiqueta tão disputada, ademais, quanto aquelas produções de origem controlada.[14] A ecologia política não se revela, pois, graças a uma crise dos objetos ecológicos, mas por uma crise constitucional generalizada, que atinge *todos os objetos*. Vamos tentar mostrar isso listando as diferenças que separam o que a ecologia militante acredita fazer do que ela faz na prática.[15]
1. A ecologia política pretende tratar da natureza, mas ela fala de inumeráveis imbróglios, que sempre supõem a participação dos humanos.

(1997), que desejavam simplesmente que a "boa" ciência indiscutível triunfasse sobre a "ruim", dos ideólogos reacionarios. Uma filosofia da ecologia que não absorvesse as controvérsias entre cientistas desobedeceria a todos seus deveres intelectuais.

14 Não faltam trabalhos notáveis sobre a impossibilidade de manter estável o qualificativo "natural". Meus dois favoritos são Chase (1987) e o surpreendente livro sobre Chicago, de Cronon (1991). Sobre os zoos, ver Baratay e Hardouin--Fugier (1998). Sobre os parques, o exemplo de meu amigo Western (1997) é particularmente esclarecedor – ler uma introdução em Cussins (1997). Para a França, ver Cadoret (1985) e, em particular, a apaixonante tese de Tromm (1996). As ligações entre a patrimonialização da arte e a da natureza são bem visíveis se lermos Poulot (1997). Ver os trabalhos apaixonantes da história da natureza em ciência desenvolvidos por Daston (1998) e Daston e Park (1999).

15 Retomo aqui Latour (1995b). Muito me beneficiei de todas estas pesquisas: Lafaye e Thévenot (1993) e Thévenot (1996), que substitui o falso debate sobre a natureza pelas noções-chave de proximidade e vínculo.

2. Pretende proteger a natureza e deixá-la ao abrigo do homem, mas, em todos os casos, isso volta a incluir preferencialmente os humanos, que intervêm ainda mais vezes, de forma ainda mais refinada, ainda mais íntima, e com uma aparelhagem científica mais invasora.
3. Pretende defender a natureza por ela mesma – e não por um sucedâneo de egoísmo humano –, mas, a cada vez, são os homens que melhor conduzem a missão que ela se deu, e é para o bem-estar, o prazer ou a boa consciência de um pequeno número de humanos, cuidadosamente selecionados, que se chega a justificá-la – em geral americanos, machos, ricos, educados e brancos.
4. Pretende pensar por Sistemas conhecidos pelas Leis da Ciência, mas, a cada vez que ela se propõe a tudo incluir em uma causa superior, encontra-se arrastada a uma controvérsia científica, na qual os expertos são incapazes de se pôr de acordo.
5. Pretende ir buscar seus modelos científicos nas hierarquias regradas por elos cibernéticos ordenados, mas sempre põe em evidência combinações surpreendentes, heterárquicas, em que o tempo de reação e as escalas tomam sempre no contrapé aqueles que acreditavam falar da fragilidade ou da solidez, do tamanho ou da pequenez da Natureza.
6. Pretende falar do Todo, mas não conseguiu abalar a opinião e modificar a relação de forças, a não ser se apegando a lugares, biótopos, situações, acontecimentos particulares – duas baleias prisioneiras do gelo, cem elefantes em Amboseli, trinta plátanos sobre a Place du Tertre.
7. Pretende crescer em poder e encarnar a vida política do futuro, mas está reduzida, em todo lugar, ao espaço limitado das cadeiras ejetáveis e dos papéis eleitorais de pouca importância. Mesmo nos países em que é um pouco mais poderosa, ela se limita a oferecer uma força auxiliar.

Retomemos, porém, essa lista, tomando como qualidades o que aparece na primeira como fraquezas.

1. A ecologia política não fala da natureza e jamais procurou falar dela. Ela leva a associações de seres de formas complicadas: regulamentos, aparelhos, consumidores, instituições, costumes, novilhos, vacas, porcos, ninhadas, inteiramente supérfluos em uma natureza não humana e não histórica. A natureza não está em questão na ecologia, mas, ao contrário, dissolve os contornos e redistribui os agentes.
2. A ecologia política não busca *proteger* a natureza e jamais procurou fazê-lo. Ela pretende, ao contrário, tomar a seu cargo, de maneira ainda mais completa, ainda mais abrangente, uma diversidade inclusive maior de entidades e de destinos. Se o modernismo pretendia dominar o mundo, ela, a ecologia, se envolveu inteiramente.
3. A ecologia política jamais pretendeu servir à natureza pelo seu próprio bem, pois ela é absolutamente incapaz de definir o bem comum de uma natureza desumanizada. Ela faz muito melhor do que defender a natureza (seja por ela mesma, seja pelo bem dos futuros humanos). Ela *suspende* nossas certezas concernentes ao bem soberano dos homens e das coisas, dos fins e dos meios.[16]
4. A ecologia política não sabe o que é um Sistema ecológico-político e não atua segundo uma Ciência complexa cujos modelo e meios escapariam, aliás, à pobre humanidade pensante e pesquisadora. Essa é sua grande virtude. Ela *não sabe* o que faz um sistema. Ignora o que é conectado ou não. As controvérsias científicas nas quais ela se embaraça, eis aí justamente o que a distingue de todos os outros movimentos científico-políticos do passado. Ela é a única a poder se beneficiar de uma outra política da ciência.
5. Nem a cibernética nem a hierarquia permitem compreender os agentes desequilibrados, caóticos, darwinianos, sejam

---

16 É todo o problema denominado "Sétima Cidade", por alusão ao trabalho de filosofia moral e política iniciado por Boltanski e Thévenot (1991). Se existe uma sétima cidade além das seis outras que os autores apresentaram, abre-se então a questão dos limites da humanidade comum (Barbier, 1992; Godard, 1990).

locais, sejam globais, por vezes rápidos, por vezes lentos, que ela atualiza por meio de uma infinidade de dispositivos experimentais originais, cujo conjunto mesclado não forma, felizmente, uma Ciência certa.

6. A ecologia política é incapaz de integrar em um programa total e hierarquizado o conjunto de suas ações pontuais e particulares, e jamais procurou fazê-lo. Essa ignorância sobre a totalidade é justamente o que a salva, pois ela não pode jamais ordenar, em uma hierarquia única, os pequenos humanos e as grandes camadas de ozônio, ou os pequenos elefantes e os médios avestruzes. O menor pode se tornar o maior. "A pedra rejeitada pelos construtores se tornou a pedra angular" (Mt 21, 42).

7. A ecologia política felizmente permaneceu *marginal* até aqui, porque não compreendeu ainda nem sua política nem sua ecologia. Ela crê falar da Natureza, do Sistema, de uma Totalidade hierarquizada, de um mundo sem o homem, de uma Ciência garantida, e são justamente esses propósitos muito ordenados que a marginalizam, ao passo que os propósitos desconexos de sua prática talvez lhe permitissem chegar, enfim, à maturidade política, se ela conseguisse alcançar-lhe o sentido.

Não se pode, pois, caracterizar a ecologia política por uma crise da natureza, mas por uma crise da objetividade. Os objetos sem risco,* aos objetos calvos, aos quais nós estávamos habituados até aqui, cedem lugar aos *vínculos de risco,** aos objetos desordenados.[17]

---

17 É assim que interpreto a expressão "sociedade do risco", popularizada por Beck (1992): "A produção artificial das certezas" – os objetos calvos – acabam por produzir o que ele chama "a produção artificial de incertezas". Beck não quer dizer que se corre mais riscos hoje do que ontem, mas que as consequências são agregadas aos objetos de uma maneira proibida pelo modernismo. Um vínculo de risco é um objeto "calvo" ao qual se somam, enfim, seus riscos associados, seus produtores, seus consumidores, seu cortejo de negócios e de questionamento jurídico (Id., 1995). Em resumo, um objeto interessante, *entangled*, muito perto desses descritos pelos antropólogos (Strathern, 1992; Thomas, 1991).

POR QUE A ECOLOGIA POLÍTICA NÃO SABERIA CONSERVAR A NATUREZA? 45

Tentemos caracterizar a diferença entre os antigos e os novos objetos, agora que estamos desabituados da noção de natureza. Os objetos sem risco tinham quatro características essenciais que permitiam reconhecê-los à primeira vista. Antes de tudo, o objeto produzido possuía *contornos nítidos*, uma essência* bem definida, propriedades bem reconhecidas. Pertencia, sem contestação possível, ao mundo das coisas, um mundo feito de entidades obstinadas, teimosas, definidas por estritas leis de causalidade, de eficácia, de rentabilidade, de verdade. Em seguida, os pesquisadores, engenheiros, administradores, empresários e técnicos que concebiam, produziam e inseriam esses objetos no mercado tornavam-se *invisíveis*, uma vez terminado o objeto. A atividade científica, técnica e industrial permanecia fora de campo. Em terceiro lugar, esse "objeto sem risco" acarretava certas consequências esperadas ou inesperadas, mas sempre pensadas sob a forma de um impacto sobre um universo *diferente*, composto de entidades menos fáceis de delimitar, e que se designava por nomes vagos como "fatores sociais", "dimensões políticas", "aspectos irracionais". Conforme o mito da Caverna, o objeto sem risco da antiga ordem constitucional dava a impressão de cair como um meteoro bombardeando do exterior um mundo social que lhe servia de alvo. Enfim, alguns desses objetos podiam, talvez anos mais tarde, acarretar riscos sem sentido, a exemplo dos cataclismos. No entanto, essas consequências, e mesmo essas catástrofes, não *repercutiam jamais* sobre a definição primeira do objeto, sobre seus contornos, sobre sua essência, pois elas pertenciam sempre a um mundo sem medida comum com aquele dos objetos: o mundo da história imprevisível, do caos, da desordem política e social, da baderna. Contrariamente aos impactos que se poderiam, apesar de tudo, retraçar, as consequências cataclísmicas não retroagiriam sobre a responsabilidade dos objetos, sobre sua definição; elas não poderiam nunca servir de ensinamento a seus autores, para eles modificarem as propriedades de seus objetos.

O caso do amianto pode nos servir de modelo, porque aqui se trata, provavelmente, de um dos últimos objetos que se pode chamar de modernista. Material perfeito (chamavam-no *magic mate-*

rial), ao mesmo tempo inerte, eficaz e rentável; foram necessárias dezenas de anos para que as consequências de sua difusão sobre a saúde acabassem por recair sobre ele, colocando em discussão ele e seus inventores, fabricantes, apologistas e inspetores; dezenas de alertas e de ações para que as doenças profissionais, os cânceres, as dificuldades da descontaminação acabassem por remontar até sua causa e fazer parte das propriedades do amianto, que passou lentamente do estatuto de material inerte e ideal a um imbróglio obsessivo de direito, de higiene e de risco. Esse tipo de objeto ainda povoa, em grande parte, o mundo do bom senso no qual vivemos. Porém, como as ervas daninhas em um jardim à francesa, outros objetos de formas mais extravagantes começam a desorganizar a paisagem, sobrepondo seus próprios galhos por cima dos objetos modernistas.[18]

Para nós, o melhor meio de caracterizar as crises ecológicas é reconhecer, em muitos objetos calvos, a proliferação desses vínculos de risco.[19] Suas características são inteiramente diferentes das dos anteriores; é o que explica por que se fala de *crise* a cada vez que eles irrompem. Ao contrário de seus predecessores, eles não têm

---

18 Ver o relatório, muito procurado, que permite, bem mais finamente do que posso fazer aqui, diferenciar o caso do amianto daquele dos príons responsáveis pela vaca louca (do inglês *protein infections particle*: partícula proteica infecciosa, agente da encefalopatia espongiforme): "Com efeito, é um relatório [o do amianto] que nasce muito cedo sob a forma de alerta (desde 1900), para agitar mais tardiamente, no momento da máxima produção e consumo de diferentes variedades de amianto, nos anos 1970, o modo do conflito e do protesto, que passa em seguida por um processo de decisão burocrática que, depois do susto, dá a impressão de uma capa de silêncio estático, perto de catorze anos, para ressurgir sob a forma de escândalo e acusação (o ar contaminado)" (Chateauraynaud et al., 1999, p.124). Ver também o número especial de *Politix*, n.44, sobre "Políticas do risco" (1998).
19 Para permanecer compatível com a terminologia introduzida em Latour (1991), poderíamos também nomeá-los quase objetos. A expressão "vínculos de risco" estende o princípio de precaução: acrescentar a todos os objetos o efeito previsto e imprevisto de suas consequências, segundo o princípio "a prudência se impõe enquanto a inocuidade (e não o risco) não for demonstrada" (Laudon; Noiville, 1998, p.13).

contornos nítidos, essências bem definidas, nada de separação traçada entre um núcleo duro e seu entorno. É por causa desse traço que eles tomam o aspecto de seres cabeludos, formando raízes e entrelaçamentos. Em segundo lugar, seus produtores não são mais invisíveis, fora de campo, mas aparecem à luz do dia, envolvidos, controvertidos, complicados, implicados, com todos seus instrumentos, seus laboratórios, suas oficinas, suas usinas. A produção científica, técnica e industrial faz, desde o início, parte de sua definição. Em terceiro, esses quase objetos não têm, propriamente, de falar de impacto, como se caíssem do exterior sobre um mundo diferente deles. Eles têm numerosas conexões, tentáculos, pseudópodos, que os religam de mil maneiras a seres também pouco seguros como eles, e que, consequentemente, não compõem *mais um outro universo independente do primeiro*. Não existe mais, para tratar deles, de um lado, o mundo social ou político, e, de outro, aquele da objetividade e da rentabilidade. Enfim, e aí está, sem dúvida, o mais estranho, não se pode mais desvinculá-los de consequências inesperadas, que eles desencadeariam a muito longo prazo, muito longe deles, em um mundo incomensurável. Ao contrário, todo o mundo se volta, paradoxalmente, às consequências não esperadas, que eles não vão deixar de suscitar, consequências que lhes pertencem propriamente, cuja responsabilidade eles aceitam, da qual tiram ensinamentos, segundo um processo de aprendizagem bem visível, que recai sobre sua definição e que se desenrola no mesmo universo que eles.

Os famosos príons, prováveis responsáveis da doença dita da "vaca louca", simbolizam os vínculos de risco, assim como o amianto os antigos objetos sem risco. Nossa pretensão é a de que se possa ligar o crescimento da ecologia política à multiplicação desses novos seres que misturam, daqui em diante, sua existência àquelas dos objetos clássicos, os quais formam sempre o fundo da paisagem comum.[20] Parece-nos que essa diferença entre objetos sem risco e

---

20 Parece-me ao menos que, para os franceses, o problema do sangue contaminado serviu de intermediário entre os últimos objetos modernistas e os primeiros objetos de risco da ecologia. Acreditou-se, ainda, que se poderia absorver

vínculos de risco, "objetos calvos" e "objetos cabeludos", conta muito mais que a distinção impossível entre as crises que põem em discussão a ecologia e aquelas que questionam a economia ou a sociedade. Não assistimos à irrupção de questões da natureza nos debates políticos, mas à multiplicação dos objetos cabeludos, que nada mais poderia limitar apenas ao mundo natural, que mais nada, justamente, pode naturalizar.

Traduzindo, assim, a noção de crise ecológica, vamos poder nos dar conta do traço mais estranho da ecologia política, traço além do mais contrário ao que ela pretende fazer. Longe de *globalizar* todas as apostas sob os auspícios da natureza, a prática da ecologia política se reconhece justamente na *ignorância* na qual ela se encontra, *enfim*, da respectiva importância dos atores.*[21] A ecologia política não faz a atenção passar do polo humano ao polo da natureza; ela desliza de uma *certeza* sobre a produção dos objetos sem risco (com sua separação clara entre coisas e pessoas) a uma *incerteza* sobre as relações cujas consequências não esperadas ameaçam perturbar todos os ordenamentos, todos os planos, todos os impactos. O que ela questiona com tão admirável eficácia é justamente a possibilidade de *coletar*, segundo uma ordem fixa, de uma vez por todas, a hierarquia dos atores e dos valores.[22] Uma causa infinitesimal pode produzir grandes efeitos; um ator insignificante torna-se central;

---

o drama do sangue contaminado no antigo quadro da ação controlada. Não é o mesmo caso com o relatório da vaca louca e menos ainda com a "guerra total" dos organismos geneticamente modificados. Ver no notável livro, tão importante para mim, de Hermitte, *Le Sang et le droit: essai sur la transfusion sanguine* (1996), o papel desempenhado pela expectativa das certezas absolutas da Ciência para explicar a lentidão das reações administrativas.

21 Não definirei essa palavra senão no Capítulo 2; ela mantém, por ora, o sentido indiferenciado de ator humano ou não humano.

22 Donde a importância, para meu trabalho, da tese de Charvolin (1993), que mostrava, justamente, por uma análise meticulosa dos arquivos, o enorme esforço de agregação necessário ao surgimento controvertido e mal concebido do primeiro Ministério do Ambiente. Sobre a sequência dos problemas desse ministério, ver em particular Lascoumes (1994) e Lascoumes e Le Bourhis (1997).

um cataclismo imenso desaparece como que por encanto; um produto milagroso é capaz de consequências espantosas; um ser monstruoso é domesticado sem esforço. Com a ecologia política, somos sempre apanhados no contrapé, agarrados tanto pela robustez dos ecossistemas quanto por sua fragilidade.[23] Decididamente, ainda é tempo, talvez, de levar a sério as predições apocalíticas de certos ecologistas sobre o "fim da natureza".

O fim da natureza

Compreendemos, neste momento, por que a ecologia política não poderia conservar a natureza: *se chamamos natureza o termo que permite recapitular em uma só série ordenada a hierarquia dos seres, a ecologia política se manifesta sempre, na prática, pela destruição da ideia de natureza.* Um caramujo pode interromper uma barragem; a Corrente do Golfo, repentinamente faltar; um monte de escórias, se tornar reserva biológica; uma minhoca, transformar a terra da Amazônia em pedra. Nada mais pode organizar os seres por ordem de importância. Quando os ecologistas mais frenéticos gritam, se agitando: "A natureza vai morrer", eles não sabem como têm razão. Graças a Deus a natureza vai morrer. Sim, o grande Pan está morto! Depois da morte de Deus e do homem, será preciso que a natureza, ela também, acabe por ceder. Já era tempo: logo mais não se poderá fazer política de jeito nenhum.

O leitor se espantará, talvez, com o paradoxo. É que ele tem na cabeça o que se chama versão popularizada da ecologia profunda, esse movimento de contornos ainda vagos, que pretende refor-

---

23 É, aliás, a razão pela qual os pensadores da ecologia se tornaram muitas vezes apaixonados pelas ciências dos fenômenos longe do equilíbrio, embora estes só pudessem lhes oferecer uma metáfora dos desequilíbrios, muito mais fundamentais do que a ecologia política soube atualizar. Sim, a natureza está "longe do equilíbrio", mas totalmente em outro sentido, que as teorias do caos ou outros empréstimos à física não pretendem! As ideias de natureza e de equilíbrio são contraditórias (Botkin, 1990; Deléage, 1991).

mar a política dos humanos em nome "dos equilíbrios superiores da natureza". Ora, a ecologia profunda se situa tão longe quanto possível da ecologia política, e é também a confusão dos dois movimentos que perturba constantemente a estratégia dos movimentos "verdes". Estes últimos, persuadidos de que poderiam se organizar segundo uma graduação que iria do mais radical ao mais reformista, têm aceitado, de fato, dar à ecologia profunda a posição extrema. Por um paralelismo que não é fortuito, a ecologia profunda fascina a ecologia política, como o comunismo fascinou o socialismo – e como a serpente fascina a presa... Mas a ecologia profunda não é uma forma extrema de ecologia política; *ela não lhe pertence*, pois a hierarquia dos seres de que ela trata se compõe inteiramente desses objetos sem risco, calvos, modernos, que estariam dispostos em níveis, por gradações sucessivas, desde o cosmos até os micróbios, passando pela Terra Mãe, as sociedades humanas, os macacos etc.; os produtores desses saberes disputados permanecem completamente invisíveis; as fontes de incerteza, da mesma forma; a distinção entre os objetos e o mundo político que eles bombardeiam fica tão completa que a ecologia profunda parece não ter outro fim que não seja humilhar ainda mais a política, reduzindo seu poder em proveito daquele, muito maior e muito mais bem guardado, da natureza – e dos especialistas invisíveis que decidiram sobre o que ela queria, podia e devia.[24] Pretendendo nos libertar do antropocentrismo, a ecologia profunda nos atira de novo na Caverna, pois ela pertence inteiramente à definição *clássica* da política que se tornou

---

24 Esse liame da ecologia profunda e da democracia permanece incerto, como bem o viu Ferry (1992). O exemplo de Jonas é especialmente claro, por exemplo, quando escreve: "Ainda que se trate das vantagens de governo de não importa de qual tirania, que em nosso contexto deve ser simplesmente uma tirania benevolente, bem informada e animada pela justa compreensão das coisas. [...] Se, como nós pensamos, só uma elite pode, ética e intelectualmente, assumir a responsabilidade pelo porvir [...]" (Jonas, 1990, p.280). Decididamente, é difícil se desgarrar das pompas do poder científico, sobretudo quando se pode unir o magistério erudito com a retidão moral.

impotente pela natureza, concepção da qual a ecologia política, pelo menos em sua prática, apenas começa a nos afastar.[25] Compreende-se, no momento, a dificuldade que nos obriga a distinguir o que fazem os militantes da ecologia daquilo que eles dizem fazer; se definíssemos a ecologia política como a que multiplica os vínculos de risco, oferecemos um outro princípio de triagem, aquele de saber se ela se preocupa ou não com a natureza, questão que vai se tornar, de pronto, não somente supérflua como, ademais, politicamente perigosa. Na prática, a ecologia política perturba o ordenamento das classes de seres, multiplicando as conexões imprevistas e variando brutalmente sua respectiva importância. Entretanto, se por causa da teoria modernista, sem a qual pensa não poder ficar, acredita ter de "proteger a natureza", ela vai errar de alvo tantas vezes até cair. De modo mais perverso ainda, ela vai se deixar intimidar pela ecologia profunda, a qual, ao defender os maiores seres, escalonados da maneira mais rígida e mais indiscutível possível, parecerá sempre ter a visão do alto, captando assim, em seu proveito, o poder inventado pelo mito da Caverna. Cada vez que a ecologia política encontrar seres de conexões incertas, imprevisíveis, vai, assim, *duvidar de si mesma*, acreditar-se enfraquecida, desesperar quanto à sua impotência, ter vergonha de sua fraqueza... Sempre que uma situação revelar arranjos diferentes

---

25 Naess, em *Ecology, Community and Lifestyle: Outline of an Ecophilosophy* (1988), mesmo sendo um pouco mais profundo no que tange à ecofilosofia, visa à "realização de si", o que perturba a discussão, posto que se retorna, no fundo, a um sólido antropocentrismo. Ele trata, todavia, de uma questão que deixei de lado, a da psicologia de um cidadão unido a algo a que ele chama de "campos relacionais", a totalidade da biosfera, graças à "ecosofia". Veremos no Capítulo 4 como dar à ética toda uma outra visão que não a sua, e qual trabalho político é necessário antes de se poder falar de "campo relacional", *ecospheric belongings*, ou mesmo de uma unificação qualquer. Naess, em sua simpática algaravia, é bem representativo dessa filosofia ecológica, que discerne bem os limites metafísicos da divisão entre natureza e humanidade, mas que, na falta de aprofundar a origem política, se esforça para "ultrapassar" os "limites da filosofia ocidental". Se é preciso combatê-la, é mudando de política, não de psicologia. Ver, sobre a biografia de Naess, o livro de Rothenberg e Naess (1993).

do que ela havia previsto – quer dizer, sempre! –, a ecologia política vai acreditar que se enganou, pois pensava encontrar, no respeito à natureza, o meio de classificar a respectiva importância de todos os seres que ela pretendia ligar. Ora, justamente *em seus reveses*, quando exibe objetos cabeludos de formas imprevistas, que tornam radicalmente impossível o uso de qualquer noção de natureza, é que a ecologia política está, enfim, em seu trabalho, inovando politicamente, fazendo-nos escapar do modernismo, impedindo a proliferação de objetos calvos e sem risco, com seu improvável cortejo de saberes indiscutíveis, de sábios invisíveis, de impactos previsíveis, de riscos calculados e de consequências inesperadas.

Vejamos a confusão na qual podemos ser atirados quando se confundem prática e teoria da ecologia política: os opositores da ecologia profunda ou superficial a reprovam, o mais das vezes, por fundir o homem com a natureza e esquecer, assim, que a humanidade se define justamente pelo seu "desenraizamento" das coerções da natureza, do "dado", da "simples causalidade", do "puro imediatismo", do "pré-reflexivo".[26] No fundo, ao reduzirem o homem ao objeto, eles acusam a ecologia de querer nos fazer andar de quatro, como Voltaire dizia ironicamente de Rousseau.

---

26 Lendo o livro de Ferry (1992), aqueles franceses que esperam permissão dos filósofos para pensar politicamente concluíram que não era útil se interessar pela filosofia da ecologia, e que uma velha e boa definição kantiana da humanidade enraizada na natureza seria suficiente. "Que pode responder o ecologista razoável ao ecologista profundo?", escreve, por exemplo, Ferry. "Muitas coisas na verdade. A começar pelo fato de que o ódio aos *artifícios* ligados à nossa civilização da erradicação é também *ódio ao humano como tal*. Porque o homem é, por excelência, o ser da antinatureza... É mesmo sua diferença específica dos outros seres, aí compreendidos aqueles que parecem mais próximos dele, os animais. É por isso que ele escapa dos ciclos naturais, que acessa a cultura, quer dizer, a esfera da moralidade que supõe um ser-para-a--lei e não somente para natureza" (p.39). Uma coisa é desconfiar da ecologia profunda, outra é definir a humanidade como enraizada na pura imediatidade. Em nenhum instante Ferry percebe que compartilha exatamente a mesma natureza daqueles que combate. Só a coloração varia. Ele não encontra, fora disso, outra solução que não seja a estetização de relações entre a humanidade e a natureza (Latour, 1993, resenha do livro de Luc Ferry).

"É porque somos, dizem eles, sujeitos livres e jamais irredutíveis às simples opressões da natureza que podemos merecer o nome de ser humano." Ora, quem preenche melhor essa condição de separação da natureza? É a ecologia política, decerto, pois ela faz, afinal, eclodir o debate público de sua associação milenar com a natureza! É ela, e somente ela, que põe sobre o palco a qualidade intrinsecamente política da *ordem natural*.

Compreendemos, sem dificuldade, que não se pode mais apresentar a ecologia política como uma preocupação nova, que teria surgido na consciência dos ocidentais por volta de meados do século XX, como se desde os anos 1950 – ou 1960, ou 1970, pouco importa – os políticos tivessem tomado consciência de que era preciso incluir a questão dos recursos naturais na lista de suas preocupações de praxe. Jamais, desde as primeiras discussões dos gregos sobre a excelência da vida pública, se falou de política sem falar de natureza;[27] ou, além disso, jamais se fez apelo à natureza senão para dar uma lição de política. Nem sequer uma única linha foi escrita – pelo menos na tradição ocidental[28] – em que os termos natureza, ordem da natureza, lei natural, direito natural, causalidade inflexível ou leis imprescritíveis não tenham sido seguidas, algumas linhas, alguns parágrafos, algumas páginas adiante, por uma afirmação concernente à maneira de reformar a vida pública. Pode-se, decerto, inverter o sentido da lição e se servir tanto da ordem natural para criticar a ordem social, quanto da ordem humana para criticar a ordem natural; pode-se até mesmo querer pôr fim à ligação das duas; mas não se pode pretender, em qualquer caso, que se trataria aí de duas preocupações distintas, que teriam sempre evoluído em

---

27 Ver o compêndio apaixonante de Brunschwig e Lloyd (1996) e, particularmente, artigos de Lloyd e Cassin.
28 Basta ler Jullien (1992; 1997) para perceber as alternativas oferecidas há muito tempo à epistemologia política. Não há nada de inevitável no recuso da política à Ciência, como se pode concluir lendo Llyod (1996). Reencontramos a mesma diferença em epistemologia política na apaixonante tese em andamento de Sophie Houdard (Nanterre) sobre um laboratório japonês de biologia do comportamento.

paralelo, para se cruzar somente há trinta ou quarenta anos. Concepções da política e concepções da natureza sempre formaram uma dupla tão rigidamente unida quanto os dois lados de uma gangorra, em que um se abaixa quando o outro se eleva e vice-versa. Jamais houve outra política que aquela *da* natureza e outra natureza que aquela *da* política. A epistemologia e a política, já bem o compreendemos, são uma única e mesma questão conjunta na epistemologia (política) para tornar incompreensíveis a prática das ciências e o objeto mesmo da vida pública.

Graças a esse duplo resultado de sociologia das ciências e de ecologia prática, vamos poder definir a noção-chave de *coletivo*,* da qual, pouco a pouco, daremos o significado. Com efeito, a importância da expressão "a natureza" não procede do caráter particular dos seres que ela está destinada a reunir, e que pertenceriam a um cantão particular da realidade. Toda a potência dessa expressão vem de a utilizarmos sempre no *singular*: a natureza. Quando se faz apelo à noção de natureza, *o ajuntamento que ela autoriza conta infinitamente mais que a qualidade ontológica de "natural", da qual ela garantiria a origem.* Com a natureza, matamos dois coelhos com uma cajadada: qualifica-se um ser por seu pertencimento a certo domínio da realidade e classifica-se o mesmo em uma hierarquia unificada, que vai do maior ao menor dos seres.[29]

A prova é fácil de realizar. Substitua-se em tudo o singular pelo plural, *as* naturezas. Impossível, nesse momento, fazer que as naturezas desempenhem um papel político qualquer. "Os" direitos naturais? Difícil ditar leis positivas apoiando-se sobre uma tal multiplicidade. Como inflamar os espíritos para o debate clássico sobre o papel respectivo da genética e do ambiente, se nos pomos a comparar

---

29 Como veremos mais adiante, nada mudou nas posições se se utiliza a unidade "da" sociedade e das relações de poder. Continua a mesma paralisia. Eis por que as críticas sociológicas da ecologia profunda nunca vão muito longe, por retomar na sociedade e em suas relações de poder o que criticar da natureza extrema dos seus adversários. Ver o exemplo extremo de Bookchin (1996): querendo reabilitar a política sem modificar sua definição, ele prolongou o contrato, sob o nome de *social ecology*, não da natureza, mas da luta de classes!

a influência das naturezas e das culturas? Como diminuir o impulso de uma indústria se dizemos que ela deve proteger "as naturezas"? Como tomar como alavanca a força da Ciência se afirmamos que elas são as ciências "das naturezas"? Que "as leis das naturezas" devem curvar o orgulho das leis humanas? Não, o plural não combina, decididamente, com a noção política da natureza. Uma multiplicidade mais outra multiplicidade, isso sempre faz uma multiplicidade. Ora, desde o mito da Caverna, é *a unidade* da natureza que produz todo o benefício político, posto que é esse ajuntamento, esse ordenamento, que pode servir de concorrente direto a *essa outra forma* de ajuntamento, de composição, de unificação, totalmente tradicional, e que chamamos desde sempre de *a* política. Foi o debate sobre a natureza e sobre a política como essa grande questão que, durante toda a Idade Média, contrapôs o papa ao imperador: duas lealdades em relação a duas totalidades de igual legitimidade dividiam então a consciência dos cristãos. Se é possível utilizar, a torto e a direito, a palavra "multiculturalismo",* a palavra "multinaturalismo"* vai parecer, por algum tempo ainda, chocante ou sem sentido.[30]

Sobre esse debate tradicional, qual é o efeito da ecologia política? A própria expressão o diz bem claramente. Em lugar de *duas* arenas distintas, nas quais tentar-se-ia totalizar a hierarquia dos seres, para, em seguida, dever escolher entre elas sem, entretanto, jamais aí chegar, a ecologia política propõe convocar um *único* coletivo, cujo papel é justamente debater a dita hierarquia – e chegar a uma solução aceitável. A ecologia política propõe deslocar o papel de unificador das posições respectivas de todos os seres da dupla arena da natureza e da política *para a arena única* do coletivo. É, pelo menos, o que ela faz *na prática*, quando proíbe, tanto à ordem natural como à ordem social, de ordenar, de maneira definitiva e separada, o que conta ou o que não conta, o que está conectado ou o que deve permanecer separado, o que está no interior ou o que está fora.

---

30 Palavra usada pela primeira vez, pelo que sei, por Viveiros de Castro (1998, p.446), a propósito da concepção amazônica do corpo. Notemos, porém, que uma das revistas francesas da área põe no plural os três termos: *Naturezas, Ciências, Sociedades...*

A multiplicação dos objetos que vêm pôr em crise a ordem constitucional clássica, tal é o meio que a ecologia política encontrou, com toda a astúcia de uma prática abundante, para deslegitimar ao mesmo tempo a tradição política e o que se deve de fato chamar de tradição natural, a *Naturpolitik*.* O que ela faz, na prática – o que nós nos propomos a dizer que ela faz –, a ecologia política, no entanto, se põe muito bem a fazê-lo em teoria. Mesmo quando questiona a natureza, não coloca jamais em questão sua unidade.[31] A razão dessa defasagem vai nos parecer, no momento, mais clara, ainda que fosse necessária toda esta obra para que ela traga seus frutos. Enquanto não se tomar a sério a epistemologia (política), quer dizer, enquanto não se tratar com o mesmo interesse a prática das ciências e a da política, a natureza não aparece *justamente* como um poder de agregação igual ou superior ao da política. Pelo menos ainda.Mas como ela aparece, então? Como pode ela justificar o uso do singular: "a natureza"? Por que não se apresenta como multiplicidade? Como explicar que ela tarde em vir se juntar à política, como o papa ao imperador, a fim de que se veja às claras que se trata de dois poderes que podem ser criticados por um mesmo movimento? Por causa de uma invenção fabulosa, que a ecologia política já desfez na prática, mas não pode desfazer em teoria sem um lento e doloroso trabalho suplementar. Por causa da *distinção entre os fatos e os valores*, que vamos precisar desenredar no Capítulo 3. Em verdade, temos de concordar de

---

31 Se bastasse criticar a noção de natureza para sair da situação, a ecologia política teria a filosofia de suas ambições. Infelizmente, esse não é o caso. Um artigo com o título flamejante de "A natureza morreu, viva a natureza!" tem por fim mostrar que, a partir da visão mecanicista da natureza, uma outra visão, "mais orgânica", vai tomar seu lugar. "A nova concepção da natureza é mais orgânica e inclui o homem enquanto 'sócio com plenos direitos da comunidade biótica', segundo as palavras de Aldo Leopold" (*Écologie Politique*, n.7, p.73-90, 1993). Poderíamos esperar de John Baird Callicott alguma dúvida sobre a utilidade política da noção de natureza. Mas não; e, de passagem, e mesmo sem o assinalar, ele interrompeu o trabalho de unificação. Passou-se, em verdade, do suposto dualismo do passado à unidade englobante, sem se perceber que a natureza, aí, joga o mesmo papel duas vezes!

boa vontade, há na natureza um forte poder unificador, mas que concerne *unicamente* aos fatos. Na política existe também, com certeza, e todo o mundo está de acordo, um poder de agregação, de hierarquização, de ordenamento, mas isso no referente aos valores, unicamente aos valores. As duas ordens não são apenas diferentes, mas incomensuráveis. Pode-se dizer que é o que pretendiam também, na Idade Média, os representantes do papa e os do imperador? Pode-se dizer que sim, mas os vemos, ainda agora, como dois poderes comensuráveis e simplesmente inimigos, porque os laicizamos, ambos, ao mesmo tempo. Está aí, justamente, nossa hipótese: ainda *não laicizamos os dois poderes conjuntos da natureza e da política*. Portanto, eles continuam a nos aparecer como dois conjuntos sem nenhuma relação, de que o primeiro não tem nem mesmo como receber o nome de poder. Vivemos ainda sob o compromisso do mito da Caverna.[32] Ainda esperamos nossa salvação de uma dupla assembleia, da qual uma somente se chama política, enquanto a outra anuncia, modestamente, sua vontade de definir os fatos, sem duvidarmos de que essa esperança de salvação ameaça nossa vida pública, como o céu ameaçava "nossos ancestrais, os gauleses". Tal é a cilada preparada pela epistemologia (política) e que impediu, até aqui, os diversos movimentos ecologistas de apresentarem uma filosofia política sob medida.

Não esperamos convencer de imediato o leitor quanto a esse ponto capital, o mais difícil, provavelmente, de nossa aprendizagem em comum. Será preciso todo o Capítulo 2 para restituir a coerência à noção de coletivo de humanos e de não humanos, todo o Capítulo 3 para nos desfazer da oposição entre fatos e valores, depois todo o Capítulo 4 para voltar a diferenciar esse coletivo por procedimentos, uns vindos das assembleias científicas, outros das assembleias políticas. Mas o leitor admitirá, sem dúvida, enquanto

---

32 Não usamos ao acaso a palavra "laicização". Se a naturalização desempenhou um papel tão importante na luta antirreligiosa foi por sempre ter utilizado o objeto de natureza, o objeto causal, o objeto calvo, o objeto raspado, o objeto sem risco, como um aríete para forçar a porta dos poderes e do obscurantismo. A natureza permanece toda impregnada, ainda, da religião que ela combateu.

isso, que a ecologia política não pode mais ser descrita, sem injustiça, como aquilo que teria feito penetrar as preocupações sobre a natureza na consciência política. Tratar-se-ia, aí, de um erro de perspectiva de consequências incalculáveis, porque ela inverteria o sentido da história e deixaria a natureza, esse corpo inventado para tornar a política impotente, no próprio coração do movimento que procura, justamente, digeri-la. Ao contrário, parece muito mais fecundo considerar a irrupção recente da ecologia política como aquilo que *pôs fim* ao domínio da antiga e infernal dicotomia entre natureza e política, a fim de a substituir, através de mil inovações – muitas das quais ainda falta instituir na vida pública de um coletivo.[33] Em todo caso, dizer que a ecologia política nos arranca, afinal, da natureza, ou que ela testemunha um "fim da natureza", não deveria mais passar de uma provocação. Pode-se tratar, aí, de uma afirmação criticável, porque não faria justiça à estranha prática dos ecologistas, mas ela não tem mais, pelo menos esperamos, o aspecto fútil de um paradoxo. Encontramo-nos apenas na junção de dois imensos movimentos, cuja influência contrária, durante algum tempo, torna difícil a interpretação da ecologia: a irrupção da natureza como nova preocupação em política; o desaparecimento da natureza como modo de organização política.

O obstáculo das "representações sociais" da natureza

Na primeira seção, distinguimos as ciências da Ciência e, na segunda, a ecologia política da *Naturpolitik*. Será preciso, agora, operar um terceiro deslocamento, se quisermos aproveitar ao máximo essa conjunção favorável entre sociologia das ciências e movimen-

---

33 Veremos mais adiante, em especial no Capítulo 5, que esse coletivo não pode ser usado no singular sem um novo trabalho de composição política, ao contrário da natureza, cuja unidade parece sempre adquirida de imediato, sem combate.

to ecológico. Parece, com efeito, que as mais sofisticadas ciências sociais abandonaram, há muito tempo, elas também, a noção de natureza, mostrando que jamais teremos um acesso imediato "à" natureza; só teremos acesso a esta, dizem os historiadores, os psicólogos, os sociólogos, os antropólogos, por meio da história, da cultura, de categorias mentais especificamente humanas. Também nós, ao afirmarmos que a expressão "a" natureza não tem nenhum sentido, parecemos tornar a encontrar o bom senso das ciências humanas. Em suma, tratar-se-ia somente de dizer aos ecologistas militantes para não mais sustentarem a ingenuidade de crer que sob o manto da natureza, eles defendem outra coisa, que não um ponto de vista particular, o dos ocidentais. Quando falam em pôr fim ao antropocentrismo, manifestam seu etnocentrismo.[34] Infelizmente, se acreditamos que nosso argumento de epistemologia política volta a dizer que "nada se poderia extrair das representações sociais da natureza", nossa tentativa naufragou. Dito de outra forma, temos medo, agora, não de que o leitor rejeite nosso argumento, mas de que o compreenda muito às pressas, confundindo nossa crítica sobre a filosofia da ecologia com o tema da "construção social" da natureza!

À primeira vista, porém, parece difícil dispensar a ajuda que os trabalhos sobre a história do sentimento da natureza vêm trazer. Excelentes historiadores nos mostraram o bastante: a concepção da natureza dos gregos do século IV não possui nenhuma relação com aquela dos ingleses do século XIX, ou dos franceses do século XVII, sem falar dos chineses, dos malaios, dos sioux. "Se vocês vêm nos afirmar que essas concepções cambiantes da natureza refletem as concepções políticas das sociedades que as desenvolveram, não há nisso nada de surpreendente." Conhecemos todas, com efeito; para tomar um exemplo entre mil, os estragos do darwinismo

---

34 O esforço de reconciliação entre essas duas posições, tão extremas quanto artificiais, constitui todo o interesse dramático do livro de Soper (1995), um dos melhores já escritos para avivar a tensão entre a construção social da realidade, de uma parte, e os temas feministas e políticos da ecologia, os quais necessitam de um sólido realismo para manter a tensão crítica, de outra.

social, que emprestou suas metáforas à política, em seguida as projetou sobre a própria natureza para, depois, as reimportar para a política a fim de agregar à dominação dos ricos o selo de uma ordem natural irrefragável. As feministas nos fizeram compreender, algumas vezes, como a assimilação das mulheres à natureza teve, durante tão longo tempo, o efeito de privá-las de todo direito político. Os exemplos de ligações entre concepções da natureza e concepções da política são de tal modo numerosos que se pode afirmar, com todo direito, que toda questão epistemológica é também uma questão política.

Se isso for verdade, a epistemologia política se afundaria instantaneamente. Com efeito, raciocinar assim leva a olhar a política com dupla visão, transpondo-a para o domínio acadêmico. Esta ideia de que "a natureza não existe", posto que se trata de uma "construção social", só reforça a divisão entre a Caverna e o Céu das Ideias, sobrepondo-a àquela que diferencia as ciências humanas das ciências da natureza. Quando se fala em historiador, em psicólogo, em antropólogo, em geógrafo, em sociólogo, em epistemólogo das "representações humanas da natureza", de seus cambiamentos, das condições materiais, econômicas e políticas que as explicam, subentende-se, *muito evidentemente*, que a natureza, ela mesma, durante esse tempo, não se moveu um pelo. Quanto mais se afirma com tranquilidade a construção social da natureza, mais se deixa de lado o que se passa verdadeiramente na natureza, que abandonamos à Ciência e aos sábios. O multiculturalismo adquire seus direitos da multiplicidade apenas por se apoiar solidamente sobre o *mononaturalismo*.* Qualquer outra posição não tem sentido, pois isso suporia voltar aos tempos passados do idealismo e acreditar que as opiniões cambiantes dos humanos modificam a posição das luas (exatamente), dos planetas, dos sóis, das galáxias, das árvores que caem na floresta, das pedras, dos animais, em suma, de tudo o que existe *fora de nós*. Aqueles que estão satisfeitos em pertencer às ciências humanas, por não ter a ingenuidade de acreditar na existência de uma natureza imediata, sempre reconhecem que há, de um lado, a história humana da natureza e, de outro, a não história natural da natureza, feita de elétrons, de partículas, de coisas brutas, causais, objetivas, completamente indiferentes à primeira lista.[35] Mesmo que a história humana possa, pelo trabalho, pelo conhecimento, pelas transformações ecológicas modificar de forma duradoura a natureza, perturbá-la, transformá-la, interpretá-la, só restam duas histórias, ou, ainda, uma história plena de som e de fúria, que se desenrola *em um quadro* que, ele próprio, não tem história, ou que não faz história. Ora, essa concepção de bom senso é, justamente, o que nos é necessário abandonar para dar seu justo lugar à ecologia política.

A sofisticação crítica das ciências humanas não tem, infelizmente, nenhum recurso para aprender a lição da ecologia política, que, aliás, não se situa entre natureza e sociedade, ciências naturais e ciências sociais, ciência e política, mas em uma região diferente, uma vez que ela recusa estabelecer a vida pública na base de dois coletores, de duas bacias de atração, de dois focos. Se se aceitasse a noção de representações sociais da natureza, recairíamos no argumento não utilizável da realidade exterior, e seríamos obrigados a responder à questão ameaçadora: "Chegareis vós à exterioridade da natureza, ou bem permanecereis para sempre no fundo do precipício da Caverna?", ou, mais polidamente: "Falais de coisas ou de suas representações simbólicas?".[36] Ora, nosso problema não é o de tomar lugar no debate que vai permitir mensurar as partes respectivas da natureza e da sociedade nas representações que possuímos, mas de modificar a concepção do mundo social e político que serve de evidência às ciências sociais e naturais.

---

35 A interpretação dialética não muda nada na questão, posto que mantém os dois polos, contentando-se em colocá-los em movimento pela dinâmica da contradição. Ver o anexo ao fim do capítulo.
36 Em um livro muito informativo sobre os movimentos ecológicos ingleses, Macnaghten e Urry (1998) conseguem romper o vínculo desses movimentos com a natureza, mostrando que ela é "socialmente construída", sob a forma da paisagem e da selvageria (*wilderness*). A crítica se exercita, então, pela *recusa* em reconhecer em algum dos atores engajados no ambiente um ponto de apoio qualquer com a realidade (deixada, em consequência, mas sem que os autores o admitam, para os cientistas capazes de falar verdadeiramente da natureza).

Nas duas seções precedentes, desejaríamos falar da própria natureza, e, em algum caso, das representações humanas da natureza. Mas como falar da natureza em si mesma? Isso não tem, parece, nenhum sentido. É, no entanto, exatamente isso que desejamos dizer. Assim que anexamos os achados da ecologia militante aos da epistemologia política, podemos dividir a natureza em vários de seus componentes, sem cair nas representações que os humanos fazem dela. Crer que não há senão duas posições, o realismo e o idealismo, a natureza e a sociedade, tal é justamente a fonte essencial do poder simbolizado pelo mito da Caverna e que a ecologia política deve, hoje, laicizar.[37] É um dos pontos mais espinhosos de nosso assunto, e, portanto, devemos operar com precaução, como se faz para arrancar um espinho cravado no calcanhar...

A primeira operação que nos desliga do fascínio pela natureza parece, à primeira vista, arriscada, visto que ela volta, segundo o engajamento mostrado na introdução, a diferenciar as ciências da Ciência, tornando visíveis, de novo, as aparelhagens que permitem dizer qualquer coisa sobre a natureza, e que costumamos chamar de disciplinas científicas. Uma vez que agregamos aos dinossauros seus paleontólogos, às partículas seus aceleradores, aos ecossistemas suas coleções de ervas, aos balanços energéticos seus padrões de medida e suas hipóteses de cálculo, aos buracos da camada de ozônio seus meteorologistas e seus químicos, já não falamos mais do todo da natureza, mas daquilo que se produz, se constrói, se decide, se define, em uma Cidade conhecedora da ecologia, quase tão complexa como aquela do mundo do qual ela produz o conhecimento. Assim procedendo, acrescentamos à história infinitamente longa do planeta, do sistema solar, da evolução dos seres vivos, a história das ciências, mais curta, mas ainda mais movimentada. Os milhões de anos do Big Bang datam dos anos 1950; o Pré-Cambriano, da metade do século XIX; quanto às partículas que compõem

---

37 Para o momento, uso essa metáfora da laicização, mas perceberemos na conclusão que ela é evidentemente inadequada, pois não pode remeter as ciências ao foro interior, como se acreditou poder fazê-lo com a religião.

o universo, todas elas nasceram no século XX. Em vez de nos encontrarmos diante de uma natureza sem história e uma sociedade com história, encontramo-nos diante de uma história conjunta das ciências e da natureza.[38] A cada vez que arriscamos cair no fascínio pela natureza, basta, para se abrir os olhos, acrescentar a rede de disciplinas científicas que nos permite conhecê-la.

Dir-se-á que a operação só fez enfiar ainda mais fundo na carne o espinho que se queria extirpar, porquanto juntamos a construção social das ciências àquelas, mais tradicionais, das representações culturais da natureza. Tudo depende do nosso desejo em juntar provisória ou definitivamente a história das ciências à história da natureza. No primeiro caso, a infecção vai se agravar, visto que, à lesão do relativismo cultural juntaremos aquela do relativismo epistemológico; no segundo, caímos em uma dificuldade ainda maior. "Com certeza, dirá nosso objetor, você pode juntar, se a tiver aí, a história das ciências à longa lista dos esforços humanos para pensar a natureza, para torná-la compreensível e cognoscível; mas deve-se levar em conta que, *uma vez* os conhecimentos obtidos, sempre haverá dois blocos: aquele da natureza tal qual ela é, e aquele das representações variáveis que nós nos fazemos." A história das ciências pertence certamente à mesma lista que a das mentalidades e representações. Ocorre apenas que essa parte das representações humanas, desde que seja exata, passa com armas e bagagens para o lado da natureza. Dito de outra forma, o fato de juntar de novo a história das ciências não modifica de modo duradouro a distinção entre natureza e representações da natureza: ela a embaralha apenas *provisoriamente*, durante o curto período em que os sábios erram na obscuridade. Depois disso, o que eles atestam pertence claramente à natureza e mais ainda às representações. Durante esse tempo, a natureza fica fora de jogo, inatacável, inatingível, tão pouco referida pela história humana das ciências quanto pela história humana do sentimento da natureza, a menos que se pretenda reduzir a história

---

38 Esse é o tema do livro premonitório de Moscovici (1977).

das ciências à história simplesmente, e proibir para sempre aos sábios a descoberta da verdade, encerrando-os para sempre na estreita masmorra das representações sociais.

Não nos espantemos com essa objeção: a dupla ruptura entre a história e a natureza não provém, bem o sabemos, das lições tiradas dos estudos empíricos, mas tem por finalidade evitar a observação, a fim de que jamais algum exemplo possa baralhar a distinção politicamente necessária entre as questões ontológicas e as epistemológicas, arriscando reunir, sob o mesmo olhar, da mesma disciplina, as duas assembleias, dos humanos e das coisas. Toda epistemologia (política) tem por finalidade embaraçar a epistemologia política,* ao limitar a história das ciências às intrigas da descoberta sem que ela tenha algum efeito sobre a solidez durável dos conhecimentos. Pretendemos, ao contrário, ao tornar visíveis a história e a sociologia da Cidade sábia, que a distinção entre a natureza e a sociedade tenha sido obscurecida para sempre e nunca mais retornar aos dois conjuntos distintos, a natureza de um lado e as representações que os humanos fazem de outro.

"Ah, ah, bem que eu presumia, o construtivista social mostra aqui a ponta de sua orelha de asno! Eis aí os sofistas que proliferam na obscuridade da Caverna. Vocês querem reduzir todas as ciências exatas a simples representações sociais. Estender o multiculturalismo* à física. Privar a política da única transcendência capaz de pôr fim, de maneira indiscutível, às suas intermináveis querelas." É justamente nesse ponto que a sociologia das ciências, em conjunto com a ecologia militante, nos permite romper com as evidências enganosas das ciências do homem, abandonando de todo o tema do construtivismo social. Se o objetor continua a duvidar é por não compreender que a ecologia política, em conjunto com a sociologia das ciências, permite um movimento que sempre esteve proibido até aqui. Sublinhando a mediação das ciências, pode-se, certamente, oscilar em direção ao sociologismo, para retornar às sempre eternas representações humanas da natureza; mas pode-se, também, tornar visível a distinção entre a presença múltipla dos não humanos* e o trabalho político que os coletava até então sob a forma de uma natureza *única*. Basta, para isso, mudar a noção do social que temos herdado, como o resto, da idade das Cavernas.

Vamos distinguir duas concepções do mundo social: a primeira, que havíamos chamado a prisão* social, e a segunda, que chamaremos o *social* como *associação.** Quando comparamos as duas posições, aquela saída do mito da Caverna, e esta, à qual gostaríamos que o leitor se acostumasse pouco a pouco, elas parecem, à primeira vista, semelhantes, como se pode constatar na Figura 1.1.

Na versão da esquerda, o coletivo é dividido em dois por uma ruptura absoluta que separa a assembleia das coisas daquela dos humanos. Por um tríplice mistério (assinalado por pontos de interrogação), os sábios, entretanto, permanecem capazes, apesar do abismo que separa os dois mundos, de romper com a sociedade para atingir a objetividade; de tornar as coisas mudas assimiláveis pela linguagem humana; enfim, de retornar "à terra" para organizar a sociedade segundo os modelos ideais fornecidos pela razão.

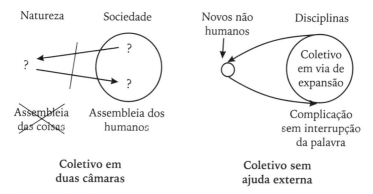

Figura 1.1 – O modelo político em duas câmaras, natureza e sociedade, repousa sobre um duplo corte. O modelo do coletivo repousa, ao inverso, sobre uma simples extensão dos membros humanos e não humanos.

O modelo da direita se diferencia do precedente por três pequenas características, tão ínfimos quanto decisivos, e que se tornarão mais claros nos dois capítulos seguintes. Antes de mais nada, não se trata de uma sociedade "ameaçada" pelo recurso a uma natureza objetiva, mas de um coletivo *em via de expansão*: as propriedades dos seres humanos e não humanos, com as quais deve se compor, não estão em nada garantidas. Em seguida, nenhuma necessidade de uma dramática e misteriosa "conversão" para ir buscar novos não humanos: as pequenas transformações operadas pelas disciplinas científicas nos laboratórios bastam inteiramente. Sim, há uma realidade exterior objetiva, mas essa exterioridade não é definitiva e só denota que novos não humanos, jamais incluídos até aqui no trabalho do coletivo, se encontram mobilizados, recrutados, socializados, domesticados. Esse novo gênero de exterioridade, essencial à respiração do coletivo, não vem nutrir nenhum drama de ruptura e de conversão. Existe mesmo uma realidade exterior, mas, na verdade, não há que se fazer toda uma discussão! Enfim, e esta é a terceira "pequena" diferença: assim que os não humanos, novamente recrutados, vêm enriquecer a demografia do coletivo, são incapazes de interromper a discussão, de abreviar os procedimentos, de aniquilar as deliberações; eles aparecem, ao contrário, para complicá-los, para separá-los.[39] O retorno dos sábios encarregados de não humanos interessa apaixonadamente aos outros membros do coletivo, mas não resolve, em nada, a questão do mundo comum que eles estão em vias de elaborar: só faz complicá-la.

Em lugar dos três mistérios da versão da esquerda, encontramos, na versão da direita, três conjuntos de operação inteiramente descritíveis, em que nenhum se apresenta como ruptura brutal sem, sobretudo, *simplificar, por um recurso decisivo a uma transcendência indiscutível, o trabalho de coleta do coletivo.*[40] Toda a astúcia do

---

39 Apresentei numerosos exemplos dessa versão realista das ciências em Latour (1999). O tipo de realismo dos *science studies*, como o de William James (ver a excelente revisão de James por Lapoujade, 1997), permite tornar sinônimas realidades e pluralidades e remeter a unidade a um outro trabalho propriamente político, como se vê com mais clareza ainda em Dewey (1954).
40 Que não nos apressemos em dizer que ao social faltará transcendência, como a um pombo fechado em uma bomba de vácuo faltaria oxigênio. Descobriremos mais tarde a transcendência própria ao *demos*, mas não antes do Capítulo 5. Enquanto isso, basta lembrar que a imanência do coletivo é uma lembrança do mito da Caverna.

antigo mito da Caverna, ainda hoje cheio de seu veneno, consistia em fazer crer que o esquema da direita se confundia com a versão da esquerda, que não existia nenhuma outra versão da sociedade, exceto o social infernal (o social, prisão do esquema da esquerda), como se não se pudesse falar de sociedade sem perder, no mesmo instante, todo contato com a realidade exterior. O ardil armado pela polícia epistemológica consistia em negar a todos aqueles que contestavam a exterioridade radical da Ciência o direito de falar novamente de qualquer realidade exterior: aqueles que duvidavam da Ciência deviam, então, se contentar com um caldo magro das convenções sociais e do simbolismo. Jamais eles teriam podido escapar sozinhos da prisão da Caverna. Ora, compreendemos agora que é o exato inverso que é verdadeiro: no apelo à realidade exterior confundiram-se intencionalmente dois elementos agora separados com clareza: de uma parte, a *multiplicidade* dos novos seres, aos quais é preciso, de agora em diante, dar lugar para viver em comum; de outra, a *interrupção* de toda discussão pelo viés de um recurso exterior. Um tal recurso é eficaz porque interrompe o trabalho próprio da política, graças a um suplemento não político, chamado Ciência,* e que já teria unificado todos os seres sob os auspícios de uma assembleia convocada ilicitamente e chamada de natureza. No esquema da esquerda não se podia apelar à realidade do mundo exterior sem deixar o mundo social ou sem fazê-lo se calar; no esquema da direita, pode-se fazer apelo aos mundos exteriores, mas a multiplicidade que assim o mobiliza *não resolve definitivamente nenhuma das questões essenciais do coletivo*. No lugar do social, prisão que a sociologia herdou, sem jamais questionar sobre suas taras originais, aparece um outro sentido do social, mais próximo da etimologia, como associação e coleção.[41] À esquerda, na Figura 1.1, a Ciência fazia parte da solução do problema político, que ela

---

41 Se a sociologia tivesse herdado de Tarde (1999) tanto quanto de Durkheim, essa concepção do social como associação nunca teria sido esquecida e a sociologia teria sabido sempre como ultrapassar, sem piscar, a fronteira artificial entre natureza e sociedade. Em todo caso, isso teria me dado mais coragem para definir, em Latour (1984), a sociologia como ciência das associações.

tornava, aliás, insolúvel pela ameaça contínua de desqualificação dirigida às assembleias humanas; à direita, as ciências fazem parte do próprio problema. Quando se acrescenta a mediação das disciplinas científicas, logo que se mostra o trabalho dos sábios e se sublinha a importância da história das ciências, parece, à primeira vista, que só podemos nos *afastar* da natureza para ir em direção aos humanos. A tentação é grande; não há como não se deixar levar; a rodovia está aberta e sem pedágio; toda a paisagem do bom senso foi preparada para esse deslizamento sem esforço: é um verdadeiro tobogã. Mas pode-se também, graças ao argumento do coletivo, dirigir-se a outra posição, menos balizada, mais tortuosa, mais custosa também, à qual é impulsionado, entretanto, todo o futuro senso comum da ecologia política. Tornando visível a mediação das ciências, podemos partir da natureza, não para ir em direção ao humano, mas, tomando uma bifurcação em ângulo reto, *rumo à multiplicidade das naturezas* redistribuídas pelas ciências, o que se poderia chamar de *pluriverso*,* para marcar a distinção entre a noção de realidade exterior e o trabalho, propriamente político, de unificação. Dito de outro modo, a ecologia política, aliada à sociologia das ciências, desenha uma ramificação nova sobre o mapa: em vez de ir da natureza ao humano, do realismo ao construtivismo, é possível se deslocar, presentemente, da multiplicidade *que não acolhe ainda nenhum coletivo*, o pluriverso, ao coletivo que a acolhia até aqui sob o nome conjunto de política e de natureza. O potencial formidável da história e da sociologia das ciências só a ecologia política permite aproveitar, pois o que sobressai da multiplicidade ela o distingue do que se junta em uma só unidade. Quanto a saber se essa coleção, esse ajuntamento, essa unificação, se faz pelo instrumento político da natureza ou pelo instrumento político da política, pouco lhe importa daqui em diante.

Existe, pois, uma outra via além do idealismo para abandonar a natureza, uma outra via além dos sujeitos para abandonar os objetos, uma outra via, além da dialética, para "ultrapassar" a suposta contradição entre objeto e sujeito. Para dizê-lo de modo mais brutal ainda, graças à ecologia política, a Ciência não sequestra mais a realidade exterior para criar uma corte de apelação de última instância, ameaçando a vida pública com uma promessa de salvação pior do que o mal. Tudo aquilo que as ciências humanas haviam imaginado sobre o mundo social para construir suas disciplinas longe das ciências naturais, foi do inferno da Caverna que elas foram emprestar. Intimidadas pela Ciência, aceitaram o mais cominatório dos *diktats*: "Sim, nós reconhecemos bem prazerosamente, confessavam elas em coro, quanto mais falamos de construção social, mais nos distanciamos, de fato, da verdadeira verdade". Ora, era preciso recusar o *diktat* e se reaproximar, contra a ameaça da Ciência, das realidades produzidas pelas *ciências*, a fim de poder estabelecer, com novos custos, a questão da composição do mundo comum.

Será que retiramos o espinho que tornava a caminhada dolorosa? A ferida ainda está lá, ainda fará mal por algum tempo, mas é uma cicatriz e não mais uma chaga que supura. Retiramos a fonte principal da infecção, essa noção de representação que envenenava tudo o que ela tocava, essa impossível distinção, contraditada todos os dias, entre as questões ontológicas e as questões epistemológicas. É ela, com efeito, que impunha esse único caminhar que ia da natureza à sociedade e, inversamente, por intermédio de duas conversões miraculosas. É ela que obrigava ou a se reaproximar das coisas, afastando-se das impressões que os humanos delas faziam, ou das categorias humanas, afastando-se progressivamente das próprias coisas. É ela que impunha a impossível escolha entre realismo e construtivismo. Não falaremos mais, daqui em diante, de representação da natureza, designando com isso as categorias do entendimento humano de uma parte e, de outra, "a" natureza. Entretanto, vamos conservar esta bela palavra *representação*,* fazendo-a, porém, jogar seu antigo papel político. Se não há representações da natureza, no sentido dessa política em duplo aspecto, que nós havíamos criticado, será preciso, contudo, bem *representar*, por um procedimento explícito, as associações de humanos e de não humanos para decidir o que os coleta e o que os unifica em um futuro mundo comum.

Com efeito, abandonando a noção de natureza, deixamos intactos os dois elementos que mais nos importam: a multiplicidade dos não humanos e o enigma de sua associação. A palavra "representação" vai nos servir, nos capítulos seguintes, para designar o novo trabalho da ecologia política, mas esperamos haver suprimido a ambiguidade que recaía sobre esse termo, tão longamente associado ao destino das ciências humanas. Podemos supor que seus trabalhos serão mais estimulantes do que provar que existem "filtros culturais e sociais através dos quais" os humanos devem necessariamente passar "para apreender a realidade natural tal qual ela é". Ao recusar o suporte que as ciências humanas pretendiam lhe trazer, a ecologia política as libera para outras funções e lhes indica outras vias de pesquisa, infinitamente mais fecundas.[42] É do pluriverso que elas devem falar, do *cosmos* a construir, não das sombras projetadas sobre a parede da Caverna.

O frágil socorro da antropologia comparada

A ecologia política desdramatizou, enfim, o sempiterno conflito da natureza e da ordem social. Se sua lição é difícil de aprender, não é, como seus teóricos ainda acreditam com frequência, porque ela teria inventado novas formas exóticas de fusão, harmonia, amor entre o homem e a natureza, mas por ter laicizado, definitivamente, a dupla questão política, o duplo conflito de lealdade entre o poder da natureza e o da sociedade. Não temos nenhuma ideia sobre a que se assemelhariam as próprias coisas se elas não tivessem sempre sido engajadas na batalha da naturalização. Ao que se assemelharia aquilo que nós havíamos chamado de *os não humanos** se eles não vestissem o uniforme de objetos marchando para a conquista dos sujeitos? A que se assemelhariam os humanos se eles não usassem mais o uniforme dos *partisans* resistindo brava-

---

42 Ver na Conclusão outros papéis para as ciências sociais além daqueles da denúncia crítica.

mente à tirania dos objetos? Ora, se quisermos, em seguida a esta obra, redesenhar as novas instituições da democracia, precisamos dispor, desde já, da multiplicidade das associações de humanos e de não humanos, que o coletivo tem precisamente, por função, de *coletar*. Sem dispor de instituições conceituais, de formas de vida que pudessem servir de alternativa à Constituição moderna, nos arriscamos, na verdade, a nos encontrar sempre envolvidos nessas guerras entre realismo e construtivismo social que não nos concernem em nada, esquecendo, no caminho, toda a novidade da ecologia política que desejamos desenvolver.

Dispomos, felizmente, de uma alternativa que a antropologia das culturas não ocidentais nos oferece com generosidade. Para compreender essa oferta, é preciso, ai de nós, passar por um outro aparente paradoxo e decepcionar aqueles que imaginam que as outras culturas teriam da natureza uma visão "mais rica" do que a dos ocidentais. Impossível desaprovar aqueles que partilham dessas ilusões. O que não se escreveu, com efeito, para ridicularizar os pobres brancos, culpados de quererem governar, maltratar, dominar, possuir, rejeitar, violar, violentar a natureza? Não há um livro de ecologia teórica que não venha infamar, contrastando a miserável objetividade dos ocidentais com a sabedoria milenar dos "selvagens", que estes respeitariam a natureza, viveriam em harmonia com ela, se afundariam nos seus segredos mais íntimos – fundindo sua alma com a das coisas, falando aos animais, casando-se com as plantas, discutindo de igual para igual com os planetas.[43] Ah, esses selvagens emplumados, filhos da Mãe Terra, como gostaríamos de nos assemelhar a eles! Ao assistir a suas bodas com a natureza, como nos sentimos infantis em nossa condição de engenheiros, pesquisadores, brancos, modernos, incapazes de reencontrar esse

---

43 Achar-se-á em *Terra Nova* (v.1, n.1, p.68-82, 1998) a narração de uma das fraudes pela qual se inventou, com todas as peças, um documento antropológico do chefe índio Seattle sobre o respeito devido à Terra Mãe: "Will the real Chief Seattle please speak up?". Esse *must* da ecologia profunda era invenção de um pregador ianque!

paraíso perdido, esse Éden em direção ao qual a ecologia profunda gostaria de dirigir nossos passos...

Ora, se a antropologia comparada oferece uma alternativa à ecologia política, é, ainda assim, pela razão exatamente inversa àquela exposta pela ecologia vulgar. As culturas não ocidentais não foram *jamais interessadas* pela natureza; não a utilizaram jamais como categoria, nem encontraram seu uso.[44] Foram os ocidentais, ao contrário, que transformaram a natureza em um grande negócio, em uma imensa cenografia política, em uma formidável gigantomaquia moral, e que têm com frequência engajado a natureza na definição de sua ordem social. Infelizmente, os teóricos da ecologia não fazem mais uso da antropologia do que sociologia das ciências. *Deep ecology* quer dizer, às vezes, *shallow anthropology*.[45]

Se a antropologia comparada é indispensável, não é, porém, oferecendo um reservatório de exotismo, graças ao qual os brancos conseguiram sair de sua concepção unicamente laica e material dos objetos da natureza, mas o inverso, ao permitir *subtrair os ocidentais do exotismo que se impuseram a si mesmos* e, por projeção, aos outros, ao se lançar nesse impossível imbróglio de uma natureza inteiramente politizada. Não queremos dizer que as culturas não ocidentais correspondam, traço por traço, à ecologia política, da qual pretendemos redigir o protocolo. Ao contrário, como veremos no Capítulo 4, todas as instituições do coletivo permanecem invenções contemporâneas, sem precedentes na história. Queremos dizer apenas que as outras culturas, posto que elas, justamente, não viveram jamais na natureza, *conservaram para nós* as instituições conceituais, os reflexos, as

---

44 Vejo, na recente criação no Collège de France de uma cadeira intitulada Antropologia da Natureza, uma virada histórica, já que essa disciplina sempre havia tratado até aqui das culturas.

45 Descola e Palsson (1996, p.97): "Os movimentos conservacionistas, longe de questionarem os fundamentos da cosmologia ocidental, tendem, ao contrário, a perpetuar o dualismo típico da ideologia moderna". Se há algo de mais surpreendente do que a ausência quase total de referências à sociologia ou à história social das ciências em trabalhos de filosofia da ecologia, é a ausência ainda maior da antropologia comparada.

rotinas de que nós, os ocidentais, temos necessidade para nos desintoxicar da ideia de natureza. Se seguirmos os dados da antropologia comparada, essas culturas (para utilizar ainda essa palavra tão mal concebida) nos oferecem alternativas indispensáveis à oposição natureza/política, propondo-nos maneiras de reunir as associações de humanos e de não humanos que utilizam um só coletivo, claramente identificado como política. De forma mais precisa, elas *recusam utilizar somente dois coletores*, dos quais um, o social, passará só como político, enquanto o outro, a natureza, ficará sem poder, sem palavra pública, sem instituição, sem humanidade, sem política. Elas não formam as belas unidades impostas pelo exotismo, mas, pelo menos, as outras culturas não são vesgas.

Enquanto disciplina, a antropologia sempre hesitou sobre esse ponto, e só muito recentemente ela pôde se tornar indispensável à ecologia política[46] – razão pela qual não poderíamos culpar o senso comum de haver resistido tão mal ao bazar exótico que a ecologia profunda pretendia impingir, sob o pretexto de que os bárbaros respeitariam a Terra Mãe mais que os civilizados. A antropologia, desde seus primeiros contatos na aurora dos tempos modernos, compreendeu que alguma coisa claudicava entre o que ela chamava de "os selvagens" e a natureza; que havia na natureza dos ocidentais qualquer coisa de inassimilável pelos outros povos. Mas ela levou muito tempo, digamos três séculos, antes de compreender que a natureza *do* antropólogo era muito politizada para compreender a lição

---

46 Eis aí toda a importância, para mim, do trabalho de Philippe Descola (1986; e, em particular, 1996). É pelo naturalismo, justamente, que o antropólogo "monista" deve se interessar acima de tudo: "A conclusão parece correta: suprima a ideia de natureza e todo o edifício filosófico do Ocidente se afunda. Mas esse cataclismo intelectual não nos deixará forçosamente face a face com o grande vazio do Ser que Heidegger não cessou de denunciar: fará modelar nossa cosmologia, tornando-a menos exótica aos olhos dessas numerosas culturas que estão a ponto de abraçar os valores daquilo que eles acreditam ser a modernidade" (Ibid., p.98). Não é seguro, porém, como veremos no Capítulo 5, que a antropologia, mesmo comparada, mesmo monista, esteja à altura das novas tarefas políticas que a reunião controvertida das precedentes "culturas" exige.

dos "bons selvagens".[47] Retomemos brevemente o avanço que permitiu a alteração dessa política da natureza, tão particular.

O primeiro reflexo foi tomar os "primitivos" como "filhos da natureza", qualquer coisa de intermédio entre o animal, o humano e o ocidental, os quais jamais viveram, sob forma alguma, "na" natureza. A segunda etapa, mais amena, foi de considerar que os autóctones, se eles fossem tão diferentes da natureza como os brancos, viviam, não obstante, "em harmonia" com ela, que eles a respeitavam, a protegiam. Essa hipótese não resistiu à etnologia, nem à pré-história, nem à ecologia, as quais, de imediato, multiplicaram os exemplos de destruição imperdoável dos ecossistemas, de desarmonia massiva, de desequilíbrios inumeráveis, talvez de raiva contra o ambiente. De fato, sob o nome de harmonia, os antropólogos perceberam, de forma progressiva, que não deveriam visar às relações particularmente simpáticas com a natureza, mas à presença de uma classificação, de um arranjo, de um ordenamento dos seres que não parecia fazer distinção abrupta entre as coisas e as pessoas. A diferença não era que os selvagens tratavam bem a natureza, mas, antes, que não a tratavam de maneira nenhuma.

A terceira etapa, mais sofisticada, portanto, foi considerar os autóctones (rebatizados, entrementes, de povos não ocidentais) como tendo formado culturas complexas, cujas categorias estabeleciam *correspondências* entre a ordem da natureza e a ordem social. Entre eles, se dizia, nada acontece à ordem do mundo que não suceda aos humanos e vice-versa. Nada de classes de animais ou de plantas que não possam ser encontradas na ordem social; nada de classificação social que não possa se situar nas divisões dos seres da natureza. Bem depressa, porém, os antropólogos, sempre mais sutis, perceberam que eles ainda mostravam um insuportável etnocentrismo, porquanto insistiam na abolição de uma diferença que não interessava de modo algum àqueles que estudavam. Ao afirmar que as outras culturas faziam "corresponder" ordem natural e ordem social,

---

47 Veremos, na última seção do Capítulo 5, como reinterpretar a cena primitiva dos "primeiros contatos".

os antropólogos pretendiam ainda que essa divisão seguia por si, que ela estava, de alguma maneira, na natureza das coisas. Ora, as outras culturas não misturavam, em nada, a ordem social e a ordem natural: *elas ignoravam a distinção*. Ignorar uma dicotomia não significa confundir, de todo, os dois conjuntos em um só – menos ainda "ultrapassá-la".

Aos olhos da antropologia, que, afinal, se tornou simétrica ou monista, as outras culturas parecem hoje muito mais inquietantes: desenvolvem princípios de organização que agrupam em uma só ordem, digamos, em um só coletivo, seres que nós, ocidentais, insistimos em manter separados, ou, antes, quando pensamos ser indispensável haver duas câmaras para manter nosso coletivo, a maior parte das outras culturas insistia em não ter *duas*. Desde então, não se pode mais defini-las como culturas diferentes, tendo pontos de vista distintos sobre uma natureza única – à qual somente "nós" teríamos acesso; torna-se impossível, com certeza, defini-las como culturas entre outras culturas sobre um fundo de natureza universal. Não há senão naturezas-culturas, ou, mais ainda, coletivos que buscam saber, como veremos no Capítulo 5, o que podem ter em comum. Vê-se, atualmente, uma inversão de perspectiva: não são mais eles, os selvagens, que aparecem como estranhos, por misturarem o que não se deveria de modo algum misturar, as "coisas" e as "pessoas"; somos nós, ocidentais, que vivemos até aqui o estranho sentimento de que era preciso separar em dois coletivos distintos, segundo duas formas de ajuntamento incomensuráveis, as "coisas", de um lado, as "pessoas", de outro.[48]

O sentimento de estranheza que busca uma outra cultura só tem interesse se fizer refletir sobre a estranheza da sua própria, sem o

---

48 Sobre toda essa invenção do "outro" pela dupla política da Ciência, ver Latour (1991). A distinção entre "eles" e "nós" decorre inteiramente da diferença absoluta, introduzida entre os fatos e os valores, pois "eles" não fariam a diferença entre os dois, confundindo a ordem de sua sociedade com a ordem do mundo, ao passo que "nós" saberíamos fazer a diferença entre as duas ordens. A primeira distinção é apenas a exportação da segunda. Muda-se, em consequência, a alteridade, assim que se muda a concepção da Ciência.

que degenera em exotismo, em orientalismo. Para não cair no fascínio perverso das diferenças, é preciso criar rapidamente um terreno comum que substitua a surpresa pela cumplicidade profunda das soluções. Juntando-se as descobertas recentes da antropologia comparada às da ecologia política e da sociologia das ciências, deve-se poder superar completamente *dois exotismos* simétricos: aquele que faz crer aos ocidentais que eles estão separados da natureza porque teriam esquecido as lições das outras culturas e viveriam em um mundo de coisas puras, eficazes, rentáveis e objetivas; e aquele que fazia crer às outras culturas que elas haviam, por longo tempo, vivido na fusão entre a ordem natural e a ordem social, e que era preciso, então, para alcançar a modernidade, levar em conta a natureza das coisas, tais como elas são.

O mundo moderno, ao qual os ocidentais lamentam, por vezes, pertencer, exigindo das outras culturas que venham se juntar a eles, não tem, de todo, os caracteres que se lhe emprestam, porque lhe falta inteiramente a natureza. Nem entre uns nem entre outros a natureza desempenha um papel. Entre os ocidentais, porque ela é inteiramente política; entre os não ocidentais, porque eles jamais utilizaram a natureza para nela estocar, às escondidas, a metade de seu coletivo. Os brancos não estão nem próximos da natureza porque eles saberiam, enfim, e somente eles, como ela funciona, graças à Ciência, nem distantes da natureza porque teriam perdido o segredo ancestral da vida íntima com ela; os "outros" não estão nem próximos da natureza porque jamais se puseram à parte de seu coletivo, nem distantes da natureza das coisas porque sempre a teriam confundido com as exigências de sua ordem social. Nem os primeiros nem os outros estão distantes ou próximos da natureza. A natureza desempenhou um papel provisório nas relações políticas dos ocidentais, com eles mesmos e com os outros. Ela não atuará mais, doravante, graças à ecologia política, enfim repensada para recuperar a ecologia militante. Além do que, elevando a natureza, não há mais "outros" nem "nós". O veneno do exotismo se evapora num instante. Uma vez tirado da grande cenografia política "da" natureza, não fica mais que a banalidade de associações múltiplas de humanos e de não humanos que aguardam sua unidade por um trabalho do coletivo, que deve ser preciso, utilizando os recursos, os conceitos, as instituições de todos os povos, chamados, talvez, a viver em comum sobre uma terra que se torna, por um longo trabalho de reunião, a mesma terra.

Tudo depende, portanto, no presente, da maneira pela qual qualificaremos esse trabalho de acumulação. Com efeito, de duas, uma: ou o trabalho já está terminado, ou está por fazer. Toda epistemologia (política) e a *Naturpolitik* que lhe sucede afirmam que, sob os auspícios da natureza, esse trabalho, no essencial, está *terminado*; a ecologia política afirma, depois de nós, que ele *apenas começa*. Para participar do desenvolvimento das instituições políticas adaptadas à exploração desse mundo comum e dessa "mesma terra", a antropologia deve se tornar *experimental*.* Diante de que escolha política ela se encontra de fato? Ela conservará, para sempre, o multiculturalismo sobre o fundo de natureza unificada que lhe serve de filosofia involuntária?

Desde o século XVII, tornou-se comum diferenciar as *qualidades primeiras*,* que são as coisas por si mesmas, independentemente de nosso conhecimento, da maneira como elas são vividas por uma consciência, o que chamamos de *qualidades segundas*.* Quando falamos de átomos, de partículas, de fótons, de genes, estamos designando as qualidades primeiras, a mobília do universo. Quando falamos de cores, de odores, de luzes, designamos as qualidades segundas. Nada de mais inocente à primeira vista do que essa distinção. Ora, basta modificá-la muito ligeiramente para fazer ressaltar à plena luz o arranjo político que ela, sub-repticiamente, permite. As qualidades primeiras, com efeito, compõem o mundo *comum que todos nós compartilhamos.* Somos todos feitos igualmente de genes e de neurônios, de proteínas e de hormônios, em um universo de átomos, vácuo e energia. As qualidades segundas, ao contrário, nos dividem, pois nos remetem às especificidades do nosso psiquismo, de nossas línguas, de nossas culturas ou de nossos paradigmas. Por consequência, se definimos a política* não como a conquista do poder no interior da Caverna, mas como a composição progressiva de um mundo comum* a compartilhar, percebemos que a divisão entre qualidades primeiras e qualidades segundas cumpre, desde já, *a maior parte do trabalho político*. Quando entramos em um universo cujo mobiliário já está definido, sabemos, de imediato, aquilo que todos temos em comum, o que nos mantém reunidos. O resto é aquilo que nos divide, as qualidades segundas, mas que não é nada de essencial, posto que suas essências se encontram alheias, inacessíveis, sob a forma de qualidades primeiras, porém invisíveis.[49]

Compreendemos agora que, se o antropólogo de tempos passados tinha tanta atenção pela multiplicidade das culturas, é porque dava por certa a natureza universal. Se ele podia colecionar tantas diversidades, é porque a antropologia podia agrupá-las, fazendo-as se destacar sobre um fundo comum, previamente unificado. Há, portanto, duas soluções igualmente instáveis para esse problema da unidade: o mononaturalismo* e o multiculturalismo.* O mononaturalismo nada tem de evidência primeira, é apenas uma das soluções possíveis à experiência abortada da construção de um mundo comum: *uma* natureza, *várias* culturas; a unidade nas mãos das ciências exatas, a multiplicidade nas mãos das ciências humanas. O multiculturalismo,* se for mais do que um monstro criado para botar medo nas criancinhas, oferece uma outra solução, da mesma forma prematura, para a exploração do mundo comum: não só as culturas são diversas como cada uma possui pretensões iguais para

---

49 Politizo aqui a crítica feita por Whitehead sobre a distinção entre qualidades primeiras e segundas, como também sobre a originalidade do papel dado ao espírito humano: "A teoria dos acréscimos psíquicos trataria o verdor [de um raminho de grama] como um acréscimo psíquico fornecido pela mente perceptiva, e só abandonaria à natureza as moléculas e a energia de radiação que influenciam o espírito e o fazem ter essa percepção" (Whitehead, 1998, p.54). Reencontramos ademais, em Naess (1988), a mesma crítica, a partir de Whitehead e de James, da divisão entre qualidades primeiras e segundas!

definir a realidade; elas não se destacam mais sobre o fundo de uma natureza unificada; cada uma é incomensurável com as outras; não há mais, no todo, um mundo comum. De um lado, um mundo invisível, mas visível aos olhos dos sábios, cujo trabalho permanece escondido; de outro, um mundo visível e sensível, mas não essencial, pois está vazio de suas essências. De um lado, um mundo sem valor, pois não corresponde a nada vivido, mas só essencial, pois traz os fenômenos para a natureza verdadeira; do outro, um mundo de valores, mas sem valor, pois não chega a nenhuma realidade durável, ainda que ele seja o único vivido. A solução do mononaturalismo estabiliza a natureza, sob o risco de esvaziar de toda substância a noção de cultura, reduzida a fantasmas; a solução do multiculturalismo estabiliza a noção de cultura, sob o risco de pôr em perigo a universalidade da natureza, reduzida a uma ilusão. É esse arranjo disforme que é considerado bom senso! Para recolocar em marcha a experimentação do mundo comum, prematuramente fechado por essas duas soluções calamitosas, será preciso evitar *tanto a noção de cultura quanto a de natureza*. É o que torna tão delicada a utilização, pela ecologia política, dos resultados da antropologia, e que explica, talvez, por que ela evitou, até aqui, fazer um maior uso disso.

Uma comparação nos permitirá fazer compreender melhor a instabilidade na qual não se deve ter medo de entrar, a fim de dar todo seu sentido àquilo que se poderia chamar de política *sem* a natureza. Antes do feminismo, a palavra "homem" tinha o caráter de uma categoria não codificada, e "mulher", o de categoria codificada. Ao dizer "homem", designava-se, sem sequer pensar nisso, a totalidade dos seres pensantes; ao dizer "mulher", marcava-se a "fêmea", à parte dos seres pensantes. Nenhum outro ocidental, hoje, tomaria a palavra "homem" por uma categoria não codificada. Macho/fêmea, homem/mulher, *he/she*, eis aí o que tomou lentamente o lugar da antiga evidência. As duas etiquetas se reencontram marcadas, codificadas, encarnadas. Ninguém pode mais pretender designar, sem esforço e sem contestação, o universal, a partir do qual o outro permanecia um "outro" eternamente à parte. Graças ao imenso trabalho das feministas, dispomos, doravante, de instituições conceituais que nos permitem marcar a diferença não mais entre homem e mulher, mas, de uma parte, entre o antigo casal formado pelo homem, categoria não distinta, e a mulher, única categoria marcada, e de outra, o novo casal, infinitamente mais problemático, formado pelas duas categorias igualmente distintas de homem e de mulher.[50] Pode-se prever, sem dificuldade, que isso acontecerá com igual rapidez para as categorias natureza e cultura. Para o momento, "natureza" ressoa, ainda, à maneira de "homem", há vinte ou quarenta anos, como categoria indiscutível, evidente, universal, sobre cujo fundo se demarca clara e distintamente a "cultura", eternamente particular. "Natureza" é, portanto, uma categoria ainda não demarcada; "cultura", uma categoria marcada. Entretanto, a ecologia política, por um movimento de amplitude tão vasto, propõe fazer provar à natureza o que o feminismo fez naquele tempo e sempre faz para o homem: apagar a antiga evidência com a qual ele passava um pouco rapidamente como totalidade.[51]

Conclusão: qual sucessor para o coletivo em duas câmaras?

Com este primeiro capítulo percorremos, ao mesmo tempo, o mais fácil e o mais difícil: o mais fácil porque se tratava, ainda,

---

50 Ver o enorme trabalho analítico realizado por Fox-Keller (1985) sobre a relação das questões feministas e dos *sciences studies*, e a obra de Schiebinger (1995).
51 Todo o interesse do trabalho de Donna Haraway vem do fato de ela ter reagrupado os dois projetos do feminismo e da ecologia política, não sob a forma simplista de Merchant (1980; 1992), mas, nos dois casos, tomando como ponto central de sua investigação a questão da ciência e de suas incertezas. Ver, em particular, Haraway (1989; 1991). Para uma apaixonante ilustração dos debates conjuntos sobre o feminismo, os *sciences studies* e a sociobiologia, ver os temas reunidos por Strum e Fedigan (2000).

de desembaraçar os falsos problemas, antes de abordar questões verdadeiramente árduas das novas instituições públicas a reconstruir; o mais difícil porque sabemos agora a qual preocupação essas instituições devem responder. Se atravessamos, com marcha forçada, paisagens que mereciam mais cuidados, pelo menos atingimos nosso campo de base. Os resultados conjuntos da sociologia das ciências, da ecologia política, das ciências sociais e da antropologia comparada, que esquematizamos pouco a pouco (e cada uma, bem o sabemos, teria merecido numerosas páginas), convergem em direção desta fórmula: *qual coletivo pode ser convocado, no momento em que não se tem mais duas câmaras, das quais somente uma reconhece seu caráter político?* Que nova Constituição pode substituir a antiga? Quanto à questão "É necessária uma política que esteja voltada aos humanos ou que também leve em consideração a natureza?", sabemos, no momento, que se tratava, então, de uma alternativa vã, pois a natureza e o humano sempre viveram, pelo menos na versão ocidental da vida pública, sob a ameaça recíproca. Sabemos também que existe hoje, pela primeira vez, uma alternativa confiável a essa política bifocal, pois é tão improvável assimilar o trabalho das ciências à Ciência como reduzir a política* como composição progressiva de um mundo comum à política do poder e dos interesses. Apesar dos gritos de horror que continuam a ser dados, ainda que com cada vez menos efeito, pelos defensores da antiga Constituição, é perfeitamente possível falar da realidade exterior sem confundi-la, ao mesmo tempo, com sua unificação prematura por um poder que não ousa levar esse nome e que ainda desfila sob a coberta cada vez menos protetora da polícia epistemológica. Pode-se, portanto, no presente, pela primeira vez, retirar os parênteses dessa forma particular de filosofia política para lhe imaginar um *sucessor* falando abertamente de epistemologia política,* sob a condição de conjugar as ciências – e não a Ciência – com a questão do coletivo – e não mais com a prisão do social.

Como todos os resultados que nos esforçaremos em obter, este aqui tem as aparências da extravagância. Apenas sua banalidade o torna difícil. Mais exatamente, estamos tão habituados a dramatizar a questão da natureza, a fazer uma gigantomaquia, que não chegamos a reconhecer quão simples é o acesso a uma multiplicidade ainda não coletada. Para nós, a nova distinção, em direção à qual a ecologia política nos dirige, não passa mais entre a natureza e a sociedade, entre a ecologia e a política, mas entre duas operações que aprenderemos a qualificar, no Capítulo 3. Uma diz respeito à multiplicação das entidades, a outra, à sua composição, sua reunião. Dito de outra forma: podemos ver agora com mais clareza: os não humanos não são totalmente objetos nem inteiramente construções sociais: *o objeto* era o não humano mais a polêmica da natureza dando uma lição à política dos sujeitos*. Uma vez liberados dessa polêmica, dessa bifurcação da natureza,[52] os não humanos vão recobrar um outro aspecto.

Todos os "grandes problemas" canônicos da epistemologia voltarão a aparecer, doravante, como simples demonstrações de artes marciais. Que diferença entre a árvore não humana que cai sozinha na floresta e a árvore-objeto que tomba na floresta para quebrar a cabeça do idealista que enfrenta o realista em um *pub* em frente ao King's College! Que podemos dizer da primeira? Que ela cai e que cai só. Nada mais, nada menos. É a segunda que vem responder, em uma polêmica, a um *conflito de poderes* sobre os direitos respectivos da natureza e da política. Só o objeto se encontra comprometido no conflito de lealdade entre o novo papa e o novo imperador. Nada do

---

52 Reutilizo aqui a bela expressão de Whitehead sobre a bifurcação da natureza: "Aquilo contra o que me levanto essencialmente é a bifurcação da natureza em dois sistemas de realidade que, até onde eles são reais, são reais em sentidos diferentes. Dentre essas realidades estão as entidades, tais como os elétrons, estudados pela física especulativa. Essa seria a realidade que se oferece ao conhecimento, embora, de acordo com essa teoria, isso nunca seja conhecido. Porque o que é conhecido é outra espécie de realidade, a ação coadjuvante da mente. Assim, haveria duas naturezas, da qual uma seria conjetura e a outra, sonho" (Whitehead, 1998, p.54). Whitehead, entretanto, mantém cuidadosamente a noção de natureza que, por razões de filosofia política, não lhe interessa, e que prefiro não conservar.

não humano. Os não humanos merecem bem mais do que preencher indefinidamente o papel bastante indigno, assaz vulgar, de objeto, na grande cena da natureza. A gravidade, por exemplo, essa sublime gravidade, esse rizoma admirável que transforma a Europa e todos os corpos pesados desde 1650, merece infinitamente mais do que servir de objeção indiscutível ao construtivismo social, que pretende se jogar, sem sofrimento, da proverbial janela do décimo quinto andar, porque acreditaria – como o fazem seus adversários – no relativismo! Quando nos tornaremos adultos e cessaremos de nos meter medo com essas histórias do Grand Guignol? Quando poderemos, enfim, laicizar os não humanos, deixando de objetificá-los?

Ao liberar os não humanos da polêmica da natureza, não pretendemos abandoná-los à própria sorte, inacessíveis, inatacáveis, inqualificáveis, como se ocupassem a posição bem pouco invejável de "coisas em si". Se é preciso liberá-los, deve ser por completo, e em particular desse bloqueio, ao qual o kantismo desejava condená-los, privando-os de toda relação possível com as assembleias humanas. O social não é mais composto de sujeitos, assim como a natureza não está formada por objetos. Uma vez que, graças à ecologia política, distinguimos os objetos dos não humanos, poderemos, também em função dela, diferenciar os humanos dos sujeitos: *o sujeito* era o humano preso na polêmica da natureza e resistindo corajosamente à objetivação pela Ciência*. Gostaríamos que ele se afastasse da natureza para exercer sua liberdade, que aprisionasse sua liberdade para se reduzir, enfim, aos objetos da natureza.[53] Mas, imposta essa escolha aos sujeitos, o humano não teria mais que obedecer a isso. Uma vez liberados dessa verdadeira guerra fria, os humanos assumirão um aspecto totalmente diferente, e, em

---

53 É a essa escolha patética que nos quer trazer Ferry e aqueles que polemizam contra ele. Ver, em outra ponta, as pesquisas, tão importantes para mim, de Cussins (1995), sobre as subjetividades do hospital; e de Gomart (1999), sobre as explorações dos ditos sujeitos com as drogas.

lugar de existir apenas por si mesmos, poderão exibir a longa cadeia de não humanos, sem os quais a liberdade não faria sentido. Quanto às disciplinas científicas, uma vez tornadas visíveis, presentes, ativas, agitadas, não mais ameaçadoras, elas vão poder desprender esse formidável potencial do pluriverso, que não tiveram jamais, até aqui, ocasião de desenvolver, arrasadas que eram constantemente pela obrigação de produzir, o mais rapidamente possível, objetos "da natureza", escapando das "construções sociais", a fim de retornar o mais depressa para reformar a sociedade pela razão indiscutível. Escapando da mortal tenaz da epistemologia e da sociologia, a ecologia política permite às disciplinas científicas, libertadas de sua função de epistemologia (política), multiplicar os recintos, as arenas, as instituições, os fóruns, as experiências, as provas, os laboratórios pelos quais se associam os humanos e os não humanos, todos novamente libertos. A Ciência está morta, viva a pesquisa e vivam as ciências.

Resta tudo a fazer, mas pelo menos saímos da idade das Cavernas! A palavra pública não vive mais sob a ameaça permanente de uma salvação vinda do alto, que poderia abreviar os processos que permitem definir o mundo comum, por leis não feitas pela mão do homem. Ó surpresa! Ao abandonarmos essa antiga figura da razão, não abandonamos, no entanto, nem a realidade exterior, nem as ciências, nem mesmo o futuro da razão. A antiga oposição do sábio e do político, de Sócrates e de Cálicles, da razão e da força, dá lugar, doravante, a uma outra oposição, de outra forma mais fecunda, entre, de um lado, a sempiterna disputa dos epistemólogos contra os sofistas, e, de outro, aquela do coletivo. A antiga Constituição, inventada para manter cativos os prisioneiros da Caverna, teve longo tempo para destacar seus efeitos, e ainda nos esforçamos em imaginar uma filosofia política para as associações de humanos e de não humanos. Como veremos nos capítulos seguintes, posto que os ocidentais sempre procuraram, sob o manto da natureza, inventar um coletivo a duas câmaras, que o façam bem, e dessa vez, *segundo as formas*.

ANEXO
A instabilidade da noção de natureza

Todo mundo concorda sobre este ponto: nada de menos estável que a noção de natureza. Essa instabilidade vem do ponto de partida. Segundo o naturalismo – forma de identificação dentre outras próprias aos ocidentais (Descola, 1996) –, a palavra "natureza" designa três elementos diferentes: a) uma parte do mundo submetida à estrita causalidade e somente ao reino da necessidade; nesse sentido, a natureza se opõe ao reino da sociedade humana, de sua subjetividade, marcada ao contrário pelo reino da liberdade e pela suspensão da estrita causalidade; b) mas a palavra "natureza", e é aí que as coisas se tornam instáveis, designa também *o conjunto* formado pela reunião da natureza não social e da natureza social. Dito de outra forma, a palavra "natureza" designa ao mesmo tempo uma parte e o conjunto, pois a sociedade humana em sua evolução não é concebida fora do quadro da causalidade; c) mas o que ocorre, então, com a distinção entre a natureza (não social) e a (natureza) social? Ainda aí podemos concebê-la de duas maneiras diferentes: ou essa distinção pertence, ela mesma, à ordem da natureza – dir-se-á, por exemplo, que a evolução arrancou a humanidade da estrita determinação da natureza (não social) –, ou se pode pensar essa distinção como pertencente à ordem da sociedade: dir-se-á, desde então, que se trata de uma categorização pelo espírito humano de uma distinção artificial, de uma convenção, que não existe nas coisas, mas que tem, no curso da história, jogado um papel considerável na delimitação do humano. Essa segunda distinção não permite, evidentemente, estabilizar a situação, posto que a sociedade, ela mesma, assim que distingue o humano da natureza, pertence sempre à natureza – no primeiro sentido globalizante do termo. Daí o esquema da página seguinte.

Essa primeira delimitação permite, nos parece, cartografar de maneira satisfatória algumas das formas ocidentais de instabilidade: com efeito, pode-se classificá-las, conforme elas levem a um dos dois polos: à sua distinção ou à reunião dos dois.

Se considerarmos de início as formas de instabilidade que incidem sobre um dos dois polos em alternância, teremos as seguintes figuras:

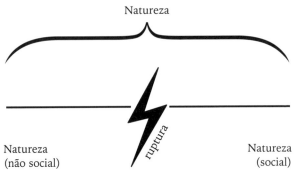

Figura 1.2

Desenraizamento: cada um dos polos se caracterizará pela distância, *a maior possível*, do outro; dir-se-á, por exemplo, que a liberdade humana se define por se desenraizar das estritas determinações naturais (Ferry, 1992); ao inverso, criticar-se-á o artifício supérfluo da sociedade humana para retornar aos dados básicos de uma natureza que não mente jamais, porque ela ignora as loucuras humanas e só conhece a estrita determinação. Se o desenraizamento foi alcançado, as duas formas extremas de mútuo desdém serão obtidas: uma natureza que ignora tudo do mundo social; um mundo social que ignora tudo da natureza. Reencontraremos essa figura em inumeráveis cenografias: a diferença entre "científico" e "literário", a oposição entre "campo" e "cidade" etc.

Conquista: a instabilidade da polarização natureza/sociedade será marcada aqui, dessa vez, por um esforço para invadir o outro polo, levando a ele as vantagens tiradas do primeiro; trata-se, aí, de formas bem conhecidas: a *naturalização*, antes de tudo, consistirá em estender tanto quanto possível a lista das entidades causalmente determinadas, as qualidades primeiras* (elétrons, fótons, partículas, ondas cerebrais, genes etc.), para reduzir a nada os fantasmas da ilusória liberdade humana, limitada às qualidades segundas;* inversamente, a *socialização* consistirá em tentar demarcar, tanto quanto possível, uma natureza insignificante e selvagem pela disciplina humana, pela liberdade criadora do homem. Nos dois casos, a grandeza se marcará pela distância atingida ao se estender a influência de um polo sobre o território do outro. Essa figura se caracteriza por seu aspecto militante, por seu espírito de conquista e de combate, pelo sentimento de vingança com o qual se acolherá cada um dos movimentos dessa eterna *vendetta*. Os debates sobre os respectivos papéis da natureza e do ambiente são desse tipo, assim como as inumeráveis discussões sobre a distinção da alma e do corpo, o papel das doenças psicossomáticas etc.

Espelho: segundo esse tropo, a distinção entre os dois polos é reconhecida como completa, mas a capacidade de superá-la – seja para se prender a um deles, seja para estender sua influência aos dois precedentes – é posta em dúvida: reencontramos aí, sob um modelo polêmico e enfraquecido, as formas clássicas do totemismo e do animismo: a natureza, tal qual é conhecida pelo homem, apenas reflete as categorias sociais; ninguém poderia, pois, passar para o outro lado do espelho, que devolve a imagem do social simplesmente transformada em coisas; de modo contrário, as transformações que a liberdade humana recebe pelas conquistas da liberdade só fazem devolver a imagem das estritas necessidades naturais. A distinção natureza/sociedade não pode ser superada; um espelho ocupa o lugar do abismo: a natureza só vê na sociedade a natureza; a sociedade só vê na natureza a sociedade. Somente a estetização (no sentido de Kant) permite experimentar as relações em espelho. Ver, por exemplo, o marcante exemplo de Tromm (1996).

Dialética: a solução dialética não debate a distinção natureza/sociedade, necessidade/liberdade, mas a põe em cena de outra forma:

assim que se chega à natureza, encontramos já presentes o humano e seu trabalho livre e criador; quando se chega ao humano, encontramos sempre a natureza e suas estritas necessidades. Devem-se diferenciar duas formas de dialética: a primeira é a da tradição francesa, aquela de Leroi-Gourhan, Moscovici, Dagognet: habitamos uma natureza humanizada desde milhares de anos, presa a nossas categorias intelectuais, socializada desde sempre; essa ação sobre a matéria é, ela mesma, resultado de uma natureza humana que remonta a uma história biológica imensamente longa e que define a natureza do homem como *Homo faber*. Pode-se chamá-la de suave, porque repousa sobre uma naturalização geral e sobre o modelo do fabricante, em particular do engenheiro e do demiurgo. A versão mais dura, vinda de Hegel por Marx, repousa sobre uma *contradição* entre objetividade e subjetividade, e acrescenta um motor histórico que não se encontra na outra. Em lugar da evolução, ao mesmo tempo darwiniana e bergsoniana da primeira, temos na segunda uma forma de globalização (ver mais adiante).

Relação de força: mais recente, esta versão considera as relações entre natureza e humanidade como relações de força, que ultimamente se inverteram, desde que, no curso do século XX, o poderio humano se tornou tectônico, quer dizer, capaz de rivalizar com o cosmos ou, pelo menos, com as forças locais da terra; todas são metáforas bem presentes em Moscovici, Serres, Naess e Merchant (1980), da violência feita à natureza, reduzida ao silêncio; o humano, por seu crescimento demográfico e técnico, rivaliza com a natureza e se torna perigoso a ela, porque, até aqui, ele havia sido sempre geneticamente mais fraco e mais frágil do que ela. Essa forma de relação é totalmente contraditória à precedente, porque torna impossível o entusiasmo fabricador, sempre presente nas dialéticas (suaves ou duras); ela é incompatível, igualmente, com o tema do desenraizamento, tanto quanto com o da invasão; a terra adotiva e madrasta se torna uma velha mãe frágil, que será preciso a partir de então proteger.

Recapitulando:

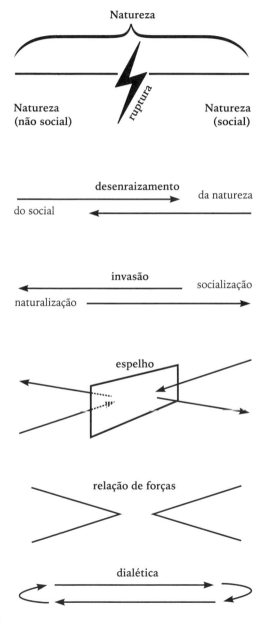

Figura 1.3

Todas essas formas mantêm a distinção natureza/sociedade – *sobretudo* a dialética, que faz dessa diferença, elevada a contradição, o motor da história. Mas a palavra "natureza" designa também *o conjunto*, ou mais exatamente a reunião, que compreende ao mesmo tempo a natureza (não social) e a sociedade humana. Em vez de insistir nas diferenças, pode-se, entretanto, partir da reunião para definir a totalidade da natureza. Essa estratégia de globalização não é mais estável que as formas precedentes, porque não existe nenhum ponto de partida assegurado para efetuar essa manobra de envolvimento. Reencontramos na globalização a mesma polaridade natureza/sociedade, ainda mais obscura, uma vez que vamos poder globalizar a partir de todas as posições possíveis, que vão da natureza naturalista à sociedade, passando por Deus. Daí o interesse de prolongar um pouco mais essa pequena cartografia.

Podem-se reconhecer, me parece, três pontos de partida diferentes para globalizar natureza e sociedade no mesmo conjunto.

É possível, de início, partir dos ingredientes da natureza, tais quais nos são oferecidos por uma visão calmamente reducionista do mundo; não se trata, como na manobra de naturalização, de militarizar a questão, mas muito mais de afirmar a multiplicidade dos níveis de determinação desde o átomo até o sistema social. Por esse tropo, poderemos, ademais, nos dar ao luxo de criticar o reducionismo, afirmando que, se tudo está na natureza, nem tudo está, por isso, determinado pelo mesmo nível de causalidade. Não se visa, como nas formas precedentes, humilhar o adversário (o espírito, o humano, a liberdade), mas integrá-lo e reconhecer nele um nível de determinação própria.

Em vez de partir de um inventário fixo de ingredientes naturais para compor o conjunto, pode-se também optar por definir uma *metaciência*, ciência da complexidade, ciência dos procedimentos, ciência ainda por inventar segundo a necessidade; afirmaremos, desde logo, que não se parte da ciência "redutiva" e "cartesiana", mas de uma ciência da totalidade, única de fato capaz de abarcar a complexidade dos seres vivos; essa metaciência, se incluir a totalidade, não pode ser considerada plenamente como a precedente, porque ela depende, segundo uma proporção mais ou menos ampla, de uma sobrenatureza: o divino abandonado, denegado, faz sua aparição sob a forma de um todo generoso, energético, abundante, que não se poderia reduzir apenas à causalidade fria das ciências clássicas. Tudo está na natureza, mas essa é uma sobrenatureza, impregnada de divindade. A divindade, todavia, não é pensada como tal, e sem ela sairíamos do monismo, essencial a essa forma de globalização.

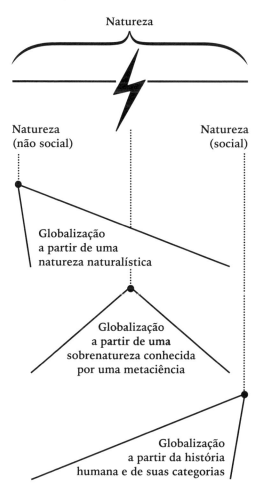

Figura 1.4

Mas essas formas de globalização conhecem gradações indefinidas, o que torna difícil distingui-las de modo fatiado. Enfim, a terceira maneira consiste em globalizar a história humana a partir dela própria, incluindo tudo, aí incluindo a natureza não social, na noção de construção humana, ou de história humana. Não se trata mais, como na versão militante da socialização, de combater a natureza, domesticá-la, discipliná-la, mas de incluí-la na aventura do espírito. Podem-se considerar todas as formas de idealismo, de *Naturphilosophie*, e mesmo uma grande parte do construtivismo social, como integrantes dessa figura de globalização. As meditações sobre o princípio antrópico, a ecologia social, a ecoteologia, ou mesmo o realismo crítico, permitem passar por degraus de uma a outra forma de globalização. Se o espírito construtor e inventivo se descobre como uma mistura de humano e de divino, é possível obter uma variedade de matizes, indo da sobrenatureza à construção social. Segundo se reconheça ou não o papel fecundo das polarizações, pode-se passar, por degraus, pelas versões dialéticas.

Nenhuma dessas formas de globalização é segura e verdadeiramente global; todas podem reconhecer um *resíduo* que não saberíamos incluir, oscilando, pois, brutalmente, entre uma e outra das divisões da série precedente; por exemplo, a globalização naturalística reconhecerá, talvez, um sopro de divindade ou de liberdade que não saberia excluir; a construção crítica se esgotará, deixando um resíduo fundamental que escapa a toda história, as estruturas elementares da matéria, por exemplo, ou a insistência bruta das coisas em si; a globalização sobrenatural deixará bruscamente um resíduo que ela não pode assimilar sob a forma de uma geometrização indevida e fria da natureza (por exemplo, em Bergson), mas o ponto central desses esforços de globalização está no fato de ela não visar reduzir o outro polo, mas envolvê-lo.

Essa cartografia não esgota, é claro, as formas de instabilidade, mas – e este é o ponto importante – pode-se passar inopinadamente, não importa de qual dessas posições à seguinte, e retornar, ao fim, à sua posição inicial, para recomeçar no mesmo instante. *Nada menos estabelecida que a ideia de natureza*. Tudo muda, desde que se rejeite inteiramente a noção de natureza e a instabilidade que ela cria. Assinalemos, para concluir, o perigo que haveria aí ao confundir o coletivo* com uma ou outra das estratégias de globalização que passaremos em revista. O coletivo da cosmopolítica* não é o grande todo no qual a natureza não social e a natureza humana se encontrariam, afinal, reconciliadas, recombinadas, subsumidas. O coletivo se definirá ao longo desta obra como aquilo que *recusa* reunir a natureza e a sociedade.

2
COMO REUNIR O COLETIVO

Do longo capítulo precedente aprendemos que os termos "natureza" e "sociedade" não designavam os seres do mundo, os cantões da realidade, mas uma forma muito particular de organização pública. Pode ser que nem tudo seja político, mas a política se ocupa de formar um todo, desde que se aceite redefini-la como o *conjunto de tarefas* que permitem a composição progressiva de um mundo comum.* Ora, só havia as políticas (no sentido profissional do termo) para conduzir essas tarefas a bom termo: havia muito tempo, em nossos países do Ocidente, os sábios tinham tomado um lugar preponderante graças a esse poder real que possuíam por direito natural. A filosofia política jamais entendeu verdadeiramente a frase evangélica "Todo reino dividido contra si mesmo perecerá" (Mt, 12, 24), já que continuou se ocupando apenas do mundo da política humana, deixando a maior parte das questões conspirar alhures, em segredo, fora do processo, em uma assembleia de objetos inumanos que decidia, por operações misteriosas, do que se compõe a natureza e qual tipo de unidade formamos com ela.

Ao dividir a vida política em duas câmaras incomensuráveis, a antiga Constituição resultou na paralisia, já que obteve, com a natureza, uma unidade prematura e, com as culturas, nada além de uma dispersão sem fim. A antiga Constituição, portanto, teve como resultado formar, no final das contas, *duas assembleias igualmente ilícitas*: a primeira, reunida sob os auspícios da Ciência, era ilegal, uma vez que definia o mundo comum fora de todo processo público; a segunda, ilegítima de nascença, pois lhe faltava a realidade das coisas, que haviam sido relegadas à outra câmara, devendo contentar-se com as "relações de força", com a multiplicidade de pontos de vista irreconciliáveis, apenas com a habilidade maquiavélica. Uma possuía a realidade, mas não a política; a outra, a política e a "construção social". Ambas tinham de reserva um atalho decisivo para pôr fim à discussão: a razão indiscutível, a indiscutível força, *right and might, knowledge and power*. Cada uma das câmaras ameaçava a outra de exterminação. Apenas o terceiro termo sofreu com essa longa guerra fria, o Terceiro Estado, o coletivo, para sempre privado de uma competência política e científica, fato que nem os atalhos da força, nem os da razão, modificariam.

As lições do Capítulo 1, todavia, não são nada mais do que negativas: mesmo que tenhamos compreendido que a natureza não pode servir de modelo à política, não sabemos ainda fazer melhor que a natureza... Tal é, agora, a questão, de outra maneira mais difícil, que é preciso abordar: como redigir uma Constituição que permita obter dentro das formas o mundo comum? Mas, antes disso, que termo utilizar para descrever o que vai substituir o reino dividido contra si mesmo? O de *República*.* Essa palavra venerável convém admiravelmente se aceitamos fazer ressoar mais forte a palavra *res*, a palavra "coisa".[1] Como temos observado com frequência, tudo se passa como se a ecologia política reencontrasse, na *res publica*, na coisa pública, a etimologia muito velha que liga, desde a aurora

---

1 Eu havia dado a essa República o nome de "Tribunal das coisas", ao final da investigação sobre os modernos. Tive depois a sorte, graças a um contrato do Ministério do Ambiente, de poder estudar os "tribunais locais da água", as CLE encarregadas pela lei sobre a água de representar parcelas de rio – ver Latour (1995) e a tese em curso de Jean-Pierre Le Bourhis.

dos tempos, em todas as línguas da Europa, a palavra "coisa" e a expressão "assembleia judiciária". *Ding* e *Thing*, *res* e *reus*.²

O império da Constituição modernista, agora em declínio, nos fez esquecer um pouco que coisa* emerge antes de tudo como *um assunto no seio de uma assembleia que conduz uma discussão, exigindo um julgamento levado em comum*. Não se trata de um antropomorfismo que nos levará ao passado pré-moderno – o qual, está claro, não é mais do que um exotismo dos modernos –, mas do fim de um antropomorfismo decadente: aquele pelo qual os objetos, indiferentes à sorte dos humanos, vinham varrer do exterior e fora do processo o trabalho das assembleias. Ao contrário, essa famosa "indiferença do cosmo às paixões humanas" oferece, apesar das aparências, o mais estranho dos antropomorfismos, por pretender *dar forma* aos humanos, fazendo-os se calar pelo poder indiscutível da objetividade desprovida de toda paixão! Raptaram-se os não humanos para fazer deles pedras com as quais se lapidaria o *demos* reunido. Servindo-se da objetividade para abreviar os processos políticos, ousou-se confundir as ciências com esse atalho que a violência autorizava – e tudo isso em nome da mais alta moral e da mais melindrosa das virtudes! Com a natureza, queria-se passar à força, isto é, com razão. Sim, uma verdadeira impostura intelectual, felizmente tornada sem efeito.

A única inovação de nosso projeto consiste em buscar um sucessor para esse "reino dividido contra si mesmo", contando com os recursos desse Terceiro Estado, que apenas um preconceito fazia confundir com o amontoado de escravos acorrentados na Caverna e prisioneiros do social. Agora que a irrupção da natureza não vem mais paralisar a composição progressiva do mundo comum, é

---

2 Notado algumas vezes por Serres (1987, p.110), que fez o argumento essencial de seu livro. Ver o apaixonante estudo de Thomas (1980): "Quando ela (a *res*) aparece nessa função, não é como assento onde se exerce o domínio unilateral de um sujeito [...]. Se a *res* é objeto, ela é acima de tudo um debate ou uma disputa, objeto comum que *opõe e reúne* dois protagonistas no interior de uma mesma relação" (p.417). E mais adiante: "Sua objetividade está assegurada por esse acordo comum, do qual a controvérsia e o debate judicial são o ponto de partida" (p.418).

necessário nos tornarmos capazes de convocar o coletivo,* encarregado doravante, como seu nome indica, de "coletar" a multiplicidade de associações de humanos e não humanos, sem recorrer à brutal segregação entre as qualidades primárias* e as qualidades secundárias* que permitiam até aqui exercer em segredo funções privilegiadas. Essa competência do Terceiro existe em verdade, mas vive oculta sob a forma de um duplo problema de representação,* que a antiga Constituição obrigava a tratar separadamente: a epistemologia, desejosa de saber sob que condição se pode ter uma representação *exata* da realidade exterior; a filosofia política, buscando sob que condição um mandatário pode representar *fielmente* seus semelhantes. Ninguém pode reconhecer os traços comuns dessas duas questões, já que se faz de sua distinção radical o próprio sinal da mais alta virtude moral: sobretudo "não confundamos" as questões de natureza e as questões políticas, o ser e o dever-ser![3] É a essa ausência de confusão, afirma-se, que se tem sempre reconhecido, e que se reconhece ainda, como a virtude de uma filosofia. A história, durante esse período, plena de som e fúria, felizmente se encarregou de fazer todo o contrário e de misturar, sob todas as formas possíveis, as naturezas e as políticas, impondo finalmente, a partir de alguns decênios, a necessidade de uma epistemologia política* explícita, no lugar e em nome da antiga polícia epistemológica.

Uma vinheta nos permitirá ilustrar a passagem de um reino dividido à República das coisas. A filosofia sempre tirou bom partido do caso Galileu: reunidos em uma sala, um conclave de príncipes e de bispos discute para saber como conduzir o mundo e em que devem crer suas ovelhas para irem ao Céu; em outro aposento, isolado na outra extremidade do palácio, em seu gabinete transformado em laboratório, Galileu decifra as leis que conduzem o mundo e fazem ir ao céu. Entre esses dois aposentos, nenhuma cobertura possível, já que, em um, tratamos de crenças múltiplas, no outro,

---

3 É na célebre oposição entre Boyle e Shapin (1993) que esse duplo problema de representação tomou para mim sua forma mais lúcida, mas ele forma agora o programa comum de uma grande parte da epistemologia política.

da realidade única. De um lado, a multiplicidade das qualidades secundárias que mantém todos os humanos na ilusão: de outro, um homem com a verdade, sozinho com a natureza, definindo as qualidades primárias, invisíveis a todos os demais. Eis realmente o coletivo bifocal da antiga Constituição.

No outono de 1997, em Kyoto, havia um único conclave para receber os grandes deste mundo, príncipes, lobistas, chefes de Estado, industriais, cientistas e pesquisadores de todas as áreas, para decidir em comum como ia o planeta e como devíamos todos nos comportar doravante em relação a ele para conservar a qualidade de nosso céu.[4] Ora, o colóquio de Kyoto não se contentou em unir as duas antigas assembleias, a dos políticos e a dos cientistas, em uma terceira câmara, mais ampla, mais vasta, mais orgânica, mais sintética, mais holística, mais complexa. Não, políticos e cientistas, industriais e militantes se encontraram nos bancos da *mesma assembleia*, sem mais poder nem ao menos contar com as antigas vantagens de uma saudação vinda do exterior pela Ciência, nem murmurar dando de ombros: "Que nos importam essas disputas? De qualquer maneira, a Terra girará bem sem nós, o que quer que digamos!". Passamos de duas câmaras para um só coletivo. A política deve retomar seu curso *sem* a transcendência da natureza: tal é o fenômeno histórico que temos a obrigação de compreender.[5]

---

4 Michel Serres havia comentado por antecipação o colóquio de Kyoto, quando escreveu soberbamente a propósito de Galileu: "A ciência conquistou todos os direitos, aí já vão três séculos, invocando a Terra, que respondeu movendo-se. Então, o profeta se torna rei. À nossa volta, fazemos apelo a uma instância ausente, quando exclamamos, como Galileu, mas diante do tribunal de seus sucessores, antigos profetas que se tornaram reis: a Terra se move! Move-se a Terra imemorial, fixa, de nossas condições ou fundações vitais, a Terra fundamental treme" (Serres, 1990, p.136).

5 A nova história das ciências se apercebe retrospectivamente que sempre foi assim, inclusive Galileu (Biagioli, 1993), Boyle (Shapin; Schaffer, 1993), Newton (Schaffer, 1997), Kelvin (Smith; Wise, 1989), os quais nunca se sentaram verdadeiramente à parte, pois eles estabeleciam a divisão da qual esses historiadores traçam minuciosamente a genealogia. Nunca fomos modernos, até mesmo em Ciência, sobretudo em Ciência.

O fim da natureza não é o fim de nossas dificuldades. Ao contrário, ao descobrir os precipícios nos quais nos arriscamos a cair a cada passo, vamos compreender as vantagens que o uso imoderado da noção de natureza acarretava aos nossos predecessores: ignorando, graças a ela, tanto as ciências quanto a política, eles simplificaram todos os obstáculos como que por encanto. Mas nós, a quem a natureza não mais encanta ou fascina, reencontramo-nos, após a marcha de aproximação do capítulo precedente, em desespero, quer dizer, prontos para agir. Desde que os leitores, como os hebreus no deserto, não se metam a sentir a perda da acre doçura das cebolas do Egito...

Dificuldades para convocar o coletivo

Como faremos para convocar o coletivo segundo as novas bases? Não faltam pensadores da ecologia para denominar seus votos como "superação" de uma oposição desastrosa entre "o homem e seu meio ambiente". Por que não simplesmente conceber a convocação como a reunião de coisas e pessoas? À primeira vista, reunindo-se os dois termos, o conjunto e seu complemento, obter-se-ia muito rapidamente essa unidade procurada, e encontrar-se-iam, por consequência, sãos e salvos dentro desse reino unificado, ao qual a divisão em duas câmaras não viria impor a separação. A ecologia política definir-se-ia então como a conjunção da ecologia e da política, das coisas e das pessoas, da natureza e da sociedade. Seria suficiente unir as duas assembleias para regular o problema de composição do mundo comum e dispor assim de uma excelente Constituição. Infelizmente não se obtém "o" coletivo, malgrado as aparências, por uma simples *soma* da natureza à sociedade. Essa é a primeira dificuldade.

Se fosse suficiente, para resolver as crises ecológicas, reunir "o homem e a natureza", a crise constitucional que elas desencadearam já teria passado há muito tempo. Ora, ela apenas está por começar. Se as crises se manifestam pelo desaparecimento da natureza, elas se dão ainda mais claramente pelo desaparecimento dos meios tradicionais de convocar as duas assembleias da natureza e da sociedade. Reuni-las seria cometer um crime, ao mesmo tempo contra o conhecimento, contra a moral e contra a política.[6] Sabemos agora por que: a natureza permitia submeter a assembleia humana à ameaça permanente de uma salvação pela Ciência que a paralisava desde o início; inversamente, o inferno do social permitia submeter a assembleia da natureza à ameaça permanente de uma poluição pela violência. É evidente, portanto, que não se poderiam simplesmente reunir, sem outra forma de processo, duas câmaras constituídas para se paralisarem mutuamente: convém antes redefinir por completo seu procedimento de convocação. Não existe ainda, na filosofia política, na concepção que as ciências humanas formam acerca do mundo social, na definição que a psicologia tem dos sujeitos, nada que permita substituir a natureza. É portanto inútil esperar que um "contrato natural" venha reparar os limites do antigo contrato social, como se se pudesse apenas juntar num grande todo os sujeitos e os objetos constituídos ao longo dos anos para se combater na mais impiedosa das guerras frias.[7] Qualquer que seja o tempo que dure essa digestão, a anaconda da política não poderia engolir o elefante da natureza. Um corpo produzido para ser estranho ao corpo social não se socializará jamais; ou então se faz necessário modificar inteiramente a química dos alimentos e dos sucos, das papadas e das panças. É o que faz, segundo nossa opinião, a ecologia política: ela ainda deve tirar disso as lições.

---

6 Por uma vez, a polícia epistemológica está de acordo com a epistemologia política, mas por razões opostas: tal é a base do que chamamos de a guerra das ciências.

7 Serres, entretanto, foi mais longe no questionamento da oposição, graças ao seu uso original do direito: "A ciência desempenha então, desde seu estabelecimento, o papel de direito natural. Essa expressão consagrada recupera uma contradição profunda, aquela de um arbítrio e de uma necessidade. A ciência a recupera exatamente nos mesmos lugares. A física é o direito natural: ela desempenha esse papel desde sua aurora" (Serres, 1990, p.44). Mas, por desprezo da política, e mais ainda das ciências sociais, ela guardou intacta a unicidade da natureza, à qual concedeu, ao contrário, um novo contrato.

A tentação da globalização parece tanto mais irresistível quanto as crises ecológicas se traduzem mais frequentemente pelo desaparecimento de tudo que é exterior ao mundo humano, de toda reserva pela ação humana, de todo lixão no qual se podia, até aqui, segundo o delicioso eufemismo inventado pelos economistas, *externalizar** as ações. Observamos mais de uma vez este paradoxo: a preocupação com o ambiente começa no momento em que já não há mais *nenhum ambiente*, essa zona da realidade na qual se poderia, de forma despreocupada, desembaraçar-se das consequências da vida política, industrial e econômica dos humanos.[8] A importância histórica das crises ecológicas não decorre de uma nova preocupação com a natureza, mas, ao contrário, da impossibilidade de imaginar por mais tempo uma política, de um lado, e uma natureza, de outro, que lhe serviria, ao mesmo tempo, de padrão, de cinzel, de reserva, de fonte e de lixeira pública. Bruscamente, a filosofia política se encontra face a face com a obrigação de *internalizar** o ambiente que ela, até aqui, considerava como um outro mundo, tão distinto quanto a física sublunar dos antigos poderia sê-lo, antes de Galileu e sua física celeste. Como a política humana percebe que não possui mais nem reserva nem lixeira, todo mundo vê claramente, não que seja necessário ocupar-se seriamente da natureza como tal, mas, ao contrário, que não se pode deixar a reunião dos não humanos cativos sob os auspícios apenas da natureza como tal. Em algumas dezenas de anos, a assembleia de humanos encontra-se obrigada a voltar à sua divisão inicial, e reclama outra vez o que lhe é devido pela outra assembleia, reunida secretamente durante séculos e cujo trabalho político era, até aqui, feito às escondidas. Quem não gostaria de saber em que artigo de qual Constituição afirma-se que os humanos e os não humanos devem sentar-se separadamente, uns guardados pela política do poder, outros pela polícia epistemológica. E se esse texto se mantém como algo que não pode ser descoberto, então se passa a reclamar, em alto e bom som, uma maneira

---

8 Achamos esse argumento já em Jonas (1990) e no famoso "a guerra de todos contra tudo" de Serres (op. cit., p.33). Ver também Latour (1991).

de mudar nossa forma de vida pública, redigindo uma Constituição mais bem adaptada às novas preocupações.

Se empregamos a palavra "coletivo"* no singular, não o fazemos, pois, para sinalizar o mesmo gênero de unidade que aquela suposta pelo termo "natureza", menos ainda para designar uma utópica "reconciliação do homem com a natureza". "A" natureza, bem o sabemos, nunca foi estável, mas sempre pronta a servir de contrapeso à irremediável explosão do mundo social e humano. Ora, no termo "coletivo", é justamente o *trabalho* de coletar em um todo que desejamos sublinhar. A palavra tem a vantagem de trazer à memória o que o serviço de esgotos designa por rede de pequenos, médios e grandes "coletores", que permitem evacuar as águas utilizadas, assim como absorver as chuvas que caem sobre uma grande cidade. Essa metáfora da *cloaca maxima* nos é perfeitamente conveniente, assim como toda a aparelhagem de adução, de dimensionamento, de estação de depuração, de orifícios de inspeção e túneis necessários à sua manutenção. Quanto mais associamos materialidades, instituições, técnicas, conhecimentos, procedimentos e lentidões à palavra "coletivo", melhor será seu uso: o duro labor necessário à composição progressiva e pública da unidade futura será mais visível.

Pelo termo "coletivo", no singular, entendemos, por consequência, não a solução do problema do número de coletivos (que trataremos no Capítulo 5), mas tão somente a colocação em movimento de um problema de composição progressiva do mundo comum que a divisão em duas câmaras da antiga Constituição não permitia sequer iniciar, pois a natureza, prematuramente unificada, já havia resolvido o problema de uma vez por todas. Não sabemos, em absoluto, se existe um único coletivo, três, vários, 65 ou uma infinidade. Usamos essa palavra apenas para assinalar uma filosofia política na qual não há mais dois elementos que atraem: um que faria a unidade sob a forma da natureza e outro que guardaria a multiplicidade sob a forma das sociedades. *O coletivo significa:* tudo, mas não dois separados. No que interessa ao coletivo, voltamos à estaca zero quanto à questão de saber como recrutar uma assembleia, sem mais nos preocupar com os antigos títulos que determinavam a uns tomarem assento nos vãos da natureza, e outros, sobre os bancos da sociedade. No presente capítulo iremos tentar definir o equipamento dos "cidadãos", se assim ousarmos dizer, chamados a tomar assento em uma assembleia única, e que sempre viveram, até aqui, para tecer a metáfora, dentro de uma sociedade de Ordens, por Nobreza, Clero e Terceiro Estado: reunir essas duas Câmaras, estamos convencidos, terá os mesmos efeitos para a futura República que o dia que o Terceiro Estado, a Nobreza e o Clero se recusaram a sentar-se à parte e votar por Ordem.

Se os exemplos revolucionários têm seu charme, seus transtornos constitucionais do passado não se referiam, contudo, senão aos humanos! Ora, os sobressaltos contrarrevolucionários da atualidade concernem também aos não humanos. Qual é, portanto, o equivalente para as associações de humanos e de não humanos, do voto por cabeça inventado pelos nossos ancestrais, já que estes se recusaram a tomar assento segundo as divisões do Antigo Regime?* É essa a segunda dificuldade que devemos resolver para aprender a convocar o coletivo.

Devemos prosseguir até fazer votar os não humanos?[9] Basta evocar esse gênero de dificuldade para que um espectro horrível se faça presente aos nossos olhos: a obrigação de fazer metafísica, quer dizer, de definir, por nossa vez, qual é a mobília do pluriverso e de quais propriedades devem dispor os membros dessa República. Caímos, assim, diante de uma difícil contradição: tudo se passa como se nos fosse necessário definir uma metafísica comum aos humanos e aos não humanos, uma vez que rejeitamos a distinção entre natureza/sociedade porque ela impunha justamente uma metafísica particular, fora de todo procedimento público, uma *metafísica da natureza*,* para escolher uma expressão voluntariamente paradoxal. Se, como tantos pensadores da ecologia nos convidam a fazê-lo, devemos nos excluir da metafísica tradicional para abraçar uma outra, menos dualista, mais generosa, mais calorosa, não chegaremos jamais a redigir essa nova Constituição, tendo

---

9 Tal é a pergunta já trazida à tona por Stone (1985).

as metafísicas a deplorável característica de levar a intermináveis disputas... Queremos mesmo reabrir um debate público há muito proibido, mas não podemos esperar que isso dependa de um *acordo prévio* sobre a mobília do pluriverso – aquilo que o poder real, que repartia as qualidades primárias que todos partilhamos, e as qualidades secundárias, que nos dividem, tinha justamente por fim obter, com pouco esforço e sem discussão. Queremos que isso seja obtido, esse mundo comum, *depois* que a nova Constituição tenha sido redigida, não antes. Eis que estamos, portanto, postos perante um problema clássico de *bootstrapping*: para que a *metafísica experimental** pudesse substituir (como seria nosso desejo) o arbítrio – ou a arbitragem – da natureza, somos obrigados a definir antes uma espécie de mínimo vital, de "salário mínimo metafísico", que nos permitirá tornar possível a convocação do coletivo. Que razão teria o leitor para abandonar sua própria metafísica e aceitar a nossa ou aquela dos pensadores tanto da ecologia profunda quanto da superficial? Por que deveria se privar do sólido amparo que lhe dá a "metafísica da física?".

Felizmente, não temos mais necessidade de colocar uma metafísica contra a outra, em continuação à interminável querela sobre os fundamentos do universo. Para reabrir a discussão pública sobre a repartição das qualidades primárias e secundárias, sobre a composição do mundo comum, da *res publica*, basta simplesmente passar de uma versão guerreira a *uma versão civil* da vida pública. A ecologia política não se assenta "ao mesmo tempo" sobre as coisas e sobre as pessoas. Com efeito, o que significa "assentar"? O que significa "ao mesmo tempo"? O que significa "coisas"? E o que significa "pessoas"? Todas essas pequenas palavras nos chegam prontas para ser postas em funcionamento, treinadas, equipadas, prontas para ir ao *front* das batalhas passadas, que não são mais as nossas batalhas. A fim de fazê-las servir aos nossos propósitos, é necessário "convertê--las", como se diz na indústria bélica, quando se trata de fazer passar um setor inteiro da produção militar ao regime civil.

Iremos mostrar como os humanos e os não humanos, com a condição de não mais estarem em situação de guerra civil, podem permutar suas propriedades a fim de compor em comum a matéria-prima do coletivo. Enquanto a oposição sujeito/objeto tinha por estratégia *proibir* toda permuta de propriedades, a dupla humano/não humano torna essa troca não somente desejável, como necessária. É ela que vai permitir preencher o coletivo de seres dotados de vontade, de liberdade, de palavra e de existência reais. É o destino comum de tais seres que explicará por que a ecologia política não poderia se desenvolver justapondo simplesmente uma ecologia a uma política. No lugar de uma ciência dos objetos e de uma política de sujeitos, deveríamos dispor, no fim do capítulo, de uma ecologia política dos coletivos de humanos e de não humanos.

Menos difícil que o precedente e, sobretudo, que o seguinte, este capítulo exige apenas que não se ponham à prova demasiadamente rápido as curiosas trocas de propriedades das quais desejamos nos livrar. Se nossa reconversão pacífica parece ainda surpreendente, que seja comparada aos papéis contraditórios, que se fazia, dentro da antiga Constituição, os objetos militarizados representar: mudos, eles tinham toda a capacidade de falar por si sós; amorais, ditavam, todavia, aos humanos a mais importante das moralidades, aquela que os força a se humilharem ante a evidência indiscutível dos fatos; exteriores a toda empresa humana, eles se misturavam, contudo, sem a menor dificuldade, pela intermediação dos laboratórios e das indústrias, à vida cotidiana; inanimados, formavam, porém, a animação, para não dizer a alma, de todos os nossos corpos; invisíveis, os sábios não os perdiam jamais de vista; não essenciais, por lhes faltarem a palavra e os valores, eles formavam a essência mesma da realidade, ao definir o mundo comum; indiferentes às nossas paixões, faziam, contudo, toda a diferença nas guerras que os humanos travavam a propósito deles; destituídos de toda vontade, é sua ação sub-reptícia que fazia agir os pobres farrapos humanos. Se os cruzamentos de competências entre humanos e não humanos aos quais iremos nos dedicar parecerem surpreendentes, que o leitor tenha a bondade de comparar sempre sua simplicidade com esse monstruoso bricabraque, o qual adquirimos o hábito de cobrir um pouco apressadamente com nomes aceitáveis e evidentes; que se lembre que deixamos os soldados em suas casernas e que falamos apenas da vida civil dos humanos e dos não humanos.

Primeira divisão: saber duvidar de seus porta-vozes

Visto que a composição do mundo comum, *se não for mais dada logo no início, deverá ser objeto de uma discussão*, o único meio de reconhecer no coletivo uma matéria-prima que possa interessar à vida pública é definindo-o como uma assembleia de seres *capazes de falar*. Tradicionalmente, a filosofia política exigia da discussão que ela tomasse o lugar da violência: ela deverá agora poder substituir, *ao mesmo tempo*, o silêncio e o indiscutível. Por que o vago termo "discussão", tomado do fracasso das assembleias humanas, serviria para redefinir a ecologia política,* que diz respeito justamente a seres que não falam, que pertencem à natureza das coisas mudas?[10] A política fala e palavreia, mas não a natureza, a não ser nos antigos mitos, fábulas e contos de fada. Ora, se deslocarmos nossa atenção para mostrar que os não humanos, eles também, são incluídos nos numerosos *embaraços de fala*,* isso nos permitiria modificar já o sentido da palavra "discussão" para fazê-la passar da tradição política àquilo em que vai se tornar na futura tradição ecológica, guardando para a palavra, *ao logos*, o lugar central que lhe foi sempre reconhecido em filosofia política.

---

10 Tal é a inovação, para mim decisiva, do *Contrato natural* e do qual vamos extrair aqui todos os efeitos: "Em que idioma falam as coisas do mundo para que possamos nos entender com elas, por contrato? Mas, afinal de contas, o velho contrato social permanecia não dito e não escrito: ninguém jamais havia lido nem o original, nem mesmo uma cópia. Certamente, ignoramos a linguagem do mundo, ou não conhecemos dela senão diversas versões animistas, religiosas ou matemáticas. Quando foi inventada a física, os filósofos foram dizendo que a natureza se escondia sob o código dos números ou das letras da álgebra: esse termo-código vinha do direito. Na realidade, a Terra nos fala em termos de forças, ligações e interações, e isso basta para fazer um contrato" (Serres, 1990, p.69).

O primeiro embaraço de fala se manifesta pela multiplicação das controvérsias: o fim da natureza, que é também o fim das certezas científicas em relação à natureza. Cada crise ecológica, observamos com frequência, abre uma controvérsia entre peritos que impede muitas vezes o estabelecimento de uma frente comum de fatos indubitáveis sobre os quais, consequentemente, os políticos viriam a concordar ao tomar suas decisões.[11] Diante dessa situação bem conhecida, que concerne tanto à discussão do aquecimento global quanto ao papel das minhocas amazonenses, ao desaparecimento dos batráquios ou ao tema do sangue contaminado, duas atitudes são possíveis: esperar que um suplemento de ciências venha pôr fim às incertezas ou considerar a incerteza como o ingrediente inevitável das crises ecológicas e sanitárias.[12] A segunda atitude tem a vantagem de substituir o indiscutível pelo discutível, e de unir duas noções de ciência, a objetiva e a controversa: quanto mais realidades, mais disputas.

No mais, não poderíamos renovar a ecologia política sem nos beneficiar da contribuição da sociologia das ciências. A irrupção de controvérsias eruditas sobre a cena pública não prova que tenhamos passado de fatos estabelecidos para ficções sem fundamento, mas que a distinção entre o interior e o exterior das disciplinas científicas desaparece um pouco. Hoje, como antigamente, pesquisadores discutem no próprio interior dos laboratórios.[13] Observamos que o

---

11 A distinção das qualidades primeiras e segundas exigia, evidentemente, que as controvérsias entre cientistas não fossem visíveis. Como fazer, hoje, para consolidá-las, se não há acordo entre os cientistas sobre o fundo comum, sobre o aparelhamento do mundo?

12 Todo o interesse do livro de Lascoumes (1994) é haver levado em conta os problemas postos à administração do Estado pelas discordâncias dos peritos. Ver também o bonito exemplo de Jasanoff (1992).

13 Esquecendo de estudar os inumeráveis foros de discussões dos pesquisadores, a tradição vinda da Caverna havia separado a demonstração da retórica, esses dois regimes de palavra que Barbara Cassin chama *apodeixis* e *epideixis* (Cassin, 1995). É a estudos de laboratório, de uma parte, e a estudos sobre a retórica científica, de outra, que se deve o recente enfraquecimento da distância entre

significado da palavra "discussão" se modifica desde que evocamos os cientistas. Não se pode mais opor, realmente, o mundo científico dos fatos indiscutíveis ao mundo político da eterna discussão. Sempre há mais arenas comuns, nas quais a discussão se alimenta, ao mesmo tempo, de controvérsias entre pesquisadores e da disputa das assembleias.[14] Os sábios discutem entre si a propósito das coisas que eles mandam falar, e juntam seus debates aos dos políticos. Se esse fato aparecia raramente, é porque era feita – ainda se faz – em outro lugar, no laboratório, atrás de portas fechadas, antes que os pesquisadores intervenham como peritos no debate público, lendo em uma só voz o texto unânime de uma resolução sobre o estado da arte. Existem, portanto, no interior mesmo da ciência, certos procedimentos que suspendem, distinguem e resumem o curso da discussão, repartindo o percurso em câmaras distintas. Seria falso, então, opor aqueles que não discutem porque demonstram – os sábios – e os que discutem sem nunca poderem se pôr de acordo com uma demonstração definitiva – os políticos.

Onde encontraremos a contrapartida que nos permitirá apoiar provisoriamente essa capacidade de fala intermediária entre o "eu falo" e "os fatos falam", entre a arte da persuasão e a da demonstração, antes de dar sua localização definitiva, na futura Constituição, nos capítulos 3 e 4? Existe, em política, um termo bem apropriado quando se quer designar toda a gama dos intermediários, entre alguém que fala e um outro que fala em seu lugar, entre a dúvida e a incerteza: *porta-voz*.* Aquele que fala em nome dos outros não o faz em seu nome. Se afirmássemos o contrário, que os outros falam por meio dele, sem outra forma de processo, daríamos prova de uma grande ingenuidade, ingenuidade que certos mitos epistemológicos manifestam, mas que as tradições políticas proíbem. Para descrever

---

essas duas formas de construção do mundo. Ver alguns belos exemplos em Dear (1991), Licoppe (1996) e Rosental (1996). O trabalho de Françoise Bastide, infelizmente interrompido muito cedo, me parece sempre fecundo.

14 É o que Callon e Rip (1991) chamam justamente de "fóruns híbridos". Ver também Lascoumes, Callon e Barthe (1997).

os estados intermediários, utilizam-se melhor as noções de tradução, de traição, de falsificação, de invenção, de síntese, de transposição. Enfim, pela noção de porta-voz designa-se não a transparência dessa fala, mas a *gama inteira*, indo da dúvida completa (o porta-voz fala em seu próprio nome e não em nome de seus mandantes) à confiança total: quando ele fala, são seus mandantes que se manifestam por sua boca.

Reconheçamos que a noção de porta-voz se presta à definição do trabalho dos cientistas. Seria necessário que um poderoso precedente tornasse incomensuráveis o laboratório e as assembleias, para que nos privássemos de um termo tão apropriado: os cientistas são os porta-vozes dos não humanos e, como se faz com todos os porta-vozes, *deve-se duvidar profundamente, mas não de forma definitiva*, de sua capacidade de falar em nome de seus mandantes. A violência das controvérsias científicas varre uma gama tão grande de posições quanto a violência das assembleias políticas: ela vai da acusação de traição ("não é o fato objetivo que fala, mas você e sua subjetividade") ao reconhecimento da maior fidelidade ("O que você diz a respeito dos fatos, eles o diriam também, se pudessem falar, e aliás eles falam, e se eles falam é justamente graças a você, que não fala em seu próprio nome, mas em nome deles..."). Graças à noção de porta-voz, um agrupamento já pode começar sem precisar mais dividir, de antemão, os tipos de representantes entre os que demonstram o que são as coisas e aqueles que afirmam o que os humanos querem. Na assembleia única de Kyoto, pôde-se exigir no mínimo que cada uma das partes integrantes considere a outra como um porta-voz, sem decidir se representa os humanos, as paisagens, os *lobbies* da indústria química, o plâncton dos mares do Sul, as florestas da Indonésia, a economia dos Estados Unidos, as organizações não governamentais ou as administrações...

A "discussão", termo-chave da filosofia política e que se quis transformar injustamente numa noção bem formada, disponível em qualquer tipo de catálogo, acha-se agora profundamente modificada: falar não é mais uma propriedade exclusivamente humana, em todo caso, os humanos não são mais os únicos mestres.¹⁵ Uma das maneiras mais simples de definir as crises ecológicas é reconhecer que elas provêm, com mais frequência, da inscrição pelas ciências e da colocação em palavras, em frases, em grafias, pelas disciplinas, que são as únicas capazes de alertar-nos sobre os problemas, mas que as mesmas ciências não bastam para nos garantir as soluções. Ninguém poderá ficar livre da violência das assembleias ao transpor os austeros muros dos laboratórios. Se o leitor, ainda em dúvida, olhar os jornais e revistas, verá sinais dessa profunda mudança: longe de suspender a discussão pelos fatos, cada notícia científica joga mais lenha na fogueira das paixões públicas.¹⁶ Alguns ainda acreditam que logo verão o dia em que todos nos tornaremos tão sábios que voltaremos ao doce passado da natureza muda, e dos peritos falando de fatos indiscutíveis e pondo fim, por seu saber, a toda discussão política. A esperança nos faz viver... Para nós, o regime da palavra corresponde ao pesadelo modernista no qual quisemos mergulhar a vida pública e do qual ecologia política pode finalmente fazer emergir. Doravante, discute-se em conjunto, antes de decidir.¹⁷ Utilizando positivamente a palavra "controvérsia",

---

15 Mostrarei mais adiante, no Capítulo 4, como poderemos fazer uso dos trabalhos de Habermas (1990; 1996) sobre as condições transcendentais da comunicação. Para esta fase, porém, o trabalho de Habermas nos parece contraproducente, porque seria necessário fazê-lo experimentar, como na moral kantiana, uma distorção muito forte para aplicá-lo aos nao humanos, que ele deseja justamente manter à distância. Se conseguíssemos separar de forma ainda mais profunda a comunicação humana da razão instrumental, que é a meta de sua filosofia, só conseguiríamos distanciar ainda mais as duas assembleias e dar mais poder à primeira – aquela da razão – que torna muda a segunda – aquela dos humanos! Estranha tarefa essa que visa fazer calar aqueles dos quais se deseja que falem mais livremente.

16 O livro sobre o sangue contaminado (Hermitte, 1996) mostra de forma magnífica tudo o que convém mudar na concepção da *expertise* e da responsabilidade, pois não se pode mais levantar a hipótese de que o conhecimento põe fim às controvérsias. O mesmo acontece com a excelente questão da "vaca louca", e com certeza com a longa controvérsia sobre a mudança climática: Roqueplo (1993).

17 Voltaremos mais adiante, no Capítulo 4, ao novo sentido que será necessário dar a esse termo "decisão", que ligaremos à noção-chave de "instituição".*

suprimiremos não só as certezas das ciências, mas uma das mais antigas barreiras erigidas entre a assembleia visível dos humanos discutindo entre si e a assembleia científica, que certamente discutia muito, mas em segredo, e só produzia *in fine* fatos indubitáveis.[18]

No entanto, nada resultou dessa primeira liberação da palavra: dir-se-á, apesar de tudo, que os pesquisadores que montam uma experiência num laboratório, que recolhem os registros com instrumentos, que publicam os resultados nas revistas, que disputam a pauta nos congressos, que resumem as conclusões nos relatórios, que incorporam as leis aos outros instrumentos, outros regulamentos, outros ensinamentos, outros hábitos, são todos humanos. São eles, e somente eles, que falam e que discutem. Como duvidar dessa evidência? Como disputar esse dom único da palavra do humano? Não nos precipitemos em concordar. Em matéria de ecologia política não se deve fazer nada com precipitação, dissemos muitas vezes; o bom senso é quase tão mau conselheiro quanto a cólera.

Pode-se ir bem mais longe na redistribuição dos papéis entre políticos e cientistas, caso se levem a sério os sufixos *logias* ou *grafias*, que todas as disciplinas científicas, duras ou moles, ricas ou pobres, célebres ou obscuras, quentes ou frias, adotaram em seu empreendimento. Cada disciplina pode se definir como um mecanismo complexo, para tornar *os mundos capazes de escrever ou de falar*, como uma alfabetização geral das entidades mudas. É, portanto, estranho que a filosofia política, tão obcecada pelo logocentrismo, não tenha visto que a maior parte do *logos* se encontra nos laboratórios. Os não humanos, lembremos, não são objetos e menos ainda fatos. Eles aparecem primeiro como entidades novas que fazem falar aqueles que se reúnem em torno delas e que discutem entre si sobre elas. É a forma segundo a qual reconhecemos, no capítulo precedente, a realidade exterior, uma vez livre da obrigação, imposta aos objetos, de fecharem a boca dos humanos.

---

18 Coisa estranha, a lista de compromissos retomada por Beck mantém intactas as capacidades de palavra da tradição sem se aperceber que já há muito tempo os humanos não são mais os únicos dotados do uso da fala (Beck, 1997, p.122).

Quem fala, com efeito, no laboratório, por meio do instrumento, graças à montagem dos aparelhos no seio da assembleia científica? Decerto, não o cientista. Se você quiser ridicularizar um fato averiguado, dirá justamente que ele é o cientista que fala sozinho, que é sua palavra, seus preconceitos, sua sede de poder, suas ideologias, suas ideias preconcebidas e não... e não o quê? Evidentemente a coisa mesma, a própria coisa, a realidade. "Os fatos falam por si mesmos", eis o estribilho mais comum da Cidade científica. Mas que quer dizer o fato falar "por si mesmo"? Os cientistas não são tão confusos a ponto de crer que as partículas, os fósseis, as economias, os buracos negros causem sozinhos, sem intermediário, sem investigação e sem instrumento, enfim, sem um *aparelho de fonação*, uma fabulosa complexidade e uma extrema fragilidade. Se ninguém é tão louco para afirmar que os fatos falam por si mesmos, ninguém tampouco dirá que os cientistas falam *sozinhos* a propósito de coisas *mudas*. Quando se diz isso, é para criticar de forma impiedosa o enunciado que perde, então, toda a pretensão à fidelidade, que de objetivo se torna subjetivo, e de *fact* se torna *artefact*. Diremos, portanto, que os cientistas inventaram *aparelhos de fonação que permitem aos não humanos participarem nas discussões dos humanos quando estes se tornam perplexos a propósito da participação das entidades novas na vida coletiva*. A fórmula é longa e, sem dúvida, desajeitada, pastosa, mas encontramo-nos num caso em que o embaraço de fala é preferível à clareza analítica que retiraria num golpe de espada as coisas mudas do homem falante. Mais vale ficar quieto, quando se fala de sábios, do que oscilar atordoadamente das coisas mudas à palavra indiscutível do experto, sem compreender nada dessa metamorfose, que pareceria, assim, um vulgar truque de mágica. Quando o mito da Caverna nos obrigava a uma miraculosa conversão, se tratava aí de uma simples tradução, graças à qual *as coisas se tornam, no laboratório, por meio dos instrumentos, pertinentes ao que dizemos delas*.[19] Em lugar de uma distinção absoluta, imposta pela

---

19 Seria necessário poder mostrar aqui o papel dessas referências circulantes que estabelecem tantas pontes entre as palavras e as coisas. Acharemos muitos

Ciência, entre questões epistemológicas e representações sociais, encontramos, ao contrário, nas ciências,* a fusão mais intensa entre duas formas de fala, até então estranhas.

Antes que o leitor se apavore por pensar que está entrando em uma fábula em que animais, vírus, estrelas, varinhas mágicas se poriam a tagarelar como princesas, sublinhemos que não se trata, de nenhuma maneira, de uma novidade que vai contra o senso comum. Pelo contrário, é o bom senso que utiliza o mito epistemológico da natureza, "que se imporia por si mesma", é ele que fala "de evidências surpreendentes" e de "fatos impressionantes". Para corrigir a ecologia política, não temos de escolher entre, de um lado, uma teoria razoável que suporia natureza muda e homem falante e, de outro, uma teoria esdrúxula que faria dos cientistas o aparelho de fonação dos não humanos. Encontramo-nos diante de um mito familiar que coloca no mesmo sopro coisas mudas e fatos falantes, coisas que falam por si mesmas e expertos indiscutíveis. E propomos, muito razoavelmente, tornar compreensível essa contradição mítica *restituindo todas as dificuldades* que existem para um humano falar dos não humanos *com* eles.

Dito de outra forma, se o novo mito já existe, a instituição conceitual, que o tornaria fecundo, não existe ainda. É esta que precisamos inventar. Como todos os mitos modernistas, a oposição aberrante entre natureza muda e fatos falantes tinha por finalidade tornar *indiscutível* a palavra dos sábios, que passava assim por uma operação misteriosa, próxima da ventriloquia, do "eu falo" a "os fatos falam por si mesmos" e a "vocês só têm que calar"! Pode ser dito tudo o que se quiser do mito da Caverna, menos associá-lo à razão, à justiça ou à simplicidade. Não podemos fazê-lo mais arcaico, mais mágico, mesmo que ele sirva, por outra via, como cena primitiva ao casamento monstruoso da polícia epistemológica com a filosofia política, abençoado pela sociologia.

---

exemplos no notável trabalho de Galison (1997) e nos estudos minuciosos de Knorr-Cetina (1999). Ver também, como exemplo fácil e detalhado, Latour (1996b) e, mais adiante, na última seção, a noção-chave de articulação.*

Não pretendemos que as coisas falem "por si mesmas", pois ninguém, nem mesmo os humanos, falam por si mesmos, mas sempre *por outra coisa*. Não exigimos dos sujeitos humanos que dividam o direito da fala, da qual são legitimamente orgulhosos, com as galáxias, os neurônios, as células, os vírus, as plantas e os glaciares. Temos dirigido a atenção somente para um fenômeno que precede a *repartição* das formas de fala, que chamamos de Constituição. Lembramos aquilo que doravante deveria passar por uma evidência: entre o sujeito falante da tradição política e as coisas mudas da tradição epistemológica, há um terceiro termo, a *palavra indiscutível*, forma até então invisível da vida política e científica, que permite ora transformar as coisas mudas em "fatos falantes", ora tornar mudos os sujeitos falantes, exigindo que se humilhem diante dos fatos.

Como foi dito na Introdução, não escolhemos fazer ou não fazer ecologia política. Recusando fazê-lo, aceitaríamos a mais estranha das repartições: o sujeito falante poderia trocar a palavra, a todo instante, por uma palavra mais autoritária, que não apareceria nunca como tal, já que permaneceria indiscutível e ninguém poderia cortá-la. *Defendendo os direitos do sujeito humano de falar e de só falar, não alicerçamos a democracia, mas tornamo-la cada dia mais impraticável.*[20] Tudo se esclarece, ao contrário, se aceitarmos situar a República *antes* da repartição das formas, dos gêneros e dos tempos de fala, e se deixarmos se desenvolver a gama inteira dos embaraços

---

20 Eis aí todo o problema de Habermas (1996), porque o que ele diz dos humanos fornecerá uma excelente definição dos não humanos! "Assim que concebemos as relações sociais intencionais como sendo mediadas pela comunicação no sentido aqui proposto, não temos mais negócio com os seres oniscientes, privados de corpos, que existiriam para além do mundo empírico e que seriam capazes, se assim se pode dizer, de ações fora de contexto. Temos muito mais negócio com atores acabados, encarnados, que estão socializados em formas de vida concreta, situados no tempo da história e do espaço da sociedade, e que estão presos às redes de ações comunicacionais" (p.324). Eis aí exatamente em que se tornam as coisas libertas do antropomorfismo do objeto! Habermas acreditou que era preciso libertar os humanos, esquecendo aquilo que os *torna* humanos: os não humanos – os grandes perdedores de sua filosofia moral.

de fala, que impedem de se pronunciar rápido demais sobre aquele que fala e com que autoridade. Não substituímos a antiga metafísica dos objetos e dos sujeitos por uma visão "mais rica" do universo, na qual o homem e as coisas falariam de poetas; só mantivemos em aberto, de novo, o problema da tomada da palavra necessária à convocação nova dos humanos e dos não humanos. Pode-se recusar a pôr a questão de saber quem fala, mas não pedir ao coletivo que se reúna democraticamente.

Só é possível pensar a democracia caso se possa atravessar livremente a fronteira, agora desmantelada, entre ciência e política, a fim de acrescentar à discussão uma série de vozes novas, inaudíveis até então, ainda que seu clamor pretendesse cobrir todo o debate: *a voz dos não humanos*. Restringir a discussão aos humanos, a seus interesses, suas subjetividades, seus direitos parecerá, dentro de alguns anos, tão estranho quanto ter limitado, durante tanto tempo, o direito de voto aos escravos, aos pobres e às mulheres. Utilizar a noção de discussão limitando-a somente aos humanos, sem perceber que existem milhões de aparelhagens sutis capazes de acrescentar vozes novas ao debate, é privar-se, por preconceito, do descomunal poder das ciências. A metade da vida pública encontra-se nos laboratórios; é lá que se deve procurá-la. Esquecê-los só traria inconvenientes: privava-se a discussão política da multiplicidade das vozes, que podem se fazer ouvir, e, portanto, modificar a composição futura do coletivo; obrigava-se os cientistas a se tornarem sábios, a intervirem com autoridade, esquecendo sua perplexidade, seu *savoir-faire*, seus instrumentos, para virem a cada vez abreviar o debate com os fatos indiscutíveis e as leis de bronze.[21] De um lado, portanto, os humanos eram privados desse

---

21 Existe uma literatura agora pletórica sobre os instrumentos científicos e as várias formas de visualização e de argumentação que eles permitem. A acumulação desses estudos subverteu por completo o antigo monólogo entre o mundo e a representação por cima do abismo da referência. Esse abismo está agora preenchido e ninguém mais tomará como exemplo de enunciado científico que o "gato está sobre o capacho", cujo valor de verdade dependeria da

imenso reservatório de democracia: os não humanos; de outro, os cientistas eram privados da sorte de se atirar, um pouco duramente e em pé de igualdade, nesse grande reservatório de fala embaraçada, quer dizer, de democracia, que forma os humanos.

Não podemos nos contentar em fundir controvérsia e discussão, depois de incluir os não humanos ao debate. Com a noção de porta-voz, vamos bem mais longe, *estendendo* aos não humanos *a dúvida* sobre a fidelidade da representação. A palavra não é uma evidência que pertenceria como propriedade particular aos humanos e que não poderia ser oferecida, senão metaforicamente, aos não humanos. A palavra de *todos* os porta-vozes, os da antiga ciência e os da antiga política, torna-se um *enigma*, uma gama de posições, indo da dúvida mais completa – chamada de artefato ou traição, subjetividade ou egoísmo – até a total confiança – chamada de exatidão ou fidelidade, objetividade ou unidade. Não temos, portanto, "politizado" a natureza. A representação dos porta-vozes humanos permanece um enigma tão profundo quanto o dos laboratórios. Que um homem fale em nome de vários outros, eis um mistério tão grande quanto o de um homem que falasse de tal maneira que equivalesse a não falar, pois os fatos falariam por si mesmos. Aquele que diz "o Estado sou eu", ou "a França decidiu que", não é mais fácil de ser decifrado do que aquele que registra num artigo a massa da Terra ou o número de Avogadro.

Neste estágio de nossa aprendizagem, não pretendemos dar a solução ao problema do porta-voz, apenas sublinhar, de novo, que não há *dois* problemas, um ao lado da representação científica e

---

presença ou não do dito gato sobre o dito capacho. Acharemos algumas "cabeças de redes" em Hacking (1989), Lynch e Woolgar (1990), Galison (1997) e Jones e Galison (1998).

Como para muitos dos temas do capítulo precedente, os especialistas de meu domínio são levados à seguinte escolha: ou bem refazer as mesmas introduções, de modo a modificar a imagem que os leitores fazem da prática científica, ou manter como adquirida essa literatura e se dedicar aos problemas verdadeiramente interessantes que se apresentam em uma multidão de tópicos, desde que se modificou a teoria da ciência que até então os paralisava.

outro, da representação política, mas um só: como *fazer falar por si mesmos aqueles em nome de quem se vai falar?* Recusando-se a colaborar, a filosofia política e a filosofia das ciências tinham-nos privado da menor probabilidade de compreender tal questão. A ecologia política determina com clareza, pela primeira vez, o problema que urge resolver. Precisamente, ele não pertence nem à política, nem à epistemologia, nem à mistura dos dois: encontra-se em outro lugar, três vezes abalado.

Segunda divisão: as associações de humanos e de não humanos

É fácil objetar que, malgrado todas as contorções às quais acabamos de nos dedicar, é sempre o sábio que fala. Se estamos prontos a misturar numa só arena a controvérsia científica e a discussão política, temos de desconfiar de uma extensão selvagem da palavra até as coisas. Com efeito, é sempre o humano quem reclama ruidosamente. Existe aí uma assimetria não apenas insuperável na prática, mas também no direito, se quisermos manter o lugar eminente dos humanos e conservar essa admirável definição do "animal político" que serve desde sempre de fundamento à vida pública: é porque ele fala livremente na ágora que o homem – pelo menos o sujeito masculino – tem o direito de cidadão. Pois bem, mas quem diz o contrário? Quem quer voltar a essa definição? Quem quer arruinar o fundamento? Nós nos situamos muito bem no alinhamento desses princípios, na longa e venerável tradição que tem constantemente *dilatado* aquilo que chamávamos de humano, de cidadania, liberdade, palavra e direito de cidadão. A história não terminou. Acontece que somente os gregos, tendo inventado ao mesmo tempo a Ciência e a democracia, nos legaram um problema que ninguém soube determinar depois. Querer impedir a exploração de novos aparelhos de fonação para levar em conta todos os não humanos que, *de qualquer forma, já fazemos falar de mil maneiras*, seria, ao contrário, abandonar a venerável tradição e tornar-se definitivamente selvagem. Bárbaro é aquele que, como definiu Aristóteles, ignora as assembleias representativas ou que limita, por preconceito, sua importância e abrangência; aquele que pretende, por um poder indiscutível, abreviar o lento trabalho da representação. Longe de nos voltarmos sobre esses conhecimentos adquiridos, pretendemos, pelo contrário, chamar de Civilização* a extensão da palavra aos não humanos e resolver, por fim, o problema da representação, que havia tornado a democracia impotente, assim que fora inventada, por causa da contrainvenção da Ciência.*

Percebemos, todavia, a dificuldade: redistribuindo os embaraços de fala,* desdramatizamos uma primeira oposição entre as entidades mudas e os sujeitos falantes. Devolvidos à vida civil, humanos e não humanos, desmobilizados, podem abandonar seus andrajos de objetos e de sujeitos para participar em comum na República. Não estamos, no entanto, no fim de nossas dificuldades, pois devemos converter outros caracteres dessa indústria de guerra antes de dispor de "cidadãos" razoavelmente apresentáveis. Mais do que serem dotados da palavra, é necessário torná-los capazes de agir e de se reagrupar em associações; restará para a seção seguinte encontrar-lhes um corpo.

Para compreender a natureza desses seres a coletar, devemos nos desembaraçar por completo da oposição entre dois tipos de assembleia. É o único meio de definir o trabalho comum à ecologia e à política. Ele não impede, objetar-se-á, que restem ainda "coisas" e "pessoas" e que utilizemos ainda as expressões "humanos" e "não humanos": mesmo se deslocamos a atenção para os aparelhos de fonação que lhes são comuns, mesmo se, para convocá-los, fundimos os procedimentos dos quais eles provêm – uns do laboratório e outros das assembleias representativas –, resta nosso olhar, como numa partida de tênis, que se volta ora para os objetos, ora para os sujeitos. Ainda não há, portanto, matéria comum às ciências e à política. Que cada um se ocupe da sua parte e as vacas estarão bem guardadas – contanto que não sejam loucas... Não chegaremos nunca a crer que será preciso fundir esses dois termos para considerar uma mistura, o que não passaria de um horrível *melting pot*, um monstro ainda mais estranho que a palavra dos não humanos, enfocada na seção anterior. Qual é, então, a matéria comum sobre a qual se sustentam, ao mesmo tempo, o trabalho do cientista e do político? A imagem da partida de tênis não é má. Longe de remeter a esferas isoladas, que teriam de ser reatadas por uma consciência superior, ou "superadas" por um movimento dialético, as noções de objeto e de sujeito têm por única finalidade mandar a bola ao outro lado, mantendo os jogadores constantemente em estado de alerta. Nada podemos dizer quanto aos sujeitos que não constitua uma maneira de humilhar o objeto; nada a dizer quanto aos objetos que não seja causa de vergonha ao sujeito. Se a ecologia política partisse dessas noções, pereceria logo pela polêmica que carregaria em seu bojo. Se ela pretendesse "superar sua contradição" por uma fusão miraculosa, morreria ainda mais depressa, envenenada por uma violência contrária à sua fisiologia.[22] Para dizer de outra forma, os

---

22 Eu me apercebi que toda a discussão sobre o abandono da distinção entre o objeto e o sujeito é sempre um desastre porque a maioria dos leitores, tocados pela filosofia alemã, acredita que a tarefa já foi realizada por Hegel e seus descendentes, graças ao movimento da dialética. Ora, a dialética, longe de resolver o problema, torna-o insolúvel, uma vez que ela faz da própria contradição o motor da história, vale dizer, do cosmo. Isso volta a estender ao próprio mundo os artefatos do pensamento moderno. Nenhum antropomorfismo é mais completo que aquele que atribui ao universo os erros de categorias de alguns filósofos das ciências. Apreende-se bem o processo em um parágrafo da *Enciclopédia das ciências filosóficas*, quando Hegel critica Kant por haver limitado a contradição ao pensamento, em lugar de colocá-la nas coisas: "Não é, com efeito, [para Kant] o mundo que deve levar ao enfraquecimento da contradição, mas *somente* a razão que pensa, *a essência do espírito*... Mas quando se compara a essência do mundo com aquela do espírito, pode-se espantar com a inocência com que é afirmado modestamente e repetido que não é a essência do mundo que teria a mácula da contradição; senão que essa mácula só pertenceria à razão pensante, à essência do espírito" (§ 48). Kant talvez tenha errado em colocar no pensamento uma contradição que vem, como acabamos de ver, da impossibilidade dos modernos em pensar a ordem política, mas pelo menos tem ele a sabedoria de não fazer o mundo delirar com ele. Hegel, infelizmente, não teve essa consideração e, graças a ele, é o universo que se põe a agitar sob as formas totalmente improváveis da objetividade, da subjetividade e da história do espírito. Quem é mais ingênuo? Tenhamos a civilidade de não arrastar as associações de humanos e não humanos em tais guerras. Uma

sujeitos e os objetos não pertencem ao pluriverso, do qual conviria refazer a metafísica: "sujeito" e "objeto" são os nomes dados a formas de assembleias representativas a fim de não poderem nunca mais se reunir no mesmo recinto e procederem juntas ao mesmo juramento do jogo da pela. Não somos nós que lançamos essas noções na discussão política. Elas já estão aí desde sempre. Foram criadas para que causassem horror uma à outra. A única questão que resta é, portanto, saber se podemos pôr fim a essa aversão recíproca para formar em torno delas uma outra vida pública.

É nessa volta que vamos compreender a imensa diferença entre a guerra civil da oposição objeto/sujeito e a colaboração da dupla humano/não humano. Da mesma maneira que a noção de fala, na seção anterior, não designava alguém que falava de uma coisa muda, mas um embaraço, uma dificuldade, uma gama de posições possíveis, uma incerteza profunda, também a dupla humano/não humano não remete a uma partição de seres do pluriverso, mas a uma incerteza, *a uma dúvida profunda sobre a natureza da ação*, a uma gama inteira de posições quanto às provas que permitem definir um *ator*.*

Comecemos pela evidência do bom senso do qual procuramos nos afastar pouco a pouco. A tradição distingue, de um lado, o ator social dotado de consciência, de palavra, de vontade e intenção, e, de outro, a coisa que obedece a determinações causais. Mesmo se estiver frequentemente condicionado, e até determinado, dir-se-á que o ator se define por sua liberdade, ao passo que uma coisa apenas obedece às cadeias da causalidade.[23] Não se pode dizer de uma coisa que ela seja ator, sobretudo um ator social, já que, no sentido próprio do verbo, ela não age. Ela é causada.

Compreende-se facilmente que essas definições paralisam a ecologia política. Obrigam, de fato, a escolher logo entre duas so-

---

* grande parte da filosofia da ecologia mantém, infelizmente, sob uma forma vulgarizada, essa ambição de "ultrapassar a contradição entre o homem e a natureza" (ver o anexo do Capítulo 1).

23 Collins e Kusch (1998) foram os que chegaram mais longe nos *sciences studies* sobre a análise dessa dicotomia e que nos oferecem a versão mais fundamental.

luções catastróficas, que retomam cada qual o vocabulário das duas assembleias ilícitas: a naturalização, de um lado, e a socialização, de outro (ver o anexo do Capítulo 1). Isto é, ou a ecologia política toma o modelo da coisa e estende-o a toda a biosfera, inclusive ao homem, a fim de regular os problemas do planeta, mas sem ter mais à sua disposição atores humanos dotados de liberdade e de vontade para fazerem o jogo e decidirem o que é necessário fazer ou não fazer; ou ela amplia o modelo da vontade a tudo, inclusive ao planeta, mas não tem mais fatos brutos, inatacáveis, não humanos, que lhe permitam fazer calar a multiplicidade dos pontos de vista que se exprimem igualmente em nome de seus interesses próprios. Que não se imagine que a ecologia política disponha de uma solução do meio justo que misturaria um pouco de naturalização e um pouco de socialização, porque assim seria necessário traçar uma fronteira entre a necessidade inexpugnável das coisas, de uma parte, e as exigências da liberdade dos atores sociais, de outra. Isso suporia o problema como resolvido, pois a ecologia política *saberia* o que são os atores, o que querem, o que podem e o que são as coisas e seus feixes de causalidade. Por qual milagre ela dominaria, assim, a dicotomia? De onde extrairia esse saber absoluto? Seja da natureza, seja da sociedade. Mas, para produzir esse saber absoluto, que traça o limite entre "coisas" e "pessoas", a ecologia política deveria *já* ter escolhido entre naturalização e socialização, entre ecologia e política. Ela não pode, sem contradição, fazer as duas coisas ao mesmo tempo. É o que a torna, após sua emergência, tão instável e a faz oscilar brutalmente entre o poder total e a impotência igualmente total. Ora, quanto a nós, a ecologia política não está mais em contradição se ela cessar de crer que se assenta seja sobre as "coisas", seja sobre as "pessoas", seja sobre ambas ao mesmo tempo.

Felizmente para nós, essa venerável distinção não tem a solidez que a pátina dos séculos parece emprestar-lhe. Para dizer tudo, ela é bastante desgastada e está ligada apenas à polêmica a que se presta, e por algum tempo ainda. Desligados de sua pretensão de descrever os domínios da realidade, "objeto" e "sujeito" se reduzem aos papéis polêmicos que permitem resistir *à suposta monstruosidade de sua confrontação.* O que é efetivamente um sujeito? O que resiste à naturalização. O que é um objeto? O que resiste à subjetivação. Como os gêmeos em guerra da mitologia, eles são os herdeiros da repartição em duas assembleias impotentes que vimos anteriormente. Mudando a Constituição, vamos descobrir também como nos desfazer da polêmica fatigante dos objetos e dos sujeitos.

Se você afirmar a própria liberdade e alguém vier lhe dizer, com uma ponta de arrogância, que você não passa de um amontoado de aminoácidos e proteínas, evidentemente sua reação a essa redução será indignada, expressando bem às claras os direitos imprescritíveis do sujeito. "O humano não é uma coisa!", dirá você, batendo o punho na mesa. E terá toda a razão. Se você afirmar a presença indiscutível de um fato e alguém vier lhe explicar, com uma ponta de arrogância, que você fabricou esse fato com seus preconceitos, e que isso não passa de uma "simples construção social", você irá reagir violentamente a essa redução, reafirmando sonoramente a autonomia da Ciência contra todas as pressões da subjetividade. "Os fatos são teimosos!", dirá você, batendo outra vez com o punho na mesa. E ainda terá razão. Para fugir de um monstro, estamos prontos a defender um outro, mas esse duplo trabalho de resistência é apenas um paliativo. Para lançar-se em tais batalhas e cansar os punhos de tanto bater na mesa, é preciso que já não haja vida civil; que já se tenha aceitado descer acorrentado à Caverna.

Suponha agora que alguém lhe apresente uma associação de humanos e de não humanos, cuja exata composição ninguém ainda conheça, mas da qual uma série de provas permita dizer que *eles agem*, isto é, simplesmente, *que modificam outros atores com uma série de transformações elementares das quais podemos fazer uma lista graças a um protocolo de experiências.* Essa é a definição mínima, leiga, não polêmica, daquele que age.[24]

---

[24] Essa definição mínima da ação foi proposta, já há muito tempo, pela semiótica de Greimas. Ela provou ser muito útil para a análise da emergência dos novos atores, cujos desempenhos (o que eles fazem em testes) sempre precedem suas competências (o que eles são). Ver numerosos exemplos em Latour (1995). Para uma análise surpreendente das ontologias próprias aos novos atores de laboratório, ver Rheinberger (1997).

Trata-se de objetos? De modo nenhum! Cada não humano, candidato à existência, acha-se acompanhado por uma série de cientistas e muitos outros profissionais que apontam com o dedo os instrumentos, as situações, os protocolos, sem que consigamos distinguir quem fala e com que autoridade. Existem aí atores ou, pelo menos para tirar dessa palavra toda aparência de antropocentrismo, *atuantes*,* agentes, interferentes. Trata-se de sujeitos? Ainda não. Existem laboratórios, *sites*, situações, efeitos que não podem em caso nenhum se reduzir à gama de ações previstas até aqui sob a noção de sujeito. Reconhecemos, então, os vínculos de risco* vistos no capítulo precedente, e cuja proliferação, já dissemos, testemunha a amplidão das crises ecológicas.

Se, em lugar de lhe pedir para reagir à apresentação agressiva de um objeto ou de um sujeito, lhe forem apresentadas assim, *de maneira civil*, associações de humanos e de não humanos em estado de incerteza, você não precisa se indignar batendo o punho na mesa, segundo as duas modalidades do realismo.[25] Nenhuma palavra indiscutível vem reduzir você ao estado de coisa. O mecanismo de fala é bastante visível, envolvido em controvérsias bem explícitas. Não se trata de substituir uma menor gama de ações tradicionalmente associadas ao sujeito por uma menor gama de ações que viria reduzi-la. Pelo contrário, aqueles que se lhe apresentam desejam *acrescentar* à primeira lista *uma lista mais longa* de candidatos à ação. O fato de tornar visível o mecanismo da palavra tira a qualidade dos propósitos sustentados, reduzindo-os a uma construção social, a preconceitos, paixões, opiniões, aquilo que forçaria você a se indignar contra a dominação da subjetividade? De modo nenhum, pois ainda os que se lhe apresentam não vêm reduzir a lista das ações àquela dos preconceitos, dos interesses, das paixões sociais que já foram registrados; eles lhe propõem apenas, e muito polidamente, *aumentar* o repertório de ações por uma lista *mais longa* que aquela de que dispomos até o presente.

---

25 Para uma antropologia do soco na mesa, ver o pitoresco artigo de Ashmore, Edwards e Potter (1994).

Pretendemos que essa noção bem inocente de lista mais curta ou mais longa de ações elementares seja suficiente para redistribuir as cartas entre humanos e não humanos, e para livrar essa dupla da eterna batalha que travam com grande ruído os objetos e os sujeitos, dos quais uns procuram juntar-se sob a bandeira da natureza, enquanto outros querem agrupar-se em sociedade. A noção de lista mais longa ou mais curta tem sobretudo a insigne vantagem da banalidade. Ela leva uma vida civil, modesta, comum, longe das grandes explosões da guerra fria e interminável que o objeto e o sujeito travam – e a guerra ainda mais interminável empreendida contra todos os outros, os que pretendem "superar" a oposição do objeto e do sujeito.

Compreendemos agora que a extensão do coletivo permite uma *apresentação* bem diferente dos humanos e dos não humanos daquela exigida pela guerra fria entre os objetos e os sujeitos.[26] Estes faziam um jogo de soma zero: tudo o que um perdia o outro ganhava e vice-versa. Os humanos e os não humanos podem, por sua vez, agregar-se sem exigir o desaparecimento do seu oposto. Para dizer de outra forma: *os objetos e os sujeitos nunca podem se associar, mas os humanos e os não humanos podem.* Desde que cessemos de tomar os não humanos por objetos, que nós os deixemos, portanto, entrar no coletivo sob a forma de entidades novas, com limites indeterminados, que hesitam, que tremem, que ficam perplexos, podemos sem esforço, admitir-se-á, atribuir-lhes o qualificativo de atores.* E se tomamos ao pé da letra o termo "associação",* não há motivo para não considerá-los *atores sociais*. A tradição lhes recusa esse qualificativo para reservá-lo aos sujeitos cujo curso de ação se desenvolvia num mundo, num quadro, num ambiente de coisas. Mas agora nós compreendemos que essa recusa não tinha outra causa senão o medo de ver o humano *se reduzir* a uma coisa ou, inversamente, de ver os preconceitos dos atores sociais limita-

---

26 A noção de apresentação vem de Stengers (1996) e terá um papel essencial no Capítulo 5, para sair da solução de mononaturalismo e multiculturalismo, graças ao papel da diplomacia.*

rem o acesso às coisas. A fim de evitar tanto essa reificação como essa construção social, era necessário realmente patrulhar com cuidado a fronteira entre os atores sociais, de um lado, e os objetos, de outro: tal era o miserável poder de todos esses filmes de horror saídos da Caverna.

Tais temores não têm mais sentido se o que vem bater à porta não possui a forma polêmica do objeto tapa-boca, mas a forma ecológica[27] do não humano perplexo, entrando em relação com o coletivo, e que o equipamento complexo dos laboratórios socializa pouco a pouco. Não há nada mais simples do que aumentar listas de atuantes, ainda que nunca se possam gerir as relações entre objetos e atores sociais, quaisquer que sejam as piruetas dialéticas que se pensava serem fáceis de realizar. Associar atores sociais *a outros atores sociais* é uma tarefa mais factível que, em todo caso, nada proíbe de levar a bom termo.

Terceira divisão entre humanos e não humanos: realidade e recalcitrância

Toda a história dos conflitos o demonstra: se as armas não permanecerem guardadas, não podemos nos associar de maneira civil. Nossa estratégia consiste numa desdramatização progressiva que permite converter as espadas dos atuais guerreiros em arados dos futuros cidadãos. Não procuramos, neste capítulo, definir a metafísica fundamental que nos daria, de uma vez por todas, a mobília do universo. Ao contrário, é contra toda forma de decisão oculta concernente a essa mobília que desejamos abrir a discussão pública. Procuramos somente o equipamento de que os seres devem dispor

---

27 Isabelle Stengers (1996) propôs usar a expressão "ecologia das práticas" para caracterizar seu projeto; mas também se pode falar de risco, como Beck (1995), ou de público, como Dewey (1954), que assim definiu: "Aqueles que são séria e diretamente afetados, para o pior ou para o melhor, formam um grupo bastante distinto para tornar-se reconhecível e receber um nome" (p.35).

para se reunirem num coletivo vivível, em lugar de separá-los em duas assembleias ilícitas, que se tornam mutuamente impotentes e impedem o exercício da vida pública.

Para tal empreitada de pacificação, propomos uma troca de bons procedimentos, uma espécie de *gentleman's agreement*: por que não atribuir a seus adversários as propriedades que lhes são tão caras? Acabamos de ver que isso era possível para os termos "fala" e "ator social", que acreditávamos antropomórficos: nenhuma razão para reservá-los aos humanos, já que assentam perfeitamente nos não humanos, com os quais os humanos dividem sua existência coletiva, cada dia mais, graças em grande parte ao trabalho dos laboratórios. Precisamos agora ensaiar a recíproca e ver quais são os termos frequentemente reservados aos objetos acima citados, por exemplo, "realidade". Os "cidadãos" têm um aparelho de fonação, podem agir e se associar, cabendo a eles procurar um corpo.

Está de fora questão, certamente, conservar essa parte da noção de realidade exterior que se encontrava associada à antiga polêmica da Caverna. Mas sabemos também que, abandonando essa polêmica, não perdemos todo o contato com a realidade, contrariamente ao destino trágico de que nos ameaçava a polícia epistemológica. Medimos, aí também, toda a diferença entre o trabalho cumprido pela oposição sujeito/objeto e o que permite a associação dos humanos e dos não humanos. Nunca nos servimos de um sujeito senão para evitar a abominação que tem por nomes "reificação", "coisificação", "naturalização". Para evitar que esse monstro tome o poder, far-se-á *tudo*, inclusive aspirar à existência de sujeitos "desligados" da natureza, dotados de consciência e de vontade, de um direito imprescritível à liberdade, escapando de maneira radical e para sempre da ordem das coisas. E é de fato um monstro que ameaça o sujeito, já que, sob a máscara da natureza, faz irromper essa palavra indiscutível, que mostramos quão aberrante é na segunda seção.

Mas por que recorremos a essa aberração? Por razões fortes, sem o que tal palavra indiscutível surgiria logo como aquilo que ela é: uma contradição em termos. Se alguém resolve utilizá-la sem remorsos, será para lutar contra esta outra abominação: a violência das paixões políticas, o capricho das opiniões, das crenças, dos valores, dos interesses, que ameaçariam invadir a definição dos fatos, dissolver a objetividade, fechar o acesso às próprias coisas, substituir o mundo real pelo estribilho dos sentimentos humanos. Para evitar que esse monstro tome o poder, far-se-á *tudo*, inclusive pretender que, fora de toda sociedade humana, existam leis indiscutíveis, objetivas, eternas, que escapem em absoluto das agitações da multidão e diante das quais os sujeitos devem dobrar humildemente os joelhos. A cada movimento do pêndulo, a amplitude cresce; a um absurdo segue-se outro maior e de sentido oposto. É essa dialética infernal que pouco a pouco tornou inútil, no curso dos séculos, a noção de realidade exterior. Nada mais cândido em aparência do que essa noção: nada mais diabolicamente político. Cada traço de sua definição é feito para evitar o poder de um monstro e para acelerar o acesso ao poder de um monstro ainda mais terrível, que fechará o caminho ao primeiro.

Veremos, nos capítulos seguintes, como substituir a exterioridade mal fundamentada das polêmicas atuais por uma exteriorização* pretendida, discutida e decidida segundo as formas. Por ora, devemos simplesmente estar certos de que, reunindo no coletivo os atores sociais, dotados de palavras, não vamos perder tão cedo nenhum acesso à realidade exterior e nos encontrar com os fantasmas comuns das ciências sociais: símbolos, representações, signos e outras inexistências da mesma farinha, que nada têm a ver, senão pelo contraste, com a natureza reservada às ciências naturais. Se quisermos que o coletivo se reúna, é conveniente dissociar a noção de realidade exterior daquela de necessidade indiscutível, a fim de poder dividi-la igualmente entre todos os "cidadãos" humanos e não humanos. Vamos, portanto, associar a realidade exterior *à surpresa e ao acontecimento*, mais do que com o simples "estar lá" da tradição guerreira, a presença sustentada pelos *matters of fact.**

Os humanos não são especialmente definidos pela liberdade mais do que o são pela fala; os não humanos não são definidos pela necessidade mais do que o são pela objetividade muda. A única coisa que se pode dizer deles é que *irrompem de maneira surpreen-*

dente, aumentando a lista dos que devem ser levados em conta. O leitor precisa compreender bem que não se trata de uma solução maravilhosa, dialética, nova, exótica, barroca, oriental, profunda. Não, o que faz justamente sua virtude é a sua trivialidade. Ela é mundana, insossa.[28] A sua banalidade faz dela uma candidata ideal para substituir o barulho da oposição sujeito/objeto. Que melhor fundamento para o senso comum do que a própria evidência desses atores humanos e não humanos, cuja associação *às vezes surpreende*? Nada mais. Nada menos.

Compreendemos, então, esta lição de ecologia política que nos parecia paradoxal, quando a encontramos, pela primeira vez, no Capítulo 1: as crises ecológicas e sanitárias, havíamos dito, são percebidas pela ignorância das conexões entre os atores e pela impossibilidade súbita de somá-los. A verdadeira virtude da ecologia militante é a surpresa sempre recomeçada de ver um novo ator, humano ou não humano, aparecer no curso da ação quando menos era esperado. A forma definitiva do humano, a composição inelutável da natureza, é justamente o que mais lhe escapa. A ecologia política não pode dividir, de uma vez por todas, nem a liberdade, nem a necessidade; não pode certamente decidir, de antemão, que a natureza possuirá toda a necessidade, e a humanidade, toda a liberdade. Ela está *engajada numa experiência* no decorrer da qual os atores, durante a prova, tentam religar-se uns aos outros ou passar uns sem os outros. Sim, o coletivo é bem *melting pot*, mas não contém os objetos de natureza e os sujeitos de direito; mistura os atuantes definitivos com listas de ações que não são completas. Se fosse necessário costurar uma máxima na bandeira da ecologia política, não seria, como creem ainda alguns de seus militantes, a fórmula lapidar: "Projetamos a natureza!", mas uma outra, muito mais adaptada às surpresas contínuas de sua prática: "Ninguém sabe o que pode um meio ambiente...".

---

28 A grande virtude do trabalho de Jullien (1992; 1997) sobre os filósofos chineses é a de nos mostrar até que ponto os ocidentais dramatizaram a questão do mundo exterior e tornaram incompreensível a eficácia.

Nessa situação de ignorância, enquanto a aparição de um objeto ou de um sujeito pode causar indignação, a aparição de uma nova associação de humanos e de não humanos (outros protocolos, outras provas, outras listas de ações) só é capaz de suscitar *alívio*, já que a experimentação se abre e o repertório de ações não está fechado. Se o sujeito acha insuportável ter cortada a palavra pelo objeto, com uma palavra indiscutível, o humano pode experimentar o prazer de se ver propondo novos humanos a participarem da composição de sua existência coletiva.[29] Se o objeto acha escandaloso ver-se colocado em dúvida pela acusação de construção social, os não humanos só tiram vantagens ao se verem oferecendo novos recursos para "aterrissar", se podemos dizer, no coletivo.[30] Nem o sujeito nem o objeto podiam absorver, sem escândalo, a modificação da lista de atuantes que deviam ser levados em conta. O que era dado a um, devia ser tirado do outro. Pelo contrário, a dupla humano/não humano é feita com este fim: permitir ao coletivo reunir um número maior de atuantes no mesmo mundo. O jogo está aberto. A lista dos não humanos que tomam parte da ação se amplia. A lista dos humanos que tomam parte na sua recepção, igualmente. Não precisamos mais defender o sujeito contra a reificação, defender o objeto contra a construção social. As coisas não ameaçam os sujeitos. A construção social não mais enfraquece os objetos.

O leitor objetará que sempre há uma diferença total entre os atores sociais humanos e os atores sociais não humanos, porque os primeiros não podem jamais ser governados e os últimos devem, pelo contrário, não obedecer a nada fora da brutal causalidade. É

---

29 É o que a tese de Émilie Gomart me permitiu apreender, como também toda a série de recentes trabalhos a respeito do que se torna a subjetividade uma vez transformada a objetividade pelos *sciences studies*; ver em particular Despret (1996), Berg e Mol (1998) e Akrich e Berg (no prelo).

30 É engraçado constatar que as polícias epistemológicas, sempre prontas a expulsar os construtivistas e os relativistas, mudam subitamente o discurso quando os pesquisadores precisam de dinheiro para equipar seus laboratórios. De repente, eles precisam de todo um mundo social para descobrir o mundo não social, todo um mundo de relações precárias e pecuniárias para descobrir o absoluto.

que ele utiliza ainda o antigo modelo que fazia da subjetividade humana o que vem perturbar a objetividade das leis, poluir a qualidade do julgamento, suspender a sucessão das causas e dos efeitos. Ele utiliza sempre a antiga divisão dos papéis entre a necessidade das coisas e a liberdade dos sujeitos, quer para avitar a natureza e elevar o homem, quer para glorificar a natureza e rebaixar o homem. Nos dois casos, ele continua servindo-se das capacidades polêmicas das noções de objeto e de sujeito. Trabalha sempre como se vivêssemos ainda no antigo cosmos, com a distinção radical entre mundo sublunar e mundo supralunar. Ora, era para evitar que as paixões humanas viessem *desordenar* os objetos que tínhamos necessidade de insistir, sem cessar, sobre o "estrito respeito à causalidade".

Para convencer totalmente o leitor, é suficiente, parece-nos, que ele leve a sério o qualificativo de ator* introduzido na seção precedente. Os atores se definem antes de tudo como obstáculos, escândalos, como aquilo que suspende a superioridade, que incomoda a dominação, que interrompe o fechamento e a composição do coletivo. Para falar de maneira popular, os atores humanos e não humanos aparecem, então, como importunos. É pela noção de *recalcitrância* que convém, de modo especial, definir a sua ação. Crer que os não humanos se definem pela estrita obediência às leis da causalidade é não ter nunca seguido a lenta montagem de uma experiência de laboratório. Crer, ao contrário, que os humanos se definem pela liberdade é não ter jamais medido a facilidade com que eles se calam e obedecem, e a conivência que têm com esse papel de objeto ao qual queremos, tão frequentemente, reduzi-los.[31] Repartir de início os papéis entre o objeto dominável e obediente, de um

---

31 É uma das contribuições da filosofia de Isabelle Stengers (1996) ter mostrado que as ciências sociais se tornariam enfim científicas se aceitassem "tratar os humanos como coisas" – quer dizer, paradoxalmente, com todo o respeito com que um investigador de ciências ditas "duras" chega a se deixar surpreender pela resistência do objeto de pesquisa. A indiferença dos não humanos os protege contra a objetivação, considerando que os humanos, sempre ansiosos por fazer o bem (especialmente quando um cientista lhes pede que imitem um objeto), mal sabem se defender contra o alinhamento na objetivação, pro-

lado, o humano livre e renitente, de outro, é se impedir de procurar em que condição, por qual prova, em que arena, ao preço de que labor, pode-se, deve-se fazê-los mudar as descomunais capacidades de aparecer em cena como atores completamente à parte, isto é, como aqueles *que impedem a transferência indiscutível* (da força ou da razão), como mediadores com quem é preciso contar como agentes cujas virtualidades são ainda desconhecidas. Não dizemos que seja necessário aglutinar os papéis dos objetos e dos sujeitos, mas que se deve, como fizemos para a noção de discussão e para a do ator, substituir a evidente divisão dos papéis por uma *gama de incertezas*, indo da necessidade à liberdade. Basta reconhecer, do lado da antiga arena da natureza, que as consequências excedem ligeiramente as causas e, do lado da nova arena, que o que faz agir permanece sempre em debate, para pacificar a discussão e dar a todas as associações de humanos e de não humanos a quantidade mínima de realidade que convém para reuni-los.

Um coletivo mais ou menos bem articulado

Dividindo as competências de palavra, de associação e de realidade entre humanos e não humanos, decretamos fim ao antropocentrismo da divisão objeto/sujeito, que engajava todas as entidades num combate para o controle do mundo comum. Não propusemos uma metafísica alternativa, mais generosa, mais englobante, mas evitamos tomar a metafísica da natureza* como a única organização política possível. Progredimos, portanto, na nossa convocação do coletivo, pois sabemos a que ritos devem doravante se submeter os sujeitos e os objetos acima citados para deporem suas armas e reencontrarem a própria capacidade de se reunir em comum. Re-

---

vando, aliás, pela sua imitação perfeita, o papel antropomórfico e polêmico da objetividade! O argumento é mais desenvolvido ainda em Despret (1996; 1999), em que se torna um meio para triagem dos dispositivos experimentais dos psicólogos.

distribuindo-lhes a palavra, a associação e a recalcitrância, poderão começar a retomar a fala.

Nada prova, aliás, que a assembleia vai se dar bem, que eles todos vão se reencontrar, no equivalente ecumênico de algum Woodstock em honra de Gaia. Não temos ainda a mínima ideia de uma tal reunião, de uma tal retomada de marcha do trabalho de coletar. Sabemos, apenas, que voltou a se tornar possível o que era proibido recentemente pela divisão em duas câmaras. Não nos iludamos: a ecologia política não vai ser mais simples, mais simpática, mais agreste, mais bucólica que a antiga política de duplo foco. Ela será, ao mesmo tempo, mais simples e mais complicada: mais simples porque não viverá sob a ameaça constante de um duplo curto-circuito pela Ciência e pela força; e bem mais complicada pela mesma razão: na falta de curto-circuitos, ela deverá recomeçar a compor, pouco a pouco, o mundo comum, isto é, *fazer política*, atividade da qual perdera o hábito, assim como a confiança na Ciência permitia aumentar indefinidamente os prazos, crendo que esse mundo comum já era constituído pelo essencial, sob os auspícios da natureza.

Como designar as associações de humanos e de não humanos desse coletivo em vias de agrupamento? O termo que utilizamos até aqui foi bem infeliz, pois ninguém imagina se dirigir a um buraco negro, a um elefante, a uma equação, a um motor de avião, saudando-os com um retumbante "cidadão"! Precisamos de uma expressão nova que não lembre o Antigo Regime e que permita recapitular num só termo os embaraços de fala, a incerteza das ações, assim como os degraus variáveis de realidade que definem a partir de agora a vida civil. Escolhemos para esse papel a palavra "proposições":* iremos dizer que um rio, uma tropa de elefantes, um clima, El Niño, um ministro, uma comuna, um parque apresentam ao coletivo proposições. A palavra tem a vantagem de poder recolher o sentido das quatro seções precedentes: "Tenho uma proposição a lhe fazer" indica a incerteza e não a arrogância, a oferta de paz que põe fim à guerra; pertence ao domínio da linguagem, agora partilhada entre humanos e não humanos; indica, às maravilhas, que se trata de uma associação nova e imprevista, a qual vai se complicar e se expandir;

enfim, embora provenha da linguística, nada a limita na linguagem única e pode servir para assinalar a recalcitrância das "tomadas de posição", que se faz e se abandona, evitando, da realidade exterior, a forma sustentada pelo fato bruto indiscutível. Não pretendemos que o pluriverso seja composto de proposições, mas somente que, para começar seu trabalho civil de coleta, a República considere as proposições em vez e no lugar dos sujeitos e objetos anteriormente citados.

Mais uma vez, não se trata de ontologia, nem mesmo de metafísica, mas unicamente de ecologia política.[32] Utilizar o vocábulo "proposição" permite, simplesmente, *não* recorrer ao antigo sistema do *enunciado*,* pelo qual humanos falavam a respeito de um mundo exterior, do qual estavam separados por um abismo que a mínima ponte da referência procurava transpor sem jamais consegui-lo completamente. Não esperamos que a palavra "proposição" já nos ofereça um acordo impossível sobre a filosofia do conhecimento alternativa. Desejamos apenas impedir que a filosofia da Ciência faça, furtivamente, a metade do trabalho da filosofia política. Para que o *logos* volte ao centro da Cidade, não poderia haver, de um lado, a linguagem, e, de outro, o mundo, e entre os dois a referência estabelecendo uma correspondência mais ou menos exata entre esses dois incomensuráveis. Essa solução aparentemente incoerente, com efeito, faria transpor à filosofia da linguagem o mito da Caverna e sua divisão entre os dois universos impossíveis de conciliar. Para a ecologia política não existe mundo e linguagens – assim como não há uma natureza e culturas: há proposições que insistem em fazer parte do mesmo coletivo, segundo um procedimento que será objeto do Capítulo 3.

Um exemplo muito simples nos permitirá ilustrar esse ponto capital, do qual precisamos para concluir, mas que não podemos desenvolver longamente.[33] Suponhamos que uma cantina de Bourgogne convide você a uma degustação dita "longitudinal", porque ela toma o vinho de vários anos (por oposição, portanto, a uma

---

32 Em sentido propriamente metafísico, ver Whitehead (1995).
33 É todo o esforço que procurei em Latour (1999b) e que serve como filosofia das ciências no presente livro. Estou agradecido a Geneviève Teil por seu exemplo muito bonito.

"transversal", que toma do mesmo ano vários vinhos). Antes que o vapor do álcool tenha definitivamente dissipado sua razão, você ficará, por uma hora ou duas, sensibilizado pela comparação continuamente adquirida dos vinhos, pelas diferenças que na véspera você ainda ignorava por completo. A cantina, a disposição dos copos sobre o barril, a escrita das etiquetas, a pedagogia do *chef* da cantina, o desenrolar do protocolo experimental, tudo isso forma um instrumental que lhe permite, com certa rapidez, adquirir olfato e paladar, registrando distinções cada vez mais sutis que o impressionam cada vez mais. Suponhamos que lhe peçam, depois, para passar pelo laboratório e descobrir, num cômodo de ladrilhos brancos, uma instrumentação complexa que permitirá associar as distinções, que você acaba de sentir na língua, com outras diferenças, registradas dessa vez, sob a forma de altos e baixos, sobre o papel milimetrado ou sobre a tela do computador. Suponhamos agora (hipótese bem mais extravagante que as duas anteriores) que não utilizamos mais, para comparar essas duas visitas, a filosofia do conhecimento aprendida nos bancos da Caverna; que não procuremos mais dizer que a primeira degustação é subjetiva, pois ela agita, no nosso espírito, qualidades secundárias,* ao passo que a segunda é objetiva, pois revela aos olhos dos cientistas apenas as qualidades primárias.* Como poderíamos qualificar, em termos pacíficos, essa dupla degustação?

Graças ao tanoeiro, graças ao cromatógrafo em fase gasosa, *tornamo-nos sensíveis* a diferenças antes invisíveis, umas sobre nosso paladar, outras sobre o papel logarítmico. Fizemos melhor que associar sentimentos, palavras, cálculos a uma coisa exterior que preexistia; tornamo-nos capazes, pela multiplicação dos instrumentos, de registrar distinções novas. Na produção dessas diferenças e na multiplicação dessas nuances, é preciso levarmos em conta a nós e a nosso olfato, a nós e a nossos instrumentos. Quanto mais dispusermos de aparelhos, quanto mais tempo passarmos na cantina ou no laboratório, mais nosso paladar será exercitado, mais o *chef* da cantina será hábil, mais o cromatógrafo será sensível: mais aumentam as realidades. Na antiga tradição, era necessário colocar sempre a débito do realismo o trabalho para acessar a realidade, e a crédito a natureza única do objeto, sempre inacessível. Ora, vê-se bem, nesse pequeno exemplo, que a realidade cresce na mesma medida que o trabalho gasto para tornar-se sensível às diferenças. Mais os instrumentos se multiplicam, mais o dispositivo é artificial, e mais nos tornamos capazes de registrar os mundos. O artifício e a realidade estão na mesma coluna positiva, assim como no débito se inscreve outra coisa diferente do labor: deparamos agora com a *insensibilidade*. A diferença não passa, portanto, entre a palavra e a realidade, pelo frágil abismo da referência, como no antigo modelo polêmico dos enunciados simplesmente verdadeiros ou falsos, mas entre as proposições capazes de levar dispositivos sensíveis às menores diferenças e as que permanecem, diante das maiores diferenças, obtusas.

A linguagem não é cortada pelo pluriverso, é um dos dispositivos *materiais* pelos quais "carregamos" os pluriversos no coletivo. Era necessário, verdadeiramente, que uma impiedosa guerra civil viesse dividir a linguagem e aquilo de que ela fala para que se faça perder aos civis, que somos, esta evidência de bom senso: todos trabalhamos sem cessar para tornar as coisas pertinentes àquilo que dizemos delas. Se pararmos de trabalhar, elas não dirão mais nada; mas, quando falam, são exatamente elas que falam e não nós – sem isso, por que diabos trabalharíamos dia e noite para fazê-las falar?[34]

Para designar o que vem a ser o coletivo quando o considerarmos uma associação de humanos e não humanos definidos por listas mais longas de ações elementares, chamadas proposições, utilizaremos a bela palavra "articulação".* Esse termo tem por característica primeira não ter sido jamais arrastado na polêmica, agora absoluta, do objeto e do sujeito. Tem depois a vantagem de nos aproximar dos aparelhos de fonação que definimos na primeira seção e de poder ser empregado também para designar a realidade insistente das coisas materiais. Diremos de um coletivo que *ele é*

---

34 Foi um grande mal que o empirismo tivesse sido inventado em plena batalha política pelo controle dos *matters of fact*: em vez de um *maximum* de contato entre a palavra e os fenômenos trazidos para a linguagem, devemos nos contentar com um *minimum*, os simples "dados dos sentidos", a fim de limitar tanto quanto possível a margem da discussão (Shapin; Schaffer, 1985).

mais ou menos articulado, em todos os sentidos da palavra, isto é, que ele "fala" há mais tempo, que ele é mais fino, mais astucioso, que compreende mais artigos, unidades discretas ou partes assumidas, que ele as mistura com mais graus de liberdade, que pode se compor de maneiras mais diversas, que desdobra mais longas listas de ações. Diremos, por contraste, que um outro coletivo é mais silencioso, que tem menos partes assumidas, menos graus de liberdade, menos artigos independentes, que é mais rígido. Podemos mesmo dizer de um coletivo de duplo foco, feito de sujeitos livres e naturezas indiscutíveis, que ele é completamente mudo, pois a finalidade da oposição sujeito/objeto é, com efeito, fazer calar, suspender o debate, interromper a discussão, confundir a articulação, a composição, abreviar os canais da vida pública, substituir a composição progressiva do mundo comum, pela transferência fulminante do indiscutível – fatos ou violência, *right or might*.

Diremos, inversamente, que os novos procedimentos próprios da ecologia política vão procurar, por todos os meios possíveis, a articulação. Quem se reúne, quem fala, quem decide em ecologia política? Conhecemos agora a resposta: nem a natureza, nem os humanos, mas *os seres bem articulados*, as associações de humanos e de não humanos, as proposições bem formadas. Será necessário explicar, no Capítulo 5, como se diferenciam uma boa e uma má articulação; de todo modo, sabemos que a tarefa comum é pelo menos pensável.

Temos necessidade de um último acessório para equipar os membros desse coletivo novamente convocado. É preciso que as proposições articuladas tenham *hábitos** em vez de essência.*[35] Se

---

35 Comentado magnificamente em Zourabichvili (1994), a menos que Deleuze não o tenha aprendido de Gabriel Tarde (1999, p.89): "Depois de milhares de anos, catalogamos os vários modos do ser, os vários graus do ser, e nunca se teve a ideia de classificar as várias espécies, os vários graus da posse. A posse ainda é, de fato, universal, e não há termo melhor do que 'aquisição' para expressar a formação e o crescimento de um ser qualquer. Os termos 'correspondência' e 'adaptação', postos em moda por Darwin e Spencer, são mais vagos, mais equívocos, e não apreendem o fato universal senão por fora". O argumento não deve nada a um reflexo antiessencialista: haveria de fato essências e propriedades, mas, pensando bem, desde que feito o trabalho das instituições segundo as regras.

o coletivo se via invadido por essências com limites fixos e indiscutíveis – causalidades naturais, assim como interesses humanos –, nenhuma negociação poderia ter êxito, pois só poderia atender às proposições se elas insistissem até o esgotamento do adversário. Tudo mudaria se as proposições se apresentassem como tendo contraído hábitos, que possuem decerto o mesmo peso que as essências, mas, contrariamente a estas, poderiam ser revisados durante o processo, se isso de fato valesse a pena. Conta-se, por exemplo, que os etólogos, especialistas em sapos, teriam transformado os costumes destes em indiscutíveis essências, o que obrigava as empresas de rodovias a cavarem, em seus taludes, dispendiosos "dutos para sapos" a fim de que esses anfíbios pudessem pôr ovos nos mesmos lugares do seu nascimento. Infiéis às interpretações de Freud, parece, entretanto, que os sapos procuravam, como os humanos, voltar ao pântano primitivo. Notou-se, com efeito, que os sapos, encontrando um pântano ao pé do talude, acreditaram ter voltado ao seu berço, a ponto de pôr aí seus inumeráveis ovos e se recusar, daí em diante, a utilizar os custosos e perigosos túneis. Após a experiência, o estabelecimento do lugar para a postura de ovos transformou-se, então, de essência em hábito: o que não era negociável tornou-se negociável; o conflito frontal entre batráquios e rodovias tinha mudado de forma... Como veremos mais adiante, a composição de um mundo comum por experiência e discussão volta a ser possível a partir do momento em que os membros aceitam passar de uma polêmica das essências* a uma conciliação de hábitos.

Conclusão: o retorno à paz civil

"Objetos inanimados, vocês têm então uma alma?" Talvez não, mas uma política, sim. Laicizando, desdramatizando, civilizando, desmobilizando as disputas da tradição, substituímos as certezas concernentes à repartição dos seres por três incertezas: uma atacando os embaraços de fala: quem fala?; outra, as capacidades de associação: quem age?; a terceira, a recalcitrância dos acontecimentos: quem pode? Eis algumas bem-vindas banalidades que nos mudam a atordoante profundidade a partir da qual os pensadores da ecologia julgavam poder "reconciliar o homem e seu meio ambiente". Tinham compreendido, como ponto de partida, uma repartição de objetos e sujeitos que não descrevia seres do pluriverso, mas que tinha por finalidade contornar a política. Seria como tentar arar com tanques. Acusando as outras culturas de animismo, a polícia epistemológica dissimulava com cuidado a extravagância de seu próprio *inanimismo*:* uma politização tão completa da vida do pluriverso que tudo devia conduzir, sempre, a um "unanimismo" sem debate. Deleitando-se com "ferimentos narcisistas", que as revoluções da Ciência teriam feito sofrer aos pobres humanos descobrindo com Galileu, depois com Darwin, depois com Freud, que não existe nenhum elo entre o mundo e a humanidade, entre a cosmologia e a antropologia, distinguia-se mais perfeitamente ainda a irrupção de um antropocentrismo, cada vez mais extremo, e que dava a um novo grupo de sábios o direito de fazer reinar a ordem indiscutível da Ciência.[36] Deleitando-se com o desespero da indiferença do mundo com nossas paixões, o epistemólogo (político) teria remetido a vida pública ao império das paixões, reservando-se, com uma modéstia desolada, apenas o império dos fatos teimosos. Sabemos agora como voltar a fazer, muito simplesmente, política democrática, em lugar e em vez dessa política imperial. O Quadro 2.1 nos permitirá resumir os papéis contraditórios atribuídos aos objetos, no antigo estado de guerra, e as tarefas ordinárias que esperamos, a volta da paz, as proposições articuladas.

---

36 Acharemos nos trabalhos de Alexander Koyré a versão canônica dessa suposta ruptura entre a ordem do mundo natural e a ordem do mundo social, ao mesmo tempo que a totalidade da vida pública cai sob o controle das qualidades primeiras. Poderíamos opor sobre o mesmo período o tratamento do epistemólogo Koyré (1962) e da epistemologia política de Shapin (1998).

Quadro 2.1 – O papel político dos objetos difere radicalmente daquele das proposições articuladas: o primeiro torna impossível a vida pública, ao passo que o último a permite.

CONVOCAÇÃO IMPOSSÍVEL POR CAUSA DA METAFÍSICA DA NATUREZA

O que dizem os objetos	O que fazem os objetos
Indiferentes às paixões humanas	Fazem toda a diferença
Mudos	Falam de maneira indiscutível
Amorais	Fonte de toda moralidade
Essenciais, porque únicos reais	Inessenciais, porque não humanos
Invisíveis, exceto aos sábios	Únicos fundamentos do visível
Involuntários	Fazem agir todas as vontades
Inanimados	Animam todas as ações
Não antropomórficos	Dão forma aos humanos
Não antropocêntricos	Voltados para a política humana

CONVOCAÇÃO POSSÍVEL GRAÇAS A UMA METAFÍSICA EXPERIMENTAL

Proposições articuladas
Porta-voz de que se duvida
Associações de humanos e de não humanos
Atuantes recalcitrantes
Hábitos em lugar de essências

Acabamos de percorrer neste momento o caminho que havíamos fixado para este capítulo. Nada foi resolvido ainda, mas a ameaça de uma simplificação fulminante da vida pública acha-se pelo menos afastada. Nós laicizamos o coletivo, se entendermos por esse termo o abandono do sonho impossível de uma transcendência superior, que viria simplificar milagrosamente os problemas da vida comum. Definimos, igualmente, em grandes linhas, a economia de paz que pode doravante substituir a única economia de guerra prevista até aqui pelos batalhões de objetos apontados contra os sujeitos e de sujeitos cavando suas trincheiras para se defender dos objetos.

No lugar da grande batalha entre ciência e política, que dividiam entre si domínios da realidade ou se defendiam cada uma contra a invasão da outra, só propusemos fazê-las trabalhar *conjun-*

tamente na articulação do mesmo coletivo, definido como uma lista sempre crescente de associações entre atores humanos e não humanos. Como nos tínhamos proposto, definimos a matéria-prima do coletivo com a qual se relaciona a ecologia política. A conjunção desses dois vocábulos tem, portanto, um sentido. Há efetivamente, no coletivo, uma tal mistura de entidades, vozes, atores que teria sido impossível tratá-lo seja pela ecologia sozinha, seja pela política em separado. A primeira teria naturalizado todas as entidades, a segunda, socializado todas. Recusando ligar a política aos humanos, aos sujeitos, à liberdade e de ligar a Ciência aos objetos, à natureza, à necessidade, descobrimos o trabalho comum das políticas e das ciências: abarcar as entidades do coletivo a fim de torná-las articuláveis e *fazê-las falar*.

Nada mais político do que tal atividade; nada mais científico também; nada mais normal, sobretudo. Que se tomem as representações mais clássicas, mais banais das ciências, assim como as formas mais canônicas, mais veneráveis da política, e achá-las-emos sempre conformes a esse desígnio de "fazer falar" as entidades articuladas. Não devemos exigir nada mais do senso comum além de que ele reúna as duas tarefas e, em seguida, que recuse atribuir aos cientistas a fala dos objetos e, aos políticos, a fala dos sujeitos. Fora essa "pequena" modificação, podemos daqui em diante tomar como uma evidência que o coletivo é composto de entidades que dividem muitos traços essenciais para participar de uma ecologia política que não os *obrigará nunca mais* a se tornar, *sem debate*, objetos da natureza ou sujeitos da sociedade.

Não pedimos ao leitor para abandonar todo desejo de arrumação, de hierarquia, de classificação, para tudo despejar na mesma sopa do coletivo. Pedimos-lhe apenas não confundir esse desejo legítimo de ordem e de norma com a distinção ontológica do objeto e do sujeito, que não só impedia, segundo nós, de fazer essa arrumação, mas introduzia, no mais, uma horrível confusão. Que o leitor se tranquilize, pois entenderá bem, nos próximos capítulos, as diferenças às quais dá tanta importância, mas *no final* do processo, não no começo. Uma vez que as instituições do coletivo tiverem estabilizado essas divisões de papéis e de funções, poderão, com efeito, reconhecer sujeitos e objetos, uma exterioridade, os humanos, um *cosmo*. Não no começo, não de uma vez por todas, não fora de processo, não como bárbaros sem assembleia, porém como modernos sem fogo nem lei. Sim, saímos finalmente da Idade das Cavernas, da guerra do fogo, da guerra fria, do estado de natureza, da guerra de cada um contra cada um, de "um contra tudo". O meio para melhor articular as proposições – o que nossos ancestrais chamaram de o *logos* – encontra-se novamente bem no centro da ágora.

3
Uma nova separação dos poderes

Começamos a compreender como separar, na noção de natureza, o trigo do joio. A exterioridade da natureza, por si só, não poderia ameaçar a vida pública, a qual, ao contrário, vive graças a ela: o coletivo em expansão se nutre por todos os seus poros, todos os seus sensores, todos os seus laboratórios, todas as suas indústrias, todas as suas técnicas, as mais amplas, da mais acessível exterioridade. Sem não humano, nada de humano. A unidade "da" natureza, por si mesma, tampouco ameaça a política: é normal, com efeito, que a vida pública procure compor o mundo que nos é comum e que ela termine por obtê-lo sob formas parcialmente unificadas. Não, se for preciso renunciar a conservar a natureza, isso não será nem por causa de sua realidade, nem por causa de sua unidade. Será unicamente pelos desvios que ela permite, quando nos servimos dela para engendrar essa unidade de uma vez por todas, fora de procedimento, fora de discussão, fora do coletivo, e que se vem, em seguida, do exterior, interromper, em nome da natureza, o trabalho de composição progressiva do mundo comum. A ausência do que chamamos o estado de direito e que estendemos às ciências, eis aí o que vem comprometer toda utilização da natureza em política. A única questão, para nós, consiste portanto em: como gerar *formalmente** a realidade, a exterioridade e a unidade da natureza?

Já compreendemos, igualmente, por que a epistemologia (política) não podia passar por um procedimento bem formado, apesar de suas altas pretensões morais. Contra o respeito aos procedimentos, ela cometia uma falta grave, pois deduzia da expressão "Existe uma realidade exterior" a seguinte conclusão: "Então, calem-se!"... Ainda que tenhamos nos apegado a essa inconsequência, tanta virtude passará, em alguns decênios, como a mais estranha das curiosidades antropológicas. Por haver uma realidade exterior, ou sobretudo realidades a interiorizar e a unificar, nós o compreendemos ao contrário sem nenhuma dificuldade, é preciso retomar a discussão, e por muito tempo. Nada deve interromper os processos de assimilação antes que se tenha encontrado a solução para tornar essas novas proposições dos habitantes plenamente integrados a um coletivo ampliado. Essa exigência do senso comum não padece de exceção. Somente o mito da Caverna, com sua improvável distinção em duas câmaras, das quais uma fala sem saber e a outra sabe sem falar, ambas ligadas por um estreito corredor, através do qual, por uma milagrosa e dupla conversão, transitam espíritos bastante sábios para fazer falar as coisas e muitos políticos para fazer calar os humanos, só esse mito pôde fazer da separação entre as duas câmaras o único motor de todos os dramas intelectuais. Decerto, o abandono dessa separação acarretaria, aos olhos da polícia epistemológica, uma catástrofe espantosa, uma vez que ela impediria a Ciência de se separar do social para chegar à natureza e, em seguida, descer de novo do mundo das ideias a fim de salvar o social de sua degenerescência. Mas essa tragédia, que desperta tantas paixões, é para aqueles que quiseram jogar o coletivo na Caverna. De quem é a culpa se a Ciência está ameaçada pela escalada do irracional? Daqueles que inventaram essa inverossímil Constituição que basta um grão de areia para bloquear; não da época, que extravasou por toda parte esse sistema mal concebido; em todo caso, não é culpa nossa, já que demonstramos o irremediável defeito.

Enfim, os capítulos precedentes nos permitiram verificar a que ponto as filosofias oficiais da ecologia política pecavam em sua definição dos procedimentos. Da antiga Constituição, elas haviam retomado o defeito principal ao exigir, para pôr fim à diversidade das paixões políticas, definir *de imediato* o mundo que nos era comum, sob os auspícios de uma natureza conhecida por sábios, cujo trabalho essa *Naturpolitik* mantinha invisível. A maior parte da ecologia política, pelo menos em suas teorias, não busca mudar nem de filosofia política, nem de epistemologia, mas, antes, oferecer à natureza, na gestão dos negócios humanos, um poder que os mais arrogantes de seus antigos zeladores não teriam ousado jamais lhe dar. A natureza indiscutível conhecida pela Ciência definiu a ordem de importância respectiva das entidades, ordem que deve, doravante, fechar toda discussão entre os homens sobre o que importa fazer e sobre quem importa proteger. Contentamo-nos em repintar de verde-claro o cinza das qualidades primeiras. Nem Platão, nem Descartes, nem Marx teriam ousado esvaziar a esse ponto a vida pública de suas formas de discussão próprias em prol do ponto de vista incontestável da natureza das coisas em si, cujas obrigações não são mais apenas causais, mas também morais e políticas. Esse acabamento do modernismo deve ser levado a bom termo pelos pensadores da ecologia e, sobretudo, por aqueles que se encontram em ruptura "profunda" com a "visão ocidental", com o "capitalismo", com o "antropocentrismo".

Felizmente, as crises ecológicas, como já vimos, inovam em filosofia política com mais profundidade que seus teóricos, que não chegam a se privar da vantagem ofertada pela conservação da natureza. O que se poderia chamar "o estado de direito da natureza", e que precisamos nesse momento descobrir, demanda outros sacrifícios e atrasos. A antiga Constituição pretendia unificar o mundo comum de uma vez por todas, sem discussão e fora de procedimento, por uma metafísica da natureza* que definia as qualidades primeiras, abandonando as qualidades segundas à pluralidade das crenças. Compreende-se que nos privemos com dificuldade das facilidades que uma tal arbitragem entre o indiscutível e o discutível buscava. A Constituição que sonhamos redigir afirma, ao contrário, que o único meio de compor um mundo comum, e portanto de escapar mais tarde da multiplicidade dos interesses e da pluralidade das crenças, consiste justamente em *não* repartir desde o início e fora de procedimento o que é comum e o que é particular. Enquanto a questão moral do bem comum* se encontrava separada da questão física e epistemológica, do mundo comum,* nós pretendemos, ao contrário, que é preciso conjugá-las para recolocar com novos custos a questão do *bom* mundo comum, do *melhor* dos mundos possíveis, do *cosmo*.*

Ainda que cada uma das duas Constituições ache escandalosas as exigências da outra, elas não se opõem como o racional e o irracional, pois cada uma pretende falar em nome da razão e definir, à sua maneira, a insensatez. A antiga forma de organização considera que a razão só pode extrair seus efeitos com a condição de diferenciar de modo absoluto os fatos e os valores, o mundo comum e o bem comum. Se nos pomos a confundir os dois, afirma ela, desarmamo-nos diante do irracional, posto que não podemos mais dar fim à indefinida multiplicidade de opiniões por meio de um ponto de vista indiscutível, que escaparia a qualquer ponto de vista. Para a nova, ao contrário, ao confundir a Ciência com as ciências, e o inferno do social com a política, quer dizer, ao se recusar tomar por um único e mesmo objetivo a questão do bem comum e a do mundo comum, os valores e os fatos, assumimos a terrível responsabilidade de interromper prematuramente a composição do coletivo, a experimentação histórica da razão (ver Capítulo 5). É difícil, como se vê, imaginar uma oposição mais decisiva: no momento em que o Antigo Regime tem necessidade de opor racional e irracional para fazer triunfar a razão, nós pretendemos atingir esse fim *abstendo-nos* da distinção entre o racional e o irracional, essa droga que paralisa a política. Reconhecemos, todavia, que existe muito de irracional: o conjunto da antiga Constituição marcada pelo contrassenso.[1]

---

[1] Desse ponto de vista, não falta uma certa grandeza à guerra das ciências. Eu reuniria, nesse momento, o campo dos "sokalistas", se ouvisse alguém dizer, tranquilamente, que as ciências são um "sistema de convicções" entre outros, uma "construção social" sem validez particular, um jogo de interesses políti-

Para compreender a que ponto os dois regimes se distinguem, precisamos entrar vivamente no tema, abordando o mais difícil dos capítulos deste livro. Coletivo não quer dizer "um", e significa, nós o sabemos, "todo, mas não dois". Designamos por esse termo um conjunto de processos para explorar, para coletar, pouco a pouco, essa unificação potencial. A diferença entre esse coletivo a se formar e as vagas noções de superorganismo, "de união do homem e da natureza", de "superação do objeto e do sujeito", cujas filosofias de natureza fazem grande uso, repousa, pois, sobre nossa capacidade de não nos precipitarmos em direção à unidade. Se o dualismo não é conveniente, o monismo tampouco o seria. Ora, o fim do Capítulo 2 nos ofereceu um vasto *melting pot*: essas associações de humanos e de não humanos que vimos forma desde então as proposições* que o novo coletivo deve articular. Resta descrever as formas que precisam tomar os debates para triagem dessas proposições, que nada mais vem unificar de antemão, sobretudo a natureza. Depois de haver reunido o coletivo contra a falsa diferença da antiga Constituição, resta-nos, portanto, dividi-lo de novo, descobrindo a "boa" diferença, aquela que nos permitirá evitar os atalhos de procedimento que tornavam ilegítima a maior parte das decisões tomadas segundo a antiga separação dos poderes* entre natureza e sociedade.

Alguns inconvenientes das noções de fato e de valor

A tentação da distinção dos fatos e dos valores vem de sua aparente modéstia, de sua própria inocência: os sábios definem os fatos, somente os fatos; eles deixam aos políticos e aos moralistas a tarefa,

---

cos, em que o mais forte ganha (posições que habitualmente me atribuem, sem me terem lido!). "That means war!", como o lembra Stengers (1998), e temos bastante razão de bater-nos para impedir essa extensão do obscurantismo da Caverna às Luzes. Porém, o combate que conduzo é diferente: prevenir que nos privem de toda luz, enterrando-nos na abóbada da Caverna para, em seguida, cegar-nos com um refletor que só poderá nos queimar a retina...

muito mais perigosa, de definir os valores. Quem não sentiria o conforto de tal formulação? O lugar ainda está quente, basta deslizar aí para cair no mesmo instante no sono dos justos. É preciso, porém, despertarmos desse longo sono dogmático. Por qual razão será mais difícil afirmar o que *valem* as coisas do que o que elas *são*?

A fim de descobrir um bom sucessor para a diferença dos fatos e dos valores, examinemos o uso comum dessas noções levantando, com uma espécie de caderno de anotações, a lista das exigências essenciais às quais seus substitutos deverão responder.

Que é que não vai bem no uso corrente da palavra "fato"? Ela obriga, de início, a omitir o trabalho necessário ao estabelecimento dos dados obstinados e teimosos. Na oposição dos fatos e dos valores, somos obrigados a limitar "fato" à etapa final de um longo processo de elaboração. Ora, se os fatos são fabricados, se, como se diz, "os fatos são fatos", eles passam por muitos outros estágios que os historiadores, sociólogos, psicólogos e economistas das ciências se esforçaram em relacionar e classificar. Além dos fatos comprovados, sabemos agora identificar toda uma gama de fatos incertos – quentes, frios, leves, pesados, duros, moles – que têm justamente por característica não ocultar dos pesquisadores empenhados em fabricá-los quais seriam os laboratórios necessários à sua produção, os instrumentos que asseguram sua validação, as polêmicas por vezes vivas às quais eles dão lugar, em suma, tudo o que permite articular as proposições. Em consequência, denominando "fato", sem outra precaução, um dos territórios traçados pela fronteira dos fatos e dos valores, cobre-se com profunda obscuridade a imensa diversidade da atividade dos sábios e obrigam-se todos os fatos, quaisquer que sejam os estágios de sua produção, a se fixarem como se já tivessem atingido seu estado definitivo. Esse gel obriga a designar pelas mesmas palavras uma multidão de projetos, de protótipos, de ensaios, de refugos, de rejeitos, na falta de um termo que permita diversificar esse conjunto; um pouco como se chamássemos "viaturas" todas as etapas sucessivas de uma linha de montagem, sem sublinhar que a palavra designaria tanto as portas separadas quanto um chassis, tanto os quilômetros de fios elétricos quanto os faróis. Qualquer que seja o termo que escolhamos mais tarde para substituir "fato", notamos, desde já, que ele deverá fazer sobressair o processo de fabricação que permita registrar as etapas sucessivas, assim como as variações de qualidade ou de acabamento de que dependem.[2] A noção de fato possui um outro defeito mais bem conhecido: ela não permite sublinhar o trabalho da teoria necessário para dar coerência aos dados. A oposição dos fatos e dos valores define, com efeito, por azar, uma outra diferença cuja história epistemológica é longa demais, aquela da teoria e dos fatos chamados, por contraste, de "brutos". A filosofia da ciência, sabemos bem, não pôde jamais mostrar nessa questão uma frente unida. Se o respeito aos *matters of fact* parece essencial à deontologia dos sábios, não é menos verdade que um fato isolado permanece sempre despido de sentido, desde que não se conheça de qual teoria vem o exemplo, a manifestação, o protótipo ou a expressão.[3] Encontramos na história das ciências tanta zombaria contra os fundadores de teorias vãs, derrubadas por uma minúscula evidência, como caçoadas contra os "colecionadores de selos" que amontoariam, como os avaros, uma profusão de dados que um único pensamento astucioso bastaria para predizer. Um trabalho de modelagem, de pôr em forma, de ordenamento, de modelização, de definição, parece necessário, se quisermos que os fatos brutos, os fatos falantes, os fatos obtusos possam enfrentar com brutalidade os palradores que vaticinam a seu propósito. Há muitas hesitações entre o positivismo e o racionalismo para tomar, ainda aí, a palavra "fato" como uma descrição

---

2 Não esqueçamos que a Ciência e as ciências não têm os mesmos hábitos alimentares: ao passo que a Ciência perde todo traço de construção, as ciências se alimentam do trabalho de fabricação permitido pelos laboratórios. Sobre o caráter fabricado dos fatos existe, no momento, uma literatura abundante. Sobre a história propriamente política dos *matters of fact*, ver os trabalhos já citados de Steven Shapin, de Christian Licoppe e de Karin Knorr-Cetina. O tema da fabricação ou da construção dos fatos obriga, disso estou consciente, a uma transformação profunda da própria noção de fabricação. Nisso me lancei várias vezes, particularmente em Latour (1996).

3 Acharemos os elementos essenciais dessa longa disputa contra o empirismo, tornada clássica por Duhem, tanto em Bachelard quanto em Popper e Kuhn.

adequada dessas múltiplas funções. Acrescentemos, portanto, ao nosso caderno de anotações que o termo que precisamos encontrar para substituir "fato" deveria incluir, em muitas das etapas de sua fabricação, o papel indispensável de *colocar em forma*, resumido pelo termo "teoria" ou "paradigma".[4]

Passemos, agora, ao outro lado da fronteira. A noção de "valor" não é, nem mesmo ela, despida de inconvenientes. Ela tem, de início, a insigne fraqueza de depender inteiramente da definição *prévia* dos "fatos" para o traçado de seu território. Os valores sempre chegam muito tarde e se encontram, se podemos dizê-lo, postos diante do fato acontecido. Se, para fazer acontecer o que deve ser, os valores exigem rejeitar o que é, podemos retorquir que a obstinação dos fatos estabelecidos não permite mais modificar nada. "Os fatos estão lá, quer você queira ou não." Impossível delimitar o segundo domínio antes de haver estabilizado o primeiro, o domínio dos fatos, das evidências, dos indiscutíveis dados da Ciência. Em seguida, mas somente em seguida, os valores poderão exprimir suas prioridades e seus desejos. Uma vez que a clonagem das ovelhas e dos camundongos tornou-se fato da natureza, poder-se-á, por exemplo, apresentar a "grave questão ética" de saber se se deve ou não clonar os mamíferos, os humanos aí compreendidos. Formulando assim o histórico desses trajetos, vê-se claramente que os valores flutuam em função do avanço dos fatos. A balança não é, pois, igual entre aquele que pode definir a realidade inelutável e indiscutível do que simplesmente "é" (o mundo comum) e aquele que deve manter, contra ventos e marés, a necessidade indiscutível e inelutável do que "deve ser" (o bem comum).

Se os valores recusarem essa posição de fraqueza, que os obriga a esperar sempre atrás da fronteira flutuante dos fatos, eles não poderiam, por isso, se retrair a um domínio que lhes seria próprio, a fim

---

4 Entenderemos ao fim do Capítulo 4 por que esses dois termos são sinônimos, mesmo se a tradicional disputa entre história interna e história externa das ciências os mantém separados (Pestre, 1995). Essa separação, cuja história foi estudada em Shapin (1992), é um artefato da antiga Constituição.

de definir a hierarquia entre os seres ou a ordem de importância que seria preciso lhes conceder. Eles seriam, então, obrigados a julgar *sem fato*, sem o rico material graças ao qual os fatos se encontram definidos, estabilizados, julgados. A modéstia daqueles que não falam "senão de fatos" cegam aqueles que devem julgar os valores. Ao vermos o gesto de humildade pelo qual os cientistas definem a "simples realidade dos fatos, sem pretender de nenhum modo julgar aquilo que é moralmente desejável", os moralistas creem que lhes foi deixada a melhor parte, a mais nobre, a mais difícil. Eles reconhecem, sem discutir, o papel de humilde serviçal, de servidor zeloso, de técnico sem preconceito, desempenhado por aqueles que se limitam aos fatos e que lhes oferecem o papel gratificante de senhor e daquele que decide. "A ciência propõe, a moral dispõe", dizem de comum acordo, se pavoneando, tanto os cientistas quanto os moralistas, uns por falsa modéstia, outros por falso orgulho. Mas, limitando-se aos fatos, os cientistas conservam no seu lado da fronteira a multidão dos estados do mundo que permitia justamente formar uma opinião e julgar ao mesmo tempo a necessidade e a possibilidade, o ser e o dever-ser. Que resta, então, aos moralistas? O apelo a valores universais e gerais, a busca de um fundamento, os princípios éticos, o respeito aos procedimentos, meios certamente apreciáveis, mas sem dominar diretamente o detalhe dos fatos, que permanecem obstinadamente submetidos àqueles que falam "apenas" dos fatos.[5]

Os prisioneiros da Caverna seguem podendo decidir apenas sobre o que se diz. Assimilando a distinção fato/valor, os moralistas aceitam ir buscar sua legitimidade muito longe da cena dos

---

5 Habermas (1996) se esforça por encontrar na noção de normas um intermediário entre fatos e valores. Como muitas de suas soluções, essa tem o inconveniente de conservar os defeitos dos conceitos tradicionais, procurando em tudo os meios astuciosos para remediá-los. Para descobrir a "racionalidade procedimental" que convém à ecologia política (ver Capítulo 5), ser-nos-á preciso, então, evitar a solução oferecida pela noção de norma e refletir além, para não manter a diferença, consagrada por Habermas, entre a razão instrumental, ocupada com os meios, e a ação comunicativa, que se ocuparia dos fins.

fatos, em uma outra zona, aquela dos fundamentos universais ou formais da ética. Assim fazendo, arriscam abandonar toda "moral objetiva", justo quando nos é preciso, ao contrário, ligar a questão do mundo comum àquela do bem comum. Como poderíamos classificar as proposições por ordem de importância, que é de fato a finalidade dos valores, se não somos capazes de conhecer os hábitos* íntimos de todas essas proposições? No caderno de anotações do conceito que substituirá o valor, não esqueçamos de fazer constar a função que permitirá aos moralistas se *reaproximarem* do detalhe dos estados da natureza e de suas controvérsias, em vez de se afastarem em direção à investigação dos fundamentos.

Essa reaproximação será tão mais necessária, no regime atual, quanto mais baste haver definido qualquer coisa como um estado de fato para que não se retorne mais à sua definição, e que ela pertença, para sempre, ao domínio da realidade. A tentação, portanto, será sempre forte para incluir no mundo dos fatos um dos valores que se deseja promover. À medida que essas inclusões aumentam, a realidade do que é vai se carregando pouco a pouco de tudo o que se *gostaria de ver existir*. O mundo comum e o bem comum vão se encontrar confundidos de forma sub-reptícia, permanecendo oficialmente distintos (sem beneficiar, mesmo assim, as organizações comuns que desejaríamos descobrir). Esse paradoxo não deveria mais nos assustar: longe de clarear a questão, a distinção fatos/valores ficará ainda mais opaca, tornando inextricável o que é e o que deve ser. Quanto mais se diferenciam os fatos e os valores, mais se obtém o *mau mundo comum*, o que se poderia chamar um *kakosmos*. O conceito que pretende recolocar a noção de valor deveria, pois, prever um mecanismo de controle, de modo a evitar as inumeráveis pequenas trapaças pelas quais se confunde, voluntariamente ou não, a definição do possível com aquela do desejável. Não esqueçamos de juntar essa quarta exigência ao nosso caderno de anotações.

Explorando sucessivamente os dois lados da fronteira traçada pela venerável oposição dos fatos e dos valores, começamos a compreender que a noção de fato não descreve melhor a produção dos saberes (ela esquece tanto as etapas intermediárias quanto a construção das teorias), que a noção de valor não permite compreender a moral (ela toma suas funções depois que os fatos foram definidos e se descobre sem outro recurso a não ser o apelo a princípios tão universais quanto impotentes). É preciso conservar essa dicotomia, apesar de seus inconvenientes, ou abandoná-la, apesar do perigo que sempre se terá ao privar-se das vantagens do bom senso? A fim de tomar uma decisão esclarecida, importa compreender bem a utilidade aparentemente inusitada da distinção entre fatos e valores.

É sob a forma de uma separação entre a ideologia e a Ciência que essa dicotomia tem ainda mais poder e que aparece como a mais virtuosa. Com efeito, aqueles que perseguem, nas disciplinas biológicas, econômicas, históricas e mesmo físicas, o traço das influências ideológicas que embaçam a faticidade são grandes utilizadores da diferença fato/valor, pois têm necessidade dela para impedir as pequenas trapaças que acabamos de assinalar, pelas quais se abriga sub-repticiamente uma preferência axiológica em meio aos fatos da natureza. Mostrar, por exemplo, que a imunologia é toda poluída pelas metáforas guerreiras, que a neurobiologia consome grande número de princípios de organização de empresas, que a genética faz da planificação uma ideia determinista que nenhum arquiteto utilizaria para falar de seus projetos[6] é denunciar fraudes pelas quais os contrabandistas dissimulam os valores contestáveis sob o abrigo dos fatos. Reciprocamente, denunciar o uso que um partido político faz da genética das populações; os romancistas, dos fractais e do caos; os filósofos, do princípio da incerteza quântica; os industriais, das leis de bronze da economia, equivale a denunciar os contrabandistas da outra margem que passam de maneira fraudulenta, sob o nome de Ciência, certas afirmações que eles não ousam exprimir às claras, por medo de chocar, mas que pertencem evidentemente ao mundo das preferências, quer dizer, dos valores.

---

6 Ver, por exemplo, o útil esclarecimento de Fox-Keller (1999) sobre os discursos da genética.

Querendo distinguir com clareza a Ciência e a ideologia, a antiga Constituição desejava retificar a fronteira incessantemente patrulhada, evitando dois tipos de fraude: aquela pela qual se utilizam em segredo os valores a fim de interromper a discussão sobre os fatos (a questão Lyssenko permanece como modelo); e aquela, de direção oposta, pela qual se serve discretamente dos estados de coisas para impor preferências que não se ousa confessar ou discutir de forma franca (o racismo científico é o exemplo mais típico e mais bem estudado). A luta contra a ideologia dos sábios parece, portanto, ter essa vantagem de purificar os cientistas da poluição política ou moral da qual esperavam se aproveitar; ela os chama à ordem e lhes impõe substituir todas as amálgamas de fatos e de valores por fatos, nada mais que fatos. A luta contra o uso ideológico da Ciência proíbe àqueles que devem discutir os valores de se esconderem atrás da evidência da natureza, obrigando-os a confessar seus valores, nada mais que valores, sem arrastar as ciências para esse barco, pois, como se diz, "o que é não pode bastar para definir o que deve ser".

Parece verdadeiramente difícil se privar de um dispositivo graças ao qual se protejam ao mesmo tempo a autonomia da Ciência e a independência dos julgamentos morais. Infelizmente, ele tem as fraquezas da dicotomia que busca manter. Mesmo se alcançasse seus fins, a mais eficaz polícia das fronteiras só conseguiria obter fatos e valores puros. Ora, acabamos de mostrar que os fatos definiam tão mal o trabalho das ciências quanto os valores o papel da moral. A impotência da distinção Ciência/ideologia decorre do fato de ela buscar um fim louvável que, se fosse atingido, não nos faria avançar, entretanto, uma polegada sequer![7] A diferença entre a Ciência e a ideologia, a pureza e a poluição, mesmo se ocupou e ainda ocupa um grande número de intelectuais, não tem, então, a eficácia que se poderia crer, a considerar a energia dispendida por ela, assim como a amplitude das forças policiais que patrulham

---

7 É a razão pela qual a distinção introduzida no Capítulo 1 entre a Ciência* e as ciências* não devia nada a essa esperança de purificar a Ciência de todo traço de ideologia. A Ciência "pura e autônoma" está ainda mais distante das ciências, tais como se praticam, do que a Ciência poluída pela ideologia.

essa fronteira.[8] O mito da Caverna não visa, é claro, separar as duas câmaras *definitivamente*, caso contrário, os fatos seriam mudos e os valores perderiam força, mas transformar a distinção em uma tarefa impossível que se deve sempre retomar, que vai se afastar de todas as outras. Mesmo se conseguisse terminar ao menos uma vez seu trabalho, Sísifo estaria mais avançado.

Não se pode, todavia, abandonar uma distinção indispensável sob pretexto de que se trata de uma tarefa intransponível: a moral não se gaba de manter suas exigências contra todas as evidências contrárias da realidade? Devemos ir mais longe e mostrar que essa empresa não é só impraticável, como também prejudicial. À primeira vista, contudo, ao acontecer isso, introduzir-se-ia uma confusão tão espantosa quanto se se pusesse a confundir o Céu das Ideias com os simulacros da Caverna. "Quereis, pois, misturar os fatos e os valores? Confundir o trabalho científico e a pesquisa dos fundamentos morais? Poluir a fabricação dos fatos pelo imaginário social? Deixar os fantasmas dos sábios loucos decidir quanto à vida cotidiana?" Não se sabendo mais diferenciar os fatos e os valores, a natureza tal qual é, em sua inelutável necessidade, da sociedade moral tal qual deve ser na sua liberdade indiscutível, temos claramente o sentimento de que qualquer coisa de essencial à vida comum estaria perdida. Todos os perigos do relativismo, em matéria de saber e de moral, retornariam com força. Uma vaca não reencontraria mais seus clones. Não, decididamente uma pedra de toque tão importante não pode ser lançada sem boas e imperiosas razões.

---

8 É a Bachelard que se deve provavelmente haver consagrado tanta energia na França para limpar as ciências de todo traço de contaminação por um "corte epistemológico" que deve ser sempre retomado, uma batalha de todos os momentos contra os "obstáculos epistemológicos" que o senso comum, sempre no erro, multiplica à vontade. Ver, igualmente, os esforços incessantes de Canguilhem (1977) para purgar as ciências de todas as suas aderências ideológicas. Prefere-se hoje em dia esquecer, mas já quisemos, ao tempo de Althusser, até purgar a Ciência de Marx de sua ideologia... Nessa tradição, a racionalidade se exerce apenas por uma ascese contínua que a separa do que a faz existir. É difícil conceber a fundação de uma República* com uma tal epistemologia de combate.

Antes de explorarmos essas razões na próxima seção, acrescentemos ainda, portanto, uma cláusula a nosso caderno de anotações. De nada adianta lamentar, nós o sabemos, a ineficácia de uma partilha sem compreender que ela deve preencher bem uma função, tal como a Grande Muralha da China, que, sem jamais impedir as invasões, serviu a mil desígnios de sucessivos imperadores.[9] Duvidamos que uma divisão tão fortemente enraizada no bom senso não tenha por finalidade descrever alguma coisa. O que lhe reprovamos, como uma fraqueza, vem de sua função principal: tornar incompreensíveis *a fabricação do que deve ser*, a composição progressiva do *cosmo*, do bom mundo comum. Separar os fatos e os valores sem jamais aí chegar, tal é o único meio de garantir, graças à potência "dos fatos, apenas dos fatos", o poder da natureza sobre o que "deve" ser. Se decidimos abandonar a noção de fronteira entre fato e valor, não mais fazer a distinção entre a Ciência e a ideologia, não mais ostentar a polícia das fronteiras nem lutar contra o contrabando, seria preciso, então, para garantir a segurança dos espíritos, que nós o fizéssemos *pelo menos muito bem* e, se possível, melhor que o arranjo que abandonamos. Disso depende a credibilidade de nossa política da natureza. O controle de qualidade deve ser mantido ao mesmo tempo sobre os fatos futuros e sobre os valores futuros, qualquer que seja o sentido novo que se dará a essas palavras – o mesmo que a polícia francesa das fronteiras deve continuar a fazer em seu trabalho de controle, mesmo no espaço europeu chamado Schengen.

Dispensar-se de uma dicotomia e da metafísica que a fundamenta não significa, portanto, que possamos nos desembaraçar tão facilmente das exigências que lhes estavam atreladas, por razões que se acreditavam necessárias, mas que são, na realidade, contingentes. Não propomos, entretanto, abandonar as diferenças capitais que se exprimem de forma desajeitada na distinção dos fatos e dos valores, mas *abrigá-las em outra parte*, em uma outra oposição

---

9 Sobre essa obra de arte, ver o apaixonante livro de Waldron (1990).

de conceitos, provando que elas estarão aí mais seguramente guardadas. Por pouco que aceite modificar a descrição de seu posto de trabalho, Sísifo vai descobrir que seu labor pode tornar-se, enfim, produtivo...

O poder de consideração e o poder de ordenamento

Como abandonar a confusa distinção entre fatos e valores tendo de conservar o núcleo de verdade que ela parece conter, a saber, a exigência de uma distinção que evita que o coletivo misture todas as proposições à noite, quando todas as vacas (clonadas ou não) são cinzentas? Nas três seções seguintes vamos desembalar, e depois reempacotar a distinção fato/valor. A solução que guardamos para o presente capítulo consiste em desvincular os dois pacotes do fato e do valor para liberar as exigências contraditórias que aí se encontravam mescladas de modo indevido; depois, na seção seguinte, reagrupá-las diferentemente e sob um outro nome, em pacotes bem mais homogêneos. A operação não é fácil, mas não há um meio de fazê-la mais rápida nem mais simples no momento em que nos esforçamos em refundar duravelmente o senso comum, em total oposição ao bom senso.

As duas exigências contraditórias cativas na noção de fato

Desfaçamos, de início, o pacote que compunha até aqui o conceito de fato em sua oposição ao de valor. Nós nos apercebemos que ele envolve duas exigências muito diferentes: quantas proposições novas vêm irromper na discussão? Qual é a essência bem definida ou a natureza indiscutível dessas proposições? Quando se insiste sobre os fatos teimosos, desorganizadores, incômodos, sublinham-se dois traços que se podem, que se devem distinguir, porque eles se opõem por completo: o primeiro ressalta a importância e a incerteza da discussão; o segundo, a relevância de não *mais* discutir.

Ocupemo-nos, agora, do primeiro, ao qual o segundo se encontrou mesclado, se não por erro, pelo menos por acaso. Sob a palavra ambígua "fato" exprime-se a capacidade de uma entidade, que obriga a discussão a tomar desvios, a perturbar a ordem do discurso, a interferir com os hábitos, a incomodar a definição do pluriverso que se desejava conservar. Para utilizar as expressões do capítulo precedente, nessa primeira acepção, os fatos assinalam a existência de atores* surpreendentes, que vêm modificar, por uma sucessão de acontecimentos imprevistos, a lista dos mediadores que compunham, até então, os hábitos dos membros do coletivo. Que um fato seja perturbador não significa, de maneira alguma, que ele seja objetivo ou certo, nem mesmo indiscutível. Ao contrário, ele agita, perturba, complica, faz falar, suscita talvez uma viva controvérsia. A realidade exterior, nós o compreendemos bem, significa duas coisas totalmente diferentes e que é preciso, neste momento, não só não mais confundir, como classificar em caixas bem distintas: uma que remete à *complicação* e a outra à *unificação*. É sob a primeira forma, quente, que os fatos se apresentam de início, no laboratório, no *front* da pesquisa, vestidos como seres de estatuto incerto que solicitam ser levados em consideração e dos quais não se sabe ainda se são sérios, estáveis, delimitados, presentes, ou se eles não vão logo, por uma outra experiência, uma outra prova, se dispersar em tantos artefatos, reduzindo o número daqueles cuja existência importa. Nessa fase, as proposições já apresentam, se ousarmos dizê-lo, sua *candidatura* à existência comum e se submetem a provas cujo resultado ainda é incerto.[10] Digamos que, sob o nome de fato, as entidades novas aparecem como aquilo que torna *perplexos** aqueles que discutem a seu respeito.

---

10 Recordemos que uma proposição* não é um termo de linguística, mas designa a articulação pela qual as palavras tomam conta do mundo. Um rio, um buraco negro, um sindicato de pescadores de linha, como também um ecossistema ou um pássaro raro, são proposições. Para lembrar esse realismo das proposições, substituo-o com frequência pelo vago termo "entidade".

Quando insistimos sobre a obstinação dos fatos, queremos estar seguros de que não se poderá reduzir o número de modo arbitrário para facilitar-nos as coisas e simplificar nosso acordo, abreviando a discussão. Quando dizemos: "Os fatos estão aí, quer nos agradem ou não", não se trata de bater na mesa para evitar o construtivismo social, mas para assinalar algo muito mais ordinário, menos bélico, menos definitivo: evitar que nossos interlocutores, limitando por antecipação a lista dos estados do mundo, escapem aos riscos que põem em perigo nossas existências regradas. Formulemos essa primeira exigência sob a forma de um imperativo categórico: *tu não simplificarás o número de proposições a levar em consideração na discussão.*

Que faremos agora do outro traço que se encontrava confundido erroneamente na mesma caixa dos "fatos"? Ele não se assemelha em nada ao precedente, é a própria evidência, por sublinhar, ao contrário, o aspecto indubitável do fato objetivo que encerra a discussão ou, pelo menos, que empurra o debate mais longe, sobre outros sujeitos, por exemplo, sobre os valores. A perplexidade não é uma situação estável, nem a controvérsia. Uma vez a candidatura das entidades novas reconhecidas, aceitas, legitimadas, admitidas no meio das proposições mais antigas, eis que elas se tornam estados de natureza, evidências, caixas-pretas, hábitos, paradigmas. Ninguém mais discute seu lugar e sua importância. Elas foram *registradas* como membros com todos os direitos da vida coletiva. Fazem parte da natureza das coisas, do senso comum, do mundo comum. Não se as discute mais. Elas servem de premissas indiscutíveis a inumeráveis raciocínios e argumentos que se prolongam para longe. Se batemos ainda o punho sobre a mesa, não é mais para convidar à perplexidade, mas para recordar que os "fatos estão aí e que eles são teimosos!". Como definir esse estado de fato que se tornou indiscutível? Digamos que as proposições estão *instituídas*.[11]

---

[11] Usamos, para o momento, o termo "instituição"* em um sentido banal. Mais adiante ficará mais preciso. Recordo, sob risco de cansar, que, para a prática das ciências (e então para a sociologia das ciências), o termo "instituição" não é

Quando insistimos sobre a solidez dos fatos, exigimos de nossos interlocutores que não contestem mais os estados de coisas que agora têm limites nítidos, uma definição precisa, hábitos fixados, em suma, uma essência.* Formulemos essa segunda exigência sob a forma de um outro imperativo: *uma vez instituídas as proposições, tu não discutirás mais a sua legítima presença no seio da vida coletiva.* A fórmula pode parecer estranha, mas ela vai se esclarecer em um instante, assim que tivermos dissecado, por sua vez, o conceito de valor. Em todo caso, já compreendemos por que o pacote dos fatos se encontrava mal amarrado: ele ocultava, sob a mesma embalagem, duas operações muito diferentes, uma que lançava a discussão, outra que punha fim nela! Nada surpreendente que não se tenha jamais compreendido bem o que significava o especialista que, em nome dos "fatos teimosos", batia o punho sobre a mesa: seu gesto podia significar tanto a perplexidade quanto a certeza, tanto o discutível quanto o indiscutível, tanto a obrigação de pesquisar quanto a de não mais pesquisar! Tanto a primeira operação visa multiplicar o número de entidades a considerar, maximizando a perplexidade dos agentes que aí se encontram coenfrentados, quanto a segunda objetiva assegurar às proposições reunidas o máximo de perenidade, de solidez, de concordância, de coerência, de certeza, evitando que se apresentem contestações a todo momento, voltando a afundar os debates na confusão. Esta era a miserável astúcia da Caverna: como a mesma palavra "fato" podia designar o mais fraco e o mais forte, o mais discutível e o mais indiscutível, a realidade exterior em seu aparecimento e a realidade exterior em sua instituição, bastava misturar os dois termos, saltar brutalmente de um a outro, para abreviar todos os procedimentos e pôr um fim à vida pública pela ameaça de uma realidade que não se podia discutir.

---

negativo, mas positivo; quanto mais as ciências são instituídas, mais sua realidade e sua verdade crescem. Veremos, em seguida, que os termos "instituição" e "essência" são sinônimos. Sobre a relação entre substância e instituição, ver Latour (1999b, cap.5).

As duas exigências contraditórias cativas na noção de valor

Desfaçamos agora os laços que juntavam as exigências contraditórias que eram mantidas cativas no conceito de valor. Que se quer dizer, no fundo, quando se afirma que a discussão sobre os valores deve continuar, mesmo depois que os fatos tenham sido definidos? Que se procura captar por esta expressão errônea do "dever ser" que virá juntar ao ser seu suplemento de alma? Que necessidade essencial nos esforçamos, tão confusamente, por exprimir?

Para o apelo aos valores, a ideia é, de início, dizer que outras proposições não foram levadas em consideração, outras entidades não foram consultadas, as quais, elas também, teriam voz neste capítulo. A cada vez que surge o debate sobre os valores, aparece sempre uma *extensão* do número de participantes da discussão. Com a frase "Mas aí há, ao mesmo tempo, um problema ético!", exprimimos nossa indignação ao afirmar que os poderosos deixaram de considerar certas associações de humanos e de não humanos; nós os acusamos de nos terem colocado diante do fato consumado, tendo tomado as decisões muito rapidamente, em grupo muito pequeno, com poucas pessoas; nós nos indignamos que eles tenham omitido, esquecido, proibido, renegado, denegado certas vozes que, se tivessem sido consultadas, teriam modificado de maneira considerável a definição dos fatos de que se fala, ou que teriam dado à discussão um rumo diferente. (Recordemos que a palavra pertence, daqui em diante, às reuniões de humanos e de não humanos, e que as vozes são aquelas, embaraçadas, daqueles que falam tanto quanto daqueles que fazem falar; ver Capítulo 2.) Apelar aos valores é, pois, formular uma exigência de *consulta** prévia. Não existe, de um lado, aqueles que definem os fatos e, de outro, aqueles que definem os valores, aqueles que falam do mundo comum* e aqueles que falam do bem comum:* existe o pequeno número e o grande número; existem aqueles que se reúnem em segredo para unificar o que é e aqueles que manifestam publicamente o desejo de juntar à discussão seu grão de sal para compor a República.* Que haja queixas de terem se esquecido dos fatos ou os valores mencionados, nos dois casos pode-se traduzir essa queixa pela mesma expressão: "Faltam vozes ao apelo".[12]

Como formularemos essa terceira exigência de consulta? Pelo seguinte imperativo: *tu te assegurarás de que não se diminuirá arbitrariamente o número de vozes que participam da articulação das proposições*. Uma vez mais, é sob a forma de um imperativo, relacionado ao modelo da discussão, que chegaremos a exprimir melhor o primeiro núcleo de verdade que a noção de valor havia empacotado tão mal.

Recordemos desde logo, antes de tirar todas as consequências na seção seguinte, que essa terceira exigência *se parece com a primeira* quanto à perplexidade,* que ela possui com a primeira o mais tocante dos ares de família, ainda que a tradição tenha inserido ambas em campos diferentes, fazendo revestir uma com a blusa branca da "Ciência", a outra com a toga-pretexto dos "valores". Nas duas exigências, o problema é do número, a primeira regra insistindo sobre a quantidade de novos seres que apresentam sua candidatura, a segunda, destacando a importância e a qualidade daqueles que devem se sentar, de qualquer forma, no júri que os aceitará ou não.

Consideremos, agora, a outra exigência que se faz presente quando se pretende falar dos valores. Não se pode querer simplesmente afirmar que é preciso levar em conta um maior número de partes envolvidas, que os americanos chamam de *stakeholders*. A

---

12 O referendo organizado pelos suíços em junho de 1998 é, desse ponto de vista, cheio de ensinamentos. Considerando que os organismos geneticamente modificados devem ser espargidos pelos campos, os agricultores tornam-se parte interessada na discussão e pretendem acrescentar seu grão de sal à palavra competente dos cientistas. Mas a proliferação de vozes ao longo da campanha (finalmente ganha pelos industriais e pela maioria dos pesquisadores) não se limitou aos humanos "clássicos". Bem depressa, como de hábito, começou-se a fazer falar também os não humanos (genes, campos experimentais, caixas de Pétri) e a boa unanimidade foi substituída por uma bela cacofonia de expertos submetidos à prova de uma discussão pública. Em *cakofonia* e em *kakosmos*, sufixo é o mesmo...

exigência de consulta não esgota em absoluto o conteúdo desse segundo pacote, pois o conceito de valor não é composto de maneira mais homogênea do que o de fato. Prender-se a isso voltaria a limitar o valor a uma simples exigência de manutenção das formas, sem se ocupar de seu conteúdo. Aqui se encontra outra coisa que se traduz pela insistência sempre recomeçada sobre o que "é preciso" fazer, sobre o que se "deve" ser, sobre a ordem das prioridades e seus desafios. Jamais compreendemos bem essa preocupação porque não a entendemos jamais *descolada* daquela que precede, nem *acrescida* ao segundo imperativo categórico, com o qual ela, entretanto, tem uma parte ligada.

Essas proposições, que vêm em grande número complicar a sorte da vida coletiva, formam um mundo comum habitável ou vêm, ao contrário, perturbá-lo, reduzi-lo, arrasá-lo, massacrá-lo, torná-lo inviável? Podem elas se articular com aquelas que já existem ou exigem o abandono dos antigos arranjos e combinações? Assim que nos propomos a questão dos valores, não nos distanciamos dos fatos, como se mudássemos o modo de locomoção e passássemos do automóvel ao avião estratosférico. Há pouco, apresentamos às *mesmas* proposições uma *outra* questão: vós, entidades candidatas à existência comum, sois compatíveis com aquelas que já formam o mundo comum? Como iremos classificar-vos por ordem de importância? A exigência, como se vê, é a de formar uma *hierarquia** entre as novas e as antigas entidades, descobrindo a importância relativa que é preciso lhes dar. É nessa hierarquia de valores que a aptidão moral sempre foi reconhecida, quer se trate de decidir se, em um parto difícil, é preciso salvar a criança ou a mãe, ou, como na conferência de Kyoto, de julgar em que medida o bem-estar da economia americana é mais ou menos importante que o do clima do planeta Terra.

Formularemos essa quarta e última exigência pela seguinte máxima: *tu discutirás a compatibilidade das novas proposições com aquelas que já estão instituídas, de modo a mantê-las todas em um mesmo mundo comum, que lhes dará seu legítimo lugar*. Contrariamente ao que pode fazer crer a presença dessa exigência em uma estante de valores, é *com a segunda* (que pertencia, contudo, ao pacote dos fatos), aquela de instituição,* que convém reagrupá-la. Antes que a discussão não termine por definir as essências* asseguradas, é preciso estar bem seguro de que as entidades candidatas ao estabelecimento do coletivo sejam compatíveis com as instituições já firmadas, com as escolhas já feitas, as decisões já tomadas, e que elas aí encontrem sua categoria e seu lugar.

Para terminar esta seção, tentemos resumir em um quadro a operação que acabamos de realizar e da qual vamos agora nos liberar. Separando os conteúdos contraditórios dos dois conceitos de fato e de valor em duas vezes duas duplas de noções, vamos poder reagrupar as exigências essenciais nos conjuntos muito mais bem formados. Esse novo arranjo nos permitirá respeitar o compromisso assumido no fim da seção anterior, segundo o qual decidimos abandonar a distinção fato/valor com a condição de realojar mais confortavelmente a diferença capital que ela não chegava a abrigar com o cuidado devido.

O Quadro 3.1 indica a marcha a seguir.

Quadro 3.1 – Recapitulação das duas formas de poder e das quatro exigências que devem permitir ao coletivo proceder segundo as formas à exploração do mundo comum.

PODER DE CONSIDERAÇÃO: QUANTOS SOMOS?
Primeira exigência (anteriormente na noção de fato): tu não simplificarás o número de proposições a levar em consideração na discussão. **Perplexidade**.
Segunda exigência (anteriormente na noção de valor): tu te assegurarás de que não se diminuirá arbitrariamente o número de vozes que participam da articulação das proposições. **Consulta**.

PODER DE ORDENAMENTO: PODEMOS VIVER CONJUNTAMENTE?
Terceira exigência (anteriormente na noção de valor): tu discutirás a compatibilidade das novas proposições com aquelas que já estão instituídas, de modo a mantê-las todas em um mesmo mundo comum que lhes dará seu legítimo lugar. **Hierarquização**.
Quarta exigência (anteriormente na noção de fato): uma vez instituídas as proposições, tu não discutirás mais sua legítima presença no seio da vida coletiva. **Instituição**.

Que acontece se se reagrupam sob a rubrica de *consideração** as exigências 1 e 3, e se se reagrupam sob a rubrica de *ordenamento** as exigências 2 e 4? (Uma vez recolocadas em pacotes mais coerentes, teremos renumerado as exigências essenciais por uma razão lógica e dinâmica que se tornará clara na última seção.)

Em lugar da antiga divisão entre fatos e valores, pretendemos que esse novo reagrupamento, muito mais lógico, permita fazer emergir dois poderes novos. O primeiro responde à questão "Quantos somos nós?", e o segundo à questão "Podemos viver conjuntamente?".

Os dois poderes de representação do coletivo

Acabamos de atravessar uma das quatro ou cinco passagens mais difíceis de nosso percurso, mas não havia meio de poupar-nos desse esforço, posto que a distinção entre fatos e valores paralisava havia muito tempo toda discussão sobre as relações entre ciência e política, entre natureza e sociedade. É preciso compreender agora a lógica desses novos agregados, enfim compreensíveis, homogêneos, lógicos, que vão nos servir, em seguida, até o fim desta obra. Certamente, os termos que vamos utilizar nesta seção irão parecer um pouco estranhos. É que eles não têm o benefício de um longo uso; não se tornaram ainda instituições conceituais, formas de vida, do novo senso comum. Assim como, anos após a queda do Muro de Berlim, ainda se reconhece um alemão do Leste de um alemão do Oeste, apesar de fazendo parte, desde então, da mesma pátria, teremos às vezes a impressão de que as palavras de que iremos nos apropriar seriam mais adequadas se as separássemos de novo ou, inversamente, que aquelas que havíamos separado viveriam melhor em comum. É preciso, portanto, que o leitor aceite essa estranheza e que ele julgue, capítulo por capítulo, se a nova separação dos poderes não é preferível à antiga.

As quatro exigências essenciais formam dois conjuntos coerentes, o que teria, desde há muito, saltado aos olhos, se a distinção fato/valor não tivesse vindo perturbar seu acasalamento. O primeiro conjunto responde a uma única e mesma questão: *quantas proposições novas devemos tomar em consideração para articular, de modo coerente, um mesmo mundo comum?* Tal é o primeiro poder que desejamos reconhecer no coletivo.

Esse poder de consideração traz duas *garantias essenciais*, uma vinda dos fatos antigos, outra dos velhos valores. Em primeiro lugar, não é preciso que o número de entidades candidatas seja reduzido de modo arbitrário por razões de facilidade ou comodidade. Dito de outra forma, nada deve sufocar tão súbito a perplexidade na qual os agentes se encontram afundados pela irrupção de novos seres. É o que se poderia chamar de *exigência da realidade** exterior, agora que os termos "realidade" e "exterioridade" se encontram livres do veneno da epistemologia (política). Em segundo, não é preciso que o número daqueles que participam dessa posição de perplexidade seja ele mesmo limitado tão rápida e arbitrariamente. A discussão seria decerto acelerada, mas seu desfecho tornar-se-ia mais fácil. Faltaria uma consulta mais ampla, única capaz de garantir a importância e a qualificação das novas entidades. É preciso, ao contrário, assegurar-se de que testemunhos confiáveis,* opiniões seguras, porta-vozes de crédito tenham aparecido graças a um longo trabalho de pesquisas e de provocação (no sentido etimológico de "produção de vozes").[13] Chamemos essa coação de *exigência de pertinência** das assembleias.

O segundo conjunto responde à questão: *qual ordem é preciso encontrar para este mundo comum formado pelo conjunto das novas e*

---

13 "Testemunho confiável",* outra expressão de Stengers, deve recordar ao leitor que não se trata necessariamente de humanos nem de exprimir claramente uma opinião. Como veremos no capítulo seguinte, a procura de testemunhos confiáveis é um empreendimento perigoso, para o qual a palavra "consulta",* muito depreciada, não parece predispor. Acrescentando à noção de pertinência a noção de consulta, esperamos remediar sua fraqueza, contanto que não esqueçamos os resultados do Capítulo 2 sobre os embaraços de fala. A democracia é, talvez, logocêntrica, mas no *logos* tudo fala: as flatulências, os silêncios, a logorreia, como também a gagueira de Demóstenes, o retórico.

das antigas proposições? Tal é o segundo poder, que denominamos de ordenamento.

Duas garantias essenciais garantem uma resposta satisfatória a essa questão. Primeiramente, nenhuma entidade nova pode ser aceita no mundo comum sem que haja a preocupação quanto à compatibilidade com aquelas que já têm direito de cidadania. Impossível, por exemplo, expulsar por decreto todas as qualidades segundas* sob pretexto de que temos as qualidades primeiras* tornadas fora de procedimento como os únicos ingredientes do mundo comum. Um trabalho explícito de hierarquização por compromisso e arranjo permite encaixar, se ousarmos dizê-lo, a novidade dos seres que o trabalho de consideração arriscaria multiplicar. Tal é a *exigência de publicidade** dos agrupamentos hierarquizados, que substitui a clandestinidade permitida pela antiga noção de natureza. Em segundo lugar, uma vez encerrada a discussão e estabelecida a hierarquia, não se deve mais rediscuti-la e deve-se poder servir-se da presença evidente desses estados do mundo como premissas indiscutíveis de todos os arrazoados que virão. Sem essa exigência de instituição, a discussão não se encerraria jamais e não se chegaria a saber em qual mundo comum, evidente, seguro, deveria desenvolver-se a vida coletiva. Tal é a *exigência de fechamento** da discussão.

A fim de se visualizar com mais clareza, o Quadro 3.2 resume os termos que nos propomos introduzir.

Quadro 3.2 – Vocabulário escolhido para substituir as expressões de fatos e de valores.

> PODER DE CONSIDERAÇÃO: QUANTOS SOMOS?
> **Perplexidade.** Exigência de realidade exterior.
> **Consultação.** Exigência de pertinência.
>
> PODER DE ORDENAMENTO: PODEMOS VIVER EM CONJUNTO?
> **Hierarquia.** Exigência de publicidade.
> **Instituição.** Exigência de fechamento.

Ressaltemos, antes de ir mais longe, que com essa nova separação dos poderes e essas quatro questões, não introduzimos nenhuma inovação perigosa: apenas descrevemos, de maneira mais fechada, o que a impossível distinção fato/valor tinha por objeto tornar indescritível. Tomem-se como exemplo os príons, essas proteínas não convencionais que parecem ser responsáveis pela doença chamada da "vaca louca". É inútil, agora, nós o compreendemos sem dificuldade, exigir dos cientistas que eles provem, de maneira definitiva, a existência desses agentes para que, em seguida, os políticos coloquem gravemente a questão do que devem fazer. O sr. Chirac, no início do problema, havia primeiro intimado o sr. Dormont, especialista sobre esses pequenos seres: "Assuma suas responsabilidades, sr. professor, diga-nos se os príons são responsáveis ou não pela doença!", ao que o professor, como bom pesquisador, respondeu friamente: "Eu assumo minhas responsabilidades, sr. presidente, eu respondo que não sei...". Objetos de uma viva controvérsia, os príons bastam para tornar perplexos – exigência número um – não somente os pesquisadores, mas até mesmo os criadores, os eurocratas, os consumidores e os fabricantes de farinha animal, sem falar das vacas e dos primeiros-ministros. Candidatos à existência, os príons trazem consigo toda a realidade exterior necessária à agitação do coletivo. A única coisa que eles não fazem mais – mas que ninguém lhes exige, salvo os modernizadores inveterados como o sr. Chirac – é calar o coletivo por causa de sua essência indiscutível. Doravante, eles esperam essa essência* de um procedimento em curso.

Esses príons, candidatos à existência durável e perigosa, quem deve julgá-los? Os biólogos com certeza, mas também uma assembleia numerosa cuja composição deve estar assegurada pela lenta pesquisa de testemunhos confiáveis e capazes de formar uma voz, ao mesmo tempo hesitante e competente – exigência número 2 de pertinência da consulta. Essa pesquisa de bons porta-vozes vai obrigar a um percurso bastante complicado, tanto entre os veterinários quanto entre os criadores, os açougueiros, os funcionários, sem esquecer as vacas, os bezerros, os carneiros e suas crias, que devem, todos, de uma maneira ou de outra, ser consultados, por meio de procedimentos que devem ser reinventados a cada vez, uns vindos do laboratório, outros das assembleias políticas, os terceiros do mercado, os quartos da administração, mas que todos concorram à produção de vozes, autorizadas ou balbuciantes.

Como se vê, o poder de levar em consideração se traduz por uma espécie de posição de alerta do coletivo: os laboratórios trabalham, os fazendeiros questionam, os consumidores se inquietam, os veterinários fazem descrições, os epidemiologistas analisam suas estatísticas, os jornalistas investigam, as vacas se agitam, os carneiros tornam-se trêmulos.[14] Não se deve, sobretudo, pôr fim muito rápido a esse alerta geral, estabilizando os fatos de um lado – mundo comum da natureza exterior –, para, de outro, remeter ao mundo social e às representações mais ou menos irracionais que os humanos fazem. Se há uma coisa que não se deve reintroduzir de modo artificial nessa questão é justamente *a distinção de bom senso entre fatos e valores!*

Nenhuma necessidade há, por enquanto, de misturar tudo: a nova separação dos poderes vai manifestar sua pertinência fazendo o coletivo experimentar uma operação que seria ilícita no poder de consideração,* mas que vai adquirir todo seu sentido com o poder de ordenamento.* A *mesma* reunião heteróclita e controvertida de príons, de fazendeiros e de primeiros-ministros, de biólogos moleculares e de comedores de bistecas, vai se encontrar suspensa, agora, por um segundo poder que deve, certamente, estabilizar a controvérsia, pôr fim à agitação, acalmar os agitados, mas sob a condição de não utilizar a antiga maneira, que se tornou, então, se ousamos dizê-lo, inconstitucional. Não é preciso, sobretudo, impor uma distinção artificial entre fatos e valores, a qual obrigaria a repartir arbitrariamente o indiscutível e o discutível, convidando o governo a fechar a questão por sua arbitragem – seu arbítrio.

Convém trazer à tona uma outra questão: podemos conviver com os príons, esses candidatos controvertidos quanto à existência? Uma terceira exigência – número 3, de publicidade da hierarquia – se apresenta agora para nós. Será preciso modificar toda a criação

---

14 Ver em particular o papel dos que "soam o alarme" descritos por Chateauraynaud et al. (1999) e o importante livro de Jasanoff (1995).

de gado europeia, toda a circulação da carne, toda a fabricação de rações para animais, para encontrar seu lugar e para situá-los no interior de uma ordem que os classificará do maior ao menor? Não se trata, compreendemos sem dificuldade, de uma questão ética que virá "tomar a sequência" de uma questão de fato, agora estabelecida. Somente uma íntima familiaridade com a controvérsia sobre a existência desses candidatos – controvérsia permanente e da qual não há mais necessidade de esperar o fim – permite medir a importância das mudanças exigidas de uma vez no gosto dos consumidores, a imposição das etiquetas de qualidade, a bioquímica das proteínas, a concepção pasteuriana das epidemias, a modelização tridimensional das proteínas... Para essa questão da importância relativa, não existe uma resposta pronta.[15] Antes de tudo, o automóvel mata a cada ano, na França, 8 mil inocentes: nenhum filé de boi matou até agora senão alguns comedores de carne, e mesmo esses casos são duvidosos. Como classificar, por ordem de importância, o mercado da carne, o futuro do professor Dormont, a hecatombe decorrente do automóvel, o gosto dos vegetarianos, os rendimentos dos meus vizinhos, criadores borboneses, o prêmio Nobel dado em 1997 ao professor Stanley E. Prusiner, um dos descobridores dos príons? A lista parece muito heterogênea? Tanto pior; é exatamente desse poder de hierarquizar proposições incomensuráveis que o coletivo deve agora se encarregar. Não é que não se possa homogeneizar as vozes que participavam do poder de consideração; não se pode é evitar querer homogeneizar aquelas que participam do poder de ordenamento.

Por definição, o poder de classificação não pode purificar, de início, em duas listas – a dos fatos e a dos valores – as proposições que lhe são dadas. Ele deve se acomodar a essa diversidade e pôr fim a isso por uma sucessão dolorosa de ajustamentos e de negociações. A escapatória dos *matters of fact* não é mais possível. Não

---

15 Como veremos na seção seguinte, e sobretudo no Capítulo 5, existe para essa pergunta uma resposta experimental, que não poderá servir de substituto sério à moral, exceto depois da introdução da noção de experiência coletiva.*

existe mais nenhum socorro vindo do exterior para simplificar a solução, nem o da natureza, nem o da violência, nem *right*, nem *might*. Quando tivermos encontrado a solução – como nos parece ter sido feito para os 8 mil franceses mortos por automóveis! –, todas as proposições que ligam o príon, a doença de Creutzfeldt-Jakob, o circuito da carne e as teorias das doenças infecciosas serão estabilizadas e se tornarão membros efetivos do coletivo – exigência número 4 de fechamento da instituição. Não se discutirá mais sua presença, sua importância, sua função. O príon e seus vínculos terão doravante uma essência* de limite fixo. Encontraremos sua descrição nos manuais. Indenizaremos as vítimas. Distribuiremos as causalidades e as responsabilidades por uma operação de atribuição que poderemos chamar de "citação", se aceitarmos cruzar, com esse termo, as causalidades jurídicas e as acusações dos cientistas. O príon e suas consequências estarão de todo interiorizados, tendo o coletivo mudado profundamente desde sua composição, na maioria das entidades que tenha aceitado até aqui, por príons responsáveis por doenças perigosas para o homem e para os animais, que se poderiam evitar desde que se modificassem a produção das rações para animais e as condições de abate... O príon terá se tornado *natural* – nenhuma razão, agora, para privar-nos desse adjetivo tão cômodo para designar os membros plenos do coletivo.

Requalificando, em nossos termos, o episódio da vaca louca, tão típica desses vínculos de risco,* cuja proliferação fez quebrar o quadro estreito da antiga Constituição, não perdemos de vista as exigências essenciais de realidade, pertinência, publicidade e fechamento: todas elas aí estão; faltam ao chamado a diferença "evidente" dos fatos e dos valores, a exterioridade indiscutível de um príon sempre ali. Mas essa adição não acrescentará nem clareza, nem moralidade; ela só trará confusão. Mais exatamente, *acrescentará uma facilidade*, um arbítrio, um atalho, permitindo a uma proposição saltar diretamente da perplexidade à instituição, precisamente o que a nova separação de poderes tem por fim proibir.

Se olharmos a Figura 3.1, daremos conta de que substituímos, pelas duas câmaras da antiga Constituição, uma nova forma de bicameralismo.*¹⁶ Há sempre duas câmaras, como na antiga Constituição, mas elas não têm mais, no todo, as mesmas características. Fazendo girar em 90 graus a importante diferença (em traço largo na figura) que passava até então entre fato e valor, não só modificamos a composição dos casos, que se reagrupam em linhas em vez de se colocarem em colunas, como também o *funcionamento* dessa diferença.

A distinção entre fatos e valores era, havia um tempo, absoluta e impossível, nós já dissemos isso, porque recusava se prender a uma separação dos poderes e se pretendia inscrita na natureza das coisas, distinguindo a ontologia, de uma parte, de outra, a política e suas representações. A segunda diferença entre a questão de levar em consideração e a do ordenamento não tem nada de absoluto, *mas, tampouco, nada de impossível.* Ela corresponde, ao contrário, a duas exigências complementares, as da representação própria à vida coletiva: quantos sois vós a levar em consideração? Quereis formar um bom mundo comum? Que seja preciso distinguir com cuidado essas duas questões; isso não prova que uma polícia de fronteiras, semelhante àquela que patrulhava em vão o antigo limite entre

---

16 Ulrich Beck foi muito longe, em sua exploração da política de riscos, nessa invenção de uma forma nova de bicameralismo. Ele liga claramente a experiência de laboratório com a do coletivo: "Existem, neste momento, dois tipos de ciências que estão em vias de divergir quanto à civilização do perigo: a velha ciência de laboratório, sempre florescente, que abre o mundo para as matemáticas e a técnica, mas que não tem experiência, e uma nova forma de discursividade pública que, graças à experiência, torna visível, sob a forma de controvérsias, a relação entre fins e meios, coações e métodos" (Beck, 1997, p.123). Ele vê a solução na invenção de duas câmaras: "É necessário, pois, recorrer a dois recintos ou foros, talvez uma espécie de tribunal superior ou tribunal tecnológico que garantiria a separação dos poderes entre o desenvolvimento técnico e a realização técnica" (Ibid., p.124). E sua solução, não mais que a minha, não pode ser vista como anticientífica: "Contrariamente a um preconceito muito espalhado, a dúvida torna novamente tudo possível – a ciência, o conhecimento, o espírito crítico e a moral –, mas tudo isso do mais pequeno porte, mais hesitante, mais pessoal, mais colorido, e mais capaz de aprender, e, por consequência, igualmente mais curioso, mais aberto às contradições, às incompatibilidades, já que isso depende da tolerância adquirida graças à certeza final de que, de qualquer modo, estaremos enganados" (Ibid., p.126).

Ciência e ideologia, deva ser criada. Basta apenas que a discussão sobre o mundo comum não seja interrompida com frequência por aquela sobre os candidatos à existência, e que o debate sobre as entidades novas não seja suspenso constantemente sob pretexto de que não se sabe ainda a que mundo comum elas pertencem. Em lugar de uma fronteira impossível entre dois universos mal compostos, trata-se muito mais de imaginar uma *ligação* entre duas arenas, entre as duas câmaras de um só coletivo em expansão. Os administradores encarregados dessa separação de poderes (cujos poderes descobriremos no Capítulo 5) deverão, certamente, ser vigilantes, mas eles não terão mais a tarefa impossível de ser, ao mesmo tempo, cobradores de impostos e contrabandistas.

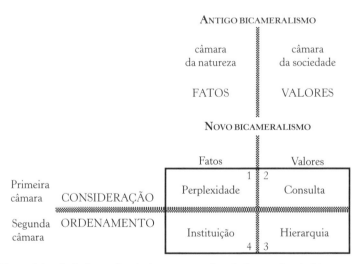

Figura 3.1 – A distinção fato/valor torna-se, depois de um giro de 90 graus, a distinção entre os poderes de consideração e os de ordenamento.

Verificação da manutenção das garantias essenciais

Não podemos terminar nosso pequeno trabalho de desembrulhar e reempacotar sem verificar se preenchemos o caderno de anotações sobre o qual estávamos ocupados na primeira seção. Havíamos dito, com efeito, que a distinção fato/valor, fora de seu papel de atalho, que, evidentemente, não temos que retomar (contra o qual, ao contrário, será preciso aprendermos a lutar), preencheria igualmente vários outros papéis que se encontravam misturados por razões contingentes. Recordemos, no Quadro 3.3, o que havíamos aceitado levar em consideração, abandonando a noção de fato, e depois a de valor, além da distinção entre as duas.

Quadro 3.3 – Revisão do caderno de anotações que deve garantir o sucessor da distinção fato/valor.
1. A noção que substituirá a de fato deve incluir as etapas sucessivas da fabricação.
2. A noção que substituirá a de fato deve incluir o papel da formatação responsável por sua estabilização.
3. A noção que substituirá a de valor deve permitir a triagem das proposições, aproximando-se do detalhe dos fatos, em lugar de desviar a atenção em direção aos fundamentos ou às formas.
4. A noção que substituirá a de valor deve dar garantia contra a trapaça que faz passar os valores sob as cores de um fato e os fatos sob as cores de um valor.
5. A noção que substituirá a distinção fato/valor deve proteger a autonomia das ciências e a pureza da moral.
6. A noção que substituirá a distinção fato/valor deve poder assegurar um controle de qualidade pelo menos tão bom quanto (e se possível melhor que) aquele que se abandona, tanto sobre a produção dos fatos quanto sobre a dos valores.

A primeira cláusula nós a preenchemos, sem nenhuma dúvida. O trabalho de fabricação dos fatos não está mais reduzido à sua última etapa, agora que deixamos emergir a articulação das proposições nos estados sucessivos de sua história natural, desde o aparecimento das entidades candidatas até a sua incorporação nos estados do mundo. Em lugar de definir os fatos pela suspensão de toda controvérsia, de toda incerteza, de toda discussão, podemos, ao contrário, defini-los pela qualidade de um procedimento que abarca toda entidade nova em uma série de arenas sucessivas. Inútil reprimir, esconder, diminuir a importância das controvérsias, a mediação dos instrumentos, o custo do conhecimento, o clamor das disputas. Instalamos as controvérsias no coração da atividade coletiva, sem nos preocupar em saber se elas são nutridas pela incerteza habitual da pesquisa ou pelos debates próprios das assembleias representativas.[17] Quando se trata de entidades novas, sempre há discussões. Como não temos mais que nos precipitar para esmagar, sob a tão pequena palavra "fato", as inumeráveis configurações sob as quais as entidades novas participam da vida coletiva, teremos todo o espaço necessário para que elas se desenvolvam à vontade. Não dizemos que esse exercício será fácil, apenas que estaremos em condições de preencher essa cláusula do caderno de anotaçõs.

Acreditamos também poder preencher bem facilmente a segunda cláusula. A noção de "fato", lembremos, tinha o inconveniente de não dar conta do enorme trabalho de dar forma, de formatação, de classificação, de dedução, para fornecer aos dados um sentido que eles jamais têm por si mesmos. A tradição em filosofia das ciências dá a esse trabalho o nome de teoria. Belo eufemismo descido diretamente do Céu das Ideias para iluminar a Caverna! A palavra que escolhemos, "instituição",* permite prestar justiça muito melhor ao *conjunto das formatações, das discussões*, pelas quais uma entidade nova torna-se um membro legítimo e reconhecido da vida pública. A palavra "teoria" limita em demasia, com efeito, o número de agentes responsáveis pelo reagrupamento e pela estabilização dos fatos.[18] Os instrumentos, os corpos, as leis, os hábitos, a língua, as formas de vida, os cálculos, os modelos, a metrologia, tudo pode concorrer para a socialização progressiva, para a naturalização das entidades, sem que se deva diferenciar nessa lista o que poderia pertencer ao antigo universo das "ciências" e o que parece depender do antigo domínio do "político".

---

17 Está aqui um modo de fazer justiça às exigências de Hermitte (1996, p.307), para produzir uma "teoria da decisão em situação de incerteza".
18 Existe, no presente, uma verdadeira antropologia do formalismo que modifica profundamente a capacidade da teoria de se explicar a si mesma. Ver em particular Pickering e Stephanides (1992), Rotman (1993), Rosental (1996), Galison (1997) e a suma de Mackenzie (1996).

Pensamos, pois, ser capazes de prestar justiça a esse trabalho de formação, tanto que, como vimos no Capítulo 1, havíamos abandonado a noção de representação social, que impedia até aqui de dar um senso positivo ao termo "instituição". A noção de articulação* permite ligar a qualidade da realidade à quantidade de trabalho fornecido. Não existe de um lado o pluriverso e de outro as ideias que os homens se fazem. Quando uma entidade se torna um estado do mundo, isso não acontece na aparência e *apesar* das instituições que a representam, mas "de verdade" e *graças* às instituições. Essa solução, impossível antes da sociologia das ciências e da ecologia política, nós a conseguimos como chave de nosso esforço de elucidação. Vamos, então, poder reabrigar no coletivo todas as *variações de grau* na produção e na difusão progressiva de uma certeza de que a distinção fato/valor chegou para esmagar em uma só oposição o saber e a ignorância.[19]

Já nos foi explicada a terceira cláusula, uma vez que nos havíamos proposto deslocar a exigência normativa dos fundamentos para o detalhe da produção dos fatos. Todavia, como a prova não será fornecida antes do capítulo seguinte, deixemo-la de lado no momento. Preparemo-nos simplesmente para modificar o papel do moralista, tanto quanto o do sábio, do político, do administrador ou do cidadão.

Chegamos à quarta cláusula, aparentemente mais difícil de preencher. A única justificativa da distinção fato/valor era de impedir o duplo contrabando pelo qual velhacos pouco escrupulosos faziam passar suas preferências sectárias por estados de natureza, para não terem de explicar claramente os valores, o que nos seria desejável. Abandonando a distinção fato/valor, estaríamos comprometidos a fazer *pelo menos tão bem* quanto ela, colocando-nos

---

19 A questão do sangue contaminado, como também os debates sobre a aceitação dos organismos geneticamente modificados, permite levantar as etapas intermediárias entre a incerteza local e a certeza global. Sobre essa noção de existência relativa, ver Latour (1999b, cap.5). Recorreremos utilmente à sociologia da influência e da imitação, iniciada por Tarde (1999).

na mesma situação que a União Europeia, pela qual o abandono das fronteiras nacionais não deve ter por efeito a diminuição da segurança territorial. Como se vê à primeira vista, ao consultar a Figura 3.1, não tivemos nenhuma dificuldade de fazer melhor: ninguém pode nos acusar de diminuir a discussão ou de ignorar o controle de qualidade! Ao contrário, dispostos lado a lado, os quatro imperativos exigem que não se ponha fim muito rapidamente à perplexidade, que não se acelere de forma indevida a consulta, que não se esqueça de pesquisar a compatibilidade com as proposições estabelecidas, enfim, que não se registrem, sem motivação explícita, novos estados do mundo. É verdade que, nesse estágio, não havendo suficientemente retomado as "definições de funções" do sábio, do político, do administrador e do economista, ainda nos é impossível mostrar que a virtude de uma trajetória de exploração permitirá fazer muito melhor que a diferença ciência/ideologia. O leitor nos aguardará, então, nesse ponto capital, e terá razão de desconfiar até que tenhamos mostrado, no próximo capítulo, que as garantias que oferecemos são melhores que aquelas que lhe pedimos para abandonar.

A quinta cláusula do caderno de anotações é mais fácil de preencher, porém mais difícil de provar. Se por "defesa da autonomia da ciência" e por "pureza da moral" entendemos duas esferas protegidas contra toda interferência, então somos incapazes de satisfazer essa condição. Tal é, justamente, o mal-entendido que deu lugar à "guerra das ciências". Devemos habituar o senso comum a esta evidência: quanto mais se interfere na produção dos fatos, melhores eles serão, e quanto mais a exigência normativa se mistura com o que não mais lhe diz respeito, a saber, os fatos, mais ela ganhará em qualidade de julgamento... Entretanto, podemos garantir que há dois poderes que não devem, com efeito, se mesclar: a consideração do número de entidades e de vozes, de uma parte; a vontade dessas entidades e dessas vozes de formar um mundo comum, de outra. Qualquer coisa de essencial será perdida se o trabalho de consideração* se encontrar diminuído, pisoteado, usurpado pelo trabalho de ordenamento,* e se o trabalho de ordenamento se encontrar reaberto, interrompido, questionado pelo trabalho de consideração. Há, portanto, bem atrás, a exigência impossível de realizar, pela lista de tarefas – defender a autonomia da ciência e a pureza da moral –, uma função essencial a se conservar, mas que devemos deslocar de modo a abrigá-la em outro lugar. Longe de se assemelhar à impossível procura da pureza, ela faz antes de tudo pensar no vaivém, exigido por esse novo bicameralismo, entre as duas câmaras, que devem ao mesmo tempo se contrabalançar e se coordenar sem se imiscuir nas tarefas da outra. Essa função será o coração do trabalho constitucional da ecologia política.

Se hesitamos em nos dar quitação sobre a última das cláusulas, é preciso lembrar a extraordinária confusão criada pela prática da irrealizável distinção entre fatos e valores. Ver-se-á que, passando de uma a outra Constituição, não introduzimos o caos num regime até então bem ordenado. Ao contrário, trouxemos um pouco de lógica a uma desordem excessiva.

Antes que nos acusem de "relativismo", sob pretexto de que estaríamos chamando à confusão fatos e valores, lembremos a incoerência do Antigo Regime, que não conseguiu jamais obter essa distinção, mesmo se esforçando inesgotavelmente, sem, aliás, querer aí chegar, uma vez que a distinção real dos fatos e dos valores o teria privado de qualquer possibilidade de definir, à sua vontade e tranquilamente, o bom mundo comum...

Nessa confusão, todo mundo perde: o sábio, a quem se pede, num momento, ser absolutamente certo; em outro, de se atirar nas controvérsias; em outro ainda, de "assumir suas responsabilidades"; mas sem lhe dar os meios legítimos de passar da perplexidade à hierarquia. Também o moralista, a quem é solicitado classificar as entidades por ordem de importância, mas privando-o de qualquer conhecimento preciso dessas entidades e de todo trabalho de consulta. E ainda o político, que deve decidir, digamos, mas sem ter acesso ao campo de pesquisa, o que o obriga a decidir cegamente. Dir-se-á que ele tem o povo a seu lado. Ah, o povo, quantos crimes não se cometeram em seu nome? Como o coro antigo, ele deve entoar sua voz grave, de suas lamentações, de seus provérbios sagazes, a agitação daqueles que pretendem consultá-lo, educá-lo, representá-lo, conduzi-lo, medi-lo, satisfazê-lo. Se o consultamos, todavia, é sob a forma irrisória da "participação do público nas decisões". Se ele deve saber, é sob a forma da informação, da divulgação, da popularização, da vulgarização.[20] Não se lhe pede para entrar no laboratório e tornar-se perplexo. Se lhe falamos de instituições, é para fechá-lo na prisão de suas representações sociais, é para melhor sujeitá-lo, pelas cadeias da naturalização e pelas leis inelutáveis que vão lhe fechar a boca. Se lhe oferecemos hierarquizar os valores, é privando-o de todo acesso ao detalhe dos fatos, a todo fogo vivo da controvérsia, a toda incerteza do coletivo. Não, decididamente, qualquer espírito desprevenido que lançasse olhares sobre esta profunda confusão que chamamos "os debates de sociedade sobre as apostas das ciências e das técnicas" só poderia concluir que nós devemos poder fazer um pouco melhor que isso! Sob condição, porém, de acrescentar às quatro exigências que acabamos de desenvolver uma dinâmica que permita compreendê-las melhor.

Conclusão: uma nova exterioridade

Seria preciso mais do que este meticuloso capítulo, sabemos bem, para abandonar a venerável distinção entre fatos e valores. Com efeito, se nos atemos tanto a essa distinção tão absoluta quanto inoportuna, é porque ela parece pelo menos garantir uma certa transcendência contra a formidável imanência da vida pública.[21] Mesmo reconhecendo que ela é inaplicável, gostaríamos de conser-

---

20 A crítica da *expertise* e seus limites é bem analisada em Roqueplo (1993), Jasanoff (1995), Lash, Szerszynski e Wynne (1996). Todos esses estudos sublinham a que ponto a antiga concepção pedagógica das relações entre o público e o experto encontra-se hoje caduca.

21 Essas ideias de transcendência e de imanência vêm todas, evidentemente, do mito de Caverna e de uma concepção debilitada do social. É necessário, apesar de tudo, levá-las a sério, tanto que não demos ao coletivo sua própria forma de imanência, que Platão, em *Górgias*, chama (para zombar) *autophuos*. Ver, sobre esse ponto, Latour (1999, cap.7-8).

vá-la contra o perigo supremo que poderia vir a ocorrer: reencontrar-se, sem defesa, diante do enclausuramento de todas as decisões no interior dos estreitos limites do coletivo, confundido com a Caverna. Sem a transcendência da natureza, indiferente às paixões humanas; sem a transcendência da lei moral, indiferente às objeções da realidade; sem a transcendência do Soberano capaz de decidir, parece que não havia mais nenhum recurso contra o arbítrio da vida pública, nenhuma corte de apelação.

Se mantemos, contra ventos e marés, a distinção entre mundo comum* e bem comum,* será para conservar essa reserva que vai permitir se indignar, seja colocando na natureza a coragem de lutar contra a opinião, seja indo buscar nos valores incontestáveis aquilo com que lutar contra os simples estados da natureza, seja, enfim, ao pedir à vontade indiscutível do Soberano que forme contra tudo e contra todos uma vontade política. Não chegaremos a devolver a confiança ao leitor, privado da distinção dos fatos e dos valores, se não o fizermos tocar com o dedo, na conclusão deste capítulo, que existe para a ecologia política uma outra transcendência, uma outra exterioridade, que não deve nada nem à natureza, nem aos princípios morais, nem ao arbítrio do Soberano.[22]

---

22 Nunca fiz uma conferência na França sobre sociologia das ciências sem que me apresentassem, logo após, a questão Lyssenko, seguida, três minutos depois, da objeção da "ciência judia" dos nazis (a ordem pode mudar, mas o intervalo em minutos resta quase fixo). Aqueles que ainda tivessem dúvidas sobre a moralidade do bicameralismo aqui definido poderiam tentar pô-la à prova com essas duas torturas inevitáveis da polícia epistemológica. A questão Lyssenko não atesta uma invasão da ciência genética pela ideologia política, mas, pelo contrário, uma invasão da política pela Ciência, nesse caso, das leis científicas da história e da economia. Com o totalitarismo vermelho, os dois atalhos da Ciência e da violência, de *right and might*, se reforçam para fazer, ao mesmo tempo, a mais perversa política – não se consultam nem os produtores de batatas, nem os geneticistas – e a mais perversa ciência – nem se chega a seguir a influência dos genes, nem a documentar a importância do clima e dos modos de cultura. Que seja preciso a um sociólogo das ciências, como eu, responder à objeção de que meu trabalho se avizinha do relativismo dos neonazistas (ver, por exemplo, as "contribuições" de Jean-Jacques Salomon, *Le Monde*, 31/12/1997; e de Jean-François Revel, *Le Point*, 21/3/1998, para

UMA NOVA SEPARAÇÃO DOS PODERES   181

Ainda que essa exterioridade não tenha o aspecto grandioso e temível das três cortes de apelação às quais a antiga Constituição havia confiado o cuidado de salvar a vida pública, ela tem a grande vantagem de ser fácil de encontrar, contanto que se aceite estender um pouco mais o trabalho do coletivo. Pretendemos, com efeito, substituir a diferença entre mundo comum e bem comum pela simples diferença entre a parada e o movimento da composição progressiva do bom mundo comum (segundo a definição que havíamos dado de política).* Lancemos um olhar sobre a Figura 3.2.

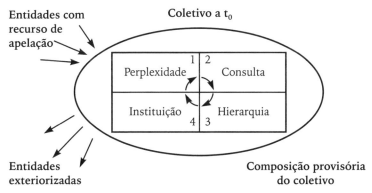

Figura 3.2 – O coletivo se define por seu movimento: as entidades rejeitadas, deixadas do lado de fora pelo poder de ordenamento, apresentam recurso de apelação, na iteração seguinte, para "inquietar" o poder de consideração.

"a questão Sokal"). Entretanto, quantos segundos são suficientes para entender que as ambições científicas dos nazis não respondem nem à exigência de perplexidade, nem à de consulta, nem à de publicidade, nem à de fechamento? Suprimir pela violência todas as moderações no procedimento das ciências e da política a fim de produzir leis indiscutíveis da história e da raça, em nome das quais se pode matar em massa e em boa consciência, não é precisamente a meta procurada pela sociologia das ciências. Espero ficar velho bastante para poder falar das ciências sem sentir a vergonha de ouvir minhas críticas se baixarem a esse tipo de objeções. É verdade que elas oferecem um recurso bem cômodo para adiar o inventário, que será necessário fazer um dia, e que ligou, em um só pacote mal amarrado, a esquerda, a Ciência, a França, o progresso, o racionalismo, o anticlericalismo e a modernização, sob o nome de República universal. O próximo século será, talvez, mais propício que este que enfim termina, e a República* da ecologia política, menos tímida que a francesa...

A seção precedente não traçou o percurso de todo o coletivo, apenas de um ciclo de seu lento progresso, de sua dolorosa exploração. Cada nova proposição percorre de início as quatro casas dessa figura, respondendo passo a passo a cada uma de nossas exigências essenciais: ela torna perplexos aqueles que se reúnem para discuti--las e que montam as provas, permitindo assegurar-se da seriedade de sua candidatura à existência; ela exige ser levada em consideração por todos aqueles cujos hábitos vai modificar, e que devem, pois, participar de seu júri; se ela ultrapassar as duas etapas precedentes, não poderá se inserir nos estados do mundo senão sob a condição de encontrar um lugar na hierarquia que a precede; enfim, se ela ganha seu legítimo direito à existência, vai se tornar uma instituição, quer dizer, uma essência, e integrará a natureza indiscutível do bom mundo comum.

O movimento de composição não pode parar aí, uma vez que o coletivo tem ainda um exterior! Se a antiga Constituição obrigava constantemente a classificar os resultados provisórios da história na casa *ontologia* ou na casa *política*, isso já não ocorre com a nova Constituição. A distinção entre fatos e valores não permitia registrar a mudança, pois os estados de fatos, por definição, já estavam sempre lá: se houvesse, realmente, uma história de sua descoberta pelos humanos, não haveria uma historicidade própria aos não humanos.[23] Ainda que a composição dos atores do pluriverso não cesse de mudar, a antiga Constituição registrava a variação contínua das posições como uma sucessão de reformas sub-reptícias na composição do mundo comum. A natureza alternava de metafísica, sem que se compreendesse jamais por qual passe de mágica, pois supunha-se que ela permanecia, como o nome indica, *anterior* a toda metafísica. Não acontece o mesmo com a nova Constituição, a qual tem por

---

23 Eu me obstino, há 25 anos, em tirar partido deste minúsculo problema: como se pode aceitar sem dificuldade uma história de cientistas e seja tão difícil de conceder a coisas descobertas por esses cientistas uma dose um pouco séria de historicidade? Separando depressa demais história das ciências e ontologia, impede-se de tirar partido dessa *anomalia* tão interessante.

fim, justamente, seguir em detalhe os graus intermediários entre o ser e o dever ser, registrando todas as etapas sucessivas do que havíamos chamado de uma metafísica experimental.* Se o antigo sistema permitia o atalho, a aceleração, não compreendia a dinâmica, enquanto o nosso, que visa à desaceleração, ao lento respeito aos procedimentos, permite justamente compreender o movimento...

O coletivo, recordemos, ainda não sabe com quais critérios articular as proposições. Sabe somente – tal é nossa hipótese – que não poderíamos classificá-las em dois conjuntos constituídos fora do procedimento. A um dado momento – digamos t_0 –, eis que acaba um primeiro ciclo, instituindo um certo número de essências. Muito bem, mas isso quer dizer igualmente que ele *eliminou outras proposições*, na falta de poder lhes dar lugar no coletivo. (Lembremos que não dispomos mais da totalização prematura da natureza.) Dessas entidades excluídas não podemos ainda dizer nada, apenas que estão exteriorizadas ou externalizadas:* decidiu-se coletivamente não levá-las em consideração, e rotulá-las como insignificantes. É o caso, no exemplo dado antes, dos 8 mil mortos por automóveis na França: não se encontrou nenhum meio de preservá-los como membros com pleno direito – e, portanto, vivos! – do coletivo. Na hierarquia escolhida, preferiu-se a velocidade dos automóveis à sua morte. Mesmo se isso pode parecer chocante à primeira vista, nenhum princípio moral é superior ao procedimento de composição progressiva do mundo comum: para o momento, o uso rápido do veículo "vale" na França muito mais que 8 mil inocentes por ano. A essa escolha, nada temos ainda a censurar. Em contraposição, um gradiente vai se estabelecer entre o interior do coletivo e seu exterior, que pouco a pouco se preenche com entidades excluídas, seres sobre os quais se decidiu em comum dispensar, sobre os quais recusamos a responsabilidade – lembremos que pode tratar-se de humanos, mas também de espécies animais, de programas de pesquisa, de conceitos, de todas as proposições* rejeitadas que, num momento ou noutro, formam o *descarte* de um certo coletivo.

Nada prova, contudo, que essas entidades exteriorizadas vão permanecer para sempre no exterior do coletivo. Com efeito, elas não têm mais que desempenhar, como na antiga cenografia dos fatos e dos valores, o papel obtuso da coisa em si, do ser lá, do objeto em guerra contra os sujeitos, nem o papel tão vago quanto estimável de princípio moral transcendente. Que vão fazer, portanto, as entidades descartadas? Elas *vão colocar em perigo o coletivo*, com a condição, entretanto, de que o poder de consideração seja bastante sensível e alerta. O que está excluído pelo poder de ordenamento* em t_0 pode vir a atormentar o poder de consideração em $t+1$ – voltaremos a essa dinâmica no Capítulo 5. Tal é o círculo de retroalimentação[24] do coletivo em expansão e que o torna de tal maneira diferente de uma sociedade,* dotada de suas representações, no meio de uma natureza inerte, feita de essências cuja lista será fixada de uma vez por todas, esperando dos valores morais uma salvação vinda do alto para escapar aos estados de fato. Toda a transcendência de que necessita, na prática, para escapar do jugo da imanência, se encontra lá fora, ao alcance da mão.

Na nova Constituição, o que foi exteriorizado pode *apelar* e voltar a bater à porta do coletivo para exigir ser levado em conta – seguramente ao preço de modificações na lista das entidades presentes, de novas negociações e de *uma nova definição do exterior*. O exterior não é mais fixo, não é mais inerte, não é mais nem uma reserva, nem uma corte de apelação, nem uma lixeira, mas aquilo que tem sido objeto de um procedimento explícito de exteriorização.[25]

---

[24] Não confundir, apesar da metáfora cibernética, com os numerosos esforços dos sociólogos para boicotar a política com uma teoria biologizada ou naturalizada do social, como em Luhmann. O vocabulário pesquisado permanece aqui propriamente político.

[25] Isso nos permite tornar mais clara a diferença, que se encontra no Capítulo 1, entre os objetos modernos e os objetos não modernos ou de risco.* O amianto, que tínhamos tomado como exemplo, se caracteriza pela extrema lentidão com que os excluídos são reexaminados quanto à definição desse material de isolamento "perfeito": foram necessários, na França, cerca de trinta anos para que as doenças dos pulmões fizessem *parte* da definição desse material inerte, desse produto-milagre, e que a presença de todos esses pacientes, no seu retorno ao coletivo, que se tornou, enfim, perplexo, obrigasse a demolição de milhares de metros quadrados de escritórios e escolas. Um vínculo de risco,

Considerando a sucessão das etapas, compreendemos por que a distinção entre fatos e valores não poderia nos servir para nada, e quanto tivemos razão em abandoná-la ao preço de um esforço talvez penoso. Todas as nossas exigências têm a forma de um imperativo. Dito de outra forma, *todas* envolvem a questão do que é *preciso* fazer. Impossível começar a propor a questão moral *depois* que os estados do mundo tenham sido definidos. O aspecto do dever ser, percebemos agora, não é um momento no processo, mas é coextensivo a todo o processo – daí a impostura que seria querer se limitar a uma ou a outra das etapas. Simetricamente, a famosa questão da definição dos fatos não se encontra reduzida a apenas uma ou duas etapas, mas se distribui por todas. A perplexidade conta tanto para esta questão quanto a pertinência daqueles que são levados a julgar, quanto a compatibilidade dos novos elementos com os antigos, para terminar pondo na instituição, que acaba provisoriamente por lhe dar uma essência* de limite nítido. Daí a dificuldade consistente em reduzir a definição dos fatos a somente uma parte do processo.

Se quisermos, a qualquer preço, manter a distinção entre ser e dever ser, poderíamos dizer que se trata de percorrer *duas vezes* o conjunto das etapas, inserindo duas questões distintas às *mesmas* proposições submetidas a cada uma das quatro exigências: *qual procedimento de discussão é preciso seguir? Qual é seu resultado provisório?* Por trás da falsa distinção entre fatos e valores, dissimulava-se um ponto essencial sobre a *qualidade* do procedimento a seguir e sobre o *traçado* de sua trajetória, aspecto agora liberado da confusa querela que a epistemologia (política) mantinha com a ética.[26]

---

civilizado, teria ocupado menos tempo para passar do exterior ao interior (ver nota 40 do Capítulo 4): aqueles a quem o poder de ordenamento acabava de excluir teriam posto em alerta, de imediato, o poder de consideração. É ao menos por essa característica que definiremos mais tarde a civilização,* o que nos permitirá tirar todo partido do princípio de precaução.

26 Precisaremos voltar em detalhes sobre essa característica fundamental, quando abordarmos, no Capítulo 5, a noção de experiência coletiva* e o tipo muito particular de normatividade que permitirá qualificar o estudo. Vamos, com efeito, servir-nos disso para definir um terceiro poder, que se poderia cha-

Os leitores observarão, provavelmente, que havíamos, de fato, *substituído* a distinção fato/valor por uma outra que não é menos nítida e menos absoluta, mas que lhe é, em algum aspecto, superior e transversa. Não falamos da "ligação" entre consideração* e ordenamento,* mas da diferença muito mais profunda entre o apressamento da composição do mundo comum e o retardamento que torna obrigatório o respeito às formas, o *due process*, que havíamos escolhido chamar de representação.* Não hesitamos em fazer esse profundo contraste entre a aceleração e a representação desempenhar um papel normativo central. É dessa fonte que vamos tirar nossas indignações e nossas recusas. "Representar, em vez de acelerar", tal é o fim da ecologia política. Há aí, segundo nós, uma reserva de moralidade muito mais inesgotável e mais discriminante que a vã indignação que tinha por fim impedir a contaminação dos valores pelos fatos ou dos fatos pelos valores.

No início deste capítulo, nossa pretensão era encontrar o meio de obter, de acordo com as formas, a realidade, a exterioridade e a unidade da natureza. Chegando agora ao fim, sabemos que não se trata de uma tarefa impossível. Devemos simplesmente modificar nossa definição de exterioridade, posto que o social não tem o mesmo "entorno" que o coletivo: o primeiro é definitivo e feito de um material radicalmente distinto; o segundo, provisório e produzido por um procedimento explícito de exteriorização. Assim que um membro da antiga Constituição olhava ao redor, considerava uma natureza feita de objetos indiferentes a suas paixões, à qual ele deveria se submeter ou se desprender. Assim que olhamos em volta, vemos um conjunto ainda a compor, feito de excluídos (humanos e não humanos), pelos quais, de maneira explícita, havíamos decidido não nos interessar, e dos apelantes (humanos e não humanos) que exigem, um tanto ruidosamente, fazer parte de nossa República. Nada mais resta da antiga metafísica da natureza, nada

---

mar de *poder de acompanhamento*,* o que nos leva a imaginar, para recorrer a termos humildes próprios à indústria, uma espécie de "controle de qualidade" sobre a "traçabilidade" dos procedimentos.

mais do antigo mito da Caverna, ainda que tudo o que importa para a vida pública permaneça: a realidade – os não humanos e suas cortes –, a exterioridade – produzida segundo as regras e não mais sub-repticiamente –, a unidade – aquela progressiva do coletivo em via de exploração, à qual basta juntar os procedimentos de discussão que agora precisamos tornar explícitos.

Onde se encontra, pois, daqui em diante, a natureza exterior? Ela está bem aí: cuidadosamente naturalizada, quer dizer, socializada, no próprio interior do coletivo em via de expansão. É hora de localizá-la, enfim, de maneira civil, construindo-lhe uma morada definitiva e oferecendo-lhe não o simples *slogan* das primeiras democracias, "Nada de imposto sem representação!", mas uma máxima mais ambiciosa e mais arriscada: "Nada de realidade sem representação!".

4
As competências do coletivo

A metafísica não tem boa reputação. Os políticos desconfiam dela quase como os cientistas. Especulações particulares de filósofos isolados que se imaginam capazes de definir por si mesmos os ingredientes essenciais do mundo, eis algo em que nenhuma pessoa séria deve confiar. Porém, tal desdém não permitiria entender a ecologia política. Abster-se de qualquer meditação metafísica significaria que já conhecemos o mobiliário do mundo: haveria uma *natureza comum* a todos e, depois, em acréscimo, diferenças secundárias que diriam respeito a cada um como membro de uma cultura particular ou como indivíduo privado. Se tal fosse o caso, os que têm por missão definir o bem comum* não precisariam mais se inquietar, já que a maior parte do seu trabalho estaria feita: existiria *já* um mundo unificado, unificante, universalizado. Só faltaria colocar ordem na diversidade de opiniões, crenças e pontos de vista – tarefa espinhosa, sem dúvida, mas, no fundo, sem dificuldade a princípio, já que essa diversidade não diria respeito nem ao essencial, nem a nada que pudesse comprometer a *essência mesma* das coisas, estocadas, à parte, na câmara fria da realidade exterior. Ora, falar assim da natureza, separando a questão do mundo comum daquela do bem comum, é aferrar-se, como vimos nos três capítulos anteriores, à mais politizada das metafísicas, a metafísica *da natureza*.

As crises ecológicas, entendamos bem, não abalaram de imediato essa metafísica da natureza. Pelo contrário, seus teóricos se esforçaram não só por salvar a natureza modernista, como também em prolongar seu contrato, oferecendo-lhe desempenhar um papel ainda mais importante na tentativa de ignorar a vida pública. Esforços evidentemente desesperados, visto que aquilo vinha abafar o fogo da democracia que se desejava reacender, humilhando mais o humano por um recurso ainda mais indiscutível à verdade verdadeira da ordem natural. O abismo entre teoria e prática militante explica a debilidade das contribuições da ecologia à filosofia comum da política e das ciências. Essa lentidão para reagir se manifesta bem mais estranha quando cada uma dessas crises comprometia, a um título ou outro, as disciplinas científicas, os pesquisadores e suas incertezas: sem os especialistas da atmosfera, quem teria percebido o reaquecimento do clima? Sem os bioquímicos, quem teria observado o príon? Sem os pneumologistas e os epidemiologistas, quem teria ligado o amianto ao câncer de pulmão? A herança da Caverna deve realmente pesar muito para que se possa ignorar durante tanto tempo a novidade política da ecologia: a crise constitucional de toda objetividade.

Para suprimir essa contradição entre a prática das crises ecológicas ou sanitárias e a lição teórica que se pretendia erradamente tirar – "Voltemos à natureza!" –, era preciso interessar-se ao mesmo tempo pelas ciências e pelas políticas e rejeitar por completo a antiga Constituição: "Não se conseguirá conservar a natureza!". Não propomos trocar um sistema bem organizado por uma solução estrambótica, mas substituir as duas câmaras ilegítimas da antiga Constituição por duas câmaras coordenadas de acordo com as formas.

Não iremos entrar, todavia, no país onde correm o leite e o mel: pelo contrário, eliminando facilidades oferecidas pela natureza, criamos novas dificuldades! A única diferença, porém capital, advém do fato de podermos tirar partido da experiência em escala real, por assim dizer, na qual está comprometido o coletivo. Lá de onde o Antigo Regime tomava atalhos, mas nenhuma lição de suas experiências, vamos pôr em dúvida um procedimento complicado para aprender como praticar a metafísica experimental.*

A Constituição modernista, com efeito, via nos debates ecológicos apenas uma mistura da qual deviam-se separar o racional do irracional, o natural do artificial, a objetividade da subjetividade.[1] A nova Constituição vê, nessas crises, disputas que dizem respeito a um assunto diferente do racional e do irracional: discute-se, todos os dias, em todos os lugares, a questão mesma do bom mundo comum, no qual cada um – humano e não humano – quer viver. Nada nem ninguém deve vir simplificar, limitar ou reduzir de antemão a dimensão desse debate, afirmando tranquilamente que a disputa só trata das "representações que os humanos se colocam" e não da essência mesma dos fenômenos. Enquanto nos acreditávamos modernos, podíamos pretender esgotar a diversidade das opiniões graças à certeza unificada dos fatos da natureza: "Quanto mais Ciência houver, dizia-se, mais os espíritos se conciliarão rapidamente e menos desordem haverá".

Mas quem aceitaria ainda unir, sem outra forma de processo, as noções de realidade exterior e de unanimidade? É pouco provável que se possa, com essa política apolítica da vida pública, convencer, hoje, que se unam, os que afirmam que o mundo é composto de átomos e os que esperam a salvação de um Deus que criou o mundo há 6 mil anos; os que preferem abater aves migratórias a pertencer à União Europeia; os que querem desenvolver a terapia dos genes para curar seus filhos, se preciso contra a opinião dos biólogos; os que votam na Suíça contra a transformação de seus campos de colza em sucursal de laboratório; os que se opõem à criação de embriões humanos e as associações de doentes atingidos pelo mal de Parkin-

---

[1] Vemos, de modo grotesco, na discussão sobre os riscos subjetivos e objetivos, outro lugar onde se faz, a golpe de machado, a distinção entre as qualidades primeiras* e as qualidades segundas,* as primeiras remetendo só à realidade, as segundas apenas ao psiquismo, à manipulação ou à cultura (Rémy, 1997). Uma vez feita a divisão, a questão se instaura então para saber se é necessário tomar o modelo de eliminação (pela força ou pela pedagogia) ou o modelo da hipocrisia respeitosa (pelo encerramento no gueto da cultura ou a manipulação discreta). Sobre outra solução, ver testemunhos recolhidos em Lascoumes, Callon e Barthe (1997).

son que esperam desses embriões um remédio para sua enfermidade... Nenhum dos membros do coletivo deseja uma "opinião" discutível e particular "a propósito" de uma natureza indiscutível e universal. Todos eles querem decidir sobre o mundo comum em que habitam. Fim do parêntese modernista: início da ecologia política.

A escolha que nos é oferecida agora não é mais, portanto, a de fazer ou não fazer metafísica, mas a de voltar à antiga metafísica da natureza ou de praticar uma metafísica experimental que nos permita continuar com o problema da divisão entre mundo comum e mundos particulares, *problema que parecia resolvido de uma vez por todas*, que pode voltar a surgir e, consequentemente, *encontrar outras soluções* além do mononaturalismo e seu desastroso desdobramento, o multiculturalismo. Não queremos, é óbvio, voltar à metafísica na câmara dos filósofos (a menos que, por essa expressão, se designe os que aceitam fazer um relato detalhado sobre o que acontece nas câmaras atualmente reunidas!). Após termos definido no Capítulo 2 as propriedades gerais dos membros do coletivo e no Capítulo 3 a nova separação dos poderes de consideração e de ordenamento, temos de abordar agora a questão das *competências* que nos permitirão continuar em tempo real essa metafísica experimental que a antiga Constituição, com sua obsessão pelo arranjo binário em natureza e sociedade, não conseguiria nunca registrar. Contudo, antes de nos lançarmos a essa tarefa e recolhermos o fruto de nossos esforços, devemos apontar ainda uma dificuldade, prevenindo-nos dos perigos de uma outra forma de naturalismo.

A terceira natureza e a contestação dos dois "écopos"

A família, o *habitat*, a morada, diz-se em grego *oikos*. Os comentaristas ficam admirados com a riqueza dessa palavra "ecologia", dessa "ciência do *habitat*", para designar não a morada humana, mas a habitação dos seres múltiplos, humanos e não humanos, que devem ser inseridos no interior de um único palácio, como numa espécie de arca de Noé conceitual. Como explicar, perguntamos, que um termo utilizado pela natureza exterior ao humano possa retomar do grego o mais antropocêntrico, o mais doméstico, o mais clânico de seus termos?[2]

O mesmo problema surge com a noção de ecossistema. Crendo ultrapassar os antigos limites do antropomorfismo, por integrarem a natureza com a sociedade, os usuários do termo "ecossistema" conservavam do modernismo sua carência essencial, a de compor o todo sem a vontade explícita dos humanos e não humanos, que seriam assim reunidos, coletados e compostos. Encontrou-se até mesmo o meio de organizar todos os seres, humanos e não humanos, sob a noção "de ecossistema global", numa totalidade constituída, fora do mundo político, na natureza das coisas. O ecossistema integrava tudo, rápido demais e a excelente preço.[3] A Ciência dos ecossistemas permitia passar das exigências da discussão para construir, fora de procedimento, o mundo comum: erro evidentemente capital em democracia. A Ciência prosseguia com seus estragos na filosofia, mesmo pretendendo colocar um fim nisso. Eco-lógico, talvez, mas não "eco-politicamente correto".[4]

---

[2] Ver Acot (1988) e, especialmente, Drouin (1991).

[3] Para uma história da noção de ecossistema, ver o meticuloso estudo de Golley (1993). O termo "ecumênico" possui a mesma raiz que "ecologia". A expressão corrente "tudo forma um todo" não deve ser depreciada. Os ecologistas conhecem a incrível dificuldade que há para definir, mesmo localmente, as totalizações parciais. Os políticos também. Ver o muito belo exemplo de Western, Wright e Strum (1994) sobre as dificuldades para saber o que forma ou não um todo na orla dos parques naturais, quando se acomodam os humanos e os não humanos.

[4] Eis por que, desde a Introdução, evitamos distinguir a ecologia científica e a ecologia política, para preservar apenas este último termo, único capaz de sublinhar toda a dificuldade para compor um bom mundo comum. Falar de "complexidade" não garante, além disso, de forma alguma, que essas dificuldades, políticas e procedimentais, serão levadas em conta: pode-se contornar a vida pública, tanto por simplismo quanto por "complexismo". As famosas "ciências da complexidade" não permitem se aproximar mais do problema de composição do que as "ciências do simples".

A ecologia política tinha, é claro, um modelo: esta outra "ciência do *habitat*", esta outra "lei dos cômodos da casa", que a etimologia não distingue da outra chamada *eco-nomia*. É por ela, bem mais do que pelo mundo comum dos sábios ou por aquele dos ecologistas militantes, que o senso comum encontra diariamente a natureza, a capacidade do *nomos* de ignorar a *polis*. Conseguimos nos libertar da primeira natureza, a da Caverna e da epistemologia (política); pudemos empregar a segunda natureza, a dos pensadores da ecologia, porém nossos esforços seriam vãos se guardássemos intacta essa *terceira natureza*, que pretende assumir todas as funções do coletivo sem lhe pagar nem o preço político nem o preço científico.

Depois de haver eliminado o veneno da natureza "cinza e fria" das qualidades primeiras, depois de haver combatido o mal-entendido da natureza "cálida e verde" dos ecologistas, precisamos suprimir o obstáculo da natureza "vermelha e ensanguentada" do écopo, aquele que pretende substituir as relações de composição progressiva do mundo comum pela lei da selva de uma natureza animalizada, privada de toda vida política. A influência dessa terceira natureza é tão maior que, sob aparências vagamente darwinianas, serve de fonte não mais ao exterior, mas *ao interior* do coletivo.[5]

Ora, a economia é tão pouco "eco-politicamente correta" quanto a ecologia. *Nomos* e *logos* pertencem de pleno direito à *polis* somente na condição de não servir de maneiras mais rápidas para prejudicar o estado de direito. Essa dureza, que lhe permite reivin-

---

5 Darwin é, evidentemente, inocente dos darwinismos cometidos em seu nome. Apesar de seus empréstimos a Malthus, ele não é, de modo nenhum, culpado de naturalismo, uma vez que as evoluções das quais ele fala não têm exatamente *nem unidade, nem optimum, nem totalização*. Para Darwin, a evolução não unifica exatamente nada – como o livro de Gould (1991) o mostra de forma tão obstinada. Darwin não teria tido nenhuma dificuldade em falar de multinaturalismo, já que, no limite, cada vivente possui sua natureza. Assim que se tomem emprestadas teorias da evolução para falar da "natureza", no singular, perdem-se realidades do pluriverso para preservar só sua função de redução. Donde a importância de diferenciar entre a chamada às realidades exteriores e os procedimentos de unificação do mundo comum, que pertencem propriamente à política mesmo quando se fala de genes, proteínas, baleias, baratas ou ambiente interior.

dicar o título de a mais *hard* das ciências sociais, a economia a paga com alto preço. Todavia, aparentemente, trata de todos os assuntos que citamos até aqui sob o nome de ecologia política. Ela também tem por objeto os conjuntos de humanos e não humanos, a que chama de "pessoas" e de "bens"; também procura levar em conta os elementos que precisa internalizar nos seus cálculos; quer ainda chegar a hierarquizar as soluções para descobrir o ótimo na alocação dos recursos; fala de autonomia e de liberdade; chega a produzir um exterior, o dos elementos que colocou provisoriamente fora de cálculo: o que ela, segundo sua expressão, "externalizou".

Aparentemente, portanto, o coletivo que apresentamos fez que se reencontrasse o bom sentido da economia política, disciplina modernista por excelência, que permite calcular o conjunto das associações de pessoas e bens, e que terminaria por aproximar automaticamente o melhor dos mundos possíveis se as pretensões do Estado não viessem, de maneira insana, deformar seus cálculos. Açambarcando o conjunto do coletivo, a economia política seria então o horizonte intransponível de nosso tempo: a ecologia apenas teria que se deixar engolir pela economia, como o profeta Jonas pela baleia.

"Natureza", nós vimos suficientemente, não reflete um domínio da realidade, mas uma função particular da política reduzida à insignificância, a uma certa maneira de construir a relação da necessidade e da liberdade, da multiplicidade e da unidade, a um processo escondido para distribuir a palavra e a autoridade, para repartir os fatos e os valores. Com a economia política, o naturalismo inunda o interior do coletivo. Graças à noção de mercado autorregulado, será possível ignorar totalmente a questão do governo, visto que as relações internas do coletivo ficarão semelhantes àquelas que reúnem, nos ecossistemas, os predadores e as presas.[6] As relações de força põem fim a toda forma de discussão, mas essa força não é a do Soberano, é aquela, constatada pela Ciência, da inevitável neces-

---

6 Acha-se a demonstração disso em uma brilhante passagem de Polanyi (1983, p.158-9): "Eis aí um novo ponto de partida para a ciência política. Ao tratar da comunidade dos homens pelo lado animal, Townsend contorna a questão, supostamente inevitável, dos fundamentos do governo; assim fazendo, intro-

sidade. Nenhuma balança, nenhum equilíbrio é preferível às forças da chamada "natureza em nós". O ideal seria, aliás, que não houvesse nenhum governo.[7] No interior mesmo do coletivo, a maior parte das relações entre humanos e não humanos vai se transformar numa esfera autônoma tão distinta daquela da política e dos valores quanto as estrelas, o grande fundo marinho ou os pinguins da Terra Adélia. As três naturezas, combinadas uma à outra, vão sufocar o coletivo, sem dúvida. As leis da natureza cinza e fria, as exigências morais da natureza cálida e verde, as duras necessidades da natureza *red in tooth and claw*[8] encerram de antemão todos os discursos:

---

    duz um novo conceito legal nos assuntos humanos, o das leis da Natureza. A propensão geométrica de Hobbes e o forte desejo que nutriam Hume e Hartley, Quesnay e Helvétius, de encontrar leis newtonianas da sociedade, tinham sido apenas metafóricos: pretendiam ardentemente descobrir uma lei tão universal na sociedade quanto a da gravitação na Natureza, mas eles a imaginavam como uma lei humana [...]. Se, para Hobbes, o homem é o lobo do homem é porque fora da sociedade os homens se comportam como lobos, não porque haja o mínimo fator biológico comum aos homens e aos lobos. Afinal de contas, ele é assim porque ainda não se imaginou uma sociedade que não seja identificada à lei e ao governo. Mas, na ilha de Juan Fernandez [local mítico dos primeiros sociobiólogos], não há nem governo, nem leis; entretanto, há equilíbrio entre as cabras e os cachorros [...]. Sem necessidade de governo para manter esse equilíbrio, ele é restabelecido pela fome que tortura alguns, pela escassez de comida para outros. Hobbes sustentou que um déspota é necessário porque os homens são como bestas; Townsend insiste no fato de que eles *realmente* são bestas e que, por essa razão precisamente, temos necessidade apenas de um mínimo de governo [...]. Nenhum magistrado será necessário, porque a fome impõe uma disciplina melhor que a do magistrado. Fazer apelo a este, observa Townsend com ironia, seria 'apelar contra uma autoridade mais forte para uma mais fraca'".

7 Vamos transformar essa pergunta em um artefato: deve-se confiar a economia ao mercado ou ao Estado? Essa pergunta é tão artificial quanto aquela de saber se os cientistas são realistas ou construtivistas; ou aquela de saber se a política deve ser *anthropo* ou *phusi*-cêntrica. Ver o Capítulo 5 sobre o poder de acompanhamento.* Reencontra-se ainda, em Dewey (1954, p.91), um argumento semelhante àquele de Polanyi.

8 Célebre verso de Alfred Tennyson, que se tornou proverbial para descrever o darwinismo: "Man... /Who trusted God was love indeed /And love creation's final law... /Though nature, red in tooth and claw /With ravine, shrieked against his creed", "Em Memória A. H. H.", 1850, canto 56.

os políticos detêm provavelmente a última palavra, mas eles nada mais têm a dizer...

Graças a uma mudança do significado de "poupar", o gênio da língua deu ao verbo "economizar" o sentido pejorativo de evitar o esforço, de tomar um atalho, numa palavra, contornar. Nada convém mais à economia política do que poder ser definida, com efeito, como "a economia do político"![9] As quatro funções evidenciadas no Capítulo 3 irão nos permitir compreender como essa "Ciência dos valores", essa axiologia, consegue evitar tão bem a política em nome da Ciência quanto as ciências em nome das exigências da moral. Ela servir-se-á do cálculo para se poupar da lentidão do trabalho da representação.*

A economia explora ao máximo a ambiguidade fundamental dos fatos e dos valores, tão impossível de separar como de confundir. É de se crer que a Constituição modernista foi feita para ela. Se você disser que ela é científica e deve, portanto, descrever pela lista os vínculos complicados das coisas e das pessoas, segundo a exigência de perplexidade,* ela vai replicar que não tem tempo de ser descritiva, pois tem de passar muito depressa para o julgamento normativo indispensável à sua vocação; se você concordar, um pouco admirado com essa agilidade, ficará surpreso vendo que, para produzir o ótimo, ela não se embaraça com nenhuma consulta e realiza um trabalho de negociação limitado somente ao cálculo. As exigências de pertinência* e de publicidade* não parecem preocupá-la tanto. Se você se indigna com a arrogância de tal atitude, a economia lhe fará um sinal de silêncio: "Shh! Estou calculando..." e achará que não precisa consultar nem negociar, pois é uma Ciência, e que, se ela define o que deve ser, é em nome de suas leis de bronze, tão discutíveis como as da natureza. Se você observar polidamente

---

9 Ver a análise da economia como boicote do político por Schmitt (1972, p.124): "É precisamente quando se torna apolítica que uma dominação de homens, repousando sobre uma base econômica, evitando toda aparência e toda responsabilidade política, revela ser uma terrível impostura". Para Schmitt, a economia do século XIX segue a religião do século XVIII e precede a técnica do século XX, em processos inventados para excluir a política de qualquer tarefa.

que é difícil se passar por uma ciência antes de ter-se dedicado às exigências da descrição, de ter mergulhado nas controvérsias, de ter empregado os próprios instrumentos, tão frágeis quanto dispendiosos, ela responderá que prescreve o que é preciso fazer... E se você retrucar de novo, perdendo a paciência, que a economia não respeita os valores porque pulou, infringiu todas as exigências da prescrição, ela lhe responderá com desdém que apenas descreve os fatos sem se ocupar dos valores! Deixando-se desenvolver a disciplina econômica, evita-se ao coletivo, pela mais astuciosa das manobras, *toda descrição em nome da prescrição e todo debate público em nome da simples descrição.*

Com a economia política, esse trabalho impossível de diferenciar os fatos e os valores, que temos comparado ao de Sísifo, torna-se tão eficaz que possibilita desorientar por vezes os sábios e os políticos: não se pode apelar aos valores humanos contra os fatos brutos, nem os fatos incômodos contra os valores injustificados, sem poder dispensar a distinção absoluta entre os fatos e os valores! Por fim, o *habitat* comum *será calculado e não mais composto.* As leis de bronze da economia terão eliminado o ecopolítico. O coletivo, vazio de sua substância, não saberá mais como se agrupar.[10]

De nada adiantaria ter desviado o perigo que o apelo à Ciência faz a democracia correr, se conservarmos, no próprio interior do co-

---

10 Embora o marxismo também tenha criticado a naturalização da economia, seu fim não foi reabilitar a política, mas submetê-la ainda mais às leis da primeira naturalização, a da Ciência. É a forte crítica que Polanyi, socialista *político* e não socialista *científico*, fez a Marx: "A real significação do torturante problema da pobreza é revelada agora: a sociedade econômica está submetida a leis que não são leis humanas. O fosso que separa Adam Smith de Townsend aumentou a ponto de se tornar um abismo; aqui aparece uma dicotomia que marca o nascimento da consciência do século XIX. A partir desse momento, o naturalismo assombra a ciência do homem, e a reintegração da sociedade no mundo dos homens se torna o objetivo visado com persistência pela evolução do pensamento social. A economia marxista – nessa linha de argumentação – era uma tentativa, falha no essencial, para alcançar esse objetivo; se ela fracassou é porque Marx aderiu muito de perto a Ricardo e às tradições da economia liberal" (Polanyi, 1983, p.172).

letivo, essa espantosa asserção de que a produção dos valores é ela mesma uma simples constatação de fato! A "ciência dos valores", a axiologia, reinará em lugar da ecologia política, criando obstáculo para a hierarquização dos valores e a produção das ciências. Não, decididamente nada deve vir atenuar a tensão entre a economia e a ecologia, ambas *políticas*, embora a primeira se faça fora de procedimento, enquanto a segunda teve a coragem de dar formas apropriadas a sua missão histórica. Ao bicameralismo clandestino da primeira, tão típico do modernismo, deve se estabelecer o bicameralismo explícito da segunda, tão típico da época que segue – que precede, que engloba, que acompanha – a modernização e suas fulminantes sínteses.

Felizmente, a economia mistura a ciência e a política: visto que chegamos a liberar as ciências da influência da Ciência e a política do inferno do social, deve ser possível liberar a economia* de suas pretensões de dissimular a procura dos valores sob os fatos já estabelecidos e a pesquisa dos fatos sob os valores já calculados, fazendo-a sofrer, ela também, a pequena transformação do Capítulo 3. Interrogando-nos como ela se submete aos dois poderes de representação* ("quantos somos?", "conseguiremos viver juntos?"), ela torna-se bem mais *apresentável*, pois sua capacidade de *representação* melhora logo. Em lugar de distinguir fatos e valores verticalmente (sem nunca conseguí-lo), fica fácil diferenciar *horizontalmente* o alto e o baixo do coletivo (ver Figura 3.1). A economia política recai então sobre seus pés! Pode-se, outra vez, decretar a diferença entre a economia como disciplina e a economia como atividade (o que os ingleses em sua sabedoria distinguem com duas palavras: *economics*, o que diz respeito à Ciência, e *economy*, referindo-se à coisa estudada).[11]

---

11 Prolongo aqui a inversão efetuada por Michel Callon em seguida à de Simmel (1987), assim como de Polanyi, e que permite ao mesmo tempo manter as virtudes da economia como disciplina (em especial a formatação das ligações), evitando acreditar que a economia define a base do mundo, ao modo de Locke. Ver, em particular, Callon (1992; 1998).

Não existe economia sem que exista um *Homo economicus*, mas existe efetivamente uma *economização* progressiva das relações. Não se encontra, embaixo, uma infraestrutura econômica que os economistas, no alto, estudassem: os *economizadores* (no sentido lato do termo, que deve incluir tanto os aparelhos contábeis, como os modeladores, os matemáticos, os marqueteiros e os estatísticos)[12] dão forma ao coletivo, estabilizando as relações dos humanos e dos não humanos. Não há agentes de cálculo econômico nas cabeças, mas há construção de centros de cálculo e centros de lucro, graças aos quais os que os procuram podem produzir, com efeito, *no papel*, certos cálculos que permitem por vezes coordenar a ação.[13] Desde que se extirpou a economia, ao mesmo tempo, das cabeças e do mundo, para levá-la a um conjunto de procedimentos particulares e incertos veiculando o acordo, a coordenação e a produção das externalidades, a economia política perde seu veneno e para de entrar em

---

12 Além do trabalho seminal de Laurent Thévenot para incluir a economia como uma forma particular de ação, aproveitei-me bastante das pesquisas sobre a contabilização de Miller (1994), Power (1995), de Cochoy (1999) sobre as operações próprias do marketing e de Lépinay (1999) sobre a construção progressiva dos teoremas econômicos. Polanyi foi mais longe no projeto para entender a economia-ciência como o agente principal da economia-coisa, golpe de gênio que instalou a sociologia da ciência econômica no coração da crítica da economia política, isso porque as críticas usuais do economismo tinham, seja por cientificismo, seja por humanismo, fracassado inteiramente: "Para estupefação dos espíritos reflexivos, uma riqueza inédita parecia ser inseparável de uma pobreza inédita. Os sábios proclamavam em uníssono que se havia descoberto uma ciência que não deixava a menor dúvida sobre as leis que governavam o mundo dos homens. Foi sob a autoridade dessas leis que a compaixão foi tirada dos corações e que uma determinação estoica para renunciar à solidariedade humana, em nome da maior felicidade do maior número, adquiriu a dignidade de uma religião secular" (Polanyi, 1983, p.144).
13 Sobre a materialização dos modos de cálculo, ver Callon e Latour (1997); isso volta a fazer a economia-disciplina suportar a operação de encarnação que as outras ciências sofreram, graças à sociologia das ciências e aos esforços da "cognição situada"; ver Suchman (1987) e o livro essencial de Hutchins (1995). Podemos resumir isso em um *slogan*: *cogito ergo sumus* ("Quando penso com precisão, é o laboratório que pensa"). Se existe um cálculo racional em economia, procuremos o laboratório (falando amplamente) que o permite.

competição com a ecologia política. Realmente, a ecologia política não é solúvel nos sucos gástricos da economia política. A citação bíblica deveria nos ter alertado: a baleia, após três dias, vomitou Jonas na praia, para que retomasse o caminho de sua missão...[14] Restabelecida devidamente, a economização torna-se, veremos logo, um dos corpos de trabalho indispensáveis às funções do coletivo. Como a primeira natureza cinza e fria, como a segunda, cálida e verde, a terceira, vermelha e ensanguentada, no período em que dominou sem divisão o coletivo, foi apenas uma das formas da modernização, umas das maneiras de evitar a composição progressiva de grande parte do mundo comum. Agora que nenhuma naturalização permite mais evitar as tarefas de composição, podemos enfim nos voltar a elas.

Contribuição dos corpos profissionais no equipamento das câmaras

Não temos, como na antiga metafísica especulativa, de decidir nós mesmos sobre a mobília do mundo, mas apenas definir os equipamentos, instrumentos, habilidades, competências que permitirão à metafísica experimental recolocar-se no caminho para decidir coletivamente quanto ao seu *habitat*, seu *oikos*, seus aposentos. Para simplificar o percurso desta seção, partiremos dos antigos ofícios que a antiga Constituição havia mobilizado,[15] no sentido de

---

14 As numerosas tentativas para fazer a ecologia política ser absorvida pela economia política, graças à escolha de um outro *quantum*, por exemplo a energia em vez do dinheiro, preservaria intactas as falhas da antiga Constituição, ou, mais ainda, juntaria umas atrás das outras os defeitos das *três* naturalizações, pois a metaeconomia assim produzida seria fundada ao mesmo tempo causal, moral e naturalmente! O que não faríamos para evitar o duro trabalho de retomada da vida política. Pelo contrário, a economia do ambiente serve, como se verá, de instrumentalização indispensável para o acompanhamento de procedimentos de externalização.

15 Limitei-me apenas às profissões que o modernismo mais tem utilizado. Eis por que, apesar de sua importância, não é feita menção ao direito. Com efeito,

descobrir como eles podem contribuir no conjunto das funções da vida pública, quer dizer, nas quatro funções indicadas no Capítulo 3 (tarefa número 1: perplexidade; tarefa número 2: consulta; tarefa número 3: hierarquia; tarefa número 4: instituição),* às quais acrescentaremos duas competências: a manutenção da separação ou de um vaivém entre o poder de consideração e o de ordenamento (tarefa número 5) e, por fim, o que se poderia chamar a cenarização* do coletivo em um todo unificado (tarefa número 6).[16] Tiraremos partido do fato de que todos os corpos profissionais contribuem no desenvolvimento das próprias competências, em vez de se acharem, como no Antigo Regime, encarregados de um território artificialmente dividido na realidade: a Ciência ocupando-se da natureza; a política, do social; a moral, dos fundamentos; a economia, das infraestruturas; a administração, do Estado. Como as fadas debruçadas sobre os quatro berços do novo coletivo, cada ofício vem oferecer as dádivas que lhe são próprias.

A contribuição das ciências

O que esperar das ciências uma vez despojadas da Ciência? Que se limitem aos simples fatos, aos fenômenos, aos dados, aos estritos limites da razão, deixando à mercê da moral e da política as outras funções? Lógico que não. Pelo contrário, elas devem participar de

---

o direito sempre teve a cortesia de aceitar seu relativismo e seu construtivismo, sem fazer disso um caso complicado. Ele sabe reconhecer, entre os outros, um direito simplesmente diferente; ele concorda em reunir realidade e ficção de forma positiva. Ele é menos "molhado", se ousarmos dizê-lo, do que a Ciência, a política ou a moral na questão da natureza. A mesma coisa para a arte, que ainda não consideramos, apesar de sua importância na formação das tarefas do coletivo, e pela mesma razão: ninguém jamais disse, mesmo na tradição ocidental, que a relação da arte com a natureza era indiscutível! Por isso, não mantive senão as profissões mais difíceis de antropologizar, aquelas que sofrem verdadeiramente com os "fatiches" (Latour, 1996a), e, no entanto, eu nem falei da polícia, nem dos pescadores...

16 No Capítulo 5, acrescentaremos uma sétima função para a qual todos os corpos profissionais deverão contribuir e que levará à continuidade da curva de aprendizagem do coletivo, a saber, a arte de governar.

todas as funções.[17] Tomemos uma a uma as tarefas com as quais as ciências devem contribuir, seguindo, para facilitar o traçado, a numeração dada anteriormente e representada na Figura 4.1. Esse procedimento um tanto escolar nos permitirá desfazer aos poucos os maus hábitos pelos quais tentávamos fazer trabalhar separadamente os diferentes corpos profissionais, em lugar de coordenar suas aptidões para a construção de um mesmo edifício público. Veremos depois como cada um dos outros ofícios participa dessas mesmas funções com suas habilidades próprias. Na seção seguinte, inverteremos a exposição e partiremos das competências do coletivo para definir ao mesmo tempo sua dinâmica e os novos ofícios de que precisará dispor.

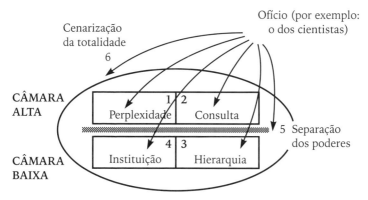

Figura 4.1 – Cada um dos conhecimentos desta seção (é o caso das ciências) contribui igualmente para as seis funções do coletivo.

As ciências vão levar à perplexidade o enorme trunfo do *instrumento* e do *laboratório* para detectar desde logo fenômenos dificilmente visíveis (tarefa número 1). Não esqueçamos, com efeito, que se trata de fazer entrar no coletivo as associações de humanos e não humanos, que não são dotados da palavra a não ser por intermédio

---

17 As ciências, ademais, sempre participaram de todas as tarefas do coletivo, como a nova história das ciências o demonstra de forma clara, mas dessa vez elas o fazem sem hipocrisia e de acordo com as formas; ver o belo exemplo de Lord Kelvin em Smith e Wise (1989).

de aparelhos de fonação de uma imensa complexidade (ver Capítulo 2). Ora, quem melhor que os cientistas para ensinar a falar, escrever ou dissertar sobre o mundo? O trabalho deles consiste justamente em inventar, por meio de instrumentos e do artifício do laboratório, o *deslocamento do ponto de vista*, tão indispensável à vida pública. Como levar em conta novos seres se não se pode mudar radicalmente a direção da visão? Mesmo se a Ciência pretendesse se fixar aí, não é sobre Sirius que vivem as ciências. Elas fazem bem mais do que oferecer um ponto de vista "isolado", como se pudessem abstrair todos os pontos de vista: ao contrário, permitem deslocar sem parar o ponto de vista por intermédio de experiências, instrumentos, modelos e teorias – e se chegam a considerar o mundo a partir de Sirius, é por meio de telescópios, sondas interestelares, raios dos espectros e teorias físicas. Essa é sua forma particular de relativismo. As ciências vão depositar na cesta comum seu conhecimento para instrumentar, equipar, registrar, escutar a multiplicação das proposições imperceptíveis e diferentes que exigem ser levadas em conta.

Elas vão também contribuir no trabalho de consulta (número 2) por uma competência que lhes permitiu preceder todos os outros ofícios, o da *controvérsia* e da *prova* experimental. Vimos, no Capítulo 2, que é o embaraço da fala* que nos interessa para a vida civil, ou, dito de outra forma, a dúvida sobre a qualidade de representação. Ora, as ciências inventaram o princípio segundo o qual cada candidato à existência se reencontra ligado a um grupo de contraditores *ad hoc* e a um grupo de testemunhos confiáveis* escolhidos para a circunstância com cada um tentando colocar o outro em dificuldade, fazendo falar diversamente, ao longo da experiência, as mesmas entidades graças a outras provas. Pela busca de um protocolo experimental, as disciplinas vão logo explorar, para todo candidato à existência, os que dentre os colegas melhor podem julgar, que provas podem melhor fazê-los mudar de opinião.[18] Graças

---

18 História, algumas vezes caótica, em que se encontrarão os começos modernos em Shapin (1994) e Licoppe (1996); para um acesso mais fácil, ver a edição especial de *Recherche* (n.300, julho de 1997) e os notáveis *Cahiers de Science*

às ciências, a exigência de pertinência toma um sentido preciso, já que cada fenômeno é acolhido por um questionamento *idôneo*. Caso se tornasse pública e geral essa competência dos cientistas, melhorariam de maneira decisiva as capacidades da primeira câmara a se pôr em risco, visto que se poderia descobrir, para cada entidade, como ela é capaz de abrir em seus próprios termos seus problemas individuais, selecionando seus próprios juízes.

Como imaginar, por um único segundo, privarmo-nos das ciências para pôr em ordem de importância as entidades heterogêneas numa hierarquia homogênea (número 3), missão da qual os moralistas havia pouco pretendiam se apropriar, impedindo aos sábios, limitados unicamente aos fatos, de para aí apontar o fim de sua proveta? Mas é das ciências, pelo contrário, que se espera, ainda, uma competência decisiva: a de imaginar as possibilidades oferecendo à vida pública *classificações e providências* heterogêneas. Lembremo-nos realmente de que essa função não pode ser assegurada se a lista das entidades que devem ser ordenadas achar-se limitada de uma vez por todas, ou se ela for composta de essências* com limites fixos. Temos, então, necessidade de cientistas com imaginação ousada, que consigam visualizar uma ordem de preferência, indo do maior para o menor, que desbloqueie a situação *lançando sobre outros seres* e outras propriedades o peso dos compromissos necessários. Uma controvérsia atual é testemunho desse fenômeno: se for possível enxertar nos humanos órgãos de suínos (previamente "humanizados" para evitar rejeições), a grave questão ética da morte cerebral logo perde sua importância.[19] Uma modificação minúscula na estrutura de um material, uma astúcia técnica, uma inovação

---

et Vie, que, a cada dois meses, dão ao grande público um acesso privilegiado à história das ciências.
19 Um outro exemplo é o que permitiu aos pasteurianos introduzir no impasse da luta de classes entre ricos e pobres uma luta entre ricos e pobres *contagiosos* e ricos e pobres *vacinados*... Vão-se tomar contra os micróbios medidas de saneamento impensáveis sem esse delicado deslocamento da luta (Latour, 1984). Outro exemplo canônico se encontra no modo com que os atomistas franceses traduziram a arte militar como física nuclear (Weart, 1980). Esses arranjos e

jurídica, um novo tratamento estatístico, uma variação ínfima de temperatura ou de pressão... o que era impossível torna-se possível, o que estava bloqueado desbloqueia-se.[20] Os pecados do orgulho e da arrogância que os sábios cometiam em nome da Ciência se revelam virtudes cívicas quando participam, por suas próprias loucuras, da procura da sabedoria, oferecendo recombinar os hábitos* das proposições no exame coletivo.

Quem desejaria tirar a função de instituição (número 4) das competências dos pesquisadores? Se criticamos a Ciência por causa da confusão entre a perplexidade e a certeza dos fatos instituídos, é apenas porque ela pretendia pular diretamente de uma para a outra sem o procedimento regular. Não há nada mais de ilegítimo no fato de utilizar a competência dos sábios não só para obter o *consenso*, mas também para abrigá-lo logo em formas de vida, instrumentos, paradigmas, ensinamentos, costumes, caixas-pretas. E ainda, uma vez recuperado o estado de direito, todos os defeitos dos sábios se transformam em qualidades: sim, os cientistas sabem como *tornar irreversível* o que tempos atrás fora objeto de uma controvérsia e que acaba de ser objeto de um acordo. Um coletivo que não produzisse uma definição categórica e duradoura das situações estabelecidas seria, aliás, incapaz de sobreviver. Esse apego aos paradigmas, todos esses pecados de obstinação, de fechamento de espírito, antolhos, tão condenados nos sábios, são qualidades indispensáveis à vida pública, pois é por elas que o coletivo ganha estabilidade.[21] Graças a essa destreza dos sábios, os hábitos se tornam essências,* as causalidades, como as responsabilidades, são determinadas de forma duradoura.

---

substituições são inumeráveis e definem as ciências, frequentemente aliadas às conquistas técnicas, para tudo o que interessa à tarefa 3.
20 A sociologia das ciências, das técnicas e da inovação (Law, 1986; Bijker; Law, 1992), e particularmente aquela da Escola de Minas, desenvolveu esse ponto de mil modos: ver, em particular, Callon e Latour (1985), Akrich (1990), Latour (1992) e Latour e Lemonnier (1994).
21 Vemos a inversão em relação aos primeiros estudos de sociologia das ciências, que explicavam o encerramento das incertezas pelo efeito estabilizador

AS COMPETÊNCIAS DO COLETIVO 207

Dir-se-á que, sobre a separação entre os dois novos poderes (número 5), os pesquisadores não terão quase nada a dizer, já que, há tanto tempo acostumados às facilidades da Ciência, eles apenas a infringiram, passando, sem nenhum aviso, da consideração* ao ordenamento.* É esquecer que os pesquisadores consagram grande parte de seu tempo defendendo sua *autonomia*. Ora, esse combate não testemunha somente seu corporativismo usual. A capacidade de fazer suas próprias indagações, sem se deixar intimidar por nenhum bom senso, por mais reduzido que seja o número daqueles que os compreendem e a aparente pouca importância dos desafios, eis uma forma de autodefesa indispensável na manutenção de uma barreira intransponível entre as exigências da primeira câmara e as da segunda, totalmente contrárias. Não se deve proibir de levar em consideração um novo ser sob o pretexto de que ele não entra na lista atual dos membros do coletivo.

Essa reivindicação de autonomia do questionamento – confundida erradamente com um direito indiscutível ao conhecimento, ao reconhecimento e aos orçamentos – só tem no momento o defeito de ser um privilégio reservado ao sábio![22] Distribuída a todos os mem-

---

das ideologias, do peso sociológico ou das instituições (no sentido corrente) (Barnes; Shapin, 1979). Aqui, ao contrário, são as ciências, elas mesmas, que participam da estabilização do coletivo. Inversamente, vê-se que o cientificismo só peca porque confunde uma habilidade particular (contribuição à tarefa número 4) com o conjunto do trabalho científico. Não há nenhuma dificuldade em dizer que as ciências participam, e felizmente, para a produção do indiscutível. Tranquilizemos os "sokalistas", a lei da gravitação universal se encontra *estabelecida* com muita solidez – mesmo se ela já não tiver nas tarefas 1, 2 e 3 a mesma capacidade para fazer calar o bico!

22 Fundamentos como o bom senso são a coisa mais bem compartilhada do mundo: cada um acredita possuir a explicação da conduta dos outros. É conhecido o célebre episódio pelo qual Lord Kelvin, físico, pretendeu limitar a imensa duração do sistema solar, da qual os biólogos, inspirados em Darwin, tinham necessidade para explicar a evolução. Os biólogos resistiram com educação e continuaram a pensar em centenas de milhões de anos, apesar da interdição dos físicos, na época com mais prestígio do que eles. O fenômeno da evolução "insistia", apesar da ausência de uma teoria física capaz de reduzi-la ou de explicá-la. E os biólogos tiveram muita razão para se manter em seu enigma, já que, depois, os físicos, ao descobrirem a radioatividade, puderam

bros do coletivo – humanos e não humanos –, essa reivindicação vai se revelar decisiva para a saúde do coletivo. Essa capacidade de manter suas próprias questões, qualquer que seja a pressão das disciplinas mais prestigiosas ou das instituições mais bem instaladas, deve ser não só admirada como também *estendida a todos*. É em particular o único meio de beneficiar a contribuição das qualidades primeiras* sem autorizá-las a eliminar as qualidades segundas.*

Qual é a contribuição das ciências na tarefa número 6, que consiste em oferecer ao conjunto do coletivo uma cenarização, aperfeiçoando-o sob a forma de um todo, repartindo seus limites interiores e exteriores, como se a procura do mundo comum tivesse encontrado seu porto definitivo? E ainda, uma vez salvo pelo procedimento, o veneno se torna medicamento; os pecados leves dos sábios loucos se transmudam em virtude dos novos cidadãos do coletivo. A metafísica da natureza* tinha todos os inconvenientes possíveis quando a Ciência a ela se dedicava: ela se transforma, pelo contrário, numa responsabilidade capital das ciências. Nada mais indispensável do que a multiplicação das grandes narrativas pelas quais os investigadores "embalam" o conjunto do coletivo e da história humana e não humana numa *generalização de laboratório*. As grandes narrativas eruditas sobre a origem do mundo depois do *Big-Bang* até a morte térmica do Sol, sobre a evolução da vida desde a ameba até Einstein, da história universal *from Plato to NATO*, os colóquios diários com Deus sobre "a teoria do tudo", cada uma dessas novas loucuras propõe uma unificação possível, e pouco importa então que se misture aos fatos averiguados o imaginário mais descabelado, pouco importa que se sonhem aplicações impossíveis de provas, que se transponham todos os limites do bom senso. Pouco importa que o reducionismo mais ascético pre-

---

dotar o Sol de uma duração de vida enfim compatível com a evolução biológica. Belo exemplo de resistência de um problema às soluções prematuras... Estendam essa resistência a todos e teremos a democracia definida como a autonomia dos problemas apresentados. É quando "o grande público" se obstina em proteger suas interrogações, se necessário até contra a acusação de irracionalismo de certos *lobbies* eruditos, que ele é o mais científico...

tenda aí reinar pela eliminação da maioria das entidades do mundo. Pelo contrário, quanto menos houver entidades a serem levadas em consideração, mais a totalização será convincente. Sobre essa grande cena, precocemente erguida, só importa a produção de um mundo comum, que se tornou dessa vez lícito, oferecido ao resto do coletivo como uma *ocasião* nova de se unificar. A naturalização não é mais um defeito quando a natureza não permanece mais à parte: ela vira uma repetição geral, uma oferta de serviço, um cenário possível, sobre o que poderia se transformar o coletivo se estivesse unido. Não se trata mais de fazer das qualidades primeiras o fundamento de todo o resto, mas fazer, de uma narrativa reduzida à sua mais simples expressão, o invólucro provisório do coletivo.

Esse breve percurso, que retomaremos pelo revés na seção seguinte, mostrando a convergência dos diferentes corpos profissionais, prova a que ponto as ciências desempenham papel indispensável nas seis funções do coletivo, papel ainda mais fecundo porque *não estão mais sozinhas*. Fechado o parênteses da Ciência e seu sonho de pureza e de exterioridade, as ciências, entregues à vida cívica da qual não teriam nunca precisado fingir abandonar, reencontram finalmente o sentido da palavra "desinteresse", que, é claro, já não significa que sejam frias, desligadas, "não interessadas", apenas que devem poder, como todo mundo, consagrar-se às tarefas de perplexidade e de consulta, sem que as exigências da câmara baixa venham constantemente perturbá-las, pedindo-lhes para serem razoáveis ou realistas. De forma inversa, quando se associam às tarefas de hierarquia e de instituição, os pesquisadores reencontram afinal essa forma de desinteresse que não deveriam nunca ter perdido, uma vez que a câmara alta não vem mais tiranizá-la, e poderiam doravante se desligar dessa obsessão doentia por suas especialidades que os tornaria tão suspeitos aos olhos de seus parceiros, preocupados de vê-los, assim, pôr seus interesses e os de seus projetos acima dos do mundo comum.

Quando era tomada a sério, a antiga Constituição obrigava as ciências à crítica constante, pelos traços de ideologia que subsistiam nelas, pela transposição sub-reptícia da linha amarela entre os simples fatos e os valores, pelo aniquilamento dos pobres humanos sob o peso da razão instrumental. Era necessário punir constantemente os sábios por sua arrogância, conduzindo-os à prisão do laboratório, obrigando-os a não empinar demais o nariz. Fizemos o inverso: longe de criticar as ciências, é preciso, pelo contrário, respeitar a diversidade de seus conhecimentos, deixar que se desenvolva a variedade de suas aptidões, suas contribuições indefinidas na composição do mundo comum. Tampouco precisamos imaginar uma "metaciência", mais complexa, mais calorosa, mais humana, mais dialética, que permitisse ultrapassar o racionalismo estreito das ciências estabelecidas. Às ciências não faltam nem pureza, nem complexidade: o que as desviava era apenas a pretensão de ocupar as seis funções *sem criar atrito com os outros ofícios*, que, por meios diferentes, perseguem os mesmos fins que elas. Devolvamos às ciências a balbúrdia da democracia, ao abrigo da qual se havia pretendido erigi-las.

A contribuição dos políticos

Para compreender quantos conhecimentos diferentes podem se associar para oferecer ao coletivo suas diferentes competências, temos de voltar agora para os outros corpos profissionais, em primeiro lugar ao dos políticos, que diz respeito às mesmas associações de humanos e não humanos, mas conforme habilidades completamente diversas daquelas às quais os cientistas nos habituaram. "Político", assim como "cientista", não correspondem a profissões precisas; partimos simplesmente de ofícios existentes, como o bom senso os fornece, para detectar suas contribuições às seis funções do coletivo, que são as únicas que nos interessam agora.

Os políticos, bem sabemos, não exercem sua habilidade sobre outra realidade – o mundo social, os valores, as relações de força. Participam das *mesmas* competências que os cientistas, mas com *outros* saberes. Pode parecer estranho, à primeira vista, pedir aos políticos uma contribuição, lado a lado com os instrumentos dos pesquisadores de laboratório, para pôr na perplexidade o coletivo (número 1), segundo a crença pouco conveniente que opõe o sábio, atento aos fatos, ao homem político, que trai seus eleitores falando por eles.[23] Realmente, nem um nem outro pode ignorar a palavra dos que eles representam com exatidão e fidelidade. Mas o que os políticos acrescentam de próprio é *um certo senso de perigo* vindo da multidão de excluídos que podem assombrar o coletivo para serem, dessa vez, levados em conta. Lembremos, de fato, que o poder de consideração* não é o início absoluto do processo, mas sempre sua *retomada*. Nada prova que os que se decidiu exluir não voltem a bater à porta, graças a movimentos imperceptíveis que precisarão ser detectados o mais cedo possível. Toda a competência dos políticos consiste em viver nesse risco permanente pelo qual, quando tentam formar um "nós", eles se surpreendem por gritos mais ou menos desarticulados: "Vocês talvez, mas não nós". É justamente colaborando com os sábios e debruçados sobre os mesmos instrumentos que a detecção das proposições perigosas para as políticas poderá nutrir a vida pública respondendo à exigência da realidade exterior.

Ninguém contestará aos políticos a aptidão que lhes permitirá contribuir, de maneira decisiva, à consulta (número 2). Da mesma forma que os pesquisadores aprenderam a construir as controvérsias e arbitrá-las por meio de experiências convincentes, os políticos aprenderam, mais que outros, a formar *partes interessadas*, testemunhos confiáveis.* Os políticos são criticados pela artificialidade de suas construções, pelas quais se produzem autoridades representativas que possuem direito à palavra, mesmo não tendo nada a dizer de especial, porque não lhes foi dada a capacidade de produzirem suas próprias perguntas. É esquecer que a multiplicação dos artifícios para gerar opinantes é uma habilidade pelo menos tão importante quanto a construção dos fatos pelos pesquisadores

---

23 Reencontramos esse preconceito em toda a epistemologia (política). Para definir a força racional do "falsificacionismo", Lakatos define exatamente o que é uma eleição! Mas o paralelo lhe escapa, porque, para ele, "política" quer dizer as hordas vermelhas rompendo o *due process* da velha Ciência (Lakatos, 1994). Para o contrário, ver Callon (1995).

de laboratório. Sem o trabalho de produção das vozes, não haveria voz nenhuma. Sem tal procura artificiosa e engenhosa, sem tal exploração contínua dos que podem ir sentar-se no júri dos candidatos à existência, é impossível falar de consulta executada. Criar vozes com muitos tons que gaguejam, que protestam e que opinam não é o trabalho de base dos políticos, o que explica seu percurso incessante, sua vigília contínua, sua retomada sempre recomeçada, sua preocupação ininterrupta, seus tropeços nas palavras? Misturada doravante às vozes dos colegas e testemunhos confiáveis* levados a julgar a qualidade dos fatos, essa produção de vozes não vai engendrar uma bela bagunça, e sim reunir uma assembleia já mais crível, mais séria, mais autorizada. Os cientistas abandonados a si mesmos jamais saberão desenvolver a consulta para preencher sozinhos a necessidade de pertinência. Tenderão a entrar em acordo *entre si* bem mais depressa, uma vez definido *ad hoc* o grupo dos juízes competentes. Auxiliados pelos políticos, poderão detectar, para cada entidade candidata, o júri adequado para avaliar a existência segundo suas exigências próprias e em função de seus próprios problemas.[24]

Apesar das aparências, não é porque cuidariam especialmente dos humanos que os políticos contribuiriam para a utilidade da hierarquia (número 3). Na prática, nunca os políticos deram atenção ao humano, mas sempre às associações de humanos e não humanos, cidades e paisagens, produções e divertimentos, coisas e pessoas, genes e propriedades, bens e vínculos. Não, sua competência prin-

---
24 Lembremo-nos do admirável exemplo do referendo suíço sobre os organismos geneticamente modificados. Nenhum cientista digno desse nome teria esquecido de consultar os genes, os campos experimentais, os antibióticos, as flores do milho e da colza. Foi preciso, porém, em seguida, que os políticos interviessem rudemente para permitir que a consulta agregasse os humanos que iriam mais diretamente se "beneficiar" dos proveitos da biogenética. Haviam sido esquecidos... Agregando os cientistas, presta-se justiça à exigência de Habermas ("Somente são válidas as normas para as quais todas as pessoas que serão por elas afetadas tenham dado seu acordo como participantes de um discurso racional", Habermas, 1996, p.107), que ele nunca pôde fazer operativa, já que rechaçou os não humanos de sua Cidade, como Platão havia expulsado os artistas da sua.

cipal, aquela que os cientistas, por mais imaginativos que sejam, não podem simular, advém de sua aptidão aos *compromissos*. Os políticos são sempre acusados com palavras maldosas de comprometimentos, truques e combinações, o que é, nesse estágio, justamente a virtude mais indispensável. Não há realmente nenhuma homogeneidade na hierarquia das escolhas que devem ser feitas entre as diversas proposições, que se mostram sempre como improváveis coligações, como cadáveres requintados. A ordenação dos seres incomensuráveis, do maior para o menor, só pode dar resultado caso se modifiquem continuamente os interesses, as vontades, as posições de cada um dos componentes. *É preciso que os porta-vozes possam modificar, em troca, aqueles de quem se supõe que exprimem fielmente a opinião.* A fidelidade muda de sentido. Nenhum cientista se digna a seguir nessa via perigosa que parece a ele *uma mentira*.

Entretanto, é nesse ponto que se nota a vantagem da colaboração entre cientistas e políticos, mas dela fomos privados, até hoje, pela distinção antiga entre a Ciência e o inferno do social. Pois a capacidade de tradução-traição dos políticos só responderá à exigência da hierarquização sob a condição de poder se apoiar constantemente na aptidão dos cientistas de oferecerem classificações e providências: não podem ter êxito se não for *em conjunto* com a modificação das opiniões de seus mandantes, assim como com o deslocamento de responsabilidades sobre outros seres. As duas representações* só podem trabalhar em concerto com todos os seus engenhos combinados, para descobrir como tecer o menos ruim dos compromissos insatisfatórios entre atores incomensuráveis, que procuram cada qual se desfazer do "mico" para obrigar outros a pagarem o preço de compromissos, aliás, indispensáveis.[25] Aprendamos a respeitar tais colaborações na procura da melhor combinação: privados do socorro maravilhoso do além, é nossa única oportunidade para obter o *melhor* dos mundos *possíveis*.

---

25 Podemos observar de perto essa colaboração na organização das comissões locais da água (CLE) que devem, para cada bacia, fazer um plano de distribui-

Com a obrigação de obter resultado, os políticos levam à instituição (número 4) suas melhores luzes. "É necessário concluir e rapidamente, o tempo apressa, decidamo-nos", esse é o impulso que logo anima a segunda câmara quando os políticos colocam seu grãozinho de sal. Os pesquisadores também sabem decidir e "cortar", como vimos, mas os políticos acrescentam uma habilidade mais indispensável ainda: sabem *fazer inimigos*. Sem essa capacidade, o sentido da decisão, que os franceses nomeiam com um termo que apreciam demais, a capacidade de "cortar", não será mais do que a marca de um arbítrio – esse arbítrio que tanto assustava os cientistas na outra Constituição, preocupados que viessem a obrigá-los a conhecer depressa demais.[26] Sem a habilidade de dividir o coletivo em amigos e inimigos, a exigência de definição não poderia nunca ser satisfeita: desejar-se-ia aceitar tudo, guardar tudo, satisfazer todo mundo, todos os humanos e todos os não humanos juntos, e o coletivo, deixado escancarado, não poderia mais aprender porque não teria mais a capacidade de retomar, no ciclo seguinte, a integração dos excluídos que tivessem feito apelo.[27]

ção dos usos da água (Latour, 1995b). Às vezes, o entendimento se faz graças à descoberta de novas reservas de água reveladas pela hidrogeologia, às vezes pela modificação dos mandantes, representados por um dos porta-vozes: o agricultor que entrasse para defender seus direitos à irrigação seria convencido a defender o rio. O "nós", que ele representava, mudou de sentido. Esses ajustes não se adquirem jamais se tivermos uma natureza com recursos fixos e uma sociedade com interesses estabelecidos; dito de outra forma, o cientificismo em ciências naturais de um lado, o cientificismo em ciências sociais, de outro.

26 A teoria da decisão é de todo herdeira do mito da Caverna, pois ela omitiu assinalar que se decidia também sobre os fatos e as causas (contribuição das ciências à tarefa 4). Inversamente, a partir do momento em que a palavra "decisão" também se aplica à descoberta dos fatos verdadeiros, ela perde sua arrogância, sua arbitrariedade, e se transforma na "descoberta" da solução *imanente* à situação. Maquiavel torna-se sábio; o Soberano, assistente de laboratório; a palavra "decisão" muda de sentido e não se alterna mais entre a arbitragem soberana dos fatos e o arbítrio do Soberano.

27 Voltaremos no Capítulo 5 a essa definição tão essencial do inimigo* a quem não devemos humilhar, porque poderá se tornar um aliado. Vamos, para isso, criar um sinônimo de externalização.*

Podemos passar rapidamente sobre a contribuição dos políticos na separação dos poderes (número 5) porque esta provém deles. A própria ideia de que não se deve unificar cedo demais o trabalho do coletivo sem tê-lo previamente arranjado em caixões estanques, obrigando a um longo percurso que nada deve acelerar, tal é a contribuição decisiva da filosofia política, a invenção de um Estado de direito, cuja noção tomará um novo sentido, uma vez que se ligará com o da autonomia dos questionamentos, trazida pelas ciências. Contudo, os políticos vão defender a fronteira por outro recurso que não o dos cientistas. Estes vão insistir quanto à distinção clássica entre as fases de deliberação e as de decisão. A primeira câmara lhes aparecerá como *o recinto da liberdade* – em que se investiga, fala, consulta – e a segunda como aquela *em que se forja a necessidade* – e se hierarquiza, escolhe, conclui, elimina. Porém, essa venerável distinção entre deliberar e decidir vai tomar um novo sentido com a nova Constituição. Atribuindo a liberdade aos humanos e a necessidade à natureza, o Antigo Regime não arriscava separar o coletivo, como exigia Sócrates, segundo suas articulações verdadeiras... Produzir a liberdade e instituir a necessidade, não retornando a uma divisão da natureza e da sociedade, do objeto e do sujeito, mas ao bicameralismo da ecologia política, ao respeito pela distinção entre o poder de consideração e o poder de ordenamento. Mesmo se a fórmula ainda parecer chocante: deliberam-se e decidem-se tanto os fatos quanto os valores.

Provavelmente a última competência dos políticos, a que cenariza o coletivo na sua inteireza (número 6), seja a mais decisiva e a que foi durante mais tempo negligenciada. O coletivo, vimos bem, não é uma coisa no mundo, um ser com limites fixos e definitivos, mas um movimento de colocar em coesão provisória, que deve ser retomado a cada dia. Seus limites, por definição, não podem ser objeto de nenhuma estabilização, de nenhuma naturalização, apesar dos esforços contínuos das grandes narrativas científicas para unificar o que nos reúne a todos sob os auspícios da natureza. Nessa totalização, os políticos apresentam uma competência de fato nova: conseguem chegar a uma unidade provisória pelo percurso continuamente retomado na sua formação, o que denominamos de composição progressiva.[28] Os políticos não esperam cair, por um golpe de sorte inesperado, sobre um "todo" já constituído, nem mesmo compor de uma vez por todas um "nós" que não teria mais necessidade de ser retomado. Eles só esperam o *próprio movimento* de retomada incessante, o traçado das linhas do coletivo, um pouco como os rojões que só traçam formas na escuridão pelo impulso que se lhes dá. Se a política parasse, mesmo que por um só segundo, não restaria mais que um ponto, uma mentira, um doido que diria "nós todos" *no lugar* dos outros. É essa exigência, propriamente extraordinária, que torna os políticos incompreensíveis aos olhos de todos os outros corpos profissionais e os faz ser acusados, facilmente, de mentira e impostura.[29] Essa destreza ninguém irá imitar.

Será que confundimos as ciências com os políticos? Pelo contrário, agora que os cientistas e os políticos colaboram nas mesmas tarefas, compreende-se enfim sua profunda diferença, o que a antiga Constituição não permitia nunca deixar em evidência, pois que pregava sem esperança uma impossível distinção da verdade das coisas e da vontade dos humanos – como se fosse mais fácil dizer o que *são* as entidades do que o que elas *querem*. Todos, políticos e cientistas, trabalham sobre as mesmas proposições,* as mesmas

---

28 O Platão do *Górgias*, ainda próximo das capacidades políticas que está em vias de sufocar, uma após a outra, usa a soberba expressão *autophuos* (513, b) para descrever, ridicularizando, essa imanência particular às condições de felicidade da vida pública (Latour, 1999). Sobre esse vocabulário da sofística, ver Cassin (1995). Dewey (1954) traduziu mais diretamente essa habilidade própria do político por sua noção muito reflexiva de "público", elaboração artificial que modela, por si mesma, as consequências inesperadas de suas ações.

29 Mede-se uma vez mais a diferença entre a sociedade* e o coletivo;* a noção de sociedade, tão estimada pelos sociólogos do social, *elimina* de entrada todos os problemas de composição, de modelização, de reflexividade, de agitação, os quais sou obrigado a desdobrar um por um. Com a transcendência da natureza já aí, e a da sociedade sempre presente como totalidade, nem a habilidade dos cientistas, nem a dos políticos são visíveis. Eis por que a maioria de meus colegas sociólogos não "veem", muito simplesmente, nada do que eu falo, livro após livro...

AS COMPETÊNCIAS DO COLETIVO 217

cadeias de humanos e não humanos. Todos tentam representá-las o mais fielmente possível. Deve-se dizer que os cientistas não *modificam* o que dizem, contrariamente aos políticos, que praticariam a arte da mentira e da dissimulação, como se os primeiros devessem convencer e os segundos, persuadir? Não, porque os dois corpos profissionais se comprazem na arte das transformações, um para obter a informação confiável a partir do trabalho contínuo dos instrumentos, o outro para conseguir essa metamorfose incrível das vozes enraivecidas ou travadas em uma única voz. É preciso confessar que todos fazem o mesmo trabalho? Não mais, porque o significado da palavra "fidelidade" difere grandemente para os dois saberes: os cientistas devem manter a distância entre as proposições que assumem na linguagem e aquilo que dizem delas para que não se os confunda, enquanto os políticos precisam justamente confundi-los, modificando de maneira contínua a definição do sujeito que diz "nós somos, nós queremos". Os primeiros são os guardiões do "eles", os segundos, mestres do "nós".

Pensava-se que a ecologia política devia juntar os humanos e a natureza, mas ela deve unir a maneira científica de lidar com os humanos e os não humanos com a maneira política de lidar com os humanos e os não humanos. Existe certamente divisão do trabalho, mas não divisão do coletivo. O enorme impacto da ecologia política vem justamente da *sinergia* que ela permite entre competências complementares cuja ligação é exigida por tudo e que só os preconceitos da antiga Constituição obrigavam a distinguir em domínios distintos da realidade. O coletivo tem necessidade tanto de manter escrupulosamente as distâncias quanto de correr o risco de aboli-las. Se pelo menos não se tivessem separado no nascimento esses falsos gêmeos, para confiar a um a tarefa de representar sem mentira a natureza, não deixando ao segundo senão o inferno da Caverna! Sem essa separação, seria fácil compreender que eles devem colaborar em todas as funções do coletivo, sem confundir em momento algum suas aptidões. Com a separação, seria como pedir aos pedreiros, aos encanadores, aos carpinteiros e aos pintores para colaborarem sem lhes dizer em que serviço público aplicar seus talentos sucessivos e complementares! Cada ofício vem, na sua vez e no seu papel, colocar a mão, de maneira distinta, na mesma massa, remexida de modo diferente a cada vez.

Nada impede, aliás, chegado a esse ponto, de dizer das ciências que elas andam em linha reta, e da política, que ela caminha em curva, retomando assim, por nossa conta, a antiga metáfora que serviu para opor durante tanto tempo os dois regimes de fala pública. O estabelecimento das cadeias referenciais que permitem, por uma série de transformações contínuas e reguladas, certificar-se da fidelidade das representações, traça bem, com efeito, segmentos de retas. A palavra hesitante, que deve compor, pela retomada incessante de ajuntamentos, uma esfera que servia de limite entre o interior e o exterior, o "eles" e o "nós", para assegurar a fidelidade da representação, não pode traçar-se por retas, mas apenas por curvas. Sim, o animal político permanece o "príncipe das palavras torcidas". O que o torna mentiroso aos olhos da Ciência faria dele, pelo contrário, um mentiroso se tentasse falar direito. De alguém que traça uma reta quando é exigida uma curva, diz-se que "ele toma a tangente", que foge às exigências de sua missão. Assim se daria com o político que se metesse a falar de ciências: abandonaria o caráter progressivo da composição do coletivo, iria rápido, iria direto, sem mais representar fielmente seus mandantes. Para aumentar, o coletivo necessita dessas duas funções, dispersas por todo canto, das quais uma lhe permite agarrar as multidões sem esmagá-las e a outra de fazê-las falar a uma só voz sem que elas se dissipem. Para que se comece a compreender de forma positiva as novas funções do coletivo, falta-nos acrescentar, não obstante, as contribuições dos outros corpos profissionais, organizadores de mercado, moralistas e administradores.

A contribuição dos economistas

Com os economistas do Antigo Regime, o coletivo sufocava, obrigado a se definir como uma infraestrutura natural e autorregulada, submissa a leis indiscutíveis, capazes de produzir os valores por simples cálculos. Tudo muda se a economia-disciplina (*economics*) estiver livre da obrigação de refletir a economia-coisa (*economy*). "Após um século de 'melhorias' cegas, a humanidade reencontra sua 'morada'."[30] Os economistas, ou melhor, os economizadores, poderão então contribuir de maneira decisiva na cenarização do mundo comum (número 6), desde que se tornem capazes de reforçar a diferença entre o interior e o exterior do coletivo. Falar de economia como de uma esfera particular, reduzindo a política a um complemento de pouca importância, não podia servir: oferecer ao coletivo no seu conjunto um *modelo* que designe *com clareza* o que é levado em conta (internalizado) e o que é rejeitado para o exterior (externalizado), eis o que vai permitir dramatizar, teatralizar a compatibilidade geral do coletivo num dado momento de sua exploração do mundo comum. Quando o *Homo economicus* designava o fundamento da antropologia universal, a investigação sobre a composição do mundo comum se detinha instantaneamente. Mas se designarmos pela expressão "economia global" uma versão provisória oferecida ao coletivo para lhe permitir aceitar ou rejeitar tal ou qual lista de entidades, então a economia-disciplina desempenha, como todas as ciências sociais, um papel político indispensável: ela *representa o* demos *para si mesma*. Nem as ciências, nem as políticas chegam a dramatizar tanto os desafios. O simplismo que é tão censurado na economia se transforma, pelo contrário, em sua qualidade mais deslumbrante. Só ela pode modelar o mundo comum. Achando que cairiam numa autorregulação, os mantenedores dos equilíbrios naturais tinham cometido um leve engano sobre o lugar do prefixo "auto". Sim, a economia-disciplina é *auto*rreflexiva, mas não designa nenhum fenômeno *auto*rregulado: permite somente ao público ver, pensar, *constituir-se como público*.

Dir-se-á que os economistas não devem ser muito úteis para manter a separação dos poderes (número 5), já que, mais do que todos os outros, eles contribuíram para confundi-la com a impossí-

---

[30] "After a century of blind 'improvement', man is restoring his habitation" (Polanyi, 1983, p.249).

vel distinção dos fatos e dos valores. Seria desconhecer a que ponto as competências da economia se metamorfoseiam uma vez reconhecida a distinção entre a economização e o que é economizado, entre as exigências da câmara baixa e as da câmara alta. A partir do momento em que se destaca o trabalho de documentação, de instrumentação, de formatação que os contadores, estatísticos, econometristas, teóricos praticam dia após dia, nota-se que não há mais relação entre a proliferação dos laços que ligam os humanos e os não humanos, de um lado, e o que se pode dizer da economia, de outro. O senso comum sabe muito bem quem ridiculariza com prazer a fraqueza dos economistas para poder prever no mínimo que seja o sucesso de uma ninharia – sem falar do aparecimento das crises. Mas a fraqueza se transforma em força: nada pode confundir o indispensável trabalho de traduzir reduzindo os vínculos de pessoas e de bens no papel de cálculo àquilo que se passa *realmente* na cabeça dessas pessoas e pelo poder desses bens. Os economistas, por sua própria falha, protegem então às mil maravilhas a investigação da câmara alta sobre a exploração dos laços de sua redução necessária para a câmara baixa. Diminuindo de maneira irreal os vínculos sob a forma de cálculos, a economia protege, melhor do que todas as profissões, a distinção entre as tarefas de consideração e as de ordenamento. Ninguém mais poderá confundir o mundo comum com uma folha de papel!

Se medirmos a grande dificuldade das tarefas de hierarquia e instituição, compreenderemos facilmente a contribuição capital dos economizadores, posto que vão dar uma *linguagem comum* ao conjunto heterogêneo das entidades que devem formar uma hierarquia (número 3). Nada poderia ligar, em uma relação ordenada, os buracos negros, os rios, a soja transgênica, os agricultores, o clima, os embriões humanos, os porcos humanizados. Graças ao cálculo econômico, todas essas entidades tornam-se *comensuráveis*. Sem dúvida, nós nos enganaríamos se imaginássemos, por um momento, que esse cálculo descreve seus valores profundos do modo pelo qual se supunha que as qualidades primeiras,* no Antigo Regime, definiam o sentido último das coisas. Mas ninguém mais, na nova

Constituição, cometeria esse erro, visto que a realidade das coisas produzidas, compradas, apreciadas, consumidas, rejeitadas, destruídas, e as frágeis superfícies sobre as quais se registram as contas parecem doravante bastante visíveis. Outra vez, a economia extrai sua força de sua fragilidade.[31] Em vez de, como nos séculos XVIII e XIX, defender suas virtudes imaginando uma metafísica, uma antropologia e uma psicologia inteiramente inventadas para sua utopia, talvez se pudesse, no século XXI, reconhecer enfim nos livros de contas da economia a capacidade única de atribuir *uma linguagem comum* àqueles cuja tarefa é justamente descobrir o *melhor* dos mundos *comuns*.[32]

Uma queixa comum é sobre a dureza de coração dos economizadores, que reduzem o rico universo das relações humanas ao cálculo frio do interesse! Todavia, censuramo-los por um vício a que eles jamais se entregarão. Não mais que as pessoas, os bens não se reduzem à economização. O que ela permite, para compensar, é dar à versão provisória do mundo comum (número 4) o caráter *justificável* do resultado de um cálculo. A modelagem das relações sob forma de cálculos permite tornar visíveis consequências que nenhum outro método poderia revelar e dar fim aos debates com um argumento. Documentando o conjunto das arbitragens sob a forma de quadros estatísticos, teorias econômicas, previsões sobre os movimentos especulativos, pode-se acrescentar à lâmina da decisão política, ao consenso da decisão científica, a revelação da *bottom line*. Se se quer instituir de modo durável o mundo comum, este resultado é inesperado: o Estado de direito é ampliado pela eco-

---

[31] Essa inversão já tinha sido efetuada, desde o começo do século, por Tarde, em um livro tão surpreendente quanto desconhecido, sobre os "interesses apaixonados" (Tarde, 1902).

[32] Prolongando a reflexão de Simmel sobre o dinheiro, podemos, ademais, imaginar que a generalização do numérico oferecerá aos "metafísicos sociais" outros possíveis resumos que não o idioma do dinheiro. Ver, por exemplo, a apaixonante tentativa dos "cibergeógrafos" em Rogers e Marres (1999). Ao segui-los, percebemos que a economia não é forçosamente a forma definitiva da publicidade dos cálculos.

nomização. Com a condição de bem medir a vantagem de se fazer colaborar nas mesmas funções os diferentes ofícios: isolada dos políticos, dos cientistas e dos moralistas, a habilidade no cálculo voltava a abreviar de outra forma o debate para decidir externalidades. Associada às competências dos cientistas para instituir as cadeias de causalidade, às dos políticos para fazer inimigos, às dos moralistas para "repescar" os excluídos (ver adiante), a habilidade no cálculo se transforma em uma das maneiras razoáveis de articular suas preferências num vocabulário que preenche simultaneamente as exigências de publicidade e de reserva.

Foi dito da economia, para enaltecê-la e ao mesmo tempo estigmatizá-la, tratar-se de uma "ciência sinistra" (a *dismal science*), porque ela introduzia nos sonhos de abundância e de fraternidade a cruel necessidade da natureza maltusiana. Livre de seu sonho de hegemonia, a economia se transforma, ao contrário, na lenta institucionalização do coletivo, a passagem progressiva e dolorosa de proposições esparsas de humanos e não humanos a um cálculo coerente, porém provisório, sobre a partilha ótima do mundo comum. Esse cálculo tem agora apenas a dimensão das planilhas preenchidas nos escritórios por alguns milhares de especialistas, algumas dezenas de milhares de estatísticos, algumas centenas de milhares de contadores.[33] A economia não é mais política, não dita mais soluções aterradoras em nome de leis de bronze alheias à história, à antropologia e à vida pública: ela participa humildemente na formatação progressiva dos problemas, na passagem para o papel de arbitragens que nenhum outro procedimento conseguiria reduzir. Perigosa como infraestrutura, a economia se revela outra vez indispensável como documentação e cálculo, como secreção de um caminho de papel, como modelagem.

---

33 Todo esse argumento só é compreensível sob a condição de considerar o termo "cálculo" de forma literal e não metafórica: ou se pode operar um cálculo, e são necessários instrumentos contábeis em sentido amplo; ou não se conta com esses instrumentos e as relações das quais se trata permanecem *incalculáveis* (Callon; Latour, 1997). É o que proíbe todo uso metafórico do cálculo ou do capital econômico, sobretudo para explicar a vida social.

Diremos poucas coisas sobre as tarefas de perplexidade e de consulta, pois a influência do modernismo tem sido tal que se acreditou que a economia política as descrevia, quando ela mal as tocava.[34] Paradoxo espantoso de um movimento que nem mesmo tem palavras para expressar a intimidade das relações que são tecidas, mais que qualquer outro coletivo, entre os bens e as pessoas! A antiga versão da economia, feita de objetos para vender ou comprar e de sujeitos simplesmente racionais, deixou-nos cegos para a profundidade e a complexidade dos laços que os humanos e os não humanos têm tecido desde sempre, incessantemente explorados pelos comerciantes, industriais, artesãos, inovadores, empresários, consumidores. A esse mundo imenso, comum aos antigos mundos e aos mundos modernos, seria necessária uma antropologia bem diferente, para começar a se dar conta, de outra forma, dos *Ersätze* da economia.[35] Não é a finalidade desta obra. Calculemos simplesmente quanto o face a face de sujeitos e objetos difere da articulação das proposições. Ninguém sabe detectar melhor os invisíveis e associá-los ao coletivo (número 1) do que aqueles que estão atentos aos *vínculos* possíveis entre humanos e não humanos, e que podem imaginar, para redistribuir os laços e as paixões, os gostos e desgostos, recombinações de bens e de pessoas desconhecidos até aqui. Liberando-se essa competência, liga-se de maneira mais íntima o destino de humanos e de não humanos, os possuidores e as posses. As pessoas estarão mais solidamente associadas aos bens e os bens às pessoas.

---

34 Os economistas alternam entre a modéstia muito grande e a pretensão muito grande: se se louva a intensidade de sua influência sobre a economia como coisa, eles fingem humildemente não estar nem aí para nada, negando todo papel performativo na formatação das relações; de modo inverso, afirmam com segurança que, mesmo se a economia-disciplina não existisse, a coisa a descrever, a própria economia, existiria como é. Para civilizá-los um pouco, é então necessário que reconheçam seu poder (a coisa econômica sai das práticas das disciplinas econômicas) e o limite desse poder (ela não se estende mais longe do que a rede de seus instrumentos).

35 Ver os trabalhos de antropologia econômica, em particular os de Thomas (1991) e Callon (1995).

Mais marcante ainda é a capacidade da economia de preencher a exigência da pertinência da consulta (número 2) descobrindo para cada tipo de vínculo o *interesse financeiro* que lhe é próprio, os únicos jurados aptos a julgar, quer sob a forma do consumidor, do especialista, do amador, do degustador, ou a do explorador, do explorado, do excluído, do oportunista. Por todas as mediações possíveis, os interesses se tornarão *articuláveis*. Se falarmos de "liberar as forças produtivas", temos então de deixar à câmara alta toda latitude para articular os interesses financeiros. No Antigo Regime, como no novo, a economia *resume* os vínculos, porém o sentido da palavra "resumo" mudou: ao passo que, antigamente, o resumo *substituía* o todo, assim como as qualidades primeiras substituíam as qualidades segundas, doravante o resumo se *acrescenta* ao todo. Com o Antigo Regime, era possível estar quite com tudo que não se integrava no cálculo; com o novo, retém-se na memória aquilo que seria perigoso esquecer, perdendo-se até a esperança de alguma vez se estar quite.[36] Mais ainda do que pela ação dos cientistas e dos políticos, as proposições podem ser ditas, os interesses têm voz na assembleia. Pela circulação de seus planejadores, a economia torna o coletivo *descritível*.

A contribuição dos moralistas

Lembremos mais uma vez o nosso roteiro: enumerando a sucessão dos dons depositados em cada um dos cestos pelas várias fadas, começamos a compreender a natureza dessas funções não mais como híbridos de ciências, de políticas, de administração e de moralidade. Se elas nos causam agora a impressão de compromis-

---

36 Podemos definir o capitalismo não como uma infraestrutura particular, mas como as internalidades sem as externalidades que ela produziu. Em sentido próprio, é um artefato do cálculo, com todos os efeitos performativos que disso resulta. Então, não serve, para nada denunciar o capitalismo – pelo contrário, vamos com isso somente reforçá-lo. É necessário reenvolvê-lo nas externalidades que sempre o acompanharam, proibindo à economia de se confundir com a política.

sos mal associados, é porque só podemos apagar paulatinamente os artifícios de uma longa separação entre os diferentes corpos profissionais. Mais tarde, na segunda seção, descobriremos as funções do coletivo por elas mesmas, como os papéis tão clássicos e coerentes desempenhados pelo Executivo, pelo Legislativo e pelo Judiciário. Passemos agora para o quarto trabalho que escolhemos para reinterpretar, o do moralista.

A antiga divisão entre fatos e valores obrigava os moralistas, como vimos no Capítulo 3, a fugir para os fundamentos ou a se limitar aos procedimentos, ou, ainda, a imitar em vão o gênero de certeza que o naturalismo parecia oferecer.[37] Separados dos detalhes dos fatos, não podiam servir para nada: uma vez conduzidos, se podemos dizer assim, ao caminho certo e obrigados a participar das tarefas comuns, suas qualificações se tornam indispensáveis. Pode-se definir a moral como uma *incerteza* quanto à justa relação dos meios e dos fins, repetindo a célebre definição de Kant no que tange à obrigação de "não tratar os humanos como meios, mas sempre como fins", com a condição de *estendê-la também aos não humanos*, o que o kantismo, por uma falha tipicamente modernista, queria justamente evitar.[38] As crises ecológicas, pelo modo como foram

---

37 O utilitarismo – ou suas versões contemporâneas renovadas por Darwin –, para resolver o problema da moral das versões da Ciência, vale-se da natureza ou do cálculo econômico, os quais vimos anteriormente que não correspondiam mais às virtudes reais nem dos pesquisadores, nem dos economizadores. Depois de haver marginalizado as ciências e os políticos, o utilitarismo não leva em consideração a contribuição própria da moral. Difícil fazer pior!

38 Encontramos o mesmo argumento com o fundador da ecologia profunda: "A máxima de Emmanuel Kant 'Nunca tratarás jamais uma outra pessoa simplesmente como um meio' é estendida à Ecosofia T [o codinome que ele dá à sua filosofia] como 'Não tratarás nenhum outro ser vivente somente como um meio'" (Naess, 1988, p.174). A limitação de Naess aos "seres viventes" apresenta o mesmo erro que Kant, ainda que o que ele leva em conta seja um pouco maior. Tarde, como de hábito, havia antecipado o argumento, dando, em 1902!, o seguinte fim à economia política: "O termo ideal para onde corre a humanidade, sem ter ainda uma ideia precisa, é, por um lado, compor com a elite de todas as faunas e todas as floras do planeta um harmonioso concerto de seres vivos, conspirando em um sistema de fins, para os mesmos fins do

interpretadas, apresentam-se como uma *revolta generalizada dos meios*: nenhuma entidade mais – baleia, rio, clima, minhoca, árvore, cervo, vaca, porco, ninhada – aceita ser tratada "simplesmente como um meio, mas sempre também como um fim". Nesse sentido, não há nenhuma extensão moral humana para o mundo natural, nenhuma projeção extravagante do direito sobre "os simples seres brutos", nenhuma consideração do direito dos objetos "por si mesmos", mas a mera consequência da ausência da noção de natureza exterior: em lugar nenhum se encontra reserva para desarmazenar simples meios para fins definidos de uma vez por todas e fora dos procedimentos. O inanimismo* desapareceu com o unanimismo da antiga política da natureza.[39] Portanto, não é por saberem o que fazer ou deixar de fazer que os moralistas podem contribuir para as virtudes cívicas, mas apenas porque sabem que *tudo o que for bem-feito será forçosamente malfeito* e que será necessário, em consequência, *retomá-lo de imediato*. "Ninguém sabe o que pode um ambiente", "ninguém sabe quais associações definem a humanidade", "ninguém pode se permitir ordenar de uma vez por todas os meios e os fins, de delimitar sem discussão o reino da necessidade e o da liberdade", tal é o zelo que os moralistas introduzirão nos procedimentos do coletivo.

Essa exigência de não tratar entidade alguma simplesmente como um meio – que é encontrada tanto nas expressões de recursos

---

homem, livremente procurados; e, por outro, capturar todas as forças, todas as substâncias inorgânicas, para submetê-las junto, como simples meios, aos fins daqui em diante convergentes e consonantes da vida. É do ponto de vista desse termo distante que é necessário se colocar, para compreender até que ponto as concepções fundamentais da economia política exigem ser revisadas" (Tarde, 1902, p.278).

39 É inútil reclamar, como o fazem os críticos da ecologia profunda, quando se aplica a moral aos "seres inanimados". É exatamente o inverso. Havia-se retirado, enfim, dos seres inanimados o enorme privilégio moral de que eles dispunham no antigo sistema, que lhes permitia definir "o que é", dando-lhes, assim, um indiscutível bilhete de entrada para o mundo comum. Como sempre, são os juristas, mais rapidamente livres de constrangimentos do modernismo, que inovam em metafísica experimental (Stone, 1985), mais que os moralistas enredados na distinção entre objetos e sujeitos.

renováveis ou de desenvolvimento durável quanto na piedade ou no simples respeito – contribuirá de maneira decisiva nas tarefas de perplexidade (número 1), de instituição (número 4) e de totalização do coletivo (número 6), porque vai torná-las paradoxalmente *bem mais difíceis* de cumprir sem discussão.

Por definição, a segunda câmara não pode cumprir seus deveres senão na condição de tratar um certo número de entidades como simples meios, em nome de outras entidades que ela decidiu que desempenhariam o papel de fins superiores (número 4). Não há ordenação possível sem esse acerto. Cientistas, políticos e economistas igualmente obcecados, embora por diferentes razões, pelo fechamento do trabalho de definição do coletivo, pecam sempre, consequentemente, aos olhos dos moralistas que vão equipar as entidades postas de lado com um *direito de apelação* que poderão utilizar no momento em que, para cumprir a exigência de fechamento, serão excluídas do coletivo em nome de sua insignificância (provisória). Recordemos os 8 mil mortos na rua – que se tornaram simples meios para o automóvel ser elevado à categoria de Bem Soberano. Graças à ética, os inimigos, excluídos e adversários não serão simplesmente externalizados para sempre, mas poderão ser reintegrados sob a forma de amigos, incluídos e aliados potenciais.

Por causa desse equipamento, a necessidade da realidade exterior (número 1) vai se tornar ainda mais aguda, por pouco que o *escrúpulo* dos moralistas se acrescente à causa das concepções estabelecidas pelos cientistas e ao perigo percebido pelos políticos. Os excluídos do coletivo voltarão bem mais rapidamente a bater à porta do que os moralistas, se ousarmos dizer, irão *procurá-los* no exterior do coletivo para facilitar sua entrada e acelerar sua inserção – após tê-los acompanhado, na etapa precedente, para cobri-los com o manto de suplicantes. Se acumularmos a atenção dos cientistas, políticos, economistas e moralistas, avaliaremos melhor em que estado de alerta e de precaução se encontrará a primeira câmara, que a mais infinitesimal das perturbações logo vai abalar. Poderemos mesmo comparar os coletivos por seu grau de sensibilidade – o que não quer dizer pieguice – e julgar nessa medida a qualidade de sua vida civil.[40]

De modo mais geral, os moralistas acrescentam ao coletivo o acesso contínuo ao seu exterior, obrigando os outros a reconhecerem que o coletivo é sempre um perigoso artifício. Aos olhos da moral, de fato, o fechamento do coletivo (número 6), não importa qual cenarização global, não só é impossível, como também ilegítimo. Ele suporia ou a inclusão da totalidade dos seres no "reino dos fins", ou o fechamento prematuro que devolveria um número grande demais desses seres ao simples estatuto de meios, ou mesmo a aceitação definitiva de um pluralismo que renunciaria à procura de um mundo comum. Contra os políticos e cientistas que exigem a definição de um interior e de um exterior, contra os economistas que logo se satisfazem por ter externalizado o que não sabem levar em consideração, os moralistas lembram, portanto, sem trégua, o cuidado da *retomada* do trabalho de coleta.

Sem os moralistas, haveria o risco de se ver somente o coletivo *do interior*; terminar-se-ia por entendê-lo à custa de certas entidades definitivamente excluídas do coletivo e consideradas como simples meios, ou por se satisfazer rápido demais com uma pluralidade de mundos incomensuráveis, que faria abandonar para sempre o objetivo de *um único* mundo comum. Para eles, nunca estamos quites. Com eles, o coletivo sempre treme por ter deixado no exterior tudo o que era preciso levar em conta para se definir como mundo comum. Uma aranha, um sapo, um ácaro, um suspiro de baleia,

---

40 O que o senso comum faz sem dificuldade. Jean-Yves Nau, no *Le Monde* de 29 de julho de 1998, louva o sistema francês de transfusão de sangue porque soube entrar rapidamente em estado de alerta a propósito de um agente infeccioso chamado TTV: "A rapidez com a qual as autoridades sanitárias francesas reagiram dessa vez, após a publicação do *Lancet*, rompe com a procrastinação do ano de 1985 [data da contaminação pelo vírus da aids]". E acrescenta esta excelente definição do nível de sensibilidade: "As incertezas científicas, hoje, não retornam mais à inércia das autoridades tutelares. O novo vírus testemunha, assim, a treze anos de distância, o tamanho do caminho percorrido a serviço da saúde pública" (p.6).

eis talvez o que nos fez perder algo de nossa humanidade, exceto quando se trata de um determinado desempregado, de determinado adolescente de uma rua de Jacarta, a menos que se trate de um buraco negro, esquecido de todos, nos confins do universo, ou de um sistema planetário recentemente descoberto.[41] Longe de se opor à política, como pretendia a antiga divisão dos papéis, a exigência de retomada vai entrar, pelo contrário, *em ressonância* com o trabalho do político, para remendar de modo incessante o frágil invólucro que lhe permite dizer "nós" sem ser infiel a seus mandantes. A todos os "nós queremos" da política, o moralista acrescentará "Sim, mas eles, o que querem?". Longe de se oporem aos cientistas, os moralistas acrescentam à estabilização dos paradigmas essa ansiedade permanente pelos fatos rejeitados, pelas hipóteses eliminadas, pelos programas de pesquisa negligenciados, em suma, por tudo o que permitiria, talvez, aproveitar a oportunidade de fazer intervirem no coletivo entidades novas no limite da *sensibilidade* dos instrumentos.

É bem evidente, quanto à tarefa de hierarquização (número 3), que se pode esperar mais dos moralistas. Abandonados a si mesmos, como a antiga Constituição previa com tanta facilidade, não podiam contribuir em nada porque não tinham de manejar a matéria-prima dos arranjos científicos, das combinações políticas e das descrições econômicas. Uma vez tratando dessas entidades heterogêneas para classificá-las em ordem de importância, eles vão adicionar a isso uma competência decisiva que é justamente ordená-las todas – por mais contraditórias que sejam – numa só hierarquia *homogênea*, um pouco como uma equipe que reconstitui um quebra-cabeça e do qual um dos membros se ocupa exclusivamente em saber se as peças reunidas pertencem ao único e mesmo jogo. O que

---

41 Tal é o limite moral e cívico da apaixonante investigação de Boltanski e Thévenot (1991). A hipótese de humanidade comum cria um impasse sobre a mais importante das exigências morais: deixar em aberto o que faz ou não faz a humanidade.

parecia absurdo na ética dos fundamentos – sobre que base atribuir ao pássaro migrante uma importância maior que aos hábitos folclóricos dos caçadores da baía do Soma – torna-se indispensável se for deixada de lado a procura "dos princípios" para ficar atento à exigência de classificação unificada. Não se pede aos moralistas para nos dizerem em que ordem todas essas entidades vão se classificar – como o saberão fora da experiência progressiva do coletivo? Não se lhes pede, sobretudo, imitar uma ou outra ciência tirando de sua manga uma disposição imprevista, dar lições aos políticos com mais um compromisso, mas nos lembrar que é necessário encontrar *uma* ordem e não duas. "Enquanto vocês não tiverem conseguido nos encontrar a boa combinação, podem dizer aos sábios e aos políticos que não haverá *melhor* mundo comum." A exigência deles será tão mais forte que, eximidos das obrigações de serem política, científica e economicamente razoáveis, eles saberão que essa tarefa não poderá ser atingida sem tratar certas entidades "como simples meios". Só eles têm o dever de exigir o impossível, de não ser nem hábeis nem industriosos.[42] O que longe dos fatos era um vício, uma vã declamação, uma pretensão grotesca ao desenraizamento, torna-se uma virtude cívica, uma vez que, para efetuar sua tarefa de hierarquização, os moralistas se associam aos pesquisadores, políticos e economizadores. Colaborar com eles mantendo firmes suas exigências não significa *comprometer-se*. Antígona só começa um trabalho moral legítimo se encontrar diante dela um político um pouco mais político que esse sinistro imbecil do Creonte...

Para reforçar a fronteira entre os dois principais poderes (número 5), os moralistas trazem uma contribuição exatamente inversa à dos políticos. Enquanto estes diferenciavam, segundo a maneira clássica em filosofia política, a deliberação e a decisão, a liberdade e a necessidade, os moralistas lembram que, quaisquer que sejam

---

42 Se desaparece o papel insuportável do intelectual comprometido, falando em nome da Ciência e autorizado por ela a boicotar mais ainda a política, os moralistas reencontram uma função que, para se exercer, não tem necessidade nem da Ciência, nem do tom profético, nem das ilusões da revelação (Walzer, 1990).

as exigências da decisão, é necessário voltar a deliberar, transpondo a fronteira, mas, dessa vez, em outro sentido. Dito de outra forma, eles impedem que o relacionamento das duas câmaras seja em sentido único e que obrigue o procedimento a fechar imediatamente. Eles permitem que um *vaivém* incessante reúna os dois recintos. É, aliás, sobre as condições da discussão que eles contribuem de forma importante na consulta (número 2), já que, graças a eles, as partes interessadas cessam de ser simples "meios de expressão" para se transformar em fins.[43] Os moralistas envolvem os perturbadores, os atores,* os recalcitrantes, com um direito de asilo inviolável.

No quadro antigo, os moralistas faziam figura bastante medíocre, visto que o mundo estava cheio de natureza amoral e a sociedade, de violência imoral. Eles podiam apenas ameaçar a ordem mundana de recorrer a um outro mundo, depender exclusivamente de procedimentos formais ou abandonar toda pretensão para calcular com os outros servindo-se de um outro *quantum* de alegria e pena. No novo quadro, eles assumem um lugar essencial, pois não há mais um exterior e um interior definidos por essência, mas um lento trabalho de externalização e internalização, provisório, a ser retomado sem cessar. Graças aos moralistas, mantém-se porosa a frágil membrana que separa o coletivo daquilo que ele deve no futuro poder absorver, se fizer surgir um mundo comum, um universo segundo as formas, um cosmo.* Graças aos moralistas, todo conjunto possui seu complemento que vem persegui-lo, todo coletivo, sua inquietude, todo interior, a lembrança do artifício pelo qual foi traçado. Há a *Realpolitik*, talvez, mas há também a *política da realidade*: se a primeira exclui, como se diz, as preocupações morais, a segunda se alimenta delas.

Para que a ecologia política encontre enfim uma moral ajustada, seria necessário estender a todas as entidades a incerteza fundamental sobre a exata relação dos meios e dos fins, e não ir procurar

---

43 A ética da discussão (uma vez estendida a humanos e a não humanos), a obrigação de consultar aqueles de quem se fala, depende não só da moral, mas da administração, guardiã do procedimento, como veremos no Capítulo 5.

nos "direitos da natureza" um fundamento finalmente assegurado. Calcula-se a que ponto a moral era deturpada pelo naturalismo – tanto o do modernismo e como o da teoria da ecologia que o prolonga – afirmando que seu fim é justamente o inverso exato daquele que era levada a representar, forçando-a a proteger o humano da objetivação (ou o objeto do controle humano). Na nova Constituição, o papel dos moralistas é justamente evitar cair na armadilha na qual eles se reencontrariam com uma sociedade simplesmente humana rodeada por uma natureza simplesmente material![44] Com a moral da ecologia política, não nos arriscamos a crer na existência durável de um tal exterior e um tal interior. Se não pudermos nos entender – politicamente, cientificamente, economicamente – sem deixar de lado a maior parte dos seres, graças à moral, os excluídos se fazem ouvir de novo. Reservar essa virtude somente aos humanos passará rapidamente como o mais imoral dos vícios.

A organização do canteiro de obras

Terminemos esta longa seção com uma pequena recapitulação, semelhante a esses planejamentos que permitem aos chefes de obra dividir a intervenção dos corpos profissionais na realização de uma encomenda. Nenhuma edificação é mais importante do que aquela que deve abrigar o coletivo e, no entanto, nenhuma se beneficiou de tão poucos cuidados. Todos os conhecimentos indispensáveis à sua construção, à sua elegância, à sua funcionalidade eram convocados em desordem, sem que nunca se os fizesse trabalhar em harmonia. Pela análise do Quadro 4.1, entende-se o que é uma obra de arte, cuja beleza nos importa mais do que tudo – e o que é um canteiro de obras!

---

44 Compreendemos a notável fraqueza do ataque de Ferry (1992) à ecologia: se tivesse conseguido reavivar a antiga distinção entre sujeitos morais e objetos inertes, ele só teria chegado à imoralidade!

AS COMPETÊNCIAS DO COLETIVO   233

Quadro 4.1 – Recapitulação da contribuição de cada competência nas seis funções conhecidas, para que o coletivo efetue formalmente a procura do mundo comum.

TAREFA Nº 1: PERPLEXIDADE: EXIGÊNCIA DE REALIDADE EXTERIOR
Ciências: instrumentos que permitem a detecção dos invisíveis.
Políticos: sentido do perigo que permite o retorno rápido das vozes excluídas.
Economistas: rápida mobilização dos vínculos dos humanos e dos não humanos, entre os bens e as pessoas.
Moralistas: escrúpulos que obrigam a ir procurar os invisíveis e os apelantes.

TAREFA Nº 2: CONSULTA: EXIGÊNCIA DE PERTINÊNCIA
Ciências: construção de provas idôneas, testemunhos confiáveis, juízes *ad hoc*.
Políticos: produção de opinantes, de partes envolvidas, de *stakeholders*.
Economistas: articulação das diferenças de interesses.
Moralistas: defesa de cada parte para redefinir o problema em seus termos.

TAREFA Nº 3: HIERARQUIA: EXIGÊNCIA DE PUBLICIDADE
Ciências: recombinação por arranjos e substituições que deslocam o acordo para outras entidades.
Políticos: compromissos por transformações dos porta-vozes que modificam aquilo de que são representantes.
Economistas: oferta de uma linguagem comum que permita tornar comensuráveis as entidades e calculáveis suas relações.
Moralistas: obrigação de encontrar uma hierarquia e não várias, de maneira a retornar logo à tarefa de composição.

TAREFA Nº 4: INSTITUIÇÃO: EXIGÊNCIA DE FECHAMENTO
Ciências: atribuição e distribuição de causalidades e de responsabilidades com impossibilidade de reverter os consensos produzidos.
Políticos: produção de um exterior e de um interior por fechamento e designação de um adversário.
Economistas: obtenção no fim do cálculo de uma decisão justificável.
Moralistas: contra a distinção do interior e do exterior, oferece aos excluídos um direito de apelar.

TAREFA Nº 5: SEPARAÇÃO DOS PODERES
Ciências: proteção da autonomia dos questionamentos contra as obrigações de ser razoável e realista.
Políticos: distinção das fases de deliberação e de decisão sobre a repartição das liberdades e necessidades.
Economistas: distância completa entre os vínculos e suas reduções ao cálculo.
Moralistas: retomada de um vaivém entre as duas câmaras para impedir que elas se separem.

TAREFA Nº 6: CENARIZAÇÃO DA TOTALIDADE
Ciências: ocasião dada para imaginar um mundo comum simplificado, porém coerente e total.
Políticos: produção da relação um/todos por movimento contínuo e retomada da totalidade por meio da multiplicidade.
Economistas: definição do interior e exterior e modelagem do público por ele mesmo.
Moralistas: rejeição contínua como igualmente infundada da totalização e do pluralismo; obrigação de retomada.

TAREFA Nº 7: PODER DE ACOMPANHAMENTO (ver Capítulo 5 e Figura 5.1)

Sem dúvida, ficamos totalmente livres da lógica anterior das esferas de atividade: todas as profissões participam das mesmas seis funções, das mesmas duas câmaras, sem que se possa diferenciá-las segundo o domínio da realidade ao qual pretendiam anteriormente se aplicar.[45] Igualmente, sem dúvida, não há mais meio de reencontrar a antiga divisão do modernismo em dois; não é mais solicitado a entidade alguma declarar, antes que se levem a sério suas proposições, se é natural ou artificial, ligada ou desligada, objetiva ou subjetiva, racional ou irracional. Vemos também a que ponto cada um dos saberes oportuniza a presença de seus vizinhos: quanto as ciências se beneficiam do contato com os políticos; quanto os economistas perdem seus defeitos quando deixam os moralistas juntar seus cuidados a seus próprios esforços de modelagem; quanto os políticos ganham em peso se seus compromissos e combinações se juntam aos arranjos e manipulações dos cientistas. Eram maus arquitetos os que pretendiam construir suas Repúblicas somando os defeitos de todos esses colegas em lugar de reunir suas virtudes.

O quadro nos mostra igualmente que o abandono da Constituição antiga não nos entrega de pés e mãos amarrados a uma confusão tão simpática quanto vaga. Nada de mais articulado do que a noção de coletivo, à primeira vista unitária demais, totalizante demais, indiferenciada demais. A prova está dada, pode-se abandonar a ordem modernista sem se ficar desprotegido. Ao contrário, são abundantes os procedimentos para registrar os inumeráveis conflitos relacionados à produção de um mundo comum. Última vantagem, não há uma única dessas competências, nem um único desses ofícios, que não exista já na realidade mais banal e mais cotidiana. Nenhuma utopia a propor, nenhuma denúncia crítica a proferir, nenhuma revolução a esperar: o mais ordinário senso comum é suficiente para se apoderar, sem um minuto de aprendizagem, de todos esses instrumentos que encontra ao alcance da mão. Longe

---

45 Encontraremos no Capítulo 5 outro grupo profissional, o do administrador,* cuja utilidade não pode aparecer antes de ser definido o poder de acompanhamento,* encarregado de qualificar a trajetória de aprendizagem do coletivo.

de descrever um mundo futuro, nós nada fizemos senão recuperar o tempo perdido falando sobre alianças, congregações, sinergias que existem em toda parte e que só os preconceitos antigos nos impediam de ver.

Objetarão que, se as fadas foram muito generosas, os cestos tão recheados de presentes, por que foram necessárias dezenas e dezenas de páginas para devolver sua bela figura a um coletivo que, coberto de tais favores, não podia normalmente falhar na sua carreira? Não se deve esquecer a fada Carabosse! Sobre o monte de presentes espalhados por suas irmãs, ela depositou uma pequena caixa na qual estava escrito: *calculemus*! Mas ela não especificou *quem* devia calcular. Acreditou-se que o melhor dos mundos possíveis era calculável, com a condição de bloquear o trabalho da política. Era suficiente para arruinar todas as outras virtudes, tanto heroísmo teria sido necessário para resistir às armadilhas dessa facilidade. Ora, nem Deus, nem os homens, nem a natureza têm a capacidade soberana de efetuar de imediato esse cálculo. Este "nós" precisa produzir todas as partes. Nenhuma fada nos disse como. Compete a nós descobri-lo.

O trabalho das câmaras

Depois de todas as terríveis dificuldades deste livro, é chegada a hora da colheita. Os historiadores têm narrado com frequência a entrada solene dos soberanos do tempo antigo em suas belas cidades. Tentemos a seu exemplo lembrar tudo o que acabamos de percorrer e imaginemos a entrada solene do soberano capaz de criar o melhor dos mundos possíveis, sendo fiel à orgulhosa injunção de Leibniz: "Calculemos!".

Podemos agora arranjar as instituições do mundo comum num dispositivo público, enfim concebido por elas. Não estraguemos nosso prazer. Pela primeira vez, graças à ecologia política um pouco repensada, associações de humanos e de não humanos podem enfim, de maneira civil, penetrar no coletivo. Ninguém mais exige que sejam divididos, nas portas da cidade, em objetos e em sujeitos;

nenhuma esfinge bloqueia mais os arredores da cidade para exigir deles que decifrem o estúpido enigma: "Vocês são objetivos ou subjetivos?". Pela primeira vez, os não humanos podem adentrar a sociedade civil sem ter de se converter em objetos para vir a bombardear as muralhas da cidade, humilhar os poderosos, aniquilar o obscurantismo, elevar os humildes, fazer calar os tagarelas ou fechar a boca dos magistrados. Pela primeira vez, nenhuma traição abriu furtivamente a galeria para fazê-los entrar na cidade a fim de reconstruírem a democracia moribunda "sobre as bases firmes da razão". "Primeira vez", certamente, para as nossas belas cidades do Ocidente, pois parece que os "outros", que chamamos com um pouco de respeito condescendente de "culturas", não tinham jamais de fato perdido o hábito de acolher esse exterior que os fazia viver. Mas o longo parêntese do modernismo nos impedia justamente de encontrar os "outros" sob outros auspícios que não a antropologia das culturas – veremos no capítulo seguinte, com nossos próprios coletivos um pouco mais civilizados, como imaginar outras formas menos bárbaras para beneficiar-nos, enfim, de sua contribuição.

Tentemos por um instante percorrer as diversas funções do coletivo, fundindo a multiplicidade dos ofícios que contribuem para assegurá-los em tarefas homogêneas. Contrariamente à seção precedente, precisamos solicitar ao leitor um fio de imaginação, pois nenhum senso comum permite ainda tomar esses conglomerados mal costurados por formas de vida evidentes e nativas.

Eis, de início, as duas câmaras. Chamamos a primeira, responsável pelo poder de consideração,* de câmara alta, e a segunda, responsável pelo poder de ordenamento,* de câmara baixa. As denominações não têm importância, porque serão objeto, elas também, de uma renegociação e só estão aí para registrar provisoriamente os grupos de competências, a fim de que os diplomatas possam falar. Sabemos muito bem que não se trata de modo algum de assembleias ordinárias, de lugares fechados e concentrados, mas, antes, de vasos comunicantes, numerosos como os rios, dispersos como os riachos, desgrenhados como os ribeirões num mapa da França. Decidimos, contudo, manter até o fim essas expressões em desuso e emprestadas da democracia parlamentar porque não representam outro papel senão o de uma bandeira branca agitada ao vento, a fim de poder justamente *parlamentar*, religando-nos à herança republicana dos nossos antepassados.[46]

Para seguir o desfile, mencionemos três resultados dos capítulos precedentes. Primeiramente, a câmara alta não começa nunca a sua recepção como uma sociedade às voltas com uma natureza, mas como um dos poderes do coletivo atento à multidão que pressiona as portas. Depois, essa multidão não é feita de objetos e de sujeitos, de coisas e de pessoas, mas de proposições* mais ou menos articuladas, nas quais umas são totalmente novas e outras foram expulsas, há um certo tempo, pela câmara baixa, no ciclo precedente. Enfim, essas multidões sempre aparecem como associações de humanos e de não humanos: nunca um vírus apareceu sem seus virologistas, um pulsar sem seus radioastrônomos, um drogado sem suas drogas, um leão sem seu Massai, um operário sem seu sindicato, um proprietário sem sua propriedade, um fazendeiro sem seu campo, um ecossistema sem seu ecólogo, um feiticeiro sem seus feitiços, uma santa ou um escolhido sem suas vozes – cada uma dessas proposições vem acompanhada por seus instrumentos, capazes de transpor o que ela diz, mas também por seus embaraços de fala, suas incertezas quanto à fidelidade da representação.

A recepção pela câmara alta

Como reagirá a câmara alta à surda pressão de seus postulantes? Atenção, que nenhum exaltado venha lhes perguntar se realmente

---

46 Apenas retomei a posição que elas ocupam na Figura 3.1. Recorro, de maneira indevida, às expressões "câmara alta" – utilizada habitualmente para os Senados – e "baixa" – para as assembleias – a fim de recordar justamente o caráter incongruente e provisório de tais etiquetas. Jogando com as palavras jurídicas e científicas, eu poderia ter chamado a primeira de "câmara das petições" e a segunda, de "câmara das causas".

existem ou não, se eles propõem fatos racionais ou crenças irracionais, se pertencem à natureza ou à "representação que os humanos fazem dela", se residem na história ou fora da história. Questões como essas não só seriam mal-educadas, como também indecentes, e, mais ainda, antidemocráticas! (Se alguns agentes da polícia epistemológica se põem a estragar a entrada solene com essas questões fora de propósito, que os magistrados lhes determinem ficar em casa até o final da cerimônia...) A câmara alta não vai exigir dos que entram uma primeira e impossível conversão. Ela entrará em ação, em alerta geral, em situação de inquietude, de escrúpulo, de atenção, de precaução, de medo, em estado de urgência, em escuta – nós misturamos de propósito os termos fornecidos pelas diferentes corporações que estão no cortejo.

Esse estado de alerta tem propriedades muito particulares. A câmara alta está encarregada da articulação do "nós, o coletivo", mas, à diferença de sua comadre, a câmara baixa, ela deve reabrir a lista que compõe esse famoso "nós", para responder à pergunta: "Quantos somos para levar em consideração?". Uma assembleia que saberia definitivamente a resposta para isso e que diria, por exemplo, "nós, os humanos", "nós, os franceses de raiz", "nós, de Saint-Malo", "nós, os geneticistas", "nós, os brancos", "nós, a comunhão dos santos", "nós, os vermes da terra", não estaria em estado de alerta. Ela acolheria, então, o apelo das multidões exteriores de maneira muito pouco civil, dando a impressão de uma sólida fortaleza para se defender contra todos a qualquer preço, e não a de um frágil coletivo que ainda está em vias de exploração.

Tal assembleia cumpre bem sua missão se for a mais sensível à estranheza daquele que vem bater à porta do coletivo. Ora, ela pode conservar essa admirável propriedade, tão diferente daquela das sociedades do Antigo Regime (compostas de humanos e de fatores sociais), com a condição de que mantenha com a câmara baixa a mais estrita separação dos poderes.* Ninguém deve lhe impor a seguinte restrição: "Esses novos seres são compatíveis com a existência regulada do coletivo?". Tal aspecto cabe à outra câmara, e só a ela, decidir. Aqui está a exigência de autonomia, que os cientistas estão certos em defender, mas que dela se apropriavam sem razão, assim como a distinção política, muito bem-vinda, entre a liberdade de debater e a necessidade de decidir; enfim, acrescenta-se aí a exigência ética para a retomada incessante e sem condição prévia da questão da inclusão. Todas essas obrigações se reforçam para permitir que a indispensável separação dos poderes cumpra sua tarefa. Como estamos longe da impossível purificação dos fatos e dos valores, abandonada no capítulo anterior...[47]

Se o coletivo age bem, se a câmara alta possui alto grau de sensibilidade, começa então uma série de questionamentos, que poderíamos reunir em dois grupos de sondagens. Primeiro grupo: "Vocês que estão à porta do coletivo, quais são suas proposições? A que provas devemos nos submeter para nos tornar capazes de ouvi-los e de fazê-los falar?" (tarefa número 1, exigência de realidade exterior). Segundo grupo: "Quem pode julgar melhor a qualidade de suas proposições? Quais são os que podem representar melhor a originalidade de sua oferta? Por quais testemunhos confiáveis vocês podem se fazer representar mais claramente?" (tarefa número 2, exigência de pertinência da consulta). Lembremos que a palavra não é uma propriedade só dos humanos, mas dos agrupamentos heterogêneos, cuja qualidade está justamente em questão diante da câmara alta. Lembremos, igualmente, que a noção de proposição* ainda não faz diferença, neste estágio, entre o querer ser, o dever ser e o ser. Cabe primeiramente à câmara alta, mas depois à câmara baixa, introduzir pouco a pouco essas diferenças que não definem mais estados de coisas, qualidades ontológicas, mas etapas sucessivas de um procedimento cujas formas devem ser es-

---

47 Estamos longe, igualmente, da manutenção do pluralismo que só aceita diversidade de opiniões sobre um indiscutível mundo comum feito de uma mistura bem mal composta de natureza e direitos do homem. A câmara alta vai explorar a multiplicidade muito além do "respeito ao pluralismo das opiniões", pois vai justamente correr o risco de não tomá-las como simples opiniões (Stengers, 1997); inversamente, a câmara baixa vai procurar a unidade muito mais fortemente do que se tenta nos regimes que se dizem pluralistas.

crupulosamente respeitadas. A essência está ainda por vir, a forma inanimada dos não humanos, também. Transformar os borborigmos desarticulados de uma multidão de entidades que não querem forçosamente se fazer ouvir não acontece sem esforço: todo pesquisador, todo político, todo moralista, todo produtor, todo administrador sabe muito bem. Será necessária uma profusão de astúcias, montagens, instrumentos, laboratórios, questionários, visitas, pesquisas, demonstrações, observações, coleta de dados para entender um pouco melhor as proposições. Contrariamente à antiga Constituição, não esqueçamos, todo esse trabalho não é imputado a débito da qualidade da dicção, mas a seu crédito. Quanto mais se trabalha no laboratório, mais os estados de fatos são detectados, rápida e claramente; quanto mais os opinantes se equipararem, mais bem articuladas serão suas opiniões; quanto mais se elaborarem tentativas para unir bens e pessoas, melhor será a qualidade da pesquisa; quanto mais nos obstinarmos em levantar problemas artificiais, mais cultivaremos a arte do escrúpulo. É a própria evidência, mas a esfinge impôs durante muito tempo seu bloqueio à cidade exigindo das proposições a escolha entre a facticidade e a realidade, desencadeando tantas dúvidas no cortejo, que não é inútil lembrar isso, mais uma vez, se quisermos que a procissão avance em ordem. É por sua capacidade de trabalho, pelo número de seus equipamentos, pelos seus sensores, pela artificialidade de suas formatações, pelo intervencionismo de suas montagens, pelo voluntarismo de sua pesquisa, pela amplidão de suas exigências, que se avalia uma assembleia. Graças a ela, ouve-se pela intermediação de seus tradutores o que exigem os candidatos à existência que pressionam à sua porta.

Eis, portanto, as propostas já quase engajadas no coletivo; em todo o caso, *elas começam a falar a língua*: "Causo uma doença mortal e imprevista", dizem esse vírus e seus virólogos; "Poluo rapidamente esses riachos", dizem esse adubo milagroso, os fazendeiros e petroquímicos; "Solicito os meios de modificar profundamente a cosmologia", dizem esse pulsar e seu séquito de radioastrônomos; "Pago e, no entanto, minhas *desiderata* não são levadas em conta", dizem esse consumidor e seus meios de cálculo; "Proponho modificar ainda mais profundamente a cosmologia", dizem o disco voador e seus extraterrestres; "Espeto e tiro a agulha", dizem o fetiche e o seu feiticeiro. Uma assembleia que aceitasse todas essas proposições de uma vez explodiria no mesmo instante sob a descomunal multiplicação dessas estranhezas que se apressam em exigir sua existência. Os que se assustam com os perigos do relativismo cultural nunca tiveram semelhante pesadelo. Importa, porém, que a câmara alta não se decida tão depressa a eliminá-los. Não esqueçamos que ela não dispõe mais da antiga navalha que permitia, sem nunca conseguir, diferenciar os enunciados de fatos e os julgamentos de valor. (Não, não estamos ainda no tempo de deixar a polícia epistemológica sair de sua casa vigiada, de machado em punho.) A câmara alta não deve levantar nem o cepo, nem o patíbulo: apenas aplainar o caminho para a outra câmara, dando sequência ao segundo tipo de pesquisa, que chamamos de consulta.

A palavra talvez tenha confundido o leitor, que sofre golpes duros demais, desferidos para que ele aprove sem poder refletir. Essa segunda tarefa tem, todavia, a mesma originalidade e exige o mesmo trabalho que a perplexidade. Quem julgará a qualidade das proposições que pressionam a porta do coletivo? A Constituição modernista jamais pôde resolver essa questão, e é por isso que ela sempre abafava a democracia que queria despertar. Misturando as tarefas das duas assembleias, esquecendo a sagrada divisão dos poderes para substituir a aberrante distinção dos fatos e dos valores, do ser e do dever ser, ela nunca tivera coragem de "dar os motivos das suas decisões de rejeição", e se contentava com uma eliminação arbitrária, selecionando os candidatos apenas pela aparência por estas palavrinhas sem apelo: "Racional! Irracional!", "Qualidades primeiras! Qualidades segundas!". Nunca as entidades candidatas, exceto as que conseguiram a sorte de cair com os cientistas, tiveram o direito, no quadro estreito do modernismo, de dispor de um conselho composto *em função dos problemas próprios* que elas traziam ao coletivo.

Uma assembleia será tanto melhor se conseguir detectar, para cada candidatura à existência, o júri mais competente para julgar e capaz de satisfazer à exigência de pertinência.* Apesar de sua aparência, nenhuma tarefa é mais difícil para aqueles que se habituaram às facilidades do modernismo, pois os vínculos de risco* revelam justamente a incompetência parcial ou total dos júris convocados da maneira habitual. Se a palavra "consulta" tem reputação tão negativa, é justamente porque se crê fácil provocar a aparição das partes interessadas. Ora, não há nada mais complicado do que descobrir e suscitar testemunhos confiáveis* capazes de pôr fim aos embaraços da fala. Desejamos espalhar nos campos dos suíços organismos geneticamente modificados? Pois bem. Quem deve julgar? Os suíços, provavelmente. Os usuários de drogas ilícitas dão às suas drogas tal importância que preferem morrer a abandoná-las? Que seja. Quem julgará? Por que não os drogados? Pelo menos, eles não podem deixar de ter lugar no júri. Os salmões deixam os riachos do Allier e se estressam nos degraus postos nas barragens. Quem julgará? Os salmões, é lógico, que, pelo menos, devem participar do júri. Desejamos salvar os elefantes dos parques do Quênia, fazendo-os pastar em separado das vacas? Perfeito, mas como vão vocês pedir a opinião dos Massai excluindo as vacas, das vacas sem os elefantes que liberavam as pastagens a elas, assim como dos elefantes sem as vacas e os Massai? São questões espinhosas feitas à câmara alta encarregada de definir para cada entidade um plano de pesquisa, um método de prova que permita avaliar seu alcance.

Dir-se-á que a câmara alta só faz reciclar para os não humanos o modo de consulta dos humanos, e que é difícil ver o interesse que haveria em estender o formalismo da social-democracia aos objetos! Ela faz totalmente ao contrário, pois beneficia daí em diante as vantagens oferecidas pela cooperação dos diferentes corpos profissionais. O social-democrata pode por fim aprender dos sábios como tratar com respeito os estrangeiros... Por um cruel paradoxo que muito diz sobre as fraquezas do modernismo, sabe-se, com efeito, consultar melhor os não humanos do que os humanos. Um pesquisador nunca imaginaria que seu plano de pesquisa se fixaria de uma vez por todas, não importa por qual fenômeno. Seria como imaginar que existe um método científico! Descobrir uma possibilidade, suscitar um testemunho confiável, encontrar um meio de falsificar uma hipótese, tudo isso mereceria imediatamente um prêmio Nobel! Ninguém imaginaria falar dos elefantes sem consultar os ditos elefantes por procedimentos experimentais de uma sutileza inaudita. Com os humanos, não se usam tantas luvas. Sob o pretexto de que os humanos são dotados de fala, os políticos, como muitos dos sondadores, sociólogos, jornalistas, estatísticos, acham que se pode falar deles em seu lugar e sem nunca consultá-los verdadeiramente, isto é, sem nunca encontrar o dispositivo experimental arriscado que permita aos humanos definirem *eles mesmos* seus próprios problemas em vez de responderem à questão feita. Parodiando Fígaro: "Diante das virtudes exigidas aos objetos, você conhece muitos humanos dignos de serem não humanos?".[48]

Vê-se bem a importância da separação dos poderes entre as duas assembleias: se viermos perturbar o segundo tipo de pesquisa pela questão da compatibilidade dos candidatos com o coletivo, jamais conseguiremos descobrir para cada proposta um júri pertinente. Desejar-se-á, pelo contrário, acelerar as coisas, eliminando do júri aqueles cuja presença arriscaria validar a existência de seres que não devem fazer parte do coletivo – a partir da câmara baixa até o estado precedente. Tal era a fonte, na antiga Constituição, da maior revolta: "Se os drogados decidirem sobre a política das drogas, aonde iremos parar?"; "Se os extraterrestres se sentarem ao júri daqueles que devem decidir sobre a presença em nosso meio dos discos voadores, teremos estrada aberta a todas as loucuras"; "Se os Massai devem conduzir um julgamento, em companhia dos especialistas dos elefantes, quanto à experiência que faz estes falarem, como produzir dados indiscutíveis?"; "Se os embriões humanos devessem dar sua opinião contra os velhos parkinsonianos, acabar-se-ia o progresso

---

48 As ciências humanas, desse ponto de vista, têm tudo a aprender com as ciências exatas, não porque estas tratariam seus candidatos à existência como objetos que se podem dominar à vontade, mas, ao contrário, porque elas descobrem, dia após dia, nos fracassos do laboratório, a recalcitrância dos objetos. Ver o importante argumento de Stengers (ver nota 31 no Capítulo 2) e de Despret (1999).

científico". Essas reações indignadas passavam por ser a expressão mesma da moralidade, no quadro do modernismo, quando elas quebraram a condição essencial feita pela ética da discussão: ninguém, como diz Habermas, pode ser levado a aplicar os resultados de uma decisão na discussão da qual não participou. Como nos grandes princípios morais criados para defender o humano contra a objetivação, esse excelente princípio se aplica a todos: humanos e não humanos. Aliás, sua aplicação não é contestada se dissermos que os astrofísicos devem se assentar no júri sobre a existência durável dos pulsares. Entretanto, também surge a questão de saber se os astrofísicos devem se assentar aí *sozinhos*. Mais uma vez, a colaboração dos conhecimentos aumenta de maneira idônea a lista dos membros do júri. Como detectar aqueles cuja vida vai estar profundamente modificada pelo aparecimento dos pulsares? Nem todos provavelmente são cientistas. Quem são? Onde se escondem? Como reconhecê-los? Como convocá-los? Como fazê-los falar? Tais são as questões que agitam a câmara alta e que nenhuma forma de incongruência, nenhum pecado contra o bom senso e as conveniências deve perturbar. É assim que a ecologia política reencontra a mais velha intuição democrática e a recoloca no seu lugar, na elaboração audaciosa de uma metafísica experimental cujos resultados, por definição, não são ainda conhecidos, e *que devem ser julgados por aqueles que os traduziram em seus próprios termos.*

A câmara alta agora completou sua tarefa: detectou os candidatos à existência, traduziu suas proposições em sua língua, encontrou para cada uma o júri que pode responder por sua qualidade, patrocinando-a. Nos termos de nossa ficção histórica, isso confirma que cada grupo de estrangeiros faz sua entrada solene na cidade, atrás de um agrupamento mais ou menos grande do coletivo com os quais se ligou por amizade ou que lhe foi designado como juiz, padrinho, mandante ou fiador. Que não venham objetar, nesse ponto, que não existe assembleia real capaz de cumprir as duas funções de perplexidade e de consulta de maneira satisfatória. Não procuramos mais a *satisfação*. Não se trata mais de fazer as coisas bem-feitas de uma vez por todas, mas apenas proceder, o melhor possível, a uma das iterações do coletivo. Nesse sentido, todos os coletivos são e serão sempre malformados. Veremos, no capítulo seguinte, todo o proveito moral, científico e político que se pode extrair da colocação em movimento do coletivo, posto em aprendizagem pela experiência. Importa-nos apenas, neste momento, que o cortejo possa estar bastante encorpado para se dirigir à sede do segundo poder, à do poder de ordenamento exercido pela câmara baixa.

A recepção pela câmara baixa

Quanto mais a primeira assembleia é sensível, receptiva e alerta, mais fornece à próxima as condições essenciais para a cerimônia que se seguirá. Uma vez alcançada a segunda, as exigências que se exercem sobre as proposições vão mudar por completo. Enquanto, sobretudo na câmara alta, não devia causar preocupação a congruência dos novos membros com os que estão dentro do coletivo, a questão da compatibilidade, da articulação das proposições entre si, torna-se, então, o dever sagrado. Se a câmara alta se ocupava com "Quantos somos?", a câmara baixa se pergunta: "Quem somos?". Esse "nós" em geometria variável muda a cada iteração, a menos que se tenha de lidar com os coletivos que se repetem, que já sabem desde toda a eternidade de que se compõem, mas estes, quer sejam de direita ou de esquerda, quer se fundem na identidade racial, na natureza das coisas, no humanismo, no arbítrio do signo, não pertencem ao domínio da ecologia política. Eles aceitam todos os do Antigo Regime, visto que dois domínios distintos da realidade ordenam de antemão todos os fatos e todos os valores. Sua metafísica não é experimental, mas identitária. Só nos interessam aqui os coletivos cuja composição vai se modificar a cada reiteração – mesmo se se tratar de se reinventar para ficar o mesmo.

A câmara baixa se questiona com perguntas novas de precedência, de etiqueta, de polidez, de ordenação. Ainda que ela não questione os trabalhos da câmara alta, nada mais tem a fazer quanto a precaução, a alerta, a audácia, a risco. As proposições estão aí, falam, têm seu júri, ninguém rejeita sua metafísica, mas o respeito por sua presença não resolve em nada o problema novo: como fazer esses seres contraditórios viverem juntos? Como produzir um mundo que lhes seja comum? Nenhum pluralismo pode fazer avançar a questão. A câmara baixa da ecologia política está diante de uma tarefa titânica que nenhuma assembleia já teve para resolver antes dela – exceto a cena mítica dos mitos. Nós a privamos de fato, e voluntariamente, do grande recurso do modernismo que consistia em *eliminar* a maioria dos seres por causa de uma falta de racionalidade ou de uma falta de realidade, para se entender com os que restavam, entre si, quer dizer, entre humanos razoáveis. O risco que impusemos ao coletivo será tanto maior quanto a câmara alta tiver cumprido mais cabalmente sua tarefa. De fato, se as entidades candidatas chegarem sem atraso, bem articuladas, cada uma acompanhada do júri que ela tenha escolhido, a câmara baixa será constantemente solicitada por seres que, *em seus próprios termos*, se farão a pergunta da compatibilidade com o mundo comum. Eles terão ficado, graças ao tratamento da câmara alta, *ainda mais irredutíveis* a todos os outros e ainda mais incomensuráveis com todos os outros! Quanto mais a câmara alta for fina e alerta, mais for civil e civilizada, mais o relativismo crescerá.[49] A cada vez que a câmara baixa disser "Nós", um enorme clamor responderá: "Não nós!", seguido de muitos: "Eu também não!".

Tal é a grandeza dessa assembleia: tenta obter a integração sem exigir logo a assimilação; corre o risco da unificação após a câmara alta ter percorrido todos os riscos da multiplicidade. À primeira vista, o ordenamento de todos esses irredutíveis parece mais impossível porque a câmara baixa já não tem à sua disposição os três antigos procedimentos para produzir um acordo qualquer: importar

---

49 Será necessário recordar que o relativismo é um termo positivo, que tem por contrário absolutismo, e que remete, segundo a palavra forte de Deleuze, não à relatividade da verdade, mas "à verdade da relação"?

as leis indiscutíveis da natureza para fazer calar a diversidade dos interesses humanos; limitar a discussão dos *matters of fact*, devolvendo os desacordos, quer às opiniões, quer ao foro íntimo; enfim, conciliar todos os humanos à custa da natureza exterior, quarto de despejo explorável à vontade. Nada mais pode, daqui para a frente, limitar a amplidão do trabalho se for considerado que ele absorve com toda a força as exigências dos metafísicos diversos que trazem o feiticeiro com seus deuses, os genes com seu Darwin, os explorados com suas exigências de sobrevivência, os rios com seus "parlamentos de água", sem nenhuma simplificação possível. Vendo o pavor que aterroriza seus membros, compreende-se melhor a fantástica comodidade que dava aos modernos a criação à parte, às escondidas, de uma segunda câmara, a da natureza, na qual, fora de procedimento e entre si, sem a intervenção dos humanos, podia-se torcer o pescoço em silêncio, sem ter de dar os motivos à maioria dos candidatos à existência comum! Decididamente, nossos eleitos não têm mais a escolha da preguiça, pois não há mais natureza, não existe mais nenhuma transcendência tão unificada para poupar o coletivo do trabalho da decisão.

Contudo, se eles não se beneficiam mais das facilidades do modernismo, os representantes também não sofrem mais com os seus defeitos. As entidades que a antiga Constituição tentava em vão hierarquizar sofriam de fato de uma enorme fraqueza: eram formadas ou de essências definitivamente instaladas no mundo ou de valores ideais sem domicílio fixo. Pior ainda: graças ao trabalho em conjunto dos epistemólogos para a natureza e dos sociólogos para a sociedade, a câmara baixa herdava os visitantes menos conciliadores, já que os seres naturais eram definidos por sua essência indiscutível e os grupos humanos por seus interesses igualmente indiscutíveis – com, para que não se desviassem, valores tanto mais indiscutíveis por serem ao mesmo tempo fundamentais e inutilizáveis! Apesar da drástica eliminação das entidades a se levar em conta (a maior parte remetida ao estatuto de crença), a tarefa de ordenamento na Constituição modernista revelava-se tão impossível que se era remetido, como com os déspotas preguiçosos dos contos, à seleção pela violência do poder ou pelas duras necessidades dos fatos – o que vem a ser, nós o sabemos, *might and right* navegando no mesmo barco. A câmara baixa se coloca diante de um número de proposições bem maior do que no Antigo Regime, mas trata-se de proposições* dotadas de hábitos* e não mais de essências* que exigem ocupar sem discussão possível os primeiros lugares do coletivo.

A demografia do coletivo decerto explodiu, mas *suas margens de manobra aumentaram*. Se ela deve encaixar bem mais candidatos do que a rude metafísica da natureza deixava pelo caminho, e se não delega a mais ninguém a tarefa de ordenamento que deve assumir totalmente, a câmara baixa não lida mais com os humanos dotados de seus indiscutíveis interesses, mas com as associações de humanos e de não humanos articulados o suficiente para serem formados de hábitos,* cujas lista e composição *podem variar ligeiramente*. Em outras palavras, poder-se-á discutir, negociar, aparar os ângulos, entender-se entre entidades diferentes, iniciar uma empreitada cuja ideia era impossível no tempo do Antigo Regime, com os seus objetos que acamparam diante de sujeitos sem outras relações possíveis senão a guerra civil das contradições dialéticas. Se a câmara alta era experimental – tanto para ir procurar os candidatos quanto para encontrar os júris –, a câmara baixa não o é menos, mesmo se as pesquisas a que se entrega buscam a melhor forma de manipular as proposições para estabelecê-las numa hierarquia, antes de procurar em seguida a melhor maneira de fechar as discussões.

A palavra "negociação" sempre conserva uma conotação pejorativa porque suas combinações se medem à luz de uma situação ideal que possui seguramente todas as vantagens – exceto pelo fato de não existir. Enquanto se crê delinear no interior uma soma fixa de posições decorrentes de uma série de compromissos, paira sobre todos os acordos a sombra de uma transcendência que escaparia a todos os comprometimentos. Ora, a pesquisa sobre a hierarquia das combinações influi justamente sobre as proposições que *não sabem ainda em definitivo a que conjunto comum* pertencem. Apesar das aparências, o apelo a uma transcendência qualquer tornava *impossível* o trabalho de ordenamento, pois se estabilizava rápido demais – antes da fase seguinte da instituição – o modelo (provisório) do qual seriam medidas as novas combinações. A pesquisa, portanto, não parte de essências obstinadas e interesses insistentes, mas de situações de incerteza *partilhadas por todos* quanto à natureza da ordem que reúne essas entidades por grau de importância. A medida comum de seres incomensuráveis só pode ser encontrada pela colaboração dos cientistas, políticos, economistas e moralistas. Mesmo que o modernismo tenha sempre preferido estabelecer às escondidas as prioridades e se furtar de todas as maneiras possíveis àquilo que chamamos de exigência de publicidade,* ele acaba complicando a tarefa de compromisso que pretendia resolver fugindo dessa exigência, visto que fazia sempre pesar sobre os negociadores a ameaça de um acordo *vindo de outro lugar*. Se o recurso à imanência, que chamamos de laicização, produz à primeira vista um monstro horrível, torna no mínimo o acordo possível, por obrigar a câmara baixa a encontrar uma solução em seu interior. Devolve ao *demos* aquilo que lhe fora tirado desde a invenção da Caverna.

A pesquisa diz respeito a uma mistura de habilidades de engenheiros, encontrando a inovação engenhosa, de cientistas audaciosos substituindo uma classe de seres por uma outra para desbloquear as relações de força, de entendimentos em câmaras fechadas, de simulações pelo cálculo, de diplomacia fria, com de quando em quando, para aquecer esse improvável aglomerado de comprometimentos, um momento de entusiasmo durante o qual as entidades aludidas modificam a base representativa sobre a qual fundavam até então seus interesses. Assim, o milagre acontece e o acordo impossível entre incomensuráveis é descoberto – não porque se firmou um bom compromisso, não porque se apelou para um fiador externo, mas porque se trocou a natureza do "nós" que cada um havia escolhido para se identificar. Julga-se tal trabalho impuro porque se crê que o Antigo Regime fazia melhor apesar de sua purificação impossível dos fatos e valores resultar numa revoltante confusão.

Querendo agir melhor, fez-se sempre pior. Na prática, os entendimentos passados sempre tiveram a forma que lhe dá atualmente a câmara baixa, com esta única, mas essencial, diferença, a de que os compromissos se dão doravante de modo explícito, público e lícito, são todos revisáveis, todos arquivados e documentados, e tomam o lugar dos entendimentos sub-reptícios ou das combinações de corredores. Nós nos beneficiamos, enfim, de um "Estado de direito de natureza".

A experimentação própria ao trabalho de hierarquização pela câmara baixa pode se apresentar, de forma simplificada, como a procura de uma lista de entidades classificadas por ordem de importância, da mais amistosa para a mais hostil. A pesquisa sobre a negociação volta a fazer exprimir para cada proposta a seguinte declaração: "Eis o cenário do mundo em que estamos prestes a viver, com fulano e sicrano, e para cuja continuidade estamos prestes a fazer, *contrariando nossas posições de partida*, tais ou tais sacrifícios". O que era impossível com as essências e os interesses se torna possível, ou facilitado, com as proposições e seus hábitos, com a condição de terem toda a latitude para decidir sobre o mundo comum no qual querem viver. Não se podia negociar com essências; pode-se fazê-lo com as listas de hábitos substituíveis uns pelos outros. Qual é o melhor dos mundos? É uma tarefa que não se deve delegar a ninguém, nem a Deus, nem a nenhum mestre, e que só a câmara baixa pode cumprir. O Deus de Leibniz desceu do Céu sobre a Terra. O soberano começa, enfim, a trabalhar para discutir, por experimentação dos mundos possíveis, a melhor das combinações, o *ótimo* que ninguém pode calcular no lugar de outros.

Resta o mais difícil, o mais doloroso, o mais cruel: de um lado, a rejeição explícita e solene daqueles com os quais não pudemos nos entender e, de outro, a incorporação daqueles que são aceitos nos dispositivos duráveis e irreversíveis, em suma, a instituição das essências, a dos inimigos, a constituição de um interior e de um exterior, a exteriorização dos mundos impossíveis, a expressão das externalidades, enfim, o risco de cometer a injustiça. Tal é a segunda grande tarefa da câmara baixa, sempre efetuada até então vergonhosamente, e que encontra, afinal, sua glória.[50] Na antiga Constituição, nenhuma pesquisa era necessária, pois as essências não necessitavam ainda de uma instituição para existir e os excluídos não tinham a forma de inimigos, mas de seres inexistentes que nunca haviam pertencido ao mundo real. Assim que escapou aos constrangimentos da pesquisa, da qual reconstituímos a meticulosa obsessão, o modernismo considerou-se infinitamente mais moral do que todos os seus predecessores!

O Antigo Regime se presenteava desde o início com as essências pela invenção de uma metafísica primeira, à qual ele negava justamente a qualidade de metafísica para se limitar a chamá-la de natureza. Se os humanos podiam, com certeza, descobrir-lhe as leis – mediante uma história das ciências considerada miraculosa –, essas leis não podiam nunca ser objeto de um procedimento explícito. Pelo contrário, afirmava-se que instituição e verdade eram contraditórias![51] Estranha inversão das coisas quando se pensa no imenso trabalho de fabricação, artifício, discussão, composição, coordenação, que é necessário cumprir para chegar finalmente a uma certeza qualquer sobre os fatos. Longe de ignorar esse trabalho, a câmara baixa da ecologia política se organiza, pelo contrário, para instituir as essências. Em vez de opor verdade e instituição, ela

---

50 O trabalho de Legendre (1998) fez muito por devolver à instituição seu orgulho, sua distinção, mas ele a quis isolar das habilidades próprias aos outros corpos profissionais, em particular o dos pesquisadores científicos e dos sociólogos. Isolada, a instituição se torna em suas mãos qualquer coisa de cortante, de arbitrária, de vazia, tão esquecida quanto o Ser de Heidegger. Esse não é, de nenhum modo, o papel que dou aqui à instituição, graças ao qual somamos, pela minúscula transcendência que ela permite, todos os fechamentos que os diferentes corpos profissionais descobrem na imanência: no final das contas, sim, a decisão é tomada e ela é, com efeito, indiscutível, mas não decide, ela termina por ser "empiricamente constatada".

51 Todo o problema da sociologia das ciências é haver, de início, reaproximado esses dois termos para fazer ressaltar a contradição sob a forma crítica, antes de modificar as relações, da cabeça aos pés, sob uma forma não crítica. Sobre essa *felix culpa* da sociologia, ver Latour (1996a).

tira todo o proveito possível da sinonímia delas porque pode, e só ela, determinar *as variações dos graus de certezas*, quer dizer, de difusão, de verificação dos fatos.[52] Ela não vai mais, como no Antigo Regime, ter de povoar o mundo de sábios que o bom povo desconhece, de ignorantes que nada sabem, de descobertas que surgem de improviso. Em lugar de esperar que os historiadores das ciências venham lembrar os meios necessários ao exercício da verdade, esses meios, essas mediações, essas encarnações, ela *logo* os atribui a si mesma. A câmara baixa irá enfim inscrever no seu orçamento a extensão progressiva das verdades asseguradas, pagando o preço das instituições necessárias ao seu estabelecimento.

O modernismo julgava-se portador de uma grande virtude porque pensava não ter de eliminar com violência os excluídos do coletivo. Contentava-se hipocritamente em constatar sua radical inexistência sob a forma de ficções, crenças, irracionalidades, frivolidades, mentiras, ideologias, mitos. Vê-se bem nesse ponto a amplitude de sua perversão: ele se acreditava mais moral por não conhecer seus inimigos, quando desprezava aqueles que excluía a ponto de considerá-los destituídos de qualquer existência real! A acusação de irracionalidade tornou possível atirar, sem processo, seres aos limbos e acreditar que esse arbítrio era mais justo do que o procedimento meticuloso do Estado de direito. É preciso uma bela dose de audácia para preferir essa exclusão fundada sobre a nature-

---

52 De novo, o senso comum vai mais longe que o bom senso no reconhecimento desses milhares de etapas intermediárias nos graus de certeza entre a existência e a inexistência. Pensemos nas mil nuances do realismo com esta simples afirmação: a fumaça dos cigarros acarreta a morte; ou ainda: a velocidade nas estradas é responsável por acidentes mortais. Em que mundo, afinal, será necessário viver para que esses enunciados adquiram uma verdade definitiva? Essa noção de grau variável é ainda mais importante por estarmos hoje diante de uma configuração inesperada: a manutenção artificial de controvérsias científicas que tínhamos acreditado encerradas. É o caso dos estudos sobre a periculosidade dos cigarros, sobre o efeito estufa global da atmosfera, sobre o Santo Sudário de Turim, sobre os riscos associados ao lixo nuclear etc. Agora, a presença das disciplinas científicas não significa a conclusão dos debates.

za das coisas – sobre as coisas da natureza – a um processo explícito, progressivo, decidido, de excluir, *por aquele momento*, como *incompatíveis* com o mundo comum, tais e tais entidades.

A segunda maneira, a da câmara baixa, tem a grande vantagem de ser civil: criam-se inimigos, não se pretende humilhá-los tirando-lhes a existência, além de sua presença no coletivo.[53] Diz-lhes apenas: "Nos cenários tratados até aqui, não há lugar para vocês no mundo comum, saiam, vocês se tornaram nossos inimigos". Mas não lhes diz, exaltando a sua alta moralidade: "Vocês não existem, perderam para sempre todo o direito sobre a ontologia, nunca mais serão contados na construção de um cosmos", o que o modernismo, todo cheio de virtudes, lhes falava sem o menor escrúpulo. Excluindo, a câmara baixa receia cometer uma injustiça, pois sabe que os inimigos que podem colocá-la em perigo amanhã talvez se transformem em seus aliados depois de amanhã.

Já que ela sabe que a câmara alta retomará mais tarde suas decisões em resposta a apelações, a câmara baixa pode finalmente aceitar se encarregar *do questionamento*, a estabilização geral das responsabilidades e das causalidades. Sempre se falou das leis da natureza; foram sempre ironizadas a metáfora legal, que misturava

---

53 Foi Schmitt que trouxe à luz a importância política essencial do inimigo que não se odeia, mas estendo, claro, o sentido desse termo aos não humanos ou, antes, às proposições heterogêneas de humanos e de não humanos. Ver sua célebre definição: "O sentido dessa distinção entre amigo e inimigo é expressar o grau extremo de união e de desunião, de associação ou de dissociação; pode existir em teoria e na prática, sem, por isso, exigir a aplicação de todas essas distinções morais, estéticas, econômicas ou outras. O inimigo político não será necessariamente mau na ordem da moralidade, ou feio na ordem estética, não fará necessariamente o papel de um competidor em assuntos econômicos; poderá, mesmo, na ocasião, parecer vantajoso fazer negócios com ele. Acontece, simplesmente, que ele é o outro, o estrangeiro, e basta, para definir sua natureza, que ele seja, em sua própria existência e em um sentido particularmente forte, esse ser outro, estrangeiro, de tal forma que, no limite dos conflitos, estes não poderiam ser resolvidos por um conjunto de normas gerais estabelecidas previamente, nem pela sentença de um terceiro, considerado não interessado e imparcial" (Schmitt, 1972, p.64-5).

indevidamente a natureza indiferente aos humanos, e as formas jurídicas da Cidade. Ora, com a câmara baixa da ecologia política, *as leis da natureza encontram enfim seu Parlamento*, essa assembleia pública que as vota, que as registra, que as institui. Sim, após suas deliberações, as entidades se encontram bem conectadas por causalidades eficientes, e a corrente de responsabilidades fica definitivamente assegurada. O príon é o responsável pela doença da vaca louca; o ministro da Saúde, pela morte dos que sofreram transfusão; Deus nada tem a ver com o tremor de terra que destruiu Lisboa; a lei da gravidade explica tudo o que se deve saber sobre a queda dos corpos no vácuo; o Estado se apropria do litoral; os elefantes deixam as vacas dos Massai comerem no seu pasto... Conferiram-se propriedades às proposições que, afinal, estão dotadas de uma substância da qual elas não são mais que atributos.

Todas essas atribuições, todas essas fixações de elos, todas essas decisões sobre os vínculos terminam na definição de essências de limites enfim fixos. As entidades se acham dotadas de propriedades indiscutíveis. A divisão entre os seres é enfim *de direito e não mais de fato*. Pode-se mesmo ter o luxo de distinguir, se necessário, os humanos e as coisas, os seres dotados de fala e os objetos mudos, os que merecem proteção e aqueles dos quais nos podemos tornar mestres e possuidores, o domínio do social e o da natureza; sim, tudo aquilo de que nos proibimos até aqui se torna agora possível porque sabemos que tais decisões, revisáveis na iteração seguinte, são resultado de um procedimento explícito que, se a câmara baixa executou seu trabalho, aconteceu de acordo com as formas. Podemos mesmo obter, agora sem risco de confusão, sujeitos e objetos, desde que não mais estabelecidos no início da análise, mas no seu fim provisório. *A realidade tem, pois, sua representação.*

Agora o cortejo entrou na cidade, os estrangeiros foram assimilados, os inimigos, reconduzidos às fronteiras, as portas da cidade, cerradas atrás dos espectadores. Os magistrados podem deixar sair sem risco os membros da polícia epistemológica: se eles acrescentam às decisões tomadas o qualificativo de racional e de irracional, trata-se de bênçãos ou injúrias, tão supérfluas quanto inofensivas. Assim como a câmara baixa só poderá fazer seu trabalho com a condição de a câmara alta ter efetuado o seu, também a câmara alta não poderá retomar amanhã sua vigília escrupulosa a menos que a câmara baixa tenha cumprido suas funções com escrúpulo. Se ela eliminou proposições sem justificativa e integrou outras sem razão, a câmara alta terá muita dificuldade, na iteração seguinte, para detectar rapidamente os perigos causados pelos excluídos. Terão ficado invisíveis e insignificantes de fato. Terão se tornado irrecuperáveis. Os vínculos de risco* ter-se-ão se transformado em objetos sem risco. Ter-se-á perdido a oportunidade de tornar-se civilizado.

Conclusão: a casa comum, o *oikos*

A noite caiu, a procissão terminou, a Cidade foi construída, o coletivo, habitado: a ecologia política enfim possui suas instituições. Para encerrar este capítulo, repassemos os quatro gêneros de pesquisas que formam as novas competências que nos incumbimos de desenvolver (Quadro 4.2).

A antiga Constituição, mesmo se as intenções fossem boas, não podia levar a cabo nenhuma de suas tarefas, pois logo as sobrecarregava com impossíveis hipotecas. Desejava-se naturalmente recolher, de maneira tão fiel quanto possível, a realidade exterior, mas, ao mesmo tempo, impedia-se a exigência de perplexidade de se desenvolver à vontade, uma vez que, impondo a distinção prematura dos fatos e valores, os candidatos à existência nunca encontravam seu lugar. Como fazer o coletivo ficar perplexo se sabemos de antemão qual é a mobília do mundo comum? Desejava-se, lógico, levar em conta as opiniões diversas para responder à exigência de consulta, mas sem se dar conta do enorme trabalho a ser realizado para produzir artificialmente os opinantes. Como pretender que se tenham consultado a respeito de um problema aqueles a quem não se deu a oportunidade de reformular os termos da questão?

Quadro 4.2 – Recapitulação das pesquisas necessárias para o funcionamento das duas câmaras do coletivo.

Câmara alta: **poder de consideração**
Responde à pergunta: quantos somos?
Perplexidade
Para responder à exigência de realidade exterior:
– pesquisa sobre a melhor forma de detectar, de tornar visíveis e fazer falar as proposições candidatas à existência.
Consulta
Para responder à exigência de pertinência:
– pesquisa sobre os melhores meios para constituir o júri capaz de julgar os efeitos de cada proposição sobre os hábitos dos outros.

Câmara baixa: **poder de ordenamento**
Responde à pergunta: podemos viver juntos?
Hierarquia
Para responder à exigência de publicidade:
– pesquisa sobre os cenários contraditórios que permitem pouco a pouco compor uma hierarquia ótima.
Instituição
Para responder à exigência de fechamento:
– pesquisa sobre os meios a pôr em ação para estabilizar o interior e o exterior do coletivo.

Manutenção da separação dos poderes e garantia da qualidade dos procedimentos de exploração:
Poder de acompanhamento (ver Capítulo 5 e Quadro 5.1)

Desejava-se, naturalmente, fugir, por uma democracia pluralista, ao totalitarismo de um único universo definido rápido demais, mas sem deixar nem à pluralidade dos mundos o tempo de se desenvolver, nem à unificação do mundo comum os meios de se unificar. Como denominar pluralismo o respeito hipócrita por crenças às quais se recusa o estatuto de realidade? Queria-se, como todo mundo, descobrir o ideal, mas difamando como cínico ou sórdido o trabalho meticuloso sobre as combinações e os compromissos, que não podia mais, portanto, responder à exigência de publicidade. Como chegar a um acordo se a ameaça de uma transcendência superior vem humilhar antecipadamente todos os arranjos mesquinhos? Quanto à exigência de fechamento, o Antigo Regime só podia cumpri-la clandestinamente, pois se obstinava em se opor à verdade, de um lado, e, de outro, a todos os meios reais, materiais, institucionais que permitiam assegurá-lo, instalá-lo, desenvolvê-lo e difundi-lo. Fechamento de espírito com respeito ao exterior, o qual se pretendia que fosse o mestre da política; condescendência quanto àqueles que se pretendia consultar; cinismo para com aqueles com os quais se almejava interromper os comprometimentos por combinações mais afastadas ainda do Estado de direito; hipocrisia, enfim, sempre recusando ao realismo os meios de fazer ouvir seus direitos: bela paleta de virtudes para aqueles que gostam de dar, a todos os outros coletivos tratados de irracionais, lições de moral e de razão...

Que caminho percorremos desde o primeiro capítulo! É preciso um esforço para lembrar o tempo em que uma política de duplo foco paralisava todos esses movimentos, todos esses ofícios, todas essas pesquisas. Como os novos hábitos da ecologia política lhe são úteis! Que facilidade nessas formas de vida que têm a aparência da novidade! Não reencontramos a evidência que o bom senso da tradição tinha ocultado? É o Antigo Regime que parece, por contraste, um insulto ao senso comum,* termo cuja significação agora compreendemos: é o *sentido do comum*, o sentido da procura em comum do mundo. Se o bom senso* define o estado do coletivo tal como é, então o senso comum propõe ao coletivo a forma que deve ter no futuro próximo.

Quando o modernismo tiver se afastado o suficiente para que se possa estudá-lo, os historiadores das ideias ficarão ofuscados pela extravagância de sua organização política. Como explicar a nossos netinhos que os grupos de trabalho convocados de toda parte para construir o edifício da vida pública receberam todos os talentos, todas as competências, todos os instrumentos, mas que lhes faltavam uma única diretiva: o projeto do edifício a construir! Com que estranheza poderíamos dizer a esses obreiros: "O edifício já existe, solidamente construído, mas ninguém o construiu, ele se ergue, desde toda a eternidade, já edificado, já sólido, e ele se chama natureza; nós não temos, pois, necessidade de seus serviços", enquanto ordenamos a outros artesãos que fabriquem, sob o nome de Leviatã, um ser totalmente artificial, mas privando-se de todos os materiais que lhe poderiam dar firmeza, durabilidade, forma e justiça? Um já existia e não precisava ser construído, o outro estava para ser construído, mas sobre o vento! Como explicar a nossos descendentes que queríamos fundar a democracia colocando, de um lado, a construção e não os materiais, e, de outro, os materiais, mas não a construção? Eles não se espantarão de que a vida pública, como a torre de Babel do relato bíblico, tenha desmoronado sobre si mesma.

No entanto, nenhum vício de forma explica o afundamento sobre si mesmo do coletivo que acabamos de descrever. Nem a inveja de Deus, nem o orgulho dos homens, nem a má qualidade dos tijolos ou do cimento teriam causado a dispersão dos povos em uma pluralidade de culturas incomensuráveis. Todas as Repúblicas são malformadas. Todas são construídas sobre a areia. Elas não percebem que, se as reconstruirmos rapidamente, os excluídos da câmara baixa retornarão, na manhã seguinte, para bater às portas da câmara alta, exigindo fazer parte do mundo comum, do *cosmo*, palavra que os gregos davam, segundo a expressão de Platão, ao coletivo bem formado. Para compreender as competências das duas câmaras, é preciso que abordemos, no momento, a dinâmica de seus arranjos. O *logos*, de fato, não fala nunca com a voz clara: ele busca suas palavras, hesita, balbucia, *corrige-se*.

5
A EXPLORAÇÃO DOS MUNDOS COMUNS

Por construção, o coletivo se alimenta daquilo que fica do lado de fora, do que ele ainda não coletou. Mas como qualificar aquilo que o excede de todos os lados? Teria sido definido recentemente como uma mistura de natureza e de sociedades. A natureza unificava as qualidades primeiras* numa só mobília homogênea; as culturas reagrupavam a diversidade das qualidades segundas* em tantas outras agregações incomensuráveis. Se o universo unificado da natureza não tinha nada a fazer com os humanos, a desunião *das* culturas podia, porém, ser pacificada recorrendo-se *à* natureza. Se houvesse uma questão que parecia regulada, era bem a da pluralidade dos mundos habitados. Ora, nem o mononaturalismo nem o multiculturalismo podem resumir a situação arriscada em que se encontra posto daqui por diante o coletivo. Unidade demais de um lado, diversidade demais de outro. Excesso de essências indiscutíveis de um lado, excesso de identidades arbitrárias de outro. Nossa saída é a de explorar, às apalpadelas, se existe ou não um sucessor para esse compromisso tradicional (natureza, culturas), fazendo esta pergunta aparentemente estranha: *quantos* outros coletivos há?

Cercado de essências e de identidades, o coletivo morreria imediatamente (se tornaria uma sociedade*). Ele deve, portanto, dar-se um meio ambiente diverso daquele de uma cultura cercada de uma natureza, tornando-se sensível ao grupo ainda não reunido em que jazem todos aqueles que ele excluiu e que podem apelar para se fazer presentes de novo. Para bem conduzir a tarefa impossível de compor o mundo comum, o *demos* havia se acostumado a esperar do alto o socorro da Ciência. Por falta de um apelo ao outro mundo, parecia que a vida pública ia desmoronar sobre si mesma. Para evitar que as assembleias caíssem constantemente no arbítrio, na contradição, na violência e na dispersão, fizeram-nos crer que devíamos apoiá-las, recostá-las sobre sólidos contrafortes que nenhuma mão humana poderia macular. Como imaginar que a impossibilidade de acalmar a vida pública viria justamente do auxílio oferecido pela razão? O medicamento mataria o paciente! Mudando de exterioridade, o coletivo modifica profundamente o tipo de transcendência a cuja sombra a filosofia política sempre aceitou viver. Se há transcendências inumeráveis (a multiplicidade de proposições que batem à porta), não há mais *a* transcendência unificada capaz de pôr fim à logorreia das assembleias públicas. A política não está mais ameaçada pela espada de Dâmocles: a salvação advinda da razão.

A filosofia política não parou de procurar qual tipo de racionalidade poderia encerrar as guerras civis: da Cidade de Deus ao contrato social, do contrato social aos "doces laços do comércio", da economia à ética da discussão, da moral à defesa da natureza, seria necessário sempre que a política pedisse perdão pela falta de sabedoria própria dos humanos ameaçados pela disputa. Mesmo quando pensadores menos obcecados pela transparência, ou raposas mais sagazes, quisessem definir um domínio próprio ao político, eles sempre o faziam sobreassumindo a inferioridade nativa dessa simples habilidade. Procurando evitar os *diktats* da polícia epistemológica, ainda os obedeciam, já que definiam a política como perversa, violenta, limitada, maquiavélica, talvez virtuosa a seu modo, mas, ai!, radicalmente incapaz de chegar a essa viva clareza do conhecimento![1] Jamais, por conseguinte, definia-se a política

---

[1] Mesmo quando Pocock (1997), em seu clássico e monumental trabalho, reabilita Maquiavel e a tradição que ele representa, sempre é para melhor, fazen-

obtendo a *igualdade de tratamento* e *sobretudo de missão* com a razão. Reconhecer um nicho estreito à *Realpolitik*, ao lado da Ciência e da *Naturpolitik*, não significa sempre fazer trabalhar as ciências e a política no mesmo edifício, não é sempre falar de política da realidade, de política realista, de política real.

Em lugar de reabilitar a política, esta era neutralizada sempre mais. Transfundir Ciência no coletivo seria eliminar mais rapidamente ainda o pouco de sangue que lhe restava.[2] Ao contrário das ameaças da epistemologia (política), o *demos* não sofre de falta, mas de excesso de Ciência. Esse resultado parece paradoxal para aqueles que pintam o coletivo com as cores sombrias da sociedade mergulhada na escuridão das representações. Mas, compreendemos agora, a política não se assemelha mais ao inferno do social do que as ciências à Ciência. Assim como esta última não pode oferecer o socorro de sua transcendência, a política não pode se reduzir apenas à imanência. Os moralistas não se cansam nunca em opor as relações de razão e as relações de força, o argumento indiscutível e o revólver na cabeça, como se se tratasse da única oposição importante que fosse necessário conservar a qualquer preço sob pena de desaparecer na anarquia. Reconhecemos nessa cenografia impossível da razão contra a força, de *right* contra *might*, os antigos princípios de separação dos poderes. Na nova Constituição, a diferença entre relação de força e relação de razão conta bem menos que a distinção entre os inimigos e os apelantes, entre a etapa atual do coletivo e *sua retomada no golpe seguinte*. Os que foram rejeitados como inimigos, seja pelo argumento que os condena à irracionalidade definitiva, seja pela arma que mata definitivamente, voltarão de toda forma a perseguir o coletivo na etapa seguinte. A única diferença que nos importa é doravante esta: quem vocês são capazes de

---

do-o descender de Aristóteles, aceitando, por consequência, que a habilidade política fica infinitamente distante da epistemologia. Em nenhum momento ele dá de fato a impressão de estar consciente de que essa forma particular de epistemologia política,* de divisão de trabalho, não é evidente.

2 Sobre todas essas metáforas do corpo político, ver a análise do *Górgias* nos capítulos 7 e 8 de Latour (1999b).

absorver e de rejeitar? Vocês podem tornar insignificantes os inimigos, podem mesmo se recusar definitivamente a ouvi-los, e não farão mais do que adiar o momento de vê-los voltar aumentando a cauda do coletivo. Se foi para evitar que não lhes pusessem a faca na garganta que vocês inventaram esse imenso teatro da razão e da violência, então é possível proteger-se melhor e mais seguramente contra o arbítrio por uma Constituição que não aceitaria nenhum atalho – e menos ainda o da razão.

"O quê? Vocês desejariam que se colocassem no mesmo pedestal a violência e a razão, *might and right, knowledge and power?*" Sim, no mesmo pedestal, quer dizer, *igualmente estranhas* às funções da República: tal é a hipótese da ecologia política requalificada neste livro. A luta da razão e da violência, a disputa de Sócrates, o filósofo, e Cálicles, o sofista, a oposição da demonstração e da persuasão, o *pas de deux* entre realismo e relativismo, tudo isso não nos concerne e não mais consegue resumir a história de nossos vínculos. É uma disputa entre elites para decidir quem torcerá mais depressa o pescoço do *demos*: a aceleração fulminante da lei natural ou a aceleração fulminante da violência. Para passar à nova Constituição, é necessário abandonar o socorro oferecido por esses dois atalhos da vida pública, substituir a Ciência pelas ciências e a sociedade pelo trabalho lento da composição política.[3] Elas não se confundem mais do que se combatem, é o que mostramos de forma extensiva: se falamos "das" ciências no plural e "da" política no singular, é justamente porque as funções delas diferem, umas permitindo a manutenção da diversidade dos candidatos à existência e a outra viabilizando

---

3 Apesar de suas pretensões, o discurso contra o poder não revela a presença do poder sob as relações de força: ele participa delas (ver Conclusão). O discurso crítico é todo pleno de epistemologia (política), é o filho adotado em comum por Sócrates e por Cálicles. Sobre a noção de poder, ler, por exemplo, Law e Fyfe (1988). É toda a diferença entre a sociologia crítica, que utiliza a noção de poder como sua arma principal, e a sociologia *da* crítica, que se interessa pela obsessão dos sociólogos pelo discurso em termos de poder. Além do trabalho fundamental de Boltanski e Thévenot (1991), ver, sobre a antropologia do gesto crítico, Latour (1996a).

a retomada ininterrupta da unidade daquilo que as reúne em um único coletivo – a antiga Constituição, para resumi-la numa frase, fazia tudo ao contrário falando *da* Ciência e *dos* interesses políticos.

A política se opõe, portanto, aos atalhos da violência exatamente tanto quanto aos atalhos da razão. Diferenciando valores e fatos, o Antigo Regime gozava das vantagens de uma dupla transcendência: podia se desarraigar dos simples *de facto* pela exigência de um *de jure*, e podia sempre apelar, contra as exigências ultrapassadas dos valores e do direito, à dura realidade dos fatos. A nova Constituição não se beneficia dessas transcendências. Ela não pode apelar a nada além da multiplicidade daquilo que jaz fora dela sem mais unidade do que legitimidade, e que a coloca em perigo porque nunca mais estará quite. Privados do socorro da transcendência, acreditamos, em primeiro lugar, que vamos nos sufocar por falta de oxigênio; depois percebemos que respiramos mais livremente do que antes: as transcendências se multiplicam nas proposições exteriores ao coletivo.

Com essas duas câmaras explicitamente convocadas, o coletivo obriga a desacelerar, isto é, a *re*-apresentar sempre e de novo, a qualquer tempo, as dores da composição progressiva do *cosmo*. Em vez de distinguir, como exigia a tradição, o fato e o direito, ele exige dos fatos que se tornem legítimos;[4] diferencia doravante os amálgamas dos fatos e dos direitos malformados das associações de humanos e de não humanos obtidos de acordo com as formas. Só lhe importa a questão científica, política, moral, econômica e administrativa: essas propostas são bem ou mal articuladas? Formam um bom ou mau mundo comum? Não é suficiente existir na câmara alta para existir na câmara baixa. Não é suficiente ter sido rejeitado pela

---

4 O que não tem nada a ver, claro, com a legitimação dos fatos estabelecidos – as relações de força –, cara à sociologia crítica, que acredita muito em fazer avançar as coisas retomando o discurso das qualidades primeiras e das qualidades segundas: a violência se torna o poder de explicação causal invisível aos atores, enquanto a *illusio* cobre com seu casaco de significações arbitrárias a nudez das relações de força. A naturalização* se estende de novo, mas dessa vez pelo lado "tribunal" da sociedade* e não mais pelo lado "jardim" da natureza.

câmara baixa, para não mais existir na câmara alta. *Desde que elas trabalhem em círculo*, as duas assembleias têm por resultado produzir, num dado momento, assembleias provisórias, o que se pode chamar de "estados de fatos de direito", *de facto de jure*.

"Vocês querem, portanto, confiar toda a moral, toda a verdade, toda a justiça na simples passagem de uma versão do coletivo à versão seguinte? Vocês abandonariam as certezas pela tentativa? A alta transcendência do Verdadeiro e do Bem pela mínima transcendência da hesitação e da retomada? Precisaria ser louco para se privar do apelo à razão que permite o desvendamento crítico." Não louco, mas deixaria de ser moderno. Isso calha bem, pois nunca fomos modernos.

As duas flechas do tempo

Desde o começo desta obra, opusemos as expressões "modernismo" e "ecologia política", a ponto de poder resumir nosso percurso parodiando a pergunta de Hamlet: *To modernise or to ecologise? That's the question* ("Modernizar ou ecologizar? Eis a questão"). Dar ao adjetivo "moderno", que é utilizado habitualmente sem pensar, um significado pejorativo, ou no mínimo suspeito, é o que pode surpreender o leitor. Não podíamos explicar a nós mesmos, antes, por que sua definição dependia da estranha concepção que os modernos fazem da Ciência e da política. Acontece que a direção do que é chamada "a flecha do tempo" decorre da relação entre a Ciência e a sociedade.[5] Os modernos "vão à frente", dizem eles. Mas qual o sinal que vai mostrar se progridem, recuam ou ficam parados? É necessário que alguma referência lhes permita diferenciar o futuro radiante do passado obscuro. Ora, é *às relações clássicas do objeto e do sujeito* que eles vão pedir emprestado esse sinal que vai lhes servir de guia:

---

5 Resumo, nesta seção, Latour (1991; 1999b). Sobre todos esses mecanismos de passagem paradoxais da história, ver, claro, o inigualável livro de Péguy (1961).

o passado misturava o que o futuro deverá distinguir. No passado, nossos ancestrais confundiam os fatos com os valores, a essência das coisas com as representações que tinham, a dura realidade objetiva com os fantasmas que projetavam sobre ela as qualidades primeiras com as segundas. Já os modernos acreditam que, amanhã, a distinção se tornará mais viva, poderemos com mais clareza arrancar os fatos estabelecidos da própria ganga de desejos e fantasias humanas. Para os modernos, sem a esperança de uma Ciência enfim extirpada do mundo social, não há movimento detectável, nenhum progresso, nenhuma flecha do tempo, e, portanto, nenhuma esperança de salvação. Compreende-se que eles despendam uma energia desesperada para defender o mito da Caverna e que vejam, na confusão das ciências com a política, o crime imperdoável que privaria a história de todo o futuro. Se a Ciência não puder sair do inferno do social, então não há mais emancipação possível – a liberdade não tem mais futuro do que a razão.

É toda essa maquinaria temporal, essa fábrica de tempo, esse relógio, esse ponteiro, que a ecologia política deve atacar com todo o conhecimento de causa. Deve modificar o mecanismo que gera a diferença entre o passado e o futuro, suspender o tique-taque que ritmava a temporalidade dos modernos. O que não se podia conseguir, no começo deste livro, sem chocar o senso comum, não oferece agora nenhuma dificuldade. É um jogo de peças soltas para remontar.

Sobre que maquinaria repousava, com efeito, a distinção prometida e esperada dos fatos e dos valores? Nós o sabemos agora: sobre a produção de dois tipos de exterioridades, uma utilizada como reserva e a outra como lixeira. A frente de modernização avançava inexoravelmente, indo procurar, no exterior do social, um mundo comum indiscutível que lhe servia de reservatório, para substituí--lo pelo fervilhar de opiniões, projeções, representações, fantasmas, que eram banidos do mundo real para um vasto depósito, um cemitério cheio de arcaísmos e irracionalidades. "Avançar" nesse regime consistia, portanto, em encher o coletivo de fatos indiscutíveis, as qualidades primeiras, e em eliminar do mundo real as qualidades segundas, para confirmá-las no foro interior, no passado, para todos os efeitos, na insignificância e no inessencial. Essa imensa bomba aspirante e expirante (aspirando os fatos indiscutíveis e expirando as opiniões discutíveis), nós a reconhecemos: é a natureza, transformada em nossa inimiga política.[6]

A máquina de produzir "os tempos modernos" repousa sobre uma naturalização sempre maior, isto é, nós o demonstramos bastante, sobre uma fuga sempre mais rápida dos procedimentos legítimos pelos quais se devem instituir as essências.* Um bombardeamento de objetos vindos de nenhum lugar e não produzidos por mãos de homens repele as representações sempre para mais longe, no arcaísmo. Extraordinária ambição: modernizar o planeta a ponto de fazer desaparecer todo traço de irracionalidade, substituída pela intocável razão. Curiosamente, a história moderna termina por se assemelhar ao (péssimo) filme *Armageddon*: um bólido objetivo, cometa vindo dos confins da galáxia, logo colocará fim a todas as querelas humanas, vitrificando a Terra! O que ela espera como salvação, como libertação final, é um apocalipse de objetividades, caindo em chuva de fogo sobre o coletivo.[7] O futuro radiante, os modernos o imaginam como a eliminação definitiva do humano e do não humano! O fogo platônico, vindo do Céu das Ideias, ilumina, enfim, a Caverna obscura que desaparece sob seu brilho. Estranho mito de um fim da história cataclísmico para um regime político que pretende dar lições de razão e moralidade aos pobres políticos ignaros...

A ecologia política não conhece nem reserva, nem lixeira. A bomba aspirante e expirante, ela encontra encravada, entupida,

---

6 Recordo que essa expressão, "inimigo político", não tem mais o sentido de sub-homem, de "víbora lasciva" ou algum nome de pássaro, mas que se trata, daqui em diante, de um termo de respeito: aquele que põe em perigo o coletivo pode se tornar amanhã o aliado, e não compromete de forma alguma a moral, a qual "repesca" os excluídos.

7 Poderíamos nos interrogar sobre a ligação entre os crimes e os cataclismos do século finalmente encerrado, e sobre essa concepção suicida e apocalíptica. No fundo, os modernos sempre desejam seu próprio desaparecimento, o desaparecimento de seu próprio *oikos*. Não é a natureza que eles querem. É a eles – ver, sobre esse assunto, o Capítulo VI de Jonas (1990) sobre a utopia.

bem enferrujada. Consequentemente, não pode mais acionar a diferença entre o racional e o irracional, entre o indiscutível "fato" da natureza e a arcaica "representação": a ecologia política não poderá jamais, portanto, impulsionar pouco a pouco o curso do tempo, ao longo de uma linha irreversível que iria de um passado embaralhado a um futuro esclarecido. A ecologia teórica, que a princípio tomou dos modernos sua concepção da natureza e do tempo, à qual se achava ligada, aí se experimenta seguramente. Ela de início acreditou que, introduzindo o cuidado da natureza em política, iríamos dar cabo dos desperdícios, da exploração, da irracionalidade dos humanos. No entanto, sob o manto de uma mudança revolucionária, isso apenas significava acelerar os tempos modernos: a natureza ditava suas leis à história de forma ainda mais imperiosa do que o passado. Além disso, a historicidade desaparece, confundida com o movimento da natureza. Decididamente, a ecologia política não pode mais fazer funcionar o relógio dos modernos, que se supõem tão revolucionários, já que ela escolheu não mais construir sua vida pública em torno da distinção dos fatos e dos valores, único caminho capaz de cavar uma diferença de fato durável, irreversível, progressista, entre o ontem e o amanhã.

Deve a ecologia política, para tanto, renunciar a mergulhar na história? Deve abandonar o movimento em direção ao futuro? Existe ainda para ela a flecha do tempo? Por não ser moderna, deve ela se resignar ao marca passo dos pós-modernos, ou, pior ainda, deverá aceitar, retrocedendo no caminho do progresso, o rótulo de "reacionária"? Certamente não, pois, se ela não conhece a reserva nem a lixeira do Antigo Regime, possui outras transcendências: uma exterioridade construída segundo um procedimento bem formado, que produz excluídos provisórios e postulantes. Portanto, ela é bem capaz de montar uma diferença entre o passado e o futuro, mas essa diferença ela a obtém *pela abertura entre duas iterações sucessivas* e não mais pela antiga distinção dos fatos e dos valores. Ela poderia dizer:

> Ontem levamos em conta algumas propostas; amanhã consideraremos outras e, se tudo correr bem, esperamos mais; ontem dáva-

mos muita importância a entidades cujo peso amanhã irá diminuir; no passado só podíamos compor um mundo comum com alguns elementos; no futuro poderemos absorver o choque de um número maior de seres até aqui incomensuráveis; ontem não podíamos formar um cosmo e nos encontrávamos rodeados de *aliens* que ninguém havia formado – a antiga reserva – e que ninguém podia integrar – a antiga lixeira; amanhã formaremos um cosmo um pouco menos disforme.

Mudamos de futuro ao mesmo tempo que mudamos de exterior, e esse exterior nós o modificamos porque as instituições políticas inscritas na Constituição sofreram reviravolta. Assim como os modernos passavam sempre do confuso ao claro, do misturado ao simples, do arcaico ao objetivo, e subiam, portanto, a escada do progresso, nós também vamos progredir, mas descendo sempre por um caminho que não é o da decadência: iremos sempre do misturado a outro mais misturado, do complicado ao mais complicado, do explicado ao implicado. Não esperamos mais do futuro que nos emancipe dos vínculos, mas que nos ligue, pelo contrário, com os nós mais apertados, com as multidões mais numerosas de *aliens* que se tornaram membros do coletivo em vias de formação. "Amanhã, proclamavam os modernos, seremos mais independentes." "Amanhã, murmuram os que chamaríamos de não modernos, nós estaremos mais realizados." Mark Twain afirmava não haver nada mais certo do que a morte e os impostos; é preciso acrescentar doravante outra certeza: amanhã o coletivo será mais complicado que hoje. Será necessário, com efeito, nos envolvermos mais intimamente ainda com a existência de uma multidão ainda maior de seres humanos e não humanos, cujas exigências serão ainda mais incomensuráveis do que as do passado, e será necessário, entretanto, que nos tornemos capazes de nos abrigar numa casa comum. Não esperamos mais nenhuma chuva de fogo que venha nos fazer concordar, matando-nos todos à força de objetividade. Nossa história não tem fim. O fim da história é a flecha dos modernos, que apenas pressupõe. Uma vez que tornar-se pouco a pouco um *cosmo* não tem fim, não há, portanto, para a ecologia política nenhum apocalipse a temer: ela volta à casa, ao *oikos*, aos aposentos comuns, à existência banal.

A ecologia política não se contenta em pôr fim à história dos modernos, ela suprime a mais estranha aberração, oferecendo-lhe retrospectivamente uma explicação diferente de seu destino. De fato, os modernos têm obsessão pelo tempo, nunca tiveram sorte com ele, porque tinham a necessidade, para fazer funcionar sua vasta maquinaria, de colocar o mundo dos fatos indiscutíveis fora da história. Nunca encontraram o meio, por exemplo, de instituir uma história das ciências que fosse pelo menos digna de crença: deviam se contentar, sob esse nome, com uma história dos humanos descobrindo a indiscutível e intemporal natureza.[8] Os modernos eram, portanto, tomados por um dilema que rejeitaram para o exterior, como todo o resto, mas que terminou, como todo o resto, por surpreendê-los: iam de antemão com a esperança de levar em consideração cada vez menos proposições, quando haviam posto em movimento, no decorrer do século, a mais formidável máquina de alcançar o maior número possível de entidades – culturas, nações, fatos, ciências, pessoas, artes, animais, indústrias –, um imenso cafarnaum que eles não cessavam de mobilizar ou de destruir, no mesmo momento em que afirmavam querer simplificar, depurar, naturalizar, excluir. Eles se descarregavam do resto do mundo

---

8 Está aí o sentido do passado na expressão "nunca fomos modernos". Não se trata de uma ilusão a mais, mas de uma interpretação ativa da história do Ocidente, cujo efeito performativo foi formidável, mas que perde pouco a pouco sua eficácia e obriga, então, a uma reinterpretação do passado – fenômeno por sua vez muito banal. No momento mesmo em que Descartes, sozinho em seu quarto aquecido, enuncia o seu *ego cogit*, nós percebemos agora, a comunidade científica finalmente se põe a trabalhar em conjunto. O que é moderno? O *cogito* solitário? O trabalho em comum dos trabalhadores da prova? Ou a estranha relação entre a invenção do *cogito* no mesmo instante em que se inventa a comunidade científica? A descoberta *retrospectiva*, pela nova história das ciências, de inumeráveis ligações entre as ciências e a vida pública, e entre essas ligações *e sua denegação*, oferece a prova mais espetacular de que nós nunca fomos modernos.

no mesmo instante em que carregavam o mundo, tal como Atlas, nos seus largos ombros; pretendiam externalizar tudo, ao mesmo tempo que internalizavam a Terra inteira. Imperialistas, afirmavam não depender de ninguém; em dívida com o universo inteiro, achavam-se quites com toda ligação; implicados em tudo, impregnados de tudo, queriam lavar as mãos de toda responsabilidade.

Quando, iguais a Deus, os modernos se tornam enfim coextensivos da Criação, esse foi o momento que eles escolheram para cair no mais completo isolacionismo e de se acreditar fora da história! Não é de se admirar que o relógio deles tenha parado no mesmo momento em que seu bicameralismo* desmoronava, esmagado sob o peso de todos os que eles tinham recrutado, pretendendo não levá-los em consideração* nem lhes oferecer um mundo comum.* Não podemos, ao mesmo tempo, misturar-nos ao mundo e rejeitá-lo ao exterior, deixá-lo de lado ou despejá-lo. Se fosse preciso tirar uma lição do mito de Frankenstein, seria justamente o contrário daquela de Victor, o infeliz autor desse monstro celebérrimo. No momento em que assume a culpa chorando lágrimas de crocodilo por ter feito o papel de aprendiz de feiticeiro a torto e a direito, ele dissimula, sob esse pecado venial, o pecado mortal do qual sua criatura o acusa e com razão: ter fugido do laboratório, abandonando-a à própria sorte, sob pretexto de que, como todas as inovações, ela nascera monstruosa.[9] Ninguém pode se passar por Deus e, depois, deixar de enviar seu único filho para tentar recuperar o grande trabalho tão mal conduzido de sua Criação decaída...

A ecologia política faz melhor do que levar adiante a sucessão do modernismo; ela o *desinventa*. Vê, retrospectivamente, nesse movimento contraditório de vinculação e desvinculação, uma história bem mais interessante do que a de uma frente de modernização avançando de modo inexorável desde as trevas do arcaísmo até a claridade da objetividade – e muito mais rica, seguramente, que a antinarrativa dos antimodernos que releem essa história segundo o declive, da mesma forma inexorável, de uma decadência que

---

9 Sobre a reinterpretação do mito e sua ilustração, ver Latour (1992).

nos teria distanciado, sempre mais, de uma matriz feliz por nos ter lançado na frieza de um mundo gelado pelo cálculo. Os modernos sempre fazem o contrário do que dizem: *é isso que os salva!* Nenhuma coisa* que não seja uma assembleia. Nenhum fato indiscutível que não seja resultado de uma discussão meticulosa no coração mesmo do coletivo. Nenhum objeto sem risco* que não arraste atrás de si uma longa cabeleira de consequências inesperadas que venham apressar o coletivo, obrigando-o a se retomar. Nenhuma única inovação que não redesenhe de cima a baixo a cosmopolítica,* obrigando cada um a recompor a vida pública. Os modernos, em sua curta história, nunca souberam distinguir os fatos e os valores, as coisas e as assembleias. Jamais conseguiram tornar insignificante e irreal o que acreditaram poder excluir definitivamente e sem processo. Eles se consideraram irreversíveis sem ter conseguido tornar nada irreversível. Tudo isso permanece atrás deles, ao redor deles, diante deles, neles, como credores que batem à porta, exigindo apenas que se retorne, sobre bases novas e explicitamente, o trabalho de exclusão e de inclusão. No mesmo momento em que lastimam viver num mundo indiferente à sua ansiedade, habitam sempre essa República* em que muito banalmente nasceram.

Portanto, a ecologia política não condena a experiência moderna, não a anula, não a revoluciona: ela a cerca, a envolve, a ultrapassa, a encaixa num procedimento que lhe dá, enfim, sentido. Digamos as coisas em termos morais: ela perdoa. Com sabedoria piedosa, reconhece que não houve talvez condição de fazer melhor; aceita, sob certas condições, passar a esponja. Apesar do assombroso fardo de culpabilidade que eles gostam de carregar sobre si, os modernos não cometeram ainda o pecado mortal de Victor Frankenstein. No entanto, cometeriam um se remetessem para mais tarde essa reinterpretação de sua experiência que lhes oferece a ecologia política, e se, vendo-se cercados por uma tal multidão de *aliens*, entrassem em pânico, prolongando ainda a maneira modernista de se crer contemporâneos do mundo; se acreditassem viver numa sociedade rodeada de uma natureza; se se imaginassem, enfim, capazes de modernizar o planeta à força de objetividade. Até aqui ingênuos, ou mesmo inocentes, arriscariam ser surpreendidos pelo provérbio: *perseverare diabolicum est.*

A trajetória de aprendizagem

Em nossa aljava, não temos só uma flecha do tempo, mas duas: a primeira, modernista, vai em direção à desvinculação; a segunda, não moderna, no sentido da revinculação. A primeira nos priva pouco a pouco de todo ingrediente para construir nosso coletivo, já que as essências fundadas na natureza são cada vez mais indiscutíveis, e as identidades fundadas sobre o arbítrio cada vez menos discutíveis. A segunda flecha do tempo, ao contrário, multiplica pouco a pouco as transcendências às quais o coletivo pode apelar para retomar em seguida o que queria dizer, rearticulando as proposições, oferecendo-lhes outros hábitos.* A ecologia política não vai beber na mesma história que a do progresso moderno.[10] A essa nova temporalidade, que multiplica os aliados potenciais, poderemos confiar tesouros que seriam impensáveis de se confiar à historicidade antiga. Outrora, devia-se desconfiar sempre da história, uma vez que as coisas importantes (mundo comum, qualidades primeiras) escapavam à temporalidade. Se havia uma história humana cheia de som e fúria, ela desenvolvia-se sempre, por contraste, com uma *não história* silenciosa, cheia de promessas de paz, que tardavam sempre a se manifestar por causa da infinita distância que as separava desse baixo mundo.

A partir do momento que se aceita diferenciar o passado do futuro, não mais pela separação, mas pela revinculação, a ecologia política se põe a aproveitar diferentemente a passagem do tempo.

---

10 Falo aqui da historicidade de grau dois, que integra, como o fizemos aqui, a produção do conhecimento, e não a historicidade de grau um, que, no fundo, é apenas o quadro mais animado dos fenômenos da natureza previamente fixados – ver Latour (1999, cap.4-5).

De modo contrário às outras formas de historicidade que a precederam, ela tem a possibilidade de confiar as questões que não pôde resolver hoje *à retomada, amanhã, do processo de composição*. O que ela ignora no tempo *t*, não pode mais pretender que se trate de coisas inexistentes, irracionais e completamente ultrapassadas, mas somente de excluídos provisórios a caminho da apelação, os quais encontrará *de toda forma na estrada* em *t* + 1, visto que nunca estará quite com eles. Em outras palavras, ela não recorre a mais nenhum dos três rótulos que os modernos sempre usaram até aqui para qualificar seu desenvolvimento: a luta contra o arcaísmo, a frente de modernização, a utopia de um futuro radioso. Ela propõe consagrar-se a uma *triagem meticulosa dos mundos possíveis*, sempre a recomeçar.[11] A irreversibilidade mudou de direção: não está mais no mundo abolido, mas no futuro a retomar.

Conservemos das ciências o nome *experiência** para qualificar o movimento pelo qual um coletivo qualquer transita assim de um estado passado a um estado futuro, do bom senso ao senso comum. A vida pública esforçou-se até aqui em imitar a Ciência e esperar a salvação da razão: por que não tentaria ela imitar um pouco as ciências,* tomando-lhes emprestada a experimentação, que é, sem contestação, seu maior invento? Com efeito, a etimologia atesta que a experiência consiste em "passar por" uma prova e em "sair" para tirar dela as lições.[12] Oferece, portanto, um intermediário entre o saber e a ignorância. Define-se não pelo conhecimento de que dis-

---

11 A acusação de historicismo só pareceu condenável no Antigo Regime, em contraste com as certezas evidentes que sempre poderíamos opor ao mundo da Caverna. Não se trata mais, aqui, de tudo confiar à simples contingência, mas de modificar o sentido dessa palavra por instituições adequadas. A "contingência" se torna resultado de uma distribuição política sobre o que pode ser ou não ser, o que deve ser ou não ser.

12 Não retomo a distinção entre experiência do bom senso e experimentação científica (nesse ponto, ver Licoppe, 1996), pois o senso comum,* levado cada vez mais às guerras de ciências, tem a necessidade, daqui em diante, da experimentação, como também da experiência. Ver a bela citação de Beck (nota 16 do Capítulo 3).

põe no começo, mas pela qualidade da *trajetória de aprendizagem*,* que permitiu passar por uma prova e ficar sabendo um pouco mais. A experiência, todo pesquisador digno desse nome sabe bem, é difícil, incerta, arriscada, e não permite nunca recorrer a testemunhos confiáveis* disponíveis em algum tipo de catálogo. Ela pode falhar; é difícil de reproduzir; depende dos instrumentos. Uma experiência ruim não é aquela que falha, mas aquela da qual não se tira nenhuma lição para preparar a experiência seguinte. Uma experiência boa não é a que oferece um saber definitivo, mas a que permite redesenhar o *caminho de provas* pelo qual vai ser necessário passar, de maneira que a iteração seguinte não se cumpra em vão.

Para empregar melhor as noções de experimentação e de trajetória de aprendizagem, é necessário, sem dúvida, tirá-las dos laboratórios e partilhá-las com o grupo dos que, humanos e não humanos, encontram-se engajados. Até aqui, no regime modernista, experimentava-se, mas somente entre cientistas; todos os outros, frequentemente, a despeito deles mesmos, tornavam-se participantes de um empreendimento que não tinham meios de julgar. Diremos, então, que é o coletivo no seu todo que se define daqui por diante como uma experimentação coletiva. Experimentação do quê? Dos vínculos e dos desvínculos que lhe permitirão, a um dado momento, encontrar os candidatos à existência comum, e decidir se podem se situar no interior do coletivo ou se devem, com um processo bem formado, tornar-se inimigos provisórios. É o conjunto do coletivo que fará a si a pergunta para saber se pode coabitar com tal ou qual, e a que preço; quem investigará as provas, permitindo-lhe decidir se teve ou não razão de operar a adição ou a subtração. As deliberações do coletivo não devem mais ser suspensas ou abreviadas por um conhecimento definitivo, já que a natureza não dá mais um direito que seja contrário ao exercício da vida pública. O coletivo não alega saber, mas deve experimentar de maneira que possa aprender na prova. Toda sua capacidade normativa depende, doravante, da diferença que poderá registrar entre t_0 e $t+1$, confiando sua sorte à pequena transcendência das realidades exteriores.

Dir-se-á que se trata de uma norma bem frágil e que não se pode confiar toda a qualificação da história a uma diferença tão débil, a um simples *delta* de aprendizagem. Mas em relação a que padrão se julgaria a fragilidade dessa norma? Se for pelo contraste com o saber definitivo fornecido pelo conhecimento objetivo da natureza das coisas, a simples experiência coletiva parecerá muito pequena. É o que Sócrates repetia com insistência na ágora de Atenas. Nós nos demos conta de que esse padrão, ainda que útil, não pode jamais se tornar comensurável com as tarefas do coletivo. É necessário compor o mundo comum em tamanho e tempo real, sem conhecimento das causas e das consequências, no meio da ágora, e com todos os que são partes interessadas. A vida pública, já o demonstramos, não pode se desdobrar senão na condição de lhe retirar toda ameaça de salvação, toda esperança de simplificação fulminante. Comparada à claridade ofuscante do Céu das Ideias, a noção de experiência obtida talvez pareça obscura, mas, comparada à escuridão total que reina no inferno da Caverna, a curva de aprendizagem oferece uma certa luminosidade, a única de que dispúnhamos, a única de que temos necessidade para andar às apalpadelas, às cegas, em companhia de deficientes visuais.

Torna-se mais fácil qualificar a dinâmica do coletivo se aceitarmos julgá-la à luz da experiência coletiva, em vez daquela – em princípio melhor, mas na prática inaplicável – do Antigo Regime.

Reencontramos primeiramente a questão da própria ecologia, superficial ou profunda, científica ou política, erudita ou popular, que está na origem deste livro. Como assinalamos muitas vezes, não temos mais de definir, de uma vez por todas, os elos que regulariam as relações dos humanos e das coisas. Não temos mais de substituir pelos elos pretensamente "políticos" e "antropocêntricos" uma ordem das coisas, uma hierarquia natural que classificaria as entidades por ordem de importância desde a maior – Gaia, a Terra Mãe – até a menor – o humano aquecido até ficar branco pela sua *hubris*. Podemos, ao contrário, tirar vantagem da descoberta fundamental do movimento ecológico: ninguém sabe do que é capaz um meio ambiente; ninguém pode, de antemão, definir o que seja o humano desligado daquilo que o define como tal.[13] Nenhum poder toma da natureza o direito de decidir a importância relativa e a hierarquia respectiva das entidades que compõem, a um dado momento, o mundo comum. Mas o que ninguém sabe todos podem experimentar, sob a condição de aceitar passar pelo caminho das provas, respeitando os procedimentos que evitam justamente os atalhos.

Pela mesma razão, podemos falar de moral, outra vez, sem ficar paralisados pela questão dos fundamentos. Em nome de que seria necessário preferir, no Parque Nacional do Mercantour, o lobo às ovelhas? Em nome de que princípio seria necessário proibir à ovelha Dolly fotocopiar-se em milhares de clones? Que dever nos obriga a reservar a água do Rio Drôme aos peixes, em lugar das irrigações de milho, subvencionadas pela Europa? Não temos mais de vacilar entre o direito incontestável dos humanos – prolongados ou não para suas gerações futuras – e o direito indiscutível de as "coisas mesmas" gozarem da existência. A questão provém do fato de saber se temos ou não reunida, nas nossas tramas, a totalidade desses seres – ovelhas, camponeses, lobos, trutas, subvenções e curvas de rios. Em caso positivo, é preciso então experimentar a compatibilidade de todas essas proposições descobrindo, por uma outra prova, como o grupo vai resistir se um de seus membros for rejeitado pelo exterior. O que seria, por exemplo, do Mercantour sem o lobo? O que é um peixe sem água? O que é um produtor de milho sem mercado garantido? Se, pelo contrário, faltam-nos entidades, então precisamos começar o trabalho de coleta. A moral mudou de direção: ela não obriga a definir os fundamentos, mas a retomar a composição, passando o mais rapidamente possível à iteração seguinte. Os fundamentos não estão atrás de nós, debaixo de nós, por cima

---

13 Lovelock, inventor da *hipótese* Gaia, evita, aliás, fazer disso uma totalidade já constituída. Seus livros desenvolvem a composição progressiva das ligações entre disciplinas científicas, encarregadas cada uma de um cantão do planeta, descobrindo pouco a pouco, com surpresa, que elas podem se definir entre si (Lovelock, 1988; 1979). Enfatizando, podemos dizer que a Gaia de Lovelock é todo o oposto da natureza, e que ela se parece mais com um Parlamento das disciplinas.

de nós, mas *adiante*: cabe ao nosso futuro conquistá-los, colocando o coletivo em estado de alerta para registrar, o mais rapidamente possível, o apelo dos excluídos que *moral nenhuma autoriza a excluir em definitivo*. Toda experiência produz excluídos cujo preço será necessário, um dia ou outro, pagar. Nunca estaremos quites. Haveria pecado na suspensão definitiva da curva de aprendizagem, mesmo em nome de princípios morais inatingíveis que definiriam o humano, de uma vez por todas e fora do procedimento.[14] O humanismo também deve tornar-se experimental.

Confiando à experimentação o cuidado de encontrar seu rumo, fazendo da moral um caminho de provas, o coletivo sai igualmente de uma dificuldade que poderia paralisá-lo, como ocorreu com a ecologia teórica freada bruscamente e sem mediação com a obrigação de "levar tudo em consideração". Parece, com efeito, que, passando do modernismo para a ecologia política, passa-se do direito imprescritível de ignorar o maior número de seres à necessidade de não excluir nenhum. A complexidade, a "total conectividade", o ecossistema global, a catolicidade que tudo quer abarcar parecem sempre acompanhar a criação de um pensamento ecológico, persuadido de que, com razão, no final das contas, tudo se resolve. Comparado a esse fim magnífico, cada coletivo se mostra acanhado, ignaro, fechado. Ora, a "pequena transcendência" da experimentação não promete levar tudo em conta, mas excluir, assegurando-se de que os excluídos poderão colocá-la em perigo no golpe seguinte. Não se lhe pede, portanto, avaliar de uma só feita o pluriverso, mas assegurar que ela proceda bem de um estado n para um estado $n + 1$, que considere o maior número de seres ou que, pelo menos, não se perca no caminho. A ordem e a beleza que o grego associa à palavra *cosmo* não definem, portanto, a totalidade, mas a curva de aprendizagem. Por definição, todos os coletivos, como a criatura de Frankenstein,

---

14 As distinções entre morais procedimentais, substanciais e consequenciais ficam menos importantes se considerarmos o coletivo em sua dinâmica experimental. Para ver isso mais de perto, as diferentes escolas de filosofia moral se opõem menos quando não designam um ou outro dos segmentos sucessivos dessa curva de aprendizagem, esforçando-se por qualificar sua virtude.

nascem disformes; todos parecem, aos olhos dos outros, bárbaros: *só o traçado da experiência lhes dá uma forma civil*. A totalidade provisória e composta das regras não se confunde minimamente com a totalidade obtida em câmara ou em laboratório sob o nome de "natureza totalizante" e "infinitamente complexa". Gaia não é a Terra Mãe, ancestral divina da qual descenderia nosso coletivo, mas, na melhor hipótese, nossa longínqua sobrinha bisneta que só um coletivo civilizado poderá gerar de acordo com as formas.

Comparando os estados relativos do mesmo coletivo em dois momentos sucessivos, chega-se então a qualificar sua *virtude* sem recorrer, entretanto, nem ao saber definido, nem à transcendência moral, e sem querer açambarcar tudo de um golpe. Com a noção de trajetória de aprendizagem, resolve-se, dito de outra forma, *um problema de escala*. Se sempre é possível, no laboratório, trabalhar sobre um modelo reduzido, é preciso sempre coletar o coletivo em tamanho real, sem poder esperar, sem poder repetir, sem poder reduzir, sem poder acumular o conhecimento das causas e das consequências de nossas ações.[15] Não há redução possível do coletivo, por isso nada substitui a experiência que se deve efetuar sempre sem certezas. Ora, a experimentação coletiva traça um caminho intermediário entre o modelo reduzido e a escala um, e permite desdobrar no tempo a passagem de um a outro. Porém, com uma condição: que se guarde registro do caminho feito. É preciso que um mecanismo novo se mantenha apto a registrar, a cada instante, as respostas sucessivas dadas à questão agora reaberta do número de coletivos, comparando sem cessar o que se pôde absorver e o que ficou de fora.

O terceiro poder e a questão do Estado

Para que aceitemos renunciar às facilidades do modernismo, na esperança de uma salvação pela Ciência, para que laicizemos,

---

15 Que não haja modelo reduzido do coletivo, aí está a origem do principal mal-entendido entre Sócrates e *demos*, no *Górgias*.

enfim, a vida pública, confiando-a à "pequena transcendência" da experiência coletiva, para que encarreguemos a história de nos dar, a conta-gotas, as luzes que a natureza não poderia mais oferecer, precisamos de uma garantia que sirva de absoluto provisório. É o que chamamos o *poder de acompanhamento*,* poder procedimental que nada deve permitir confundir com os de consideração* e ordenamento.* Seria possível chamá-lo poder de *governar*, se fosse aceito designar com essa expressão o abandono de toda supremacia. A arte de governar não é a arbitragem necessária da razão ou o necessário arbítrio da soberania, mas aquilo a que se é obrigado recorrer quando não se é beneficiado por nenhum atalho. Quando se deve compor paulatinamente o mundo comum, indo de uma prova a outra pelo caminho invisível de uma dolorosa trajetória de aprendizagem, há a necessidade desse terceiro poder, que não possui os atributos do poder, mas os da fraqueza. Aceitamos ter governantes quando não há modelo reduzido possível, e quando é necessário, no entanto, reduzir todas as apostas num modelo simplificado; quando não há supremacia possível e forem precisos, entretanto, mestres.

Um teste não serve senão como ponto de partida, para documentar seus resultados, preparar o protocolo da iteração seguinte, assegurar que se desenhou um novo caminho crítico que permite aprender mais na próxima vez. No modernismo, sabemos, não existia nunca um verdadeiro *retorno de experiência*, pois o passado estava deveras excluído e qualificado de vão arcaísmo, de irracionalidade ultrapassada, de subjetividade que precisava desaparecer para dar lugar aos objetos indiscutíveis do mundo comum, os únicos que temos necessidade de conhecer.[16] A metafísica da natureza* impedia a lenta exploração da metafísica experimental.* As

---

16 Podemos justamente medir o desaparecimento progressivo do modernismo como interpretação de si mesmo pela proliferação de simpósios, instituições, procedimentos encarregados do retorno da experiência. A voga do procedimentalismo de uma parte e a generalização do princípio de precaução (Godard, 1997), ou de simples vigilância, são as melhores indicações da presença entre nós dessa nova Constituição, da qual eu não faço mais que destacar linhas pontilhadas.

consequências inesperadas proliferavam, todavia, e surpreendiam sempre, uma vez que elas não tinham, com os objetos sem risco* que as acionavam, nenhuma relação razoável. Podia-se, portanto, amontoar as tentativas sobre as ruínas dos ensaios precedentes, sem nunca falar nem de ensaios, nem de tentativas, nem de ruínas: a cada vez, a modernização marcava para sempre, indiscutivelmente, definitivamente, irreversivelmente – liberada para reparar, mais tarde, seus malfeitos por uma objetividade nova, ela também definitiva. Não se chegava nunca, no quadro estreito do modernismo, a aproveitar a experiência, às apalpadelas. Alternavam-se, com violência, o saber absoluto e as catástrofes imprevistas, sem conseguir deter-se sobre a história e seus fatos enigmáticos, que precisam ser decodificados às cegas. Curiosamente, com pessoas assim obcecadas pela história, o tempo para os modernos passava em vão. Bombardeados por ciências e técnicas, eles nunca se tornariam mais sábios, já que não chegariam jamais a ler, nesses fatos, a exploração meticulosa de seus próprios coletivos de humanos e não humanos.

Se a experiência histórica que nos esforçamos por decifrar não só desmantelou o antigo quadro da natureza com seu duplo poder científico e político como também propôs mil instituições e procedimentos que apenas esperam um olhar novo para saltar aos olhos, armados até os dentes, o mesmo não acontece com o poder de acompanhamento,* ainda inextricavelmente confundido com a questão do Estado. Ora, é necessário distinguir essa mistura de poderes: açambarcado pela política do Antigo Regime, ela mesma confundida com a Ciência, assemelha-se aos poderes de direito divino antes que os constituintes do século XVIII começassem a distribuí-los em funções separadas. O que é um Estado liberado da louca ambição de se substituir à política, às ciências, à economia e à moral, que se dedica exclusivamente a fornecer a garantia de que os poderes de consideração* e de ordenamento* se cumpram de acordo com as formas?* O que é de um Estado que não visa nem ao coletivo, nem ao mundo comum, nem ao fim da história? O que é um Estado que não se acredita dotado de um poder de "Ciência divina?" Um Estado, enfim, capaz de governar?

Confessemo-lo de imediato, não contamos, para destacar esse poder de acompanhamento, com os mesmos recursos dos outros dois poderes definidos no Capítulo 4. Só podemos, nesse instante, opor o Estado das *ciências políticas* ao Estado das *políticas científicas*.* Não estamos fazendo jogo de palavras: a própria expressão "ciências políticas" exprime uma nova paralisação da vida pública pela Ciência, uma nova injeção de curare para imobilizar o corpo político. A todas as disciplinas que aspiram apressar a lenta composição coletiva, sob pretexto de remediar seus defeitos, as ciências políticas acrescentam uma camada suplementar: à força de estudos rigorosos e objetivos, chegaríamos, enfim, a retirar da vida pública o que lhe resta de movimento. Ela não teria mais de compor provisoriamente o coletivo: saber-se-ia, enfim, de que é feito o mundo social, que paixões e interesses o movem. Disporíamos de um modelo reduzido. Por sua vez, a expressão "políticas científicas", menos conhecida, refaz ao inverso o caminho das ciências políticas e afrouxa pouco a pouco o nó que estas faziam apertar sempre mais. Falava-se de políticas científicas nos círculos até aqui restritos cada vez que era necessário decidir sobre pesquisas a interromper, a prolongar ou a iniciar; cada vez que se devia decidir sobre a esterilidade e a fecundidade dos protocolos de experiências.[17] Generalizando, essa expressão pode então realçar o contraste que nos interessa: não precisamos de ciências políticas, mas de políticas científicas, isto é, de uma função que permita *qualificar a fecundidade relativa* das experiências coletivas, sem que ela logo seja monopolizada pelos cientistas ou por políticos.[18]

---

17 Ver, por exemplo, Callon (1994) e Callon, Laredo e Mustar (1995).
18 É necessário reunir aqui os trabalhos de autores como Lakatos (1994), sobre a relativa fecundidade dos programas de pesquisa, e Habermas (1992), sobre a qualidade dos procedimentos de consulta. Se essa aproximação parece estranha, é somente por causa dos limites da antiga Constituição: Lakatos faz todos os esforços possíveis para pôr o julgamento das ciências ao abrigo da política humana (para ele, arbitrária); Habermas não cessa de pôr o julgamento humano ao abrigo dos não humanos (confundidos com a razão instrumental). Contudo, para alcançar o fim, cada um tem necessidade daquilo que o outro conserva ao abrigo em sua trincheira... A política científica da Asso-

Pode parecer estranho definir o poder de acompanhamento como aquele que deve manter independência, ao mesmo tempo dos políticos e dos cientistas.[19] O Estado não é a instância por excelência do político? Não seria melhor que seu pessoal fosse embebido de ciências? Não, porque o regime político não sabia diferenciar a produção política do sustentáculo perigoso que lhe oferecia a Ciência ao trazer-lhe numa bandeja uma natureza ou uma sociedade *já* totalizada. Pretendia-se chamar de política a agitação dos escravos da Caverna, definindo seu mundo pelo choque de interesses, identidades e paixões. Nada prova que o Estado do Leviatã possa passar intacto de um a outro regime. Ele se comprometeu demais, sob o nome de "tecnocracia", com as piores misturas de ciências e políticas, desconsiderando ao mesmo tempo o trabalho das ciências e da política, monopolizando todos os poderes e todas as competências sem chegar a diferenciá-los, mergulhando a arbitragem e o arbítrio no mesmo esquecimento das formas. Não é o Estado que sonhou com uma "política enfim científica", monstro em nome do qual se cometeram, neste século, tantos crimes?

Uma coisa é segura: o coletivo não é o Estado, e a forma muito particular de governo que procuramos alojar não encontrará no antigo Leviatã escritórios bem equipados, a ocupar sem trabalho.[20]

---

ciação Francesa dos Miopatas, estudada por Callon e seus colegas, parece-me o exemplo mais notável dessa nova conjunção da moral com as coisas em uma política científica original.

19 Não me preocupo aqui com a falsa disputa entre o Estado e o mercado, que supõe uma concepção abandonada pela economia como infraestrutura (ver Capítulo 4). Para o Estado liberal da tradição que pretende livrar os mercados do controle minucioso do poder público, oponho aqui o Estado livre de qualquer outra preocupação que não seja a de governar, desde que desintoxicado da autoridade e sem esperar mais nenhuma transcendência.

20 Esse é o ponto essencial do magnífico argumento de John Dewey contra todas as definições totalitárias ou mesmo simplesmente totalizantes do Estado, que ele chama, também ele, de experimental: "O Estado sempre deve ser redescoberto" (Dewey, 1954, p.34). Por quê? Porque justamente nada pode estar já totalizado, e sobretudo pelo Estado: "Mas uma comunidade que forma um *todo* supõe uma organização de todos os seus elementos por um princípio de

Com efeito, a política se torna, à vista de nossa Constituição, tão desconhecida quanto as ciências: aliás, a política e as ciências deixam de ser poderes para tornar-se conhecimentos postos em ação, de maneira nova, para agitar o conjunto do coletivo e pô-lo em movimento. Não há poderes reconhecidos, de acordo com o esboço do capítulo precedente, a não ser os de consideração* e de ordenamento,* dos quais *todos os corpos profissionais* participam, segundo sua vocação. Ora, é do princípio mesmo da separação dos poderes* desconfiar como da peste das invasões de uma função por outra, pois todas aspiram à hegemonia. Nós também temos necessidade de nossos *cheques e balanços*. Uma simples revisão do Capítulo 4 (ver Quadro 4.1) nos mostra que nenhum dos conhecimentos necessários à ativação do coletivo e nenhum dos dois poderes de consideração e de ordenamento poderia se interessar pela qualidade da curva de aprendizagem e se contentar *exclusivamente com ela*.

Abandonada a si mesma, a câmara alta, sobretudo quando alerta, levará em conta tudo o que passa a seu alcance, sem se preocupar de modo algum com as capacidades da outra câmara de hierarquizar os candidatos apresentados. A câmara baixa, por si mesma, fará seu trabalho de hierarquia* e instituição,* simplificando sua vida pela rejeição, a mais definitiva possível, do maior número de seres reduzidos à inexistência. Como, aliás, assegurar entre essas duas instâncias uma estrita separação dos poderes? A câmara baixa será sempre tentada a impedir a câmara alta de se tornar perplexa,* contrapondo as duras necessidades do mundo comum; e a primeira assembleia afogará sem piedade as instituições* da segunda, mostrando-lhe que sua ordem estabelecida não faz justiça aos mundos

---

integração. Ora, é precisamente o que procuramos. Por que existiria uma unidade regrada, da qual a natureza incluiria a totalidade?" (p.38). Sim, o Estado se ocupa do público, mas o público é justamente aquilo *do qual não se conhece o modo de totalização*. Se o conhecêssemos, se pudéssemos dirigir as ações, não teríamos necessidade, de acordo com Dewey, de governantes. Quando o governo entra em cena, é porque todo o controle falhou. O Estado mínimo de Dewey não tem, então, nada a ver com o Estado liberal, simples apêndice da "esfera" econômica.

incomensuráveis dos novos que chegam. Quem garantirá a qualidade das pesquisas das quais levantamos a lista (ver Quadro 4.2), necessárias às duas câmaras? Quem arquivará pouco a pouco os resultados? Os políticos, os moralistas, os cientistas, os economistas podem percorrer, em todos os sentidos, as diferentes instâncias; nada nos garante que se contentarão com *um único ciclo*, o que volta a interromper a "coleção" do coletivo e a tornar definitiva a exclusão, fixados os limites do coletivo, natural a repartição do interior e do exterior. Seria necessário, então, dispor de um *poder procedimental forte*, do qual participariam, como nos outros dois, os políticos, os cientistas, os economistas e os moralistas, mas que se ligaria unicamente à retomada do trabalho de coleta assim como ao julgamento sobre a qualidade da aprendizagem – o que acrescenta uma sétima tarefa às seis funções do Capítulo 4.

Para exercer esse novo poder, temos necessidade de um novo conhecimento, que não apresentamos no capítulo precedente e que se pode chamar de *administração*.* Ao Estado de direito de natureza, é necessário um Estado e um direito. A filosofia política não tinha previsto uma administração do céu, do clima, do mar, dos vírus, dos animais selvagens. Ela acreditou poder se limitar aos sujeitos e a seu direito de propriedade, com a Ciência ocupando-se do resto. Tudo muda com o fim do modernismo, pois o coletivo pode ter como ambição reunir o pluriverso. Nada que possa, nesse traço, espantar as "outras" culturas, que se caracterizavam justamente por uma administração meticulosa do *cosmo*. Os ocidentais não fazem, nesse sentido, senão aderir ao grupo comum do qual haviam acreditado, durante algum tempo, poder escapar. Essa competência nova estabelece, graças aos elos frágeis das escrituras e dos relatórios, o que chamamos, em inglês americano, de um caminho de papel, *a paper trail*.

Os burocratas sofrem um desprezo quase tão geral quanto os políticos. Contudo, não se imagina como passar sem eles para a elaboração de uma vida pública, que se desenrolaria enfim formalmente, pela excelente razão de que são eles os *mestres da forma*. Enquanto se pensava, com a antiga Constituição, que existia uma sociedade numa natureza, a manutenção obstinada das formas se arriscava a passar por uma atividade supérflua, do mesmo modo que as demoras do Estado de direito num Estado policial. Cada um podia, de imediato e sem esforço, reencontrar as evidentes categorias do bom senso: o humano, a natureza, a economia, o social. A partir do momento em que se passa para uma metafísica experimental,* em que o coletivo se define não mais por uma natureza, mas por uma experimentação, vai ser necessário dispor não mais de uma cenarização global, mas de um *protocolo* de experiência (tarefa número 6). Vai ser preciso guardar registro das provas, marcar seus resultados, arquivá-los e conservá-los. Como é bem sabido, a administração assegura a continuidade da vida pública. Essa continuidade se torna mais indispensável ainda quando for necessário conservar o conjunto das hipóteses, das proposições aceitas e rejeitadas que pouco a pouco vão compor o mundo comum.

Encontrar-se-á essa competência, por exemplo, na função de perplexidade (tarefa número 1): como detectar fenômenos novos no limite extremo da sensibilidade dos instrumentos sem uma acumulação meticulosa de dados por um período muito longo? Ninguém além dos administradores tem a capacidade de conservar o registro. Como proceder à definição das ordens de grandeza (número 3) se não se arquivou o conjunto de escolhas já feitas nem se conservou cuidadosamente o compromisso mais ou menos solene das partes? Como tornar irreversíveis as decisões tomadas (número 4) sem a multiplicação dos procedimentos – votos, assinaturas, assembleias de consensos – que permitem estabilizar provisoriamente o coletivo? Como assegurar a forma correta da consulta (número 2) sem uma verificação obstinada dos títulos que permitem às diferentes partes interessadas participarem? Qual será a eficácia da ética da discussão sem o acompanhamento atento das formas burocráticas? Os administradores vão ter o encargo da distinção de todas as funções (número 5) e da coordenação dos corpos profissionais, coordenação que eles só poderão assegurar com a condição de evitar passar das formas ao conteúdo. Todos os outros ofícios são substanciais, só o deles é formalista ou, pelo menos, formal.

Uma vez acrescida essa técnica de administração àquelas que desdobramos no capítulo precedente, passa a ser possível definir com mais precisão a curva de aprendizagem sobre a qual repousa doravante a boa articulação do coletivo, solicitando aos diferentes ofícios que colaborem na mesma função. Os cientistas sabem qualificar a trajetória, já que a chamam de *frente de pesquisa*. Mais do que todos os outros, são sensíveis à diferença entre a Ciência fria e adquirida de uma parte, e a pesquisa quente, arriscada, dinâmica, competitiva, de outra. Seu faro nos servirá para sentir em que via governar o coletivo, sob condição de acrescentarmos o faro notável dos políticos para detectar em toda situação a reviravolta das relações de forças. Eles também sabem reconhecer a sutil diferença entre estática e dinâmica, encontrando nas circunstâncias a ocasião de fazê-las mudar. Sabem modificar, assim, a base do "nós", que têm o encargo de representar em seu constante percurso. Mas o coletivo achar-se-á ainda mais alerta se puder contar com o nariz infalível dos economistas para qualificar a saúde de uma curva de aprendizagem. Eles multiplicaram os instrumentos – taxas de lucro, balanço, grandes equilíbrios, ferramentas estatísticas, especulações – que permitem designar a dinâmica instável à qual confiaram todos os seus tesouros. Os moralistas não ficaram parados, cientes de que se julga a qualificação moral sempre quanto a um movimento, uma intenção, uma direção, um esforço, e não somente quanto a atos ou ao simples respeito ao formalismo. Da curva de aprendizagem, poderemos dizer, portanto, reunindo os saberes dos diferentes corpos profissionais, que ela extrai sua virtude de ser ao mesmo tempo um programa de pesquisa fecunda, de uma cultura política dinâmica, de uma economia próspera, de uma moralidade escrupulosa e inquieta, de um procedimento bem documentado.

O bom governo não é aquele que oferece à política o privilégio insensato de definir o mundo comum em nome de todos aqueles que ela representa, mas o poder de acompanhamento (Quadro 5.1), que explora os conhecimentos misturados dos administradores, cientistas, políticos, economistas e moralistas, para escolher o caminho sem caminho que vai de um coletivo menos articulado ao estado seguinte, mais bem articulado.

Parece que a ecologia política, procurando alojar-se à vontade, tende a este resultado surpreendente: assim como nos foi necessário livrar as ciências da Ciência e o coletivo do social, também precisamos de um Estado que não fique paralisado pela política, pela Ciência e, sem dúvida, pela economia. Ao Estado liberal opõe-se o Estado *liberado* de todas as formas de naturalização. Será necessário que um novo poder, forte mas limitado só à arte de governar, venha impedir todos os poderes, todas as competências parciais de interromper a exploração da curva de aprendizagem ou de ditar por antecipação os resultados. Todas as virtudes científicas, morais, administrativas, políticas, econômicas devem convergir para conservar intacto esse poder de acompanhamento que está investido, não de uma vontade geral produzida pelo contrato social, não de um destino de recapitulação total próximo do Espírito absoluto, mas de um simples e muito modesto *pacto de aprendizagem*,* único capaz de pesquisar o que propõem as associações de humanos e de não humanos, e que ultrapassa de modo imprevisível as ações dominadas por cada um. Se os homens necessitam de governo, não é porque lhes falta virtude, mas porque não dominam suas ações comuns – e seus governos menos ainda. Não há saber do bem público que não deva, ele também, ser objeto de uma experimentação meticulosa. O Estado assegura a comparação entre os estados de coisas n e $n + 1$.

Quadro 5.1 – Complemento do Quadro 4.1, este quadro recapitula a contribuição dos diferentes conhecimentos do Capítulo 4 à tarefa de acompanhamento, para qualificar de acordo com a virtude da curva de aprendizagem.

Tarefa nº 7: poder de acompanhamento

Contribuição dos administradores: acompanhamento do protocolo de experiência, vencimentos, provas.
Contribuição das ciências: detecção de uma frente de pesquisa.
Contribuição dos políticos: escolha das ocasiões que permitem a inversão das relações de forças.
Contribuição dos economistas: equilíbrio instável que assegura o movimento.
Contribuição dos moralistas: qualidade das intenções e das direções.

Se essa definição parece fraca demais aos que se creem herdeiros de Luís XIV, de Rousseau, de Danton, de Hegel, de Bismarck ou de Lênin, que se lembrem da importância dada a esse frágil invólucro que distingue o interior do exterior do coletivo. Se for verdade que o Estado tem o monopólio da definição do inimigo,* o poder de acompanhamento pode herdar essa pesada tarefa, com a condição de que a palavra "inimigo", como vimos, mude de sentido. Não se trata mais de designar com esse termo os vizinhos humanos que reúnem tropas ao longo de uma fronteira. Não se trata mais de enfraquecer, por essa palavra, seres tão inassimiláveis que se teria o direito de lhes negar até a existência, eliminando-os definitivamente como irracionais. Não, o inimigo, humano ou não humano, é o que se rejeita, mas que virá amanhã pôr em risco o coletivo; o inimigo é o aliado de amanhã.[21] Mais do que guerras estrangeiras e guerras civis do passado, existem guerras internas que aprisionam associações de humanos e não humanos, cujos número e ameaça eram até aqui desconhecidos.[22] O Estado não se ocupa mais apenas de preparar a guerra estrangeira e de impedir a guerra civil; ele deve

---

21 Embora Carl Schmitt ofereça a vantagem de recusar a "neutralização" do político pelo econômico ou pelo técnico, bem como de diferenciar o inimigo do criminoso, ele comete o erro de esquecer totalmente os não humanos e confundir *a* política com apenas uma das funções (aquela de instituição* da exterioridade) da qual participa a habilidade política. Para torná-la utilizável, por uma manipulação genética arriscada, tive de misturar "o inimigo" de Schmitt ao "sentido do perigo" de Hans Jonas: entendemos, então, sem dificuldade, que o exterior não é uma natureza, mas uma alteridade, capaz de nos inserir entre o mal e a morte, e que a "decisão" ocupa o coletivo por um sétimo de seu tempo...

22 Vejo na disputa atual em torno dos organismos geneticamente modificados o primeiro exemplo dessas guerras intestinas (ao mesmo tempo técnicas, econômicas, jurídicas, organizacionais, geopolíticas, em suma, mundiais e totais, a seu modo), pois o apelo às ciências não pode pacificar, em hipótese alguma, a discussão fazendo-a aproximar-se de um mundo comum. Até mesmo o episódio da vaca louca é, desse ponto de vista, menos "inovador", pois ainda se pode imaginar retroativamente que "teria sido possível" prever os perigos, graças às ciências e às técnicas. Com os OGM, as ciências e as técnicas participam claramente do combate como uma fonte suplementar de incerteza.

vigiar continuamente esta outra guerra, que não tem ainda nome, embora sempre tenha causado raiva, pela qual um coletivo em vias de exploração se opõe a tudo o que o ameaça de risco, de morte, e com o qual ele deve, entretanto, *compor*.

Segundo a força do poder de acompanhamento, o mesmo coletivo vai se achar integrado em dois regimes bem diferentes: ou vai se definir como uma fortaleza sitiada por bárbaros ou como um coletivo cercado de excluídos a caminho da apelação. No primeiro caso, os inimigos terão caído na insignificância, na desarticulação, serão transformados, no sentido etimológico, em *bárbaros*, de ininteligíveis algaravias; no segundo caso, serão combatidos como futuros aliados e se mostrarão capazes de perturbar todo o coletivo pela simples ideia de sua exclusão provisória. Não existe outro bárbaro além daquele que crê ter encontrado, afinal, as palavras para se definir. O *logos* não é a palavra clara e distinta que se oporia aos borborigmos dos outros, mas o embaraço da palavra* que retoma seu fôlego, que recomeça, *dito diferentemente*, que procura as palavras na prova.

Se chamarmos de bárbaros, segundo a vigorosa definição de Lévi-Strauss, os que se creem cercados de bárbaros, podemos inversamente chamar de *civilizados* aqueles cujo coletivo está rodeado de inimigos.* Contaminação de barbárie, num caso, contaminação de *civilização*,* em outro; o bárbaro vê bárbaros em tudo, o civilizado vê civilizados em tudo. Segundo as duas figuras, o perigo terá mudado de sentido: ao passo que os bárbaros (exteriores) ameaçam os bárbaros (interiores) de destruição, os civilizados (exteriores) ameaçam os civilizados (interiores) com *novas exigências*.* Poder-se-ia dizer então do poder de acompanhamento que ele "defende a civilização" com a condição de não mais defini-la, como no modernismo, por uma posição na escala do progresso – não há mais escala nem progresso –, mas com a *civilidade* pela qual um coletivo se inquieta por aqueles que ele rejeitou explicitamente. O Estado defende a independência no exterior e a autonomia no interior. A civilidade na acolhida dos *aliens* não é uma maneira bastante precisa de conservar do antigo Estado o essencial de sua vocação, uma vez liberado de suas pretensões de se tornar o único agente racional da história, o único totalizador?

O exercício da diplomacia

O coletivo avança às cegas; ele tateia; registra a presença de entidades novas que, a princípio, não sabe se são inimigas ou amigas, se têm vocação para partilhar o mesmo mundo ou se lhe escaparão para sempre. Na falta de previsão, *ele deve governar*. Com sua bengala branca à mão, toma as medidas da mobília do universo que o rodeia e que o ameaça. Se ele não sabe com quantos obstáculos deve contar, também ignora em quantos objetos seguros pode se apoiar. Como o Pequeno Polegar, tem apenas a possibilidade de guardar o rastro de suas caminhadas; não espera nenhuma salvação que não seja a do registro dos protocolos acumulados atrás dele. Deambulem se vocês quiserem, mas conservem sempre as mais estritas e obsessivas indicações sobre os caminhos percorridos. O Estado de direito depende dessa frágil inscrição das provas. Nenhuma outra luz virá socorrer vocês. Felizmente, aqueles de quem vocês descobriram a diferença estão mergulhados na mesma escuridão. Eles próprios não têm certeza absoluta se pertencem ao mesmo mundo. Também avançam tateando. Não possuem ainda as essências com limites fixos, e menos ainda identidades definitivas, mas somente hábitos e propriedades. Tenham certeza, eles têm tanto medo quanto vocês! Uma vez reaberta a questão do número dos coletivos, o Outro vai mudar de forma. Como a historicidade, de imediato, e a exterioridade, antes, a alteridade mudou: ela também *se alterou*.

Quando o coletivo chega a extrair ensinamentos daquilo que rejeitou para fora dele, pode-se defini-lo como civilizado: é capaz de mudar de inimigos, mas não tem o direito de multiplicá-los a cada iteração. Desde o momento em que se creia rodeado de entidades insignificantes que o ameaçam de destruição, ele se tornará bárbaro. Uma sociedade cercada de uma natureza a ser dominada, uma sociedade que se crê quite com tudo o que não leva em conta, uma sociedade que se julga como universal, uma sociedade que faz um só corpo com a natureza, eis exemplos de coletivos bárbaros.[23] Nesse sentido, compreender-se-á sem esforço, os modernos nunca testemunharam nível tão alto de civilização, porque sempre se entenderam como os que se afastaram da barbárie passada; que resistiram à volta do arcaísmo; que deviam levar o progresso aos que não o tinham... Passando do modernismo à ecologia política, podemos dizer que os modernos *fecham o parêntese* que os tinha deixado à parte dos outros, havia algum tempo. Ou melhor, após a prova de fogo do modernismo, entramos numa época nova em que nenhum coletivo pode mais, sem outra forma de processo, utilizar o rótulo de "bárbaro" para qualificar o que rejeita. Não vamos, para tanto, nos comprazer no multiculturalismo, abstendo-nos de todo julgamento de valor, mas sim voltar a conversar como no começo das grandes descobertas. É preciso que o coletivo represente a cena primitiva da colonização, porém aquele que desembarca ao encontro dos civilizados é, dessa vez, ele mesmo, um civilizado. Após séculos de mal-entendidos, retomam-se os "primeiros contatos".

O singular da palavra "coletivo" não quer dizer que exista apenas um, como já dissemos muitas vezes, mas que ele tem por função

---

23 Entre "a globalização" e "a exceção cultural", os franceses têm dificuldades particulares para sair do modernismo, pois construíram, sob o nome de República, uma máquina que só funciona se não fizer as duas perguntas que formam o fundo da ecologia política: o que é uma ciência? O que é pertencer? Não há nada de mal, claro, em se pensar como universal, e eu sou herdeiro orgulhoso dessa ambição. O erro é não imaginar os caminhos progressivos que permitem retomar, pé a pé, ponto a ponto, essa fabricação do universal – a começar por este estranho híbrido: uma nação do universal... O crime é acreditar que esse universal já estaria lá, no passado, em alguma espécie de nascimento, naturalmente, *etnicamente*, quando ele jaz no futuro, para renegociar inteiramente ponto por ponto: liberdade, igualdade, fraternidade. De fato, o que é imperdoável é confiar a uma definição impossível da Ciência universal a tarefa de integrar os 60 milhões de franceses, sem mesmo tentar outra. A "grande nação" se tornará apaixonante para se viver quando compreender que todas as suas ambições são justas, mas será necessário que ela se devolva os meios de atingi-los, fazendo da razão o que está à sua frente e não atrás. Não nascemos universais, nós nos tornamos.

reunir uma coleção qualquer para que ela se torne capaz de dizer "nós".[24] A disciplina antropológica serviu de mestre de cerimônias para ensinar os modernos a entrarem em contato com os outros. Contudo, as regras de seu protocolo escondem uma falta de tato, a qual a ecologia política deve primeiro remediar. A antropologia física define deveras "a" natureza universal do homem apoiando-se na Ciência, enquanto a antropologia cultural registra a variedade "das" culturas. Cientificismo obstinado, de um lado; respeito condescendente, de outro. Do ponto de vista da nova Constituição, não se pode imaginar algo pior, pois aqueles que definem a unidade não estão sujeitos a nenhum contrapoder enquanto as culturas não puderem aceder a nenhuma outra realidade que não seja a das "representações sociais". Se a antropologia quiser se tornar civil, não pode mais se permitir reencontrar os que a rodeiam fazendo-lhes a pergunta tradicional do modernismo: "Graças à natureza, sei de antemão quem são vocês, sem precisar ouvi-los; mas digam-me mesmo assim o que pensam do mundo e de vocês, pois seria muito interessante comparar a sua versão às, igualmente fictícias, de seus vizinhos".[25] Saber de antemão o que são as entidades a levar

---

24 Em seu artigo tão importante para este livro, Viveiros de Castro (1998) mostra a que ponto a etnografia errou ao espalhar o rumor segundo o qual os outros povos sempre se designariam por uma expressão etnocêntrica, que queria dizer "os homens" ou os "verdadeiros homens". Trata-se, pelo menos no caso da Amazônia, de um erro de tradução que toma a primeira pessoa do plural – nós – pelo nome próprio do povo. O mesmo problema se põe para o uso da primeira pessoa do plural na designação do coletivo. Não há povo de "nós", pelo menos ainda não.

25 Eu mesmo senti, na Universidade de Chicago, a fraqueza de uma tal formulação, quando tive de enfrentar simultaneamente a cólera dos "sokalistas", que exigiam que eu considerasse a cosmologia como absoluta e não relativamente diferente "das" cosmologias indígenas, e a diversão de Marshall Sahlins e de seus estudantes, que exigiam que eu respeitasse a diversidade "das" cosmologias indígenas, sem exigir que elas se enfrentassem com a exigência de unidade da realidade, imposta pelo princípio de simetria, e que teria consistido em explicar "a" cosmologia dos físicos *nos mesmos termos* que aqueles dos indígenas. *Todos* concordaram em evitar minha maneira de inserir o debate: os primeiros, para manter a unidade da natureza; os segundos, para manter

em consideração, ou levá-las em consideração sem a exigência de realidade que nelas reside, são dois erros, o primeiro contra a perplexidade,* o segundo contra a consulta,* que agora nós sabemos eliminar. Não, decididamente, nem o mononaturalismo nem o multiculturalismo saberiam fazer eficazmente a pergunta do número.[26] Se a antropologia ficasse aí, tornar-se-ia bárbara mesmo. Ela deve mudar de papel transformando-se em *experimental*.*

Desde que se introduziu a palavra "multinaturalismo",* a antropologia se obriga a complicar a solução modernista do problema político de composição de um mundo comum. A palavra lembra que nenhum coletivo pode pretender reunir sem se dar os meios complexos de verificar, com os humanos e não humanos que ela unifica, o que estes dizem disso a seu modo. Para falar em unidade, não basta prever para todos os excluídos um lugar reservado, por

---

a multiplicidade das cosmologias. Para os primeiros, eu era um antropólogo relativista; para os segundos, dei muito às ciências ao exigir que se falasse novamente sobre a realidade. Os naturalistas estavam indignados porque falo de multiplicidade; os culturalistas, porque ainda falo, desde há muito tempo, da unidade. Só a indignação era a mesma, ainda que ela levasse àquilo que agradava ao outro campo, sobre seu objeto transferencial. Cada campo batia o punho sobre a mesa cada vez mais forte que o outro, o que dava às conversações um belo efeito de bateria! Eu nunca havia sentido a esse ponto a distribuição das funções entre naturalistas e culturalistas. Se, graças à guerra das ciências, conhece-se agora o efeito, sobre um cosmologista, da explicação culturalista em termos de cosmologia "entre outras", não sabemos, no meu conhecimento, qual efeito faz a uma "cultura", privada de acesso privilegiado à realidade, em ser respeitada como uma cultura "entre outras".

26 Eu havia tentado, em minha investigação sobre os modernos, tornar a antropologia "simétrica", para lhe permitir absorver não mais a natureza e as culturas, mas o que chamei à época de as "naturezas-culturas", tornadas comparáveis, em outro aspecto, com a antiga natureza universal. A expressão era desajeitada e a tentativa, ingênua, posto que, mesmo pondo em boa simetria os artefatos, eles permanecem artefatos. Os antropólogos, com raras exceções, conservaram a organização bipolar de sua disciplina – ver, porém, Viveiros de Castro (no prelo). Ainda mais danosa, como o notou numerosas vezes Sahlins (1993), é a noção de cultura, que por si mesma mudou, depois de reapropriada por outros como uma forma muito particular de política, o que Appadurai (1996) chama de "a globalização das diferenças".

mais confortável que seja: é necessário que os próprios excluídos tenham desenhado esse lugar, segundo suas próprias categorias.[27] Nem o ecumenismo, nem a catolicidade, nem a social-democracia, nem a economia política, nem a *Naturpolitik* poderiam definir para os outros, e em seu lugar, a posição que cabe a eles. Felizmente, malgrado os temores dos que querem sempre nos fazer retroceder à idade da Caverna, o multinaturalismo não consagra a vitória do multiculturalismo, mas a sua derrota, pois este último apenas serve de contraponto ao mononaturalismo. Os relativistas absolutos, se é que existem, não saberiam acolher os *aliens* de maneira civil, porque reagiriam a essas novidades por um insensível dar de ombros: nada mais, a seus olhos, poderia fazer diferença.

Com a ecologia política, entra-se na verdade em outro mundo, aquele que não tem mais por ingredientes uma natureza e culturas, que não pode mais, então, simplificar a questão do número de coletivos unificando-o pela natureza, nem complicá-la, aceitando uma multiplicidade inevitável e definitiva de culturas incomensuráveis. Entramos num mundo composto de realidades insistentes, em que as proposições* dotadas de hábitos não aceitam mais nem fazer calar as instituições encarregadas de acolhê-las, nem ser acolhidas ficando mudas sobre a realidade de suas exigências. O exterior não é mais tão forte para reduzir ao silêncio o mundo social, nem tão fraco para se deixar reduzir à insignificância. No novo sentido que demos a essa palavra, as entidades excluídas exigem que o coletivo se apresente e se *represente* no seu apelo, isto é, arrisque de novo a

---

27 Os não humanos, lembremos, são sempre mais bem tratados do que os humanos, como mostrei, segundo Stengers, no Capítulo 2. De fato, essa obstinação não importa. Ninguém imaginaria falar deles sem fazê-los falar, de acordo com os mecanismos complexos em que o intérprete às vezes arrisca sua vida. Ora, do lado dos humanos, esses mecanismos, esses equipamentos, permanecem raros. Daí o destaque dado nesta seção aos reencontros entre "culturas". São elas que precisam ser civilizadas. Os encontros com os não humanos, uma vez a epistemologia (política) posta fora da situação de prejudicar, apresentam menos problemas, comparativamente. Com as coisas, permanecemos sempre corteses!

sorte de todas as suas instâncias representativas. Não é a indiferença que atinge o coletivo civilizado: o exterior *faz toda a diferença* e o coletivo se torna mais civilizado na mesma medida em que aprende a ser sensível a esses contrastes. "Nada do que é humano me é estranho", diz o sábio latino; dizemos melhor: "Nada do que me é estranho é inumano".[28]

Que ofício vai permitir percorrer as fronteiras fazendo de maneira civilizada a pergunta do número de coletivos a reunir? Se devemos desconfiar um pouco da antropologia clássica, porque aceitaria tão depressa a unidade como a multiplicidade – porque aceitaria a multiplicidade apenas à base de unidade –, devemos nos resignar a entrar em relações sob a forma da ignorância, da conquista ou da guerra? Precisamos acrescentar à antropologia as competências de um corpo profissional, bem mais antigo, o do *diplomata*,* que possa completar o poder de acompanhamento* definido na seção anterior, servindo-lhe de batedor e intermediário.[29] Com efeito, contrariamente aos mediadores, que se apoiam sempre numa posição superior e desinteressada, o diplomata sempre participa de uma das partes do conflito. Mas, sobretudo, ele tem sobre a antropologia uma vantagem, para nós decisiva: traidor potencial de todos os campos, não sabe antecipadamente sob que forma aqueles a quem se dirige vão formular as exigências que podem provocar a guerra ou a paz. Ele não abre as conversações respeitando com hipocrisia as representações, porque já saberia que seriam falsas, mas não saberia antemão se um entendimento seria possível, se chegasse a falar do mundo comum, sempre presente, o da natureza, o do bom senso, o dos fatos, o do acordo dos espíritos e do *common knowledge*.

---

28 Havia no antigo tema modernista da "neutralidade" da Ciência uma forma profunda de descortesia em relação aos não humanos, incapazes, dizia-se, de fazer diferença, e limitados ao estúpido estar lá do inanimismo.* Ver Bloor (1998).

29 Tomo emprestados a expressão e o argumento de Stengers (1997). Ver um belo exercício em Pury (1998).

Em nenhum momento o diplomata utiliza a noção de um mundo comum de referência, pois é para construir esse mundo comum que ele enfrenta todos os perigos; em nenhum momento, tampouco, ele não respeita com desprezo as "simples formulações", porque cada uma, por mais impalpável que seja, pode deter a chave do acordo que antes nada garantia. Ele aceita, justamente, segundo esta bela palavra "diplomacia", "iniciar uma conversa" e "fazer representações". O diplomata nunca fala de racional e de irracional. Em outras palavras, a divisão das essências* e dos hábitos* depende das conversações. Também nunca, e esta é a grandeza da sua missão, ele se conformará ao incomensurável, isto é, com a guerra. Há mais sabedoria na aviltada figura do diplomata do que na honrada função do antropólogo modernista, porque este respeita porque despreza, enquanto aquele, se não despreza, *tampouco respeita*.[30] Ele engole todos os sapos. Nos o chamamos de falso e hipócrita, mas, ao contrário, ele se indigna e se desespera por não saber descobrir *para cada situação* o que devemos conservar e o que devemos rejeitar na elaboração do mundo comum, na triagem do melhor dos mundos possíveis.

Como trabalha o diplomata ecologista? Qual é o segredo daquele que aceita procurar a linguagem da casa comum, aquele de quem devemos dizer, segundo a etimologia de *oikos-logos*, que "fala dos aposentos", *que articula o coletivo*? Não esqueçamos que ele nunca começa os debates pela ordem obrigatória imposta pela antiga Constituição, porque compreendeu que essa condição prévia

---

30 É por essa razão que Isabelle Stengers propunha "terminar com a tolerância" – há na tolerância alguma coisa com efeito intolerável (Stengers, op. cit.), se ela for obtida à custa de um abandono de toda exigência de realidade. Tal é o efeito danoso da noção tão modernista de crença: os modernos acreditam que os outros acreditam (Latour, 1996a). Nenhuma tolerância é pior do que a do multiculturalismo. A abertura de espírito de um Hegel, fazendo por ele mesmo o trabalho diplomático de síntese, não poderia passar por uma virtude, pois ele faz tudo só, em seu escritório. É bem fácil se entender com aqueles dos quais se fala com respeito de longe, localizando-os em algum lugar, como um episódio ultrapassado da história do Espírito absoluto!

tinha feito falhar, até aqui, todos os contatos: "Nós nos entenderemos mais rapidamente sobre o mundo comum, sobre a natureza, conforme vocês tiverem deixado no vestiário todas as velharias irracionais que só nos dividem e que só nos remetem à subjetividade ou ao arbítrio social".[31] Não, ele deve agora procurar a diferença entre dois elementos distintos: *as exigências essenciais* de um lado, e a *metafísica experimental* que as exprime, de outro. Na Figura 5.1, que retoma a inversão a 90 graus da Figura 3.1, retomamos a distinção entre os dois pares de oposições.

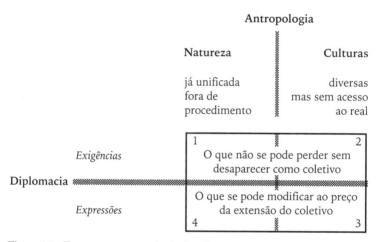

Figura 5.1 – Enquanto a antropologia classifica o que encontra na natureza e nas culturas, a diplomacia deve efetuar uma triagem entre o acessório e o essencial.

Os dois pares de oposição não selecionam da mesma forma os mundos possíveis. Ao passo que a cultura oferecia apenas um ponto de vista particular sobre a natureza comum e podia fornecer esclarecimento somente sobre a própria particularidade, todo coletivo *pode*

---

31 Sobre a história desse arranjo em torno dos *matters of fact*, ver Shapin e Schaffer (1993) e Shapin (1994). Depois que o século XVII resolveu dar cabo das guerras civis fazendo a paz sobre os fatos de laboratório constatados pelos *gentlemen*, o século XXI reabre a questão, descobrindo com algum horror que os fatos de laboratório podem ao mesmo tempo ser reais e questionáveis. Quanto aos *gentlemen*... (ver Conclusão).

participar da confecção do fundo comum das exigências essenciais. Em outras palavras, com o antigo princípio de triagem, o essencial era sempre conhecido: com o novo, o essencial *está ainda por vir*.[32] Quanto às expressões, não se trata mais, com a nova pedra de toque, de representações todas igualmente respeitáveis e todas igualmente falsas, de visões do mundo, de elaborações simbólicas, mas de um desenraizamento doloroso, de uma mudança dilacerante, para conhecer o preço que um coletivo estará pronto a pagar para aceitar que outros entrem na casa comum em vias de construção. Fora da prova diplomática, nenhum coletivo diferenciará entre o essencial e o supérfluo: fará a guerra por tudo, pois tudo lhe parecerá *igualmente* necessário. É com morosidade, para início da conversa, que um coletivo aceitará se retomar, diferenciando, segundo outros princípios, o essencial do supérfluo. Esse trabalho extenuante, ele o abordará *com a única condição de que o outro aceite se entregar à mesma triagem*. Como estamos longe da tranquila distinção, sempre pronta, da natureza das coisas e das representações que os humanos se fazem... O que parecia bom senso não tinha senso comum.

Demos um exemplo dessa diplomacia quando, no Capítulo 3, tentamos extrair as exigências essenciais que estavam presas na diferença dos fatos e dos valores. Em seguida, voltamos à mesa de negociação com uma espécie de *deal*: se lhes prometemos oferecer proteção às suas exigências essenciais de melhores garantias, vocês aceitariam modificar a metafísica da natureza* que lhes parece, por um instante, a mais apta a protegê-los, ainda que ela provenha da

---

32 Ver o admirável trabalho de diplomacia de Sahlins (1995), batendo-se com um de seus objetores, que pretende definir os havaianos responsáveis pela morte do Capitão Cook através do "bom senso" universal, confundido com a opinião dos britânicos sobre Deus. Ver também o enorme esforço de Viveiros de Castro, que se tornou o porta-voz da filosofia dos ameríndios da Amazônia, para medir a dificuldade do empreendimento de justiça: se os ameríndios concordassem em definir um mundo comum, seria necessário mudar de metafísica. Aliás, foi por seu intermédio que aprendi o uso da palavra "multinaturalismo", pois seu coletivo supõe uma cultura humana comum a todos os seres humanos e não humanos, e *de naturezas* diferentes segundo os corpos (Viveiros de Castro, no prelo).

Caverna, que nos impede de existir? Estariam vocês prontos a essa privação se, por tal preço, pudessem fazer entrar os não humanos e o *demos* no coletivo em vias de expansão? Nada prova que o diplomata venha a ter sucesso (nada prova, aliás, que nós o tenhamos conseguido – cabe ao leitor julgar). Essa incerteza faz da diplomacia um trabalho mais arriscado que o do antropólogo, pois este sempre sabe de antemão onde se encontra o inessencial essencial (a natureza) e onde se encontra o essencial inessencial (as representações), ao passo que o diplomata, por pouco que se equivoque, será apedrejado pelos dois campos...

Porém, o diplomata tem na sua manga um trunfo do qual o antropólogo modernista fora privado: ele aceita ter diante de si os coletivos, que se encontram, quanto à exata partilha das exigências e expressões, *na mesma incerteza* que aquele em nome de quem trata. Nem o que envia nem o que aceita acolher sabem exatamente por que combatem – nem mesmo se combatem. Se a metafísica não é experimental, nada há a negociar, pois as essências* estão sempre presentes e as identidades, tanto mais entrincheiradas quanto mais forem injustificáveis. Mas, não pretendendo mais falar em nome da natureza, não aceitando mais a diferença polida do multiculturalismo, o diplomata que continua o trabalho do antropólogo se dá chances de sucesso proibidas a seu antecessor. Há contaminação de civilização como há contaminação de barbárie. Pela primeira vez, os outros coletivos – ninguém sabe ainda quantos – encontram um representante civilizado que lhes pergunta quais são seus hábitos e suas propriedades.[33] Minimiza-se sempre o que pode ter de horri-

---

[33] Depois de havê-la reencontrado na África, sem a compreender, há cerca de trinta anos, foi no gabinete de Tobie Nathan que reconheci, da minha parte, a diferença entre atender um paciente sob os auspícios da antropologia e sob os da diplomacia arriscada (Nathan, 1994). Naturalmente, aqueles que exclamam, como um célebre psicanalista parisiense, "Sem inconsciente universal não há mais República francesa", acusam Nathan de culturalismo – como os "sokalistas" me acusam de construtivismo social. Vê-se, por todas essas incompreensões, a reação do modernismo, incapaz de imaginar um sucessor à oposição natureza/culturas. Se você deseja que o encontro se faça em uma nova base, que esses aos quais você se dirige participem da base comum das

pilante, para um determinado coletivo, a obrigação de bifurcar-se violentamente em duas metades, uma ao mesmo tempo racional e comum, a outra, irracional e particular. Como falar o idioma do *logos* se, como os indígenas diziam dos brancos, os modernos têm a língua bifurcada? Pouco importa com que respeito se contorna essa irracionalidade que se enfeita com o nome de cultura; pouco importa o número de museus que se lhe consagrem; pouco importa mesmo que uma estrutura comum permita, por uma série de transformações, passar de uma irracionalidade a outra, de sorte que ela termine, graças à ciência do antropólogo, por se assemelhar a um sucedâneo de razão. De resto, privamos o coletivo de todo contato com a essência mesma dos fenômenos.[34] Tudo o que é essencial pertence ao visitante que lhe dá a lição; o nativo só é rico por sua diferença.

---

exigências essenciais, que os não humanos façam uma diferença que não seja apenas de fato, você necessariamente será um traidor. Sim, o diplomata é um traidor, mas ele pode ter sucesso lá onde os fiéis falham, porque só ele duvida que seus concidadãos já tenham conseguido descobrir suas metas reais de guerra.

34 O estruturalismo, como as sínteses solitárias de Hegel, tinha o inconveniente de estabelecer o mundo comum e suas leis de composição (simetria, inversão, semelhança, oposição, condensação etc.) sem levar em conta aqueles cujas culturas eram unificadas e cujas opiniões eram supostamente tão inúteis quanto as qualidades segundas* para a metafísica da natureza. Depois de ter reconhecido, ao mesmo tempo, a importância dessa distinção entre objetivo e subjetivo, bem como a impossibilidade de aplicá-los, Lévi-Strauss não viu outra solução senão inventar um novo *desconhecido*, o inconsciente estrutural, que "nos põe em coincidência com formas de atividade que são, por sua vez, *nossa*s e *outra*s, condições de todas as vidas mentais de todos os homens de todos os tempos" (Mauss, 1950, p.XXI). Tudo se inverte, como me aconteceu no museu de antropologia de Vancouver, se nos debruçamos sobre uma vitrina dentro da qual uma grande caixa cinza *esconde* as máscaras cerimoniais de uma nação indígena, em vez de expô-las ao olhar do visitante ocidental (*La Recherche*, n.316, jan. 1999, p.82). Sobre a caixa estava escrito: "Material culturalmente sensível!". Eis aí a advertência que será necessário escrever, doravante, sobre todas as questões de cosmopolítica, desacelerando a velocidade das atordoantes sínteses dos estruturalistas. O desconhecimento não é mais suficiente para instaurar o contato com os outros, evitando-os.

Sabemos, na verdade, o que se passaria se, em lugar desse encontro modernista, entrássemos em contato com o modo da diplomacia ecológica? Podemos imaginar o poder do bálsamo que então cairia sobre as chagas abertas pelos encontros sob os auspícios da natureza? A virtude do diplomata, que fazia dele "uma merda dentro da meia de seda", é que ele impõe *aos seus próprios mandantes* essa dúvida fundamental sobre suas próprias exigências. "No fundo", diz-lhes, "vocês não sabiam a que se referiam antes que eu desse outra direção à negociação. Esse tesouro, ao qual acabam de descobrir estar tão ligados, vocês estariam prontos, talvez, a alojá-lo numa outra metafísica se ganhassem o aumento da casa comum. Vocês estariam prontos a abrigar aqueles que tomavam por inimigos, mas que acabam de lhes ensinar o que vocês mais amam no mundo?" Puséramos a carroça antes dos bois. Não, com efeito, não nos referimos tanto à natureza: definamos, antes, aquilo a que nos referimos e narremos depois esse tesouro com uma palavra que nos seja cara. "Lá onde estiver vosso tesouro, também lá estará vosso coração" (Lc 12, 34).

Em outras palavras, o diplomata está encarregado daquilo que o velho Kant chamava "o reino dos fins". A crise ecológica, lembramos muitas vezes, apresenta-se antes de tudo como uma revolta generalizada dos meios. Nada nem ninguém quer aceitar servir como simples meio para o exercício de uma vontade qualquer tida como fim último. A menor minhoca, o menor roedor, o menor dos rios, a mais longínqua das estrelas, a mais simples das máquinas automáticas exige ser tomado também como um fim, com a mesma razão que o mendigo Lázaro à porta do mau rico. À primeira vista, essa proliferação de fins parece insustentável; contra ele, o modernismo investe. Depois, uma vez fechado o parêntese modernista, uma pergunta, que durante vários séculos permaneceu suspensa sem solução, vem à tona: sob que auspícios temos de nos unir agora que não há mais natureza para fazer o trabalho em nosso lugar, discretamente, fora da assembleia representativa?

O diplomata não é exatamente um quarto poder. Ele só está encarregado de deixar pendente a questão do número de coletivos, sem a qual todo mundo tenderia a simplificar um pouco. Explorador, pesquisador, testador, ele tem sobre os outros poderes a vantagem de não saber com certeza de que se compõe o coletivo que o envia. Mais manhoso que o moralista, menos formalista que o administrador, menos voluntarioso que o político, mais encurvado que o cientista, mais desapegado que o explorador de mercados, o diplomata não minimiza de modo algum a dificuldade que existe em conhecer os termos com os quais cada uma das partes visa descrever seus "fins de guerra". Sua simples presença é suficiente, todavia, para modificar de maneira profunda o *perigo* ao qual faz face um coletivo, em busca do número daqueles com quem será preciso compor. O inimigo exterior aterroriza com razão os que acham que se lhes tira o que define sua essência: os bárbaros amedrontam os bárbaros. Mas o inimigo que o diplomata acompanha não põe o coletivo em perigo da mesma maneira, porque ele é portador de uma oferta de paz que vai muito além do simples compromisso: "Graças a vocês, vamos compreender a diferença entre nossas exigências essenciais e suas expressões provisórias".[35] Enfim, saberemos o que queremos e qual será esse "nós" que se diz dotado de vontade. O diplomata lembra que *ninguém pode invocar a unidade do coletivo que não se prestasse a esse trabalho de negociação*. À imitação do terceiro mandamento contra a blasfêmia, acrescentemos às tábuas da lei: "Não invocarás em vão a unidade do coletivo".

Conclusão: guerra e paz das ciências

Teremos concluído a questão do número de coletivos? Não! Certamente porque a história não tem fim e não possui outro sen-

---

35 Calunia-se o diplomata fazendo dele um mercador de tapetes. Se tomarmos, por exemplo, o debate entre os criacionistas americanos e os evolucionistas, não se decidirá de pronto por uma estimativa mal elaborada, entre um mundo criado há 6 mil anos e uma Terra formada há 6 bilhões de anos, para se concordar, por exemplo, em 2 bilhões de anos! Isso não satisfaria a ninguém. O diplomata vai muito mais longe: exige que se jogue no tapete o que é um Deus e o que é uma Terra. Está aí toda a vantagem de uma metafísica experimental sobre o choque frontal de uma metafísica da natureza* em luta com as "tradições".

tido que não seja o que se descobre por uma experimentação, da qual ninguém pode pular as etapas nem prever os resultados. Fizemos melhor do que resolvê-la, nós a *deixamos aberta* ao deixar repousando o aspecto do número de coletivos, do qual dependem a guerra e a paz. Compreende-se sem esforço: se todos os excluídos avançassem em seguida, de maneira civilizada, para a República,* desejando participar do mesmo mundo comum sem formular exigências contraditórias, não haveria estado de guerra. Com um único mundo, os conflitos seriam sempre superficiais, parciais, localizados. Tudo muda, pelo contrário, se uma das multiplicidades exige a destruição de um coletivo determinado, sua incorporação forçada ou sua capitulação. É o fim do estado de paz. Ora, graças à ecologia política, percebemos, pouco a pouco, que *jamais deixamos o estado de guerra*, esse *estado de natureza* do qual Hobbes pensava que o Leviatã nos tinha extraído, mas que jamais abandonamos, pois só fizemos passar de uma *Naturpolitik* a outra.[36] A violência pacificadora da Ciência define um único mundo comum, sem nos dar os meios, os intérpretes, as histórias, as redes, os fóruns, as ágoras, os parlamentos, os instrumentos para compô-lo progressivamente. O poder de dizer o racional e o irracional se exerce até agora sem contrapoder.

Deus sabe que a história não foi mesquinha em conflitos. A essas guerras, as ciências e as técnicas contribuíram cada vez mais, alargando a escala, a amplitude, a virulência, a violência, a logística dessas batalhas. Entendeu-se, durante longo tempo, que essa oferta de serviços dos engenheiros e cientistas era apenas um desvio da missão da Ciência, um mero desvio desastrado de um projeto que seria o do conhecimento, apenas uma aplicação prática pura e sem-

---

[36] Essa é, aliás, a razão pela qual o Leviatã, "este Deus mortal para o qual devemos obediência sob o Deus imortal", parece tão monstruoso. Ele não representa a política mais do que a natureza representa as ciências. Tal é o erro que eu havia cometido, no livro sobre os modernos, ao tentar pôr em simetria o artefato da Ciência e o da política. É justamente por isso que abandonei depois o princípio de simetria, substituído por um igual respeito pelas ciências e pelas políticas.

pre desinteressada. A um dado momento – pensava-se –, já que os objetos científicos criam o consenso e a harmonia, a Ciência terminará por se estender bastante para que os conflitos não passem de más lembranças. O racional das qualidades primeiras* terminará por tomar o lugar do irracional das qualidades segundas.* Isso levará tempo, mas, um dia ou outro, entraremos na terra na qual correm os átomos e as partículas – ou, então, devemos perder a fé na humanidade. A vitória da paz se encontra na esquina.

Sobrevém, então, sob a pena dos jornalistas, a expressão curiosa de "guerras das ciências". Ela designa, no começo, um minúsculo assunto, não maior que um nódulo na pele: certos pensadores "pós-modernos" queriam, parece, estender o multiculturalismo à Ciência, negando à natureza sua unidade, ao projeto de conhecimento seu desinteresse, às leis científicas sua indiscutível necessidade. Contra essa ameaça, certos cientistas, certos epistemólogos se mobilizam. Querem erradicar o que tomam por um câncer que vai invadir todo o corpo universitário e logo se alastrar em metástase em infelizes estudantes indefesos. Depois, por uma mutação súbita, percebe-se que a expressão "guerra das ciências" possui um sentido de premonição e torna-se o sistema de um mal muito mais terrível.[37] Não só as ciências deixaram de ser suficientes para assegurar a paz, como também a Ciência torna a paz impossível, visto que ela insere no início e fora da história aquilo que devia estar no fim. Enquanto se combatia nas batalhas liliputianas o "pós-modernismo", uma Grande Guerra já havia começado, somando-se a todas as outras nas quais as ciências não eram mais, como recentemente, uma força adicional, por maior que fosse, mas a tática e a estratégia, tanto quanto

---

37 Esse é o tema desse pequeno *Tractatus scientifico-politicus* que eu havia escrito em pleno fim da Guerra Fria, sublinhando o paralelismo entre as guerras de religião e as guerras de ciência (Latour, 1984). Eu não via, à época, outras soluções além da distinção da força e do poder para sair da oposição, já obsoleta, entre as relações de razão e as relações de força. Pensava que o princípio de simetria generalizada permitiria erradicar isso. Ainda não havia compreendido, na ocasião, o trabalho propriamente constitucional do modernismo para tornar impossível uma tal superação.

a logística. Ao monstro do multiculturalismo se acrescenta o espectro hediondo do multinaturalismo. A guerra das ciências se tornou guerra dos mundos.

Abandonando o mononaturalismo, a ecologia política não promete a paz. Ela só começa a compreender quais as guerras que deve declarar e os inimigos que deve aprender a designar. Ela descobre enfim os perigos que constituiriam uma ameaça de pacificação pior do que o mal: objetos indiscutíveis, de um lado, sujeitos entrincheirados nas identidades injustificáveis, de outro. Perdendo os socorros dos simplificadores, ela encontra a fonte essencial de paz, à qual não tivera nunca o direito de recorrer, porque os não humanos haviam sido militarizados sob o uniforme dos objetos: as coisas,* essas assembleias parciais capazes de criar o acordo com a condição de serem tomadas pelas proposições* convocadas formalmente por uma República* enfim estendida aos não humanos. Perdemos a simplificação da natureza, mas nós nos libertamos da complicação que ela introduzia ao simplificar muito rapidamente a solução. Nenhuma facilidade, mas nenhuma impossibilidade de princípio. Nenhuma transcendência, mas também nenhuma prisão da imanência. Nada mais que o ordinário trabalho da política. Sempre se quis, até então, salvar-se do inumano pelo apelo à Ciência; salvar-se da Ciência pelo apelo ao humano; resta explorar a outra solução: salvar-se da Ciência e do inumano pelo apelo às ciências e às proposições de humanos e de não humanos, reunidos por fim de acordo com as formas.

De fato, não temos sorte. No mesmo momento em que se desmoronava o totalitarismo, a globalização começava. "Total" e "global" não são dois sinônimos do mundo comum? No entanto, malgrado suas ambições, nem a política *científica* do totalitarismo, nem a economia *política* da globalização permitem descobrir as boas instituições, visto que fizeram reduzir o número das partes envolvidas. Nada menos científico que o totalitarismo; nada menos universalizável que a globalização e suas "bobagens globalizantes". Parece que sempre se quer passar de um mundo unificado a outro, ignorando a cada vez os meios práticos de obter essa unidade. Se não saímos ainda do estado de natureza, se a guerra de "todos os tudos" contra "todos os tudos" atinge violência extrema, temos pelo menos a esperança de poder, afinal, penetrar no Estado de direito, do qual as formas tradicionais da política não dão ideia nenhuma. O coletivo está ainda por vir.

Felizmente, perdendo o mononaturalismo, o coletivo se livra no mesmo instante do multiculturalismo. Até aqui, o pluralismo tinha sido apenas uma tolerância muito fácil, pois distribuía sua generosidade alimentando-se do fundo comum incontestado. Perdendo a natureza, perde-se também a forma fragmentada, dispersada, irremediável que ela dava por contraste a todas as multiplicidades. Os modernos, livres desse formidável etnocentrismo da natureza inanimada, podem novamente entrar em contato com os Outros e se beneficiar de sua contribuição para a elaboração dos mundos comuns, pois os Outros (e estes não são mais culturas) não utilizaram nunca a natureza para fazer sua política. O universal não está nem atrás, nem por cima, nem por baixo, mas na frente. Não sabemos a que se assemelhará o *diverso* se ele não se destacar mais sobre o fundo prematuramente unificado da natureza. O relativismo desapareceria com o absolutismo. Restaria o relacionismo, o mundo comum a fazer. Para empenhar suas perigosas conversações, o *logos* não tem outro recurso senão recorrer aos frágeis parlamentares.

Conclusão
Que fazer? Ecologia política!

Para oferecer à ecologia política um lugar legítimo, bastaria associar as ciências à democracia.

Durante todo este livro, dediquei-me a propor essa solução, empregando termos fora de moda: palavra, discussão, Constituição, Parlamento, câmara, *logos* e *demos*. Bem sei que exprimi um ponto de vista particular, não somente europeu, mas francês, talvez até social-democrata, ou, pior ainda, logocêntrico... Mas onde já se viu um diplomata que não leve os estigmas do campo que ele representa? Quem não se reveste da capa dos interesses poderosos que ele escolheu para servir e, portanto, trair? Se devemos apelar aos parlamentares, é justamente porque não existe em nenhuma parte o ponto de vista de Sirius, de onde os juízes poderiam distribuir os prejuízos entre as partes. Estou, por isso, limitado ao meu ponto de vista, fechado no estreito cárcere das minhas representações sociais? *Isso depende do que vem a seguir.* Os diplomatas não se beneficiam, é verdade, dos privilégios oferecidos pelo Céu das Ideias, mas já não são prisioneiros da Caverna obscura. Eles começam a tomar voz lá onde estão e com as palavras que herdaram. É com essas fórmulas que se apresentam àqueles que não têm fórmulas melhores, mais definitivas, e que falam, eles também, dos estreitos confins onde nasceram. As primeiras palavras, para um diplomata, não contam, somente as seguintes: a primeira malha do mundo comum que esses frágeis vocábulos vão permitir tricotar. Tudo é negociável, aí compreendidas as palavras de negociação e de diplomacia, de ciências e de democracia, simples bandeiras brancas agitadas na frente de batalha para suspender as hostilidades.

Se por vezes choquei o bom senso,* é porque desejei reencontrar o senso comum,* o senso do comum. Aqueles que falam da natureza como de uma unidade já constituída que permitiria rejeitar, nas representações sociais, tudo o que chama à desunião, *exercem um poder régio*, o mais importante de todos, uma potência superior a todos os mantos de púrpura e a todos os cetros dourados das autoridades civis ou militares. Não lhes peço nada além do que esta minúscula concessão: uma vez que vós vos haveis dado o poder de definir o que nos uniu e o que nos desuniu, o racional e o irracional, mostrai-nos também as provas de vossa legitimidade, os traços de vossa eleição, as motivações de vossas escolhas, as instituições que vos permitem exercer essas funções, o *cursus honorum* por meio do qual vós deveis caminhar. A partir do momento em que aceitais redefinir a vida pública como composição progressiva do mundo comum,* não podereis mais exercer esse poder ao abrigo das "leis indiscutíveis da natureza". Para as leis é preciso um Parlamento. "Nada de realidade sem representação." Ninguém vos pede para abandonar todo poder, mas, simplesmente, exercê-lo *como um poder*, com todas suas precauções, suas lentidões, seus procedimentos e, sobretudo, seus contrapoderes. Se é verdade que o poder absoluto corrompe em absoluto, então aquele que permitia definir o mundo comum sob os auspícios da natureza vos corrompia mais que tudo. Não é hora de libertar-vos desse absolutismo, alçando-vos à dignidade de representantes dos quais cada um deve aprender a duvidar?

As guerras de ciência nos levam, hoje, à situação das guerras de religião, que forçaram nossos predecessores, no século XVII, a inventar o duplo poder da política e da Ciência, rejeitando a fé para o foro interior. Se cada leitor da Bíblia, em contato direto com seu Deus, pudesse vir a alterar a ordem estabelecida em nome de sua própria interpretação, isso seria o fim da vida pública. Não haveria mais o mundo comum. Eis por que nossos ancestrais tiveram de laicizar a política e relativizar a religião, que se tornou simples convicção privada. Será preciso operar a mesma neutralização, agora que cada um pode se levantar contra a autoridade pública, com sua própria interpretação da natureza, em nome de um contato direto com os fatos? Podem-se laicizar as ciências, como se laicizou a religião, e fazer do conhecimento exato uma opinião, decerto respeitável, mas privada? Devemos imaginar um Estado que não assegurasse nada além da liberdade de exercer livremente os cultos eruditos *sem sustentar nenhum*? Assim que formulada, a solução parece aberrante, pois se chegou a laicizar a moral e a religião unicamente graças a essa garantia de uma unidade já feita que a Ciência apresentava numa bandeja. Agnóstica em matéria de religião como de Ciência, a República laica seria esvaziada de qualquer substância. Em questão de mundo comum, ela repousaria sobre o mais desinteressante e o mais arbitrário dos pequenos denominadores: o rei-eu.

Eu quis explorar uma outra solução: em vez de diminuir as exigências que recaem sobre a constituição dos fatos, reenviando-os à esfera privada, por que não, ao contrário, *aumentar a lista* dessas exigências? A solução do século XVII, a invenção simultânea dos *matters of fact* indiscutíveis e do debate interminável, não oferecia, finalmente, garantias suficientes para a construção da ordem pública, do *cosmos*. Perder-se-iam as duas funções mais importantes, a capacidade de discutir do mundo comum e a de chegar a um acordo, fechando a discussão – o poder de consideração* e o de ordenamento.* Ainda que nenhum pontífice pudesse mais dizer: *Scientia locuta est, causa judica est* [a ciência disse, a causa está julgada], a perda de autoridade se acharia compensada ao cêntuplo pela possibilidade de explorar em comum o que é um *bom* fato, o que é um membro *legítimo* do coletivo. Se menos Ciência for necessária,* será preciso contar muito mais com as ciências;* se menos fatos indiscutíveis forem necessários, muito mais pesquisa será necessária; se menos qualidades primeiras forem necessárias,* muito mais experimentação coletiva* sobre o essencial e o acessório será necessária. Ainda aí, peço uma minúscula concessão: que se estenda a questão da democracia aos não humanos. Mas, no fundo, não é o que os sábios sempre quiseram defender o mais apaixonadamente? Terem a garantia absoluta de que os fatos não são construídos pelas simples paixões humanas. Eles acreditaram, bem depressa, alcançar esse fim pelo atalho dos *matters of fact*, postos de imediato fora de qualquer discussão pública. Não se podem obter, é verdade que de forma mais dolorosa, mais laboriosa, garantias bem superiores se os humanos não forem os únicos a elaborar sua República,* sua *coisa* comum?

Não pretendo que a política, uma vez traduzida em ecologia, seja mais fácil. Ao contrário, ela vai se tornar mais difícil, exigente, formal, quer dizer, formalista, sim, tateante. Jamais se viu a instalação de um Estado de direito simplificar a vida daqueles que estavam habituados às facilidades do Estado policial. Do mesmo modo, imaginar um "Estado de direito de natureza", um *due process* para a descoberta do mundo comum, não facilitaria a vida daqueles que pretendessem remeter à inexistência do irracional todas as proposições cujas fisionomias não lhes retornariam. Seria preciso que eles argumentassem e que se compusessem, sem saltar nenhuma das etapas que percorremos nos capítulos precedentes. Mas, como vimos muitas vezes, ao perder a natureza, a vida pública perde também a causa principal de sua paralisia. Libertada das transcendências tão benfazejas quanto inaplicáveis, a política respira mais livremente. Ela não vive mais à sombra dessa espada de Dâmocles: a ameaça de uma salvação vinda de fora. Vai ser necessário se entender.

A hipótese que desenvolvi é normativa ou descritiva? Fiz como se a nova Constituição descrevesse um estado de coisas já no lugar, ao qual não faltasse, por vezes, senão certos termos adequados para saltar aos olhos dos mais prevenidos. Era o único meio de chegar ao senso comum. A diferença entre o descritivo e o normativo depende, ademais, da distinção entre fatos e valores: eu não poderia, pois, servir-me disso sem contradição. Há, na "simples descrição", uma forma muito potente de normatividade: o que *é* define o mundo comum e, portanto, tudo o que *deve* ser – não tendo o resto outra existência que aquela inessencial das qualidades segundas. Nada de mais antropocêntrico que o inanimismo* da natureza. Contra a norma dissimulada na política dos *matters of fact*, era preciso ser, portanto, mais normativo ainda. De resto, nada de menos utópico que um argumento que visa acabar com essa utopia, essa escatologia modernista que sempre espera sua salvação de uma objetividade vinda de fora. É ao *topos*, ao *oikos*, que a ecologia política convida a retornar. Nós reentramos na casa para habitar a morada comum, sem a pretensão de ser radicalmente diferentes dos outros. De todo modo, chegando muito mais tarde que a vanguarda, um pouco mais depressa que a coruja de Minerva, o melhor que os trabalhadores intelectuais podem fazer é ajudar outros intelectuais, seus leitores, a reunirem aquilo que desde algum tempo o *demos* já fez entrar no estado das coisas.

Objetar-se-á que se trata forçosamente de uma utopia, uma vez que as relações de forças sempre virão a romper o Estado de direito e impor, contra o delicado procedimento aqui explicado, a brutalidade sem comentários dos poderes estabelecidos. Não me servi, é verdade, dos recursos oferecidos pelo discurso crítico. Limitei-me a revelar um só poder, aquele da natureza.* Eu tinha, para isso, uma forte razão: a sociedade* ocupa no discurso crítico a mesma função que a natureza no discurso dos naturalizadores. *Societas sive natura* [sociedade ou natureza]. Afirmar que, sob as relações legítimas, existem forças invisíveis aos atores que só poderiam ser diferenciadas pelos especialistas das ciências sociais, significa utilizar para a Caverna o mesmo mecanismo que para a metafísica da natureza:* existiriam as qualidades primeiras – a sociedade e suas relações de forças – que formariam a decoração essencial do mundo social, e as qualidades segundas, tão intensamente vividas quanto mentirosas, que cobririam com seu manto essas forças invisíveis que não se poderia ver sem perder a coragem. Se for preciso rejeitar as ciências naturais por fazerem uso dessa dicotomia, será preciso rejeitar mais vivamente ainda as ciências sociais quando elas a aplicam ao coletivo, concebido como sociedade.* Se for preciso, com as ciências naturais, compor progressivamente o mundo comum, guardemo-nos de utilizar a sociedade para explicar o comportamento dos atores.

Como a natureza, e pela mesma razão, a sociedade se encontra no fim da experimentação coletiva, não no início, não toda pronta, não ainda lá. O discurso crítico participa da extensão das relações de forças, ele não as descreve, menos ainda as desvela. É bom apenas para tentar tomar o poder – sem jamais vir a exercê-lo, pois ele se engana, mesmo sobre a força.

As ciências sociais, a economia, a sociologia, a antropologia, a história, a geografia têm um papel muito mais útil que aquele de definir, em lugar dos atores e muitas vezes contra eles, as forças que as manipulam sem seu conhecimento. Os atores não sabem o que fazem, os sociólogos *menos ainda*. O que manipula os atores é desconhecido *de todos*, inclusive dos pesquisadores em ciências sociais. É por essa razão que existe uma República, um mundo comum ainda por vir: ignoramos as consequências coletivas de nossas ações. Somos enredados por relações de risco, cujas causas e consequências provisórias devem ser objeto de uma constante re--apresentação. A última das coisas de que temos necessidade é que o mundo por vir nos coloque em nosso lugar. Mas, para indagar sobre o que nos une, podemos contar com as ciências humanas oferecendo aos atores versões múltiplas e *rapidamente revistas*, que nos permitam compreender a experiência coletiva para a qual somos todos arrastados. Todas as -logias, -grafias, -nomias tornam-se então indispensáveis, prestam-se a propor constantemente ao coletivo novas versões do que ele poderia ser, guardando o traço das singularidades. Com as ciências sociais, o coletivo pode, enfim, *recuperar-se*. Se espíritos bem simples são capazes de se tornar sábios, exatos e meticulosos, graças ao equipamento de seus laboratórios, que dirá no que simples cidadãos poderiam se transformar se se beneficiassem, para pensar o coletivo, do equipamento das ciências sociais. A ecologia política marca a idade de ouro das ciências sociais, libertadas, enfim, do modernismo.

Posso conservar a expressão "ecologia política" para designar essa espécie de estado de guerra? Estou consciente de que o liame com os partidos "verdes" permanece bem tênue, visto que critiquei o uso da natureza, mostrando que ela paralisava o combate dos "écolos". Como preservar a mesma expressão "ecologia política" para designar a *Naturpolitik* dos ecologistas que pretendem fazer entrar a natureza na política, e para designar uma vida pública que deve se desintoxicar da natureza? Não há, aí, um abuso da expressão? Se me permito faltar ao respeito à filosofia política da ecologia, é porque ela utilizou muito pouco, até aqui, dos recursos conjuntos da filosofia das ciências e da antropologia comparada, que, como vimos no Capítulo 1, obrigam a não mais conservar a natureza. Não cessei, em contraposição, de fazer justiça à rica prática daqueles que descobrem, atrás de cada humano, associações proliferantes de não humanos cujas consequências desordenadas tornam impossível a antiga divisão entre natureza e sociedade. *Que outro termo além de "ecologia" permitiria acolher os não humanos em política?* Perdoar-me-ão, talvez, de haver subvertido a sabedoria da ecologia para eliminar algumas de suas contradições mais flagrantes. Falar da natureza sem rever a democracia das ciências não teria grande sentido. Entretanto, assegurar-se de que os humanos não fazem mais sua política sem os não humanos não é o que os movimentos "verdes" sempre procuraram por trás da fórmula mal orientada de uma "proteção" ou de uma "conservação da natureza"?

Resta uma questão delicada: a ecologia política deve herdar as divisões políticas clássicas? Os partidos que exigem isso, como se constatou muitas vezes, penam para diferenciar sua esquerda e sua direita. Mas esquerda e direita dependem da assembleia que reúne os parlamentares, da organização das fileiras, da forma do anfiteatro, da posição do presidente, do palanque onde se posiciona o *speaker*. A ecologia política não busca escolher um lugar no interior da antiga Constituição, mas convocar o coletivo em uma outra assembleia, uma outra arena, um outro fórum. Esquerda e direita não poderiam mais, portanto, retomar suas divisões. Nenhum pacote bem amarrado permite mais opor as forças do progresso e as da reação, como se existisse uma só frente de modernização que faria marchar no mesmo passo as Luzes, a laicização, a liberação dos costumes, o mercado, o universal. As divisões no interior dos partidos são, além disso, já há muito tempo, superiores ao que os reúne.

Que fazer da esquerda e da direita se o progresso consiste em passar, como vimos, do intrincado ao mais intrincado, de uma mistura dos fatos e dos valores a uma mistura ainda mais inextricável? Se a liberdade consiste não em se encontrar livre de um número maior de seres, mas apegado a um número sempre maior de proposições contraditórias? Se a fraternidade reside não em uma frente de civilização que fizesse retornar os outros à barbárie, mas na obrigação de construir, com todos os outros, um só mundo comum? Se a igualdade exige tomar a cargo os não humanos, sem saber, de início, o que se refere a um simples meio e o que pertence ao reino dos fins? Se a República* se torna uma forma ao mesmo tempo muito antiga e muito nova de Parlamento das coisas?

Para a escolha dos mundos possíveis, a diferença esquerda/direita parece bem desastrada. E, ao mesmo tempo, é impensável se entender ultrapassando essa oposição por um poder unânime, visto que a natureza não está mais aí para nos unir sem combate. Não me inquieto muito com essa dificuldade. Uma vez organizada com seus próprios móveis, a ecologia política saberá, muito depressa, reconhecer as novas clivagens, os novos inimigos, as novas frentes. Será a melhor oportunidade, então, de lhes atribuir etiquetas. A maior parte já se encontra aí, diante de nós. Surpreendentes aos olhos do Antigo Regime, esses reagrupamentos parecerão banais para o novo. Não nos precipitemos, em todo caso, em herdar as antigas divisões.

Fora disso, há verdadeiramente outras soluções além da ecologia política? No fundo, que quereis vós? Podereis verdadeiramente afirmar, sem enrubescer, ainda crendo nisso, que o futuro do planeta consiste em ver fundir todas as diferenças culturais, esperando que elas sejam pouco a pouco substituídas por uma única natureza, conhecida pela Ciência universal? Se vós não tiverdes essa audácia, então sejais francos: tereis a firmeza de admitir o contrário, que vos resignais a que as culturas, ainda que não essenciais, tornem-se mundos incomensuráveis, sobrepostos misteriosamente a uma natureza ao mesmo tempo essencial e desnudada de sentido? E se vós não mais persegueis esse fim, se o mononaturalismo e o multiculturalismo parecem-vos imposturas, se verdadeiramente não ousais mais serdes modernos, se verdadeiramente a antiga forma de futuro não tem mais futuro, então não será preciso reconsiderar os termos veneráveis da democracia? Por que não tentar pôr fim ao estado de natureza, ao estado de guerra das ciências? Que risco corremos em tentar uma política sem a natureza? O mundo é jovem, as ciências, recentes, a história começou há pouco, assim como a ecologia: por que deveríamos parar de explorar as instituições da vida pública?

Glossário

ACOMPANHAMENTO (PODER DE ACOMPANHAMENTO): um dos três poderes do coletivo (juntamente com o poder de levar em consideração* e o poder de organização*); procura o caminho de prova que permite à experiência coletiva explorar a questão dos mundos comuns; é procedimental e não substantivo; sob a condição de não supor supremacia, é, pois, sinônimo da arte de governar.

ADMINISTRAÇÃO: um dos cinco saberes analisados neste livro, cuja contribuição é indispensável às funções da nova Constituição;* é o que permite documentar a experiência coletiva, assegurando o respeito às formas.

AMBIENTE: a preocupação que se pode ter desponta quando desaparece o ambiente como o que é externo ao comportamento humano; é o conjunto externalizado* do que não se pode mais exatamente nem rejeitar para o exterior como lixo, nem conservar como reserva.

ANTIGO REGIME: usa-se essa expressão voluntariamente simplista (e aquela mais polêmica de Caverna*) para avivar o contraste entre o bicameralismo* da natureza e da sociedade, e aquele da nova Constituição,* que permite um Estado de direito. Da mesma forma que a Revolução Francesa reconsiderou a legitimidade do poder aristocrático de direito divino, a ecologia política questiona o poder aristocrático da "Ciência" divina.

ANTROPOLOGIA EXPERIMENTAL: a capacidade do antropólogo de encontrar as outras culturas dependeu durante muito tempo da certeza dada pelo mononaturalismo;* chama-se experimental a antropologia que faz contato com as outras, rejeitando ao mesmo tempo o mononaturalismo e o multiculturalismo (*ver também* DIPLOMACIA*).

ARTICULAÇÃO: o que une entre si as proposições;* considerando-se que os enunciados* são verdadeiros ou falsos, diz-se que as proposições são bem ou mal articuladas; as conotações da palavra (em anatomia, em direito, em retórica, em linguística, em ortofonia) cobrem bem a gama de sentidos que se busca juntar e que não insistem mais na distinção entre o mundo e o que nós dizemos, mas nos modos pelos quais o discurso *toma conta* do mundo (*ver também* LOGOS*).

ASSOCIAÇÃO: estende e modifica o sentido das palavras "social" e "sociedade",* as quais são sempre prisioneiras da divisão entre o mundo dos objetos e o dos sujeitos; em vez da distinção entre os sujeitos e os objetos, falar-se-á de associações entre humanos e não humanos; o termo recupera, assim, ao mesmo tempo, as antigas ciências naturais e as antigas ciências sociais.

ATUANTE, ATOR: "atuante" é um termo de semiótica que diz respeito aos humanos e aos não humanos; é ator quem modifica um outro numa prova; dos atores, só se pode dizer que eles agem; sua competência se deduz de seus desempenhos; a ação, por sua vez, é sempre registrada durante uma prova e por um protocolo de experiência, elementar ou não.

BEM COMUM: a questão do bem comum (*common good, good life*) se limita normalmente à questão moral, deixando de lado a questão do mundo comum,* que define os estados de fato; então, o bem e a verdade permanecem separados; fundem-se aqui as duas expressões para falar do bom mundo comum ou *cosmo*.*

BICAMERALISMO: expressão de ciência política para descrever os sistemas representativos com duas câmaras (Assembleia e Senado, Câmara dos Comuns e Câmaras dos Lordes); busca-se aqui o sentido de descrever a repartição de poderes entre a natureza* (concebida como um poder representativo) e a política.* A esse bicameralismo "ruim" se segue um bicameralismo "bom", que distingue dois poderes representativos: o de consideração,* a câmara alta, e o de ordenamento,* a câmara baixa.

BOM SENSO, POR OPOSIÇÃO A SENSO COMUM: pares de termos opostos para substituir o discurso crítico e a operação de revelação; o bom senso representa o passado da coletividade, enquanto o senso comum (o senso do comum, ou da busca do comum) representa seu futuro. Se se pode permitir violentar um pouco o bom senso por argumentos ousados, deve-se sempre verificar que há, no fim das contas, uma união com o senso comum.

CÂMARA ALTA, CÂMARA BAIXA: *ver* BICAMERALISMO.*

CAVERNA: expressão derivada da mitologia platônica na *República* e que serve de resumo para designar o bicameralismo* da antiga Constituição, com sua separação entre o Céu das Ideias, de uma parte, e o inferno do social, de outra (*ver também* ANTIGO REGIME).

CENARIZAÇÃO: uma das sete funções que a nova Constituição* deve preencher e que volta a definir a fronteira entre o interior e o exterior; mas, em vez de partirem de uma unidade já formada (natureza* ou sociedade*), os diferentes métodos (das ciências, das políticas, da administração etc.) propõem *cenários* de unificação, que são todos provisórios e que a retomada do coletivo logo tornará obsoletos.

CIÊNCIA POR OPOSIÇÃO ÀS CIÊNCIAS: opomos *a* Ciência – definida como a politização das ciências pela epistemologia (política) para tornar impotente a vida pública, fazendo pesar sobre ela a ameaça de salvação por uma natureza* já unificada – e *as* ciências, no plural e em minúsculo, definidas como um dos cinco métodos essenciais do coletivo que está à procura de proposições* com as quais deve constituir o mundo comum, e é encarregado da manutenção da pluralidade das realidades externas.

CIVILIZAÇÃO: designa o coletivo* que não é mais rodeado de uma natureza e de outras culturas, mas que é capaz de envolver de um modo civil a experimentação na composição progressiva do mundo comum.*

COISA: usa-se aqui seu sentido etimológico, que sempre nos remete a uma questão em uma assembleia, na qual ocorre uma discussão que exige um julgamento levado a cabo em comum, em contraste com objeto.* A etimologia do nome compreende, portanto, a indicação do coletivo* (*res, thing, ding*) que se tenta juntar aqui (*ver também* REPÚBLICA*).

COLETIVO: distingue-se em primeiro lugar de sociedade,* termo que nos remete a uma má distribuição de poderes; acumula em seguida os antigos poderes da natureza e da sociedade num só lugar antes de se diferenciar novamente em poderes distintos (consideração,* ordenamento,* acompanhamento*). Embora empregado no singular, o termo não nos remete a uma unidade já feita, mas a um procedimento para *coletar* as associações de humanos e de não humanos.

COMPOSIÇÃO PROGRESSIVA DO MUNDO COMUM: expressão que substitui a definição clássica da política como jogo de interesses e de poderes: o mundo comum não é estabelecido imediatamente (ao contrário da natureza* ou da sociedade*), mas deve ser coletado pouco a pouco para consolidar um trabalho diplomático,* o que é comum às diferentes proposições.* *Compor* se opõe sempre a atalho, abreviação, arbitrariedade (*ver também* FORMAS [FORMALMENTE*]).

CONSIDERAÇÃO (PODER DE CONSIDERAÇÃO): um dos três poderes do coletivo (aquele chamado de câmara alta), que obriga a se sugerir a pergunta: com quantas proposições* novas devemos constituir o coletivo?

CONSTITUIÇÃO: o termo emprestado do direito e das ciências políticas recebe aqui uma acepção metafísica mais ampla, já que remete à distribuição de seres entre humanos e não humanos, os objetos e os sujeitos, ao gênero de poder, à capacidade de falar, de ordenar, de expressar vontade, que eles apresentam. Ao contrário do termo "cultura", "Constituição" nos remete às coisas e também às pessoas; ao contrário de "estrutura", ele assinala o caráter voluntário, explícito, escrito, dessa repartição. Para dramatizar as oposições, contrasta-se a "antiga" Constituição moderna* com a "nova" Constituição da ecologia política, e o Antigo Regime* com a República* (*ver também* METAFÍSICA EXPERIMENTAL*).

CONSULTA: uma das duas funções essenciais do poder de consideração:* responde à questão de se saber quais são as provas aplicáveis ao julgamento da existência, da importância, da vontade de uma proposição,* se é tão bem aplicada aos não humanos como aos humanos; não tem o sentido usual de resposta a uma questão já formulada, mas de participação na reformulação do problema pela busca de testemunhos confiáveis.*

COSMO, COSMOPOLÍTICA: leva-se em conta aqui o sentido grego de arranjo, de harmonia, ao mesmo tempo que aquele, mais tradicional, de mundo. É então um sinônimo do bom mundo comum,* o que Isabelle Stengers chama de *cosmopolítica* (não no sentido multinacional, mas metafísico, de política do cosmo). Poder-se-ia designar como seu antônimo a palavra *cacosmos*, embora Platão, no *Górgias*, prefira *acosmos*.

DEMOS: termo grego que designa aqui a assembleia livre da dupla pressão que exercem sobre seus debates a salvação pela Ciência* e as fulminantes demonstrações da força.

DIPLOMACIA: meio que permite sair da situação de guerra enquanto procura a experiência do coletivo* sobre o mundo comum* por modificação de suas exigências essenciais; o diplomata segue depois do antropólogo no encontro com as culturas.

ECOLOGIA MILITANTE: de modo um pouco artificial, opõe-se aqui a prática militante da ecologia à filosofia oficial de pensadores da ecologia, aqueles da *Naturpolitik** que continuam usando a natureza como modo de organização pública, sem perceber que essa unidade prematura pode apenas paralisar seu movimento de composição.*

ECOLOGIA POLÍTICA: o termo não faz diferença entre ecologia científica e ecologia política; é construído sobre o modelo de (mas em oposição a) "economia* política". Designa-se assim, por oposição à "má" filosofia da ecologia, a compreensão das crises ecológicas que não utiliza mais a natureza para dar conta das tarefas a serem feitas. Serve de termo-tampão para designar o que acontece ao modernismo de acordo com a alternativa: modernizar ou ecologizar.

ECONOMIA, ECONOMIZADOR: em oposição a economia política como economia do político (abreviação do Estado de direito) e a economia como formadora de elos e elaboradora de uma linguagem comum que permite a padronização, bem como o cálculo dos *optima*. A economia libertada da política (como a epistemologia*) se torna então uma técnica (pela mesma razão que a política ou as ciências de laboratório), e não a infraestrutura das sociedades.

EMBARAÇO DE FALA: designa não a fala, mas a dificuldade de falar, ou mesmo articular* o mundo comum, para evitar que se tornem palavras logocêntricas (*logos*,* consulta,* porta-voz*) para a expressão fácil de um sentido que não teria necessidade de nenhuma mediação particular para se manifestar de modo transparente.

ENUNCIADO: por oposição a proposições,* o enunciado é um elemento da linguagem humana que tenta, então, por uma operação de referência, verificar sua adequação para o mundo dos objetos. É o que produz o coletivo interrompido na exploração do mundo comum.

EPISTEMOLOGIA, EPISTEMOLOGIA (POLÍTICA), EPISTEMOLOGIA POLÍTICA: chama-se epistemologia, no sentido próprio do termo, o estudo das ciências e de seus procedimentos (como a sociologia, a história ou a antropologia das ciências, mas com outros instrumentos); por oposição, chamar-se-á epistemologia (política) (ou, mais maliciosamente, polícia epistemológica) o desvio das teorias do conhecimento para dar razão à política, mas sem respeitar os procedimentos de coordenação, nem das ciências, nem das políticas (trata-se de fazer política ao abrigo de toda política, daí os parênteses); em resumo, chamar-se-á epistemologia política (sem parênteses) a análise da distribuição *explícita* dos poderes entre ciências e políticas no quadro da Constituição.*

ESSÊNCIA: termo de metafísica que recebe aqui um sentido político; não o começo do processo de composição,* de articulação* (reserva-se para isso o termo "hábito"*), mas sua conclusão provisória; há muitas essências, mas que são adquiridas pela instituição* no início de um processo explícito que lhes dá durabilidade e indiscutibilidade prendendo-se os atributos à sua substância. Para relembrar essa história concreta, usa-se a expressão "essência de limites fixos".

ESTADO: única das instâncias do coletivo em vias de exploração, o que permite o exercício do poder de acompanhamento,* o que tem o monopólio da designação do inimigo,* o que é sede da arte de governar, o que garante a qualidade da experiência coletiva.*

EXIGÊNCIA: termo que toma o lugar da antiga divisão entre necessidade e liberdade; cada uma das funções do coletivo* define uma exigência: de realidade externa para a perplexidade,* de pertinência para a consulta,* de publicidade para a hierarquia,* de fechamento para a instituição.* A expressão "exigências essenciais", tomada do vocabulário da padronização, permite partilhar hábitos* e essências* provisórias das proposições.*

EXPERIÊNCIA COLETIVA: a partir do momento em que não se pode mais definir uma natureza e as culturas, o coletivo deve explorar a questão do número de entidades a levar em consideração e a integrar com uma investigação cujo protocolo é definido pelo poder de acompanhamento.* Retoma-se, da palavra "experimentação", tal como usada nas ciências, o fato de que ela é instrumentalizada, rara, difícil de se reproduzir, sempre contestada e que se apresenta como uma prova custosa, cujo resultado deve ser decifrado.

EXTERIORIZAÇÃO, EXTERNALIZAÇÃO: os economistas usam a palavra "externalidades" para designar o que não pode ser levado em conta, mas que desempenha um papel importante (negativo ou positivo) nos cálculos; é dado a ela aqui um sentido mais geral e mais político para substituir a noção usual de natureza exterior ao mundo social; isso não é um dado, mas resultado de um procedimento explícito de colocar no exterior (o que se decidiu não levar em conta ou o que põe em perigo o coletivo) (*ver também* INIMIGO*).

FORMAS (FORMALMENTE, DE ACORDO COM AS FORMAS): a palavra, emprestada do direito e da administração, quer sublinhar, por contraste, o caráter indevido, sub-reptício, dos arranjos habituais do Antigo Regime. Ao contrário da distinção entre natureza e sociedade, fatos e valores, os poderes de representação do coletivo* obrigam a proceder lentamente, segundo as formas (*due process*), enquanto oferece à produção do mundo comum o equivalente a um estado de direito. Une-se em uma só fórmula a distinção entre *de facto* e *de jure*.

HÁBITO: propriedades das proposições* antes que as operações do coletivo as tenham instituído de modo duradouro como essências;* é o único meio pelo qual as tarefas de elaboração do mundo comum são possíveis sem se chocar de imediato contra a natureza indiscutível e as indiscutíveis identidades e interesses.

HIERARQUIA: uma das duas funções essenciais do poder de ordenamento;* trata-se de organizar as proposições, por meio de definições heterogêneas e incomensuráveis, em uma só ordem homogênea e segundo uma só relação de ordem; tarefa evidentemente impossível, que implica reconduzir à iteração seguinte.

HUMANOS E NÃO HUMANOS: para marcar bem a diferença entre as relações civis no interior do coletivo e as relações militarizadas mantidas pelos objetos* e pelos sujeitos,* usa-se essa expressão, sinônima de proposições* ou de associações.* Não tem nenhuma outra significação além da negativa: ela recorda somente que não se fala *jamais* nem dos sujeitos, nem dos objetos do bicameralismo* antigo.

INANIMISMO: neologismo a partir de "animismo" para recordar o antropocentrismo de uma metafísica que supõe objetos "indiferentes" para o destino dos humanos, o que autoriza, na realidade, reformar de imediato os humanos, ao diferenciar as qualidades primeiras* (essenciais) e as qualidades segundas* (superficiais).

INIMIGO: designa-se primeiramente por essa palavra o exterior do coletivo que não tem, como a natureza,* o papel passivo determinado, mas o papel ativo do que foi posto no exterior (*ver* EXTERIORIZAÇÃO*), do que pode pôr em perigo de morte o interior do coletivo e, em resumo, do que pode voltar à fase seguinte para demandar seu lugar de sócio e aliado. O inimigo não é o definitivamente estranho, imoral, irracional ou inexistente.

INSTITUIÇÃO: um dos dois requisitos do poder de ordenamento,* que permite responder à exigência de fechamento e de preparar a retomada pelo coletivo da repetição seguinte; a palavra tem frequentemente um sentido pejorativo na literatura das ciências humanas, em oposição a espontâneo, real, individual, criativo etc.; aqui é considerada positivamente como uma das formas da razão.

Usa-se também a expressão *instituição conceitual* como sinônimo de forma de vida.

INTERNALIZAÇÃO (INTERIORIZAÇÃO): *ver* EXTERIORIZAÇÃO.*

LOGOS: termo grego multiforme para o qual se dá aqui o sentido de articulação;* designa todos os embaraços de fala* que estão no centro da coisa pública; sinônimo de tradução, não se define pela clareza nem mesmo por uma atenção particular à linguagem, mas pela dificuldade de acompanhar o movimento do coletivo engajado na composição progressiva do mundo comum.*

MATTERS OF FACT: os ingredientes indiscutíveis da sensação ou da experimentação; mantém-se a expressão em inglês para fazer apreciável a esquisitice política da diferença, imposta pela antiga Constituição, entre o discutível (teoria, opinião, interpretação, valores) e o indiscutível (dados dos sentidos, os *data*).

METAFÍSICA EXPERIMENTAL: a tradição define a metafísica como o que vem antes ou abaixo da física, supondo então uma distribuição prévia entre qualidades primeiras* e qualidades segundas,* o que resolve prontamente o problema do mundo comum,* objeto deste trabalho. Para evitar essa solução prematura, chama-se metafísica experimental a procura do que compõe o mundo comum, e se reserva a expressão voluntariamente paradoxal de *metafísica da natureza* para a solução tradicional que dava um papel político à natureza.

MODERNO: não designa um período, mas uma forma de passagem do tempo; modo de interpretar um conjunto de situações, tentando extrair dele a distinção entre fatos e valores, estados do mundo e representações, racional e irracional, Ciência* e sociedade,* qualidades primeiras* e qualidades segundas,* de maneira a traçar entre o passado e o futuro uma diferença radical que permita externalizar* definitivamente o que não se levou em consideração. É *pós-moderno* o que suspende essa passagem sem substituí-la. É *não moderno* ou *ecológico* o que substitui a passagem do tempo moderno pela retomada do que havia sido externalizado.*

MONONATURALISMO, MULTICULTURALISMO, MULTINATURALISMO: para insistir no caráter político da unificação indevida do coletivo sob a forma de "a" natureza, soma-se o prefixo "mono", que permite que se ressalte desde logo a relação da solução mantida com o *multi*culturalismo (expressão anglo-saxônica então existente em ciências políticas): sobre fundo de natureza prematuramente unificada, separam-se as culturas incomensuráveis, prematuramente fragmentadas. Para designar a impossibilidade da solução tradicional, junta-se a naturalismo, de modo um tanto provocante, o prefixo *multi*.

MORALISTA: um dos cinco corpos profissionais chamados a participar em funções do coletivo estabelecidas pela nova Constituição;* não se define nem pelo apelo aos valores, nem por respeito a procedimentos, mas por uma atenção às falhas de composição* do coletivo, a tudo o que ele externalizou,* recusando a toda proposição a função de meio e oferecendo-lhe preservá-la como fim.

MUNDO COMUM (igualmente bom mundo comum, cosmo,* melhor dos mundos): a expressão designa o resultado provisório da *unificação* progressiva das realidades exteriores (para as quais se reserva a expressão *pluriverso**); o mundo, no singular, não é exatamente o que é determinado, mas o que é necessário obter formalmente.

NÃO HUMANO: *ver* HUMANOS.

NATUREZA: entendida aqui não como as realidades múltiplas (*ver* PLURIVERSO*), mas como um processo injustificado de unificação da vida pública e de distribuição das capacidades de fala e de representação de modo a tornar impossíveis a assembleia política e a convocação do coletivo em uma República.* Luta-se aqui contra três formas de natureza: a natureza "fria e dura" das qualidades primeiras, a natureza "quente e verde" da *Naturpolitik** e, por fim, a natureza "vermelha e sangrenta" da economia política.* *Naturalizar* não quer dizer apenas que se estende de maneira indevida o reino da Ciência a outros domínios, mas que se paralisa a política. Pode-se então naturalizar a partir da sociedade,* da moral* etc. Uma vez reunido o coletivo, não há mais razão para se privar das expressões de bom senso e de utilizar *natural* como o que é evidente ou que é membro pleno do coletivo.

NATURPOLITIK: no modelo de *Realpolitik*, designa-se assim esse desvio da ecologia política que pretende, por oposição à ecologia militante, renovar a vida pública mantendo intacta essa ideia de natureza,* inventada para envenená-la.

OBJETO por oposição a SUJEITO: opõe-se aqui o par objeto-sujeito às associações de humanos e de não humanos. Objeto e objetividade, como também sujeito e subjetividade, são termos polêmicos, inventados para ignorar a política, uma vez posta a natureza* no lugar; não se pode usá-los, então, como cidadãos do coletivo,* que só pode reconhecer sua versão civil: as associações* de humanos e não humanos.

OBJETOS SEM RISCO (ou modernos) por oposição a VÍNCULOS DE RISCO (ou desordenados): expressão inventada para recordar que as crises ecológicas não são sobre um tipo de seres (por exemplo, a natureza, os ecossistemas), mas sobre o modo de fabricar todos os seres: as consequências inesperadas, como também o modo de produção e os fabricantes, permanecem ligados aos vínculos de risco no momento em que eles aparecem destacados dos objetos* propriamente ditos.

ORDENAMENTO (PODER DE ORDENAMENTO): um dos três poderes de representação do coletivo (chamado de câmara baixa), responde à pergunta: podemos formar um mundo comum?

PACTO DE APRENDIZAGEM: expressão utilizada para substituir "contrato social", que ligaria os humanos entre si, de modo total, para formar uma sociedade; o pacto de aprendizagem não supõe nada mais que a ignorância comum dos governantes e dos governados em situação de experimentação coletiva.*

PERPLEXIDADE: uma das sete tarefas pela qual o coletivo se faz atento e sensível à presença, fora dele, das várias proposições que podem querer fazer parte do mesmo mundo comum.*

PLURIVERSO: como a palavra "*uni*-verso" tem o mesmo defeito que "natureza"* (a unificação que se faz sem as formas* apropriadas, sem o *due process*), designar-se-á por esse termo as proposições* candidatas à existência comum antes do processo de unificação no mundo comum.*

POLÍTICA: entende-se aqui em três sentidos, que se distinguem por meio de perífrases: a) na sua acepção usual, designa a luta e os compromissos dos interesses e das paixões humanas à margem das preocupações dos não humanos; utiliza-se ainda a expressão políticas da Caverna;* b) no sentido próprio, denota a composição progressiva do mundo comum* e todas as competências exercidas pelo coletivo; c) no sentido restrito, chama-se política somente um dos cinco alicerces necessários à Constituição e que permite a representação fiel pela ativação, sempre a retomar, da relação um/todos.

POLÍTICA CIENTÍFICA: por oposição a ciências políticas, designa a pesquisa, ao longo da experiência coletiva,* dos programas de pesquisa fecundos, que permitem a melhor articulação;* reservada há pouco até a alguns burocratas da ciência, faz parte, ainda, do equipamento de base dos cidadãos.

PORTA-VOZ: termo usado, de início, para mostrar a relação profunda dos representantes dos humanos (no sentido político) e dos representantes dos não humanos (no sentido epistemológico). Serve, em seguida, para designar todos os embaraços de fala* que explicam a dinâmica do coletivo. O porta-voz é exatamente aquele que não permite responder com certeza à pergunta: "quem fala?" (*ver também* TESTEMUNHO CONFIÁVEL*).

PROPOSIÇÃO: no sentido usual em filosofia da linguagem, significa um enunciado* que pode ser verdadeiro ou falso; usa-se aqui em um sentido metafísico para designar não um ser do mundo ou uma forma linguística, mas uma associação de humanos e de não humanos, antes que ela se torne um membro afastado do coletivo inteiro, uma essência* instituída. Em vez de ser verdadeira ou falsa, ela é bem ou mal articulada. Ao contrário dos enunciados, as proposições insistem na dinâmica do coletivo, à procura da boa articulação, do bom cosmo.* Para evitar repetições, às vezes dizemos entidades ou coisas.*

QUALIDADES PRIMEIRAS por oposição a QUALIDADES SEGUNDAS: expressão tradicional em filosofia para diferenciar o material de que o mundo é feito (partículas, átomos, genes, neurônios etc.), por oposição às representações* (cores, sons, sentimentos etc.); as qualidades primeiras são invisíveis, mas reais e jamais vividas subjetivamente; as qualidades segundas são vividas subjetivamente, visíveis, mas não essenciais. Longe de ser uma divisão evidente, é a operação de epistemologia (política)* por excelência que desfez a metafísica experimental* e que proibiu a nova Constituição.*

REPRESENTAÇÃO: entende-se em dois sentidos radicalmente diferentes e sempre distintos pelo contexto: a) no sentido negativo de representação social, significa um dos dois poderes da epistemologia (política) que proíbem toda vida pública, porquanto os sujeitos ou as culturas não têm acesso senão às qualidades segundas* e jamais à essência;* b) no sentido positivo, designa a dinâmica do coletivo que representa, quer dizer, apresenta de novo, as questões do mundo comum e experimenta sem cessar a fidelidade da retomada.

REPÚBLICA: não designa a assembleia de humanos entre si, nem a universalidade do humano separado de todas as ligações arcaicas tradicionais, mas, pelo contrário, retornando à etimologia da coisa* pública, o coletivo,* em seu esforço para sair para a pesquisa experimental do que a unifica; é o coletivo recolhido formalmente* e fiel à ordem da Constituição.*

SENSO COMUM: *ver* BOM SENSO.*

SEPARAÇÃO DE PODERES: expressão tradicional de direito e de filosofia política, usada habitualmente para denotar a diferença entre o Legislativo e o Executivo (e, às vezes, o Judiciário); usa-se então: a) em sentido negativo, para designar a distinção da natureza* e da sociedade* (o que permite ver esta como um elemento da antiga Constituição e não como um dado); b) em sentido positivo, para indicar a diferença indispensável entre o poder de consideração* e o de ordenamento,* sobre a qual se ocupa ciosamente o poder de acompanhamento.* Sua manutenção é uma das sete tarefas da Constituição.*

SOCIEDADE, SOCIAL: chama-se de sociedade ou mundo social a metade da velha Constituição* que deve unificar os sujeitos separados dos objetos, e sempre submissa à ameaça da unificação pela natureza; é um todo já constituído que explica as condutas humanas e permite, então, abreviar o papel político da composição; faz o mesmo papel paralisante que a natureza,* e pelas mesmas razões. O adjetivo "social" (em *inferno do social*, ou representação* social, ou construtivismo social) é, então, sempre pejorativo, por designar o esforço sem esperança dos prisioneiros da Caverna* para articular a realidade sem ter os meios.

SUJEITO: *ver* OBJETO.

TESTEMUNHO CONFIÁVEL: designa as situações capazes de provar a fidelidade das representações, sabendo que a divisão entre o que fala e o que não fala deixou de ser definitiva, e que só há porta-vozes* dos quais se duvida, só há embaraços de fala.*

TRAJETÓRIA DE APRENDIZAGEM: expressão retomada da psicologia e aqui empregada para significar a situação de um coletivo privado da solução dada outrora à questão da sua exterioridade (uma natureza/as culturas) e obrigado a retomar a experiência sem outra garantia além da qualidade da sua aprendizagem. Seu acompanhamento é o objeto da sétima tarefa da Constituição.*

VÍNCULOS DE RISCO: *ver* OBJETOS SEM RISCO.

REFERÊNCIAS BIBLIOGRÁFICAS

ACOT, Pascal. *Histoire de l'écologie*. Paris: PUF, 1988. (Coleção "Politique Éclatée".) [Ed. bras.: *História da ecologia*. Rio de Janeiro: Campus Elsevier, 1990.]

AKRICH, Madeleine (sob a direção de). *Des Machines et des hommes* (número especial de *Techniques et Culture*). Paris: Éditions de la Maison des Sciences de l'Homme, 1990.

_____; BERG, Mark. *Theorizing Bodies*. (no prelo.)

APPADURAI, Arjun. *Modernity at Large*: Cultural Dimensions of Globalization. Minneapolis: University of Minnesota Press, 1996.

ASHMORE, Malcolm; EDWARDS, Derek; POTTER, Jonathan. The Bottom Line: the Rhetoric of Reality Demonstrations. *Configurations*, v.1, p.1-14, 1994.

BARATAY, Éric; HARDOUIN-FUGIER, Élisabeth. *Zoos*: Histoire des jardins zoologiques en Occident (XVIe-XIXe). Paris: La Découverte, 1998.

BARBIER, Rémi. *Une Cité de l'écologie*. Paris: École des Hautes Études en Sciences Sociales, mémoire de DEA, 1992.

BARNES, Barry; SHAPIN, Steven (sob a direção de). *Natural Order*: Historical Studies in Scientific Culture. Londres: Sage, 1979.

BECK, Ulrich. *Risk Society*: Towards a New Modernity. Londres: Sage, 1992. [Ed. bras.: *Sociedade de risco*: rumo a uma outra modernidade. São Paulo: Editora 34, 2010.]

_____. *Ecological Politics in an Age of Risk*. Cambridge: Polity Press, 1995.

BECK, Ulrich. *The Reinvention of Politics*: Rethinking Modernity in the Global Social Order. Londres: Polity Press, 1997.

_____; GIDDENS, Anthony; LASH, Scott. *Reflexive Modernization*. Stanford: Stanford University Press, 1994. [Ed. bras.: *Modernização reflexiva*: política, tradição e estética na ordem social moderna. São Paulo: Editora Unesp, 2012.]

BERG, Marc; MOL, Anne-Marie. *Differences in Medicine*: Unraveling Practices. Techniques and Bodies. Durham: Duke University Press, 1998.

BIAGIOLI, Mario. *Galileo Courtier*: the Practice of Science in the Culture of Absolutism. Chicago: The University of Chicago Press, 1993.

BIJKER, Wiebe; LAW, John (sob a direção de). *Shaping Technology-Building Society*: Studies in Sociotechnical Change. Cambridge: MIT Press, 1992.

BLOOR, David. Anti-Latour. *Studies in History and Philosophy of Science*, v.30, n.1, p.81-112, 1998.

BOLTANSKI, Luc; THÉVENOT, Laurent. *De la Justification*: les économies de la grandeur. Paris: Gallimard, 1991.

BOOKCHIN, Murray. *The Philosophy of Social Ecology*: Essays on Dialectical Naturalism. Nova York: Black Rose Books, 1996.

BOTKIN, Daniel B. *Discordant Harmonies*: a New Ecology for the 20th Century. Oxford: Oxford University Press, 1990.

BOURG, Dominique. *Les Sentiments de la nature*. Paris: La Découverte, 1993. [Ed. port.: *Os sentimentos da natureza*. Lisboa: Edições Piaget, 1997.]

BRUNSCHWIG, Jacques; LLOYD, Geoffrey. *Le Savoir grec*: dictionnaire critique. Paris: Flammarion, 1996.

CADORET, Anne (sob a direção de). *Protection de la nature*: histoire et idéologie. Paris: L'Harmattan, 1985.

CALLON, Michel. Éléments pour une sociologie de la traduction: la domestication des coquilles Saint-Jacques et des marins pêcheurs en baie de Saint-Brieuc. *L'Année Sociologique*, p.169-208, 1986.

_____ (sob a direção de). *La Science et ses réseaux*: genèse et circulation des faits scientifiques. Paris: La Découverte, 1989.

_____. Techno-Economic Networks and Irreversibility. In: LAW, John (sob a direção de). *Sociological Review Monograph*, Londres: Routledge Sociological Review Monograph, p.132-64, 1992.

_____. Is Science a Public Good? Fifth Mullins Lecture, Virginia Polytechnic Institute, 23 March 1993. *Science, Technology and Human Value*, v.4, p.395-424, 1994.

CALLON, Michel. *Representing Nature, Representing Culture*. Conferência de abertura do Centre for Social Theory and Technology, Keele University, 24 mar. 1995.

_____ (sob a direção de). *The Laws of the Market*. Oxford: Blackwell, 1998.

_____; LAREDO, Philippe; MUSTAR, Philippe (sob a direção de). *La Gestion stratégique de la recherche et de la technologie*. Paris: Économica, 1995.

_____; LATOUR, Bruno. Unscrewing the Big Leviathans; or How Do Actors Macrostructure Reality. In: KNORR, Karin; CICOUREL, Aron (sob a direção de). *Advances in Social Theory and Methodology*: Toward an Integration of Micro and Macro Sociologies. Londres: Routledge, 1981. p.277-303.

_____; _____. *Les Scientifiques et leurs alliés*. Paris: Pandore, 1985.

_____; _____. Don't Throw the Baby out with the Bath School! A Reply to Collins and Yearley. In: PICKERING, Andy (sob a direção de). *Science as Practice and Culture*. Chicago: The University of Chicago Press, 1992. p.343-68.

_____; _____. "Tu ne calculeras pas" ou comment symétriser le don et le capital. *Nouvelle Revue du Mauss*, v.9, p.45-70, 1997.

_____; RIP, Arie. Forums hybrides et négociations des normes socio-techniques dans le domaine de l'environnement. *Environnement, Science et Politique, Cahiers du Germès*, p.227-38, 1991.

CANGUILHEM, Georges. *Idéologie et rationalité dans l'histoire des sciences de la vie*. Paris: Vrin, 1977.

CASSIN, Barbara. *L'Effet sophistique*. Paris: Gallimard, 1995. [Ed. bras.: *O efeito sofístico*. São Paulo: Editora 34, 2005.]

CHARVOLIN, Florian. *L'Invention de l'environnement en France (1960-1971)*: les pratiques documentaires d'agrégation à l'origine du Ministère de la Protection de la Nature et de l'Environnement. Paris: École Nationale Supérieure des Mines de Paris, 1993.

CHASE, Alston. *Playing God in Yellowstone*: the Destruction of America's First National Park. Nova York: Harcourt Brace, 1987.

CHATEAURAYNAUD, Francis et al. *Alertes et prophéties*: les risques collectifs entre vigilance, controverse et critique. Rapport de fin de contrat. 2v. Paris: Programmes Risques Collectifs et Situations de Crise du CNRS, 1999.

COCHOY, Franck. *Une Histoire du marketing*: discipliner l'économie de marché. Paris: La Découverte, 1999.

COLLINS, Harry; KUSCH, Martin. *The Shape of Actions*: What Human and Machines Can Do. Cambridge: MIT Press, 1998. [Ed. bras.: *A forma das ações*: o que humanos e máquinas podem fazer. Belo Horizonte: Fabrefactum, 2010.]

_____; YEARLEY, Steven. Epistemological Chicken. In: PICKERING, Andrew (sob a direção de). *Science as Practice and Culture*. Chicago: The University of Chicago Press, 1992. p.301-26.

CRONON, William. *Nature's Metropolis*: Chicago and the Great West. Nova York: Norton, 1991.

_____ (sob a direção de). *Uncommon Ground*: Rethinking the Human Place in Nature. Nova York: Norton, 1996.

CUSSINS, Charis. Les Cycles de la conception: les techniques de normalisation dans un centre de traitement de la stérilité. *Technique et Culture*, v.25-6, p.307-38, 1995.

_____. Des Éléphants dans le magasin de la science. *La Recherche*, v.303, p.53-6, 1997.

DAGOGNET, François. *Nature*. Paris: Vrin, 1990.

DASTON, Lorraine. The Nature of Nature in Early Modern Europe. *Configurations*, v.2, p.149-72, 1998.

_____; PARK, Katharine. *Wonders and the Order of Nature*. Cambridge: Zone Books, 1999.

DEAR, Peter. *The Literary Structure of Scientific Arguments*. Filadélfia: University of Pensylvania Press, 1991.

DELÉAGE, Jean-Paul. *Histoire de l'écologie*: une science de l'homme et de la nature. Paris: La Découverte, 1991. [Ed. port.: *História da ecologia*: uma ciência do homem e da natureza. Amadora: Dom Quixote, 1991.]

DESCOLA, Philippe. *La Nature domestique*: symbolisme et praxis dans l'écologie des Achuar. Paris: Éditions de la Maison des Sciences de l'Homme, 1986.

_____. Constructing Natures: Symbolic Ecology and Social Practice. In: _____; PALSSON, Gisli (sob a direção de). *Nature and Society*: Anthropological Perspectives. Londres: Routledge, 1996. p.82-102.

_____; PALSSON, Gisli (sob a direção de). *Nature and Society*: Anthropological Perspectives. Londres: Routledge, 1996.

DESPRET, Vinciane. *Naissance d'une théorie éthologique*. Paris: Les Empêcheurs de Penser en Rond, 1996.

_____. *Ces Émotions qui nous fabriquent*: ethnopsychologie de l'authenticité. Paris: Les Empêcheurs de Penser en Rond, 1999.

DEWEY, John. *The Public and Its Problems*. Athens: Ohio University Press, 1954. (1.ed. 1927.)

DROUIN, Jean-Marc. *Réinventer la nature*: l'écologie et son histoire. Prefácio Michel Serres. Paris: Desclée de Brouwer, 1991. [Ed. port.: *Reinventar a natureza*: a ecologia e a sua história. Lisboa: Edições Piaget, 1993.]

EDER, Klaus. *The Social Construction of Nature*. Londres: Sage, 1996.

EHRLICH, Paul R.; EHRLICH, Anne H. *Betrayal of Science and Reason*: How Anti-Environmental Rhetoric Threatens Our Future. Washington: Island Press, 1997.

FERRY, Luc. *Le Nouvel ordre écologique*: l'arbre, l'animal et l'homme. Paris: Grasset, 1992. [Ed. bras.: *A nova ordem ecológica*: a árvore, o animal e o homem. Rio de Janeiro: Difel, 2009.]

FOX-KELLER, Evelyn. *Reflections on Gender and Science*. New Haven: Yale University Press, 1985.

_____. *Le Rôle des métaphores dans les progrès de la biologie*. Paris: Les Empêcheurs de Penser en Rond, 1999.

GALISON, Peter. *Image and Logic*: a Material Culture of Microphysics. Chicago: The University of Chicago Press, 1997.

GODARD, Olivier. Environnement, modes de coordination et systèmes de légitimité: analyse de la catégorie de patrimoine naturel. *Revue Économique*, v.2, p.215-42, 1990.

_____ (sob a direção de). *Le Principe de précaution dans les affaires humaines*. Paris: Éditions de l'INRA et de la MSH, 1997.

GOLLEY, Frank Benjamin. *A History of the Ecosystem Concept in Ecology*: More Than the Sum of the Parts. New Haven: Yale University Press, 1993.

GOMART, Émilie. *Surprised by Methadone*. Paris, 1999. Tese (Doutorado) – École Nationale Supérieure des Mines.

GOULD, Stephen-Jay. *La Vie est belle*. Paris: Le Seuil, 1991. [Ed. bras.: *Vida maravilhosa*: o acaso na evolução e a natureza da história. São Paulo: Companhia das Letras, 1990.]

HABERMAS, Jürgen. *Moral Consciousness and Communicative Action*. Londres: Polity Press, 1990. [Ed. bras.: *Consciência moral e agir comunicativo*. Rio de Janeiro: Tempo Brasileiro, 2003.]

_____. *De l'Éthique de la discussion*. Paris: Cerf, 1992. [Ed. bras.: *A ética da discussão e a questão da verdade*. São Paulo: WMF Martins Fontes, 2013.]

_____. *Between Facts and Norms*: Contributions to a Discourse Theory of Law and Democracy. Cambridge: Polity Press, 1996.

HACKING, Ian. *Concevoir et expérimenter*: thèmes introductifs à la philosophie des sciences expérimentales. Paris: Christian Bourgois, 1989.

HARAWAY, Donna. *Primate Visions*: Gender, Race and Nature in the World of Modern Science. Londres: Routledge and Kegan Paul, 1989.

_____. *Simians, Cyborgs, and Women*: the Reinvention of Nature. Nova York: Chapman and Hall, 1991.

HAUDRICOURT, André-Georges. *La Technologie science humaine*: recherches d'histoire et d'ethnologie des techniques. Paris: Éditions de la Maison des Sciences de l'Homme, 1987.

HEGEL, G. W. F. *Enciclopédia das ciências filosóficas*. t.1. São Paulo: Loyola, 1995.

HERMITTE, Marie-Angèle. *Le Sang et le droit*: essai sur la transfusion sanguine. Paris: Le Seuil, 1996.

HUTCHINS, Edwin. *Cognition in the Wild*. Cambridge: MIT Press, 1995.

IRWIN, Alan; WYNNE, Brian (sob a direção de). *Misunderstanding Science?* The Public Reconstruction of Science and Technology. Cambridge: Cambridge University Press, 1996.

JASANOFF, Sheila. Science, Politics, and the Renegotiation of Expertise at EPA. *Osiris*, v.7, p.195-217, 1992.

_____. *Science at the Bar*: Law, Science and Technology in America. Cambridge: Harvard University Press, 1995.

JEANNERET, Yves. *L'Affaire Sokal ou la querelle des impostures*. Paris: PUF, 1998.

JONAS, Hans. *Le Principe responsabilité*. Paris: Cerf, 1990. [Ed. bras.: *O princípio responsabilidade*: ensaio de uma ética para a civilização tecnológica. Rio de Janeiro: Contraponto, 2017.]

JONES, Caroline; GALISON, Peter (Eds.). *Picturing Science, Producing Art*. Londres: Routledge, 1998.

JULLIEN, François. *La Propension des choses*. Paris: Le Seuil, 1992. (Coleção "Travaux".) [Ed. bras.: *A propensão das coisas*: por uma história da eficácia na China. São Paulo: Editora Unesp, 2017.]

_____. *Traité de l'efficacité*. Paris: Grasset, 1997. [Ed. bras.: *Tratado da eficácia*. São Paulo: Editora 34, 1998. (Coleção Trans.)]

JURDANT, Baudoin (sob a direção de). *Impostures intellectuelles*: les malentendus de l'affaire Sokal. Paris: La Découverte, 1998.

KNORR-CETINA, Karin. *Epistemic Cultures*: How the Sciences Make Knowledge. Cambridge: Harvard University Press, 1999.

KOYRÉ, Alexandre. *Du Monde clos à l'univers infini*. Paris: Gallimard, 1962. [Ed. port.: *Do mundo fechado ao universo infinito*. Lisboa: Gradiva, 2001.]

LAFAYE, Claudette; THÉVENOT, Laurent. Une Justification écologique? Conflits dans l'aménagement de la nature. *Revue Française de Sociologie*, v.4, p.495-524, 1993.

LAKATOS, Imre. *Histoire et méthodologie des sciences*: programmes de recherche et reconstruction rationnelle. Paris: PUF, 1994.

LAPOUJADE, David. *William James*: empirisme et pragmatisme. Paris: PUF, 1997.

LARRÈRE, Catherine. *Les Philosophies de l'environnement*. Paris: PUF, 1997.

_____; LARRÈRE, Raphaël. *Du Bon Usage de la nature*: pour une philosophie de l'environnement. Paris: Aubier, 1997. [Ed. port.: *Do bom uso da natureza*: para uma filosofia do meio ambiente. Lisboa: Edições Piaget, 2000.]

LASCOUMES, Pierre. *Éco-pouvoir*: environnements et politiques. Paris: La Découverte, 1994.

_____; CALLON, Michel; BARTHE, Yannick (sob a direção de). Information, consultation, expérimentation: les activités et les formes d'organisation au sein des forums hybrides. In: SÉMINAIRE PROGRAMMES RISQUES COLLECTIFS ET SITUATIONS DE CRISE. *Actes...* Paris: CNRS, 1997.

_____; LE BOURHIS, Jean-Pierre. *L'Environnement ou l'administration des possibles*. Paris: L'Harmattan, 1997.

LASH, Scott; SZERSZYNSKI, Bronislaw; WYNNE, Brian (sob a direção de). *Risk, Environment and Modernity*: Towards a New Ecology. Londres: Sage, 1996.

LATOUR, Bruno. *Les Microbes, guerre et paix, suivi de Irréductions*. Paris: A.-M. Métailié, 1984. (Coleção "Pandore".)

_____. *Nous n'avons jamais été modernes*: essai d'anthropologie symétrique. Paris: La Découverte, 1991. [Ed. bras.: *Jamais fomos modernos*. 3.ed. São Paulo: Editora 34, 2013.]

_____. *Aramis, ou l'amour des techniques*. Paris: La Découverte, 1992.

_____. Arrachement ou attachement? (resenha do livro de Luc Ferry). *Écologie Politique*, p.15-26, 1993.

_____. *La Science en action*: introduction à la sociologie des sciences. Reed. Paris: Folio-Essais; Gallimard, 1995a. [Ed. bras.: *Ciência em ação*: como seguir cientistas e engenheiros sociedade afora. São Paulo: Editora Unesp, 2012.]

_____. Moderniser ou écologiser: à la recherche de la septième cité. *Écologie Politique*, v.13, p.5-27, 1995b.

LATOUR, Bruno. *Petite réflexion sur le culte moderne des dieux Faitiches*. Paris: Les Empêcheurs de Penser en Rond, 1996a. [Ed. bras.: *Reflexão sobre o culto moderno dos deuses Fe(i)tiches*. Bauru: Edusc, 2002.]

_____. *Petites leçons de sociologie des sciences*. Paris: Le Seuil, 1996b. (Coleção "Points Poche".)

_____. Socrates' and Callicles' Settlement or the Invention of the Impossible Body Politic. *Configurations*, v.2, p.189-240, 1997.

_____. For Bloor and Beyond: a Response to David Bloor's "Anti-Latour". *Studies in History and Philosophy of Science*, v.1, p.113-29, 1999a.

_____. *Pandora's Hope*: Essays on the Reality of Science Studies. Cambridge: Harvard University Press, 1999b. [Ed. bras.: *A esperança de Pandora*: ensaios sobre a realidade dos estudos científicos. São Paulo: Editora Unesp, 2017.]

_____; HERMANT, Émilie. *Paris, ville invisible*. Paris: La Découverte; Les Empêcheurs de Penser en Rond, 1998.

_____; LEMONNIER, Pierre (sob a direção de). *De la Préhistoire aux missiles balistiques*: l'intelligence sociale des techniques. Paris: La Découverte, 1994.

_____; SCHWARTZ, Cécile; CHARVOLIN, Florian. Crises des environnements: défis aux sciences humaines. *Futur Antérieur*, v.6, p.28-56, 1991.

LAUDON, Anne; NOIVILLE, Christine. Le Principe de précaution, le droit de l'environnement et l'organisation mondiale du commerce. *Rapport Remis au Ministère de l'Environnement*, Paris, nov. 1998.

LAW, John. On Power and its Tactics: a View from the Sociology of Science. *The Sociological Review*, v.34, p.1-38, fev. 1986.

_____; FYFE, Gordon (sob a direção de). *Picturing Power*: Visual Depictions and Social Relations. Londres: Routledge, 1988.

LEGENDRE, Pierre. *Leçons I*: la 901e conclusion. Étude sur le théâtre de la Raison. Paris: Fayard, 1998.

LÉPINAY, Vincent. *Sociologie de la controverse des deux Cambridge*: circulation et manipulation d'un formalisme en économie mathématique. Paris: École des Hautes Études en Sciences Sociales, mémoire de DEA, 1999.

LICOPPE, Christian. *La Formation de la pratique scientifique*: le discours de l'expérience en France et en Angleterre (1630-1820). Paris: La Découverte, 1996.

LLYOD, Geoffrey E. R. Cognition et culture: science grecque et science chinoise. *Annales HSS*, v.6, p.1185-200, 1996.

LOVELOCK, James. *Gaia*: a New Look at Life on Earth. Oxford: Oxford University Press, 1979. [Ed. port.: *Gaia*: um novo olhar sobre a vida na Terra. Reimp. Lisboa: Edições 70, 2011.]

_____ . *The Ages of Gaia*: a Biography of our Living Earth. Nova York: Bantam Books, 1988. [Ed. bras.: *As eras de Gaia*: a biografia da nossa Terra viva. São Paulo: Campus, 1991.]

LYNCH, Mike; WOOLGAR, Steve (Eds.). *Representation in Scientific Practice*. Cambridge: MIT Press, 1990.

MACKENZIE, Donald. *Knowing Machines*: Essays on Technical Change. Cambridge: MIT Press, 1996.

MACNAGHTEN, Phil; URRY, John. *Contested Natures*. Londres: Sage, 1998.

MAUSS, Marcel. *Sociologie et anthropologie*: Introduction de Claude Lévi-Strauss. Paris: PUF, 1950. [Ed. bras.: *Sociologia e antropologia*. São Paulo: Ubu, 2017.]

MERCHANT, Carolyn. *The Death of Nature*: Women, Ecology and the Scientific Revolution. Londres: Wildwood House, 1980.

_____ . *Radical Ecology*: the Search for a Livable World. Londres: Routledge, 1992.

MILLER, Peter. The Factory as Laboratory. *Science in Context*, v.3, p.469-96, 1994.

MOSCOVICI, Serge. *Essai sur l'histoire humaine de la nature*. Paris: Flammarion, 1977. (1.ed. 1968.)

NAESS, Arne. *Ecology, Community and Lifestyle*: Outline of an Ecophilosophy. Cambridge: Cambridge University Press, 1988.

NATHAN, Tobie. *L'Influence qui guérit*. Paris: Odile Jacob, 1994.

PÉGUY, Charles (sob a direção de). Clio Dialogue de l'histoire et de l'âme païenne. In: *Œuvres en prose*. Paris: Gallimard, 1961. (Coleção "La Pléiade".)

PESTRE, Dominique. Pour une Histoire sociale et culturelle des sciences, Nouvelles définitions, nouveaux objets, nouvelles pratiques. *Annales (Histoire, Sciences sociales)*, p.487-522, maio-jun. 1995.

PICKERING, Andrew; STEPHANIDES, Adam. Constructing Quaternions: on the Analysis of Conceptual Practice. In: _____ (sob a direção de). *Science as Practice and Culture*. Chicago: The University of Chicago Press, 1992. p.139-65.

POCOCK, John Greville Agard. *Le Moment machiavélien*: la pensée politique florentine et la tradition républicaine atlantique. Paris: PUF, 1997.

POLANYI, Karl. *La Grande transformation*: aux origines politiques et économiques de notre temps. Paris: Gallimard, 1983. (1.ed. 1945.) [Ed. bras.: *A grande transformação*: as origens de nossa época. Rio de Janeiro: Campus, 2012.]

POPPER, Karl. *La Société ouverte et ses ennemis*. Paris: Le Seuil, 1979. [Ed. port.: *A sociedade aberta e os seus inimigos*: o sortilégio de Platão. v.1. Lisboa: Edições 70, 2012.]

POULOT, Dominique. *Musée, nation, patrimoine, 1789-1815*. Paris: Gallimard, 1997.

POWER, Michael (Ed.). *Accounting and Science*: National Inquiry and Commercial Reason. Cambridge: Cambridge University Press, 1995.

PURY, Sybille de. *Traité du malentendu*: théorie et pratique de la médiation interculturelle. Paris: Les Empêcheurs de Penser en Rond, 1998.

RÉMY, Élizabeth. Comment dépasser l'alternative risque réel/risque perçu: l'exemple de la controverse sur les champs électromagnétiques. *Annales des Mines*, p.27-34, 1997.

RHEINBERGER, Hans-Jorg. *Toward a History of Epistemic Things*: Synthetizing Proteins in the Test Tube. Stanford: Stanford University Press, 1997.

ROBERTSON, George et al. (sob a direção de). *Futurenatural*: Nature/Science/Culture. Londres: Routledge, 1996.

ROGER, Alain; GUÉRY, François (sob a direção de). *Maîtres et protecteurs de la nature*. Le Creusot: Champ Vallon (diffusion La Découverte), 1991.

ROGERS, Richard; MARRES, Noortje. Landscaping Climate Change: a Mapping Technique for Understanding Science & Technology Debates on the World Wide Web. *Public Understanding of Science*, 1999. (no prelo.)

ROQUEPLO, Philippe. *Climats sous surveillance*: limites et conditions de l'expertise scientifique. Paris: Économica, 1993.

ROSENTAL, Claude. *L'Émergence d'un théorème logique*: une approche sociologique des pratiques contemporaines de démonstration. Paris, 1996. Tese (Doutorado em Sociologia) – École Nationale Supérieure des Mines.

ROTHENBERG, David; NAESS, Arne. *Is it Painful to Think?* Conversations with Arne Naess. Bloomington: The University of Minnesota Press, 1993.

ROTMAN, Brian. *Ad Infinitum*: the Ghost in Turing Machine. Taking God out of Mathematics and Putting the Body Back In. Stanford: Stanford University Press, 1993.

SAHLINS, Marshall. Goodbye to Tristes Tropes: Ethnography in the Context of Modern World History. *The Journal of Modern History*, v.1, p.1-25, 1993.

_____. *How "Natives" Think*: about Captain Cook, for Example. Chicago: The University of Chicago Press, 1995. [Ed. bras.: *Como pensam os "nativos"*: sobre o Capitão Cook, por exemplo. São Paulo: Edusp, 2001. (Coleção Clássicos.)]

SCHAFFER, Simon. Forgers and Authors in the Baroque Economy. Paper apresentado no encontro "What is an Author?", Cambridge, Harvard University, mar. 1997.

SCHIEBINGER, Londa. *Nature's Body*: Gender in the Making of Modern Science. Nova York: Beacon Press, 1995.

SCHMITT, Carl. *La Notion de politique suivi de théorie du partisan*. Paris: Calmann-Lévy, 1972. (1.ed. 1963.) [Ed. bras.: *O conceito do político/ Teoria do Partisan*. Belo Horizonte: Del Rey, 2008.]

SERRES, Michel. *Statues*. Paris: François Bourin, 1987.

_____. *Le Contrat naturel*. Paris: François Bourin, 1990. [Ed. bras.: *O contrato natural*. Rio de Janeiro: Nova Fronteira, 1991.]

SHAPIN, Steven. Discipline and Bounding: the History and Sociology of Science as Seen Through the Externalism Debate. *History of Science*, v.30, p.334-69, 1992.

_____. *A Social History of Truth*: Gentility, Civility and Science in XVII Century England. Chicago: The University of Chicago Press, 1994.

_____. *La Révolution scientifique*. Paris: Flammarion, 1998.

_____; SCHAFFER, Simon. *Leviathan and the Air-Pump*: Hobbes, Boyle and the Experimental Life. Princeton: Princeton University Press, 1985.

_____; _____. *Le Léviathan et la pompe à air*: Hobbes et Boyle entre science et politique. Paris: La Découverte, 1993.

SIMMEL, Georg. *Philosophie de l'argent*. Paris: PUF, 1987. (1.ed. 1900.)

SMITH, Crosbie; WISE, Norton. *Energy and Empire*: a Biographical Study of Lord Kelvin. Cambridge: Cambridge University Press, 1989.

SOPER, Kate. *What Is Nature?* Culture, Politics and the Non-Human. Cambridge: Cambridge University Press, 1995.

STENGERS, Isabelle. *Cosmopolitiques*: la guerre des sciences. t.1. Paris: La Découverte; Les Empêcheurs de Penser en Rond, 1996.

_____. *Cosmopolitiques*: pour en finir avec la tolérance. t.7. Paris: La Découverte; Les Empêcheurs de Penser en Rond, 1997.

STENGERS, Isabelle. La Guerre des sciences: et la paix? In: JURDANT, Baudouin (Coord.). *Impostures scientifiques*: les malentendus de l'affaire Sokal. Paris: La Découverte, 1998. p.268-92.

STONE, Christopher D. Should Trees Have Standing? Revisited: How Far Will Law and Morals. *Southern California Law Review*, 1985.

_____. *Earth and Other Ethics*: the Case for Moral Pluralism. Nova York: Harper and Row, 1987.

STRATHERN, Marilyn. *After Nature*: English Kinship in the Late 20th Century. Cambridge: Cambridge University Press, 1992.

STRUM, Shirley; FEDIGAN, Linda Marie (sob a direção de). *Primate Encounters*. Chicago: The University of Chicago Press, 2000.

SUCHMAN, Lucy. *Plans and Situated Actions*: the Problem of Human Machine. Cambridge: Cambridge University Press, 1987.

TARDE, Gabriel. *Psychologie économique*. Paris: Félix Alcan, 1902.

_____. *Monadologie et sociologie*. Reed. Paris: Les Empêcheurs de Penser en Rond, 1999. [Ed. bras.: *Monadologia e sociologia*: e outros ensaios. São Paulo: Editora Unesp, 2018.]

THÉVENOT, Laurent. Essai sur les objets usuels: propriétés, fonctions, usages. *Raison Pratique – Les Objets dans l'Action*, v.4, p.85-114, 1993.

_____. Stratégies, intérêts et justifications à propos d'une comparaison France-États-Unis de conflits d'aménagement. *Techniques, Territoires et Sociétés*, p.127-50, 1996.

THOMAS, Nicholas. *Entangled Objects*: Exchange, Material Culture and Colonialism in the Pacific. Cambridge: Harvard University Press, 1991.

THOMAS, Yan. Res, chose et patrimoine (Note sur le rapport sujet-objet en droit romain). *Archives de Philosophie du Droit*, p.413-26, 1980.

TROMM, Danny. *La Production politique du paysage*: éléments pour une interprétation des pratiques ordinaires de patrimonialisation de la nature en Allemagne et en France. Paris, 1996. Tese (Doutorado) – Institut d'Études Politiques de Paris.

VINCK, Dominique. *La Sociologie des sciences*. Paris: Armand Colin, 1995.

VIVEIROS DE CASTRO, Eduardo. *The Worlds as Affect and Perspective*: Nature and Culture in Amerindian Cosmologies. (no prelo.)

_____. Les Pronoms cosmologiques et le perspectivisme amérindien. In: ALLIEZ, Èric (sob a direção de). *Gilles Deleuze*: une vie philosophique. Paris: Les Empêcheurs de Penser en Rond, 1998. p.429-62.

WALDRON, Arthur. *The Great Wall of China*: from History to Myth. Cambridge: Cambridge University Press, 1990.

WALZER, Michael. *Critique et sens commun*. Paris: La Découverte, 1990.

WEART, Spencer R. *La Grande Aventure des atomistes français*: les savants au pouvoir. Paris: Fayard, 1980 (tradução do inglês).

WESTERN, David. *In the Dust of Kilimanjaro*. Nova York: Shearwater; Island Press, 1997.

_____; WRIGHT, Michael; STRUM, Shirley (Eds.). *Natural Connections*: Perspectives in Community-Based Conservation. Washington: Island Press, 1994.

WHITEHEAD, Alfred-North. *Procès et réalité*: essai de cosmologie. Paris: Gallimard, 1995.

_____. *Le Concept de nature*. Paris: Vrin, 1998. (1.ed. 1920.) [Ed. bras.: *O conceito de natureza*. São Paulo: Martins Fontes, 2017.]

YEARLEY, Steven. *The Green Case*: a Sociology of Environmental Issue. Argument and Politics. Londres: Harper and Collins, 1991.

ZIMMERMAN, Michael E. *Contesting Earth's Future*: Radical Ecology and Postmodernity. Berkeley: California University Press, 1994.

ZOURABICHVILI, François. *Deleuze*: une philosophie de l'événement. Paris: PUF, 1994. [Ed. bras.: *Deleuze*: uma filosofia do acontecimento. São Paulo: Editora 34, 2016. (Coleção Trans.)]

Resumo da discussão
(para o leitor apressado...)

Os números de página correspondem aos do livro e os asteriscos remetem aos termos definidos no glossário.

INTRODUÇÃO: Este livro é uma obra de *filosofia política da natureza* ou, ainda, de epistemologia política. Ele propõe a questão de saber *o que fazer da ecologia política* (p.11). Para responder a essa questão, não basta falar da natureza e da política, mas também da ciência. Ora, é aí que o sapato aperta: o ecologismo não pode ser a simples entrada da natureza na política, pois é de uma certa concepção da ciência que depende não somente a ideia de natureza, mas também, por contraste, a ideia da política. É preciso, pois, retomar os três conceitos ao mesmo tempo: *polis*, *logos* e *phisis*.

CAPÍTULO 1: *Por que a ecologia política não saberia conservar a natureza?* (p.25).
Porque a natureza não é um domínio particular da realidade, mas resultado de uma divisão política, de uma Constituição* que separa o que é objetivo e indiscutível daquilo que é subjetivo e discutível. Para fazer ecologia política, é preciso, portanto, *de início sair da Caverna** (p.34), distinguindo-se a Ciência* do trabalho prático das ciências.* Essa distinção nos permite operar uma outra,

entre a filosofia oficial do ecologismo, de uma parte, e sua rica prática, de outra. Então, quando se assimila a ecologia a questões da natureza, ela vai se ocupar, na prática, de imbróglios de ciências, de morais, de direito e de políticas. Por conseguinte, o ecologismo não trata de *crises da natureza, mas de crises da objetividade* (p.37). Se a natureza* é uma maneira particular de totalizar os membros que dividem o mesmo mundo comum em lugar e espaço da política, compreende-se sem dificuldade por que o ecologismo marca *o fim da natureza* (p.49) em política, e por que não se pode religar à tradição o termo "natureza", inventado para reduzir a vida pública a algo apenas complementar. Decerto, a ideia de que o sentimento ocidental da natureza é uma representação* social historicamente situada tornou-se um lugar-comum. Não podemos, todavia, satisfazer-nos com isso sem manter a política da Caverna, porque isso voltaria a se distanciar ainda mais da realidade das coisas deixadas intactas nas mãos da Ciência.

Para dar seu lugar à ecologia política, é preciso, então, *evitar o obstáculo das representações da natureza* (p.58) e aceitar o risco da metafísica. Felizmente, podemos nos beneficiar, para essa tarefa, do *frágil socorro da antropologia comparada* (p.70). Com efeito, nenhuma cultura, à parte a do Ocidente, tem utilizado a natureza para organizar sua vida política. As sociedades tradicionais não vivem em harmonia com a natureza, elas a ignoram. Graças à sociologia das ciências, à prática do ecologismo, à antropologia, pode-se, assim, compreender que a natureza é uma das duas câmaras de um coletivo* instituído para paralisar a democracia. A questão-chave da ecologia política agora está proposta: pode-se encontrar *um sucessor para o coletivo, em duas câmaras* (p.80) – natureza e sociedade?*

CAPÍTULO 2: Uma vez a natureza posta de lado, fica a questão de saber *como reunir o coletivo* (p.95), herdeiro da antiga natureza e da antiga sociedade. Não se pode simplesmente reunir os objetos* e os sujeitos,* pois a divisão entre natureza e sociedade não foi feita para ser ultrapassada. A fim de sair dessas *dificulda-*

des para convocar o coletivo (p.100), é preciso considerar que este é composto de humanos e de não humanos, capazes de se assentar como cidadãos, com a condição de proceder a divisões de capacidades. A primeira divisão consiste em redistribuir a palavra entre os humanos e os não humanos, *aprendendo a duvidar de todos os porta--vozes* (p.107), tanto daqueles que representam os humanos quanto os que representam os não humanos. A segunda divisão consiste em redistribuir a capacidade de agir como ator social, considerando somente as associações *de humanos e não humanos* (p.118). É a estes aqui, e não à natureza, que a ecologia deve estar relacionada. Isso não quer dizer, entretanto, que os cidadãos do coletivo pertençam à linguagem ou ao social, já que, por uma *terceira divisão*, os atores se definiriam também pela *realidade e pela recalcitrância* (p.126). O conjunto das três divisões permite definir o coletivo como composto de proposições.* Para convocar o coletivo, portanto, não vamos mais nos interessar pela natureza e pela sociedade, mas somente pela condição de saber se as proposições que a compõem *são mais (ou mais bem) articuladas* (p.132). O coletivo, enfim convocado, permite um *retorno à paz civil* (p.138), redefinindo a política como composição progressiva de um bom mundo comum.*

CAPÍTULO 3: Nós não reencontramos, com o coletivo, a mesma confusão que com a noção abandonada de natureza, a saber, uma unificação prematura? É para evitar esse risco que se vai pesquisar *uma nova separação de poderes* (p.143), que permita voltar a diferenciar o coletivo. É impossível, com certeza, retomar a antiga separação, aquela entre *fatos e valores, que só tem inconvenientes* (p.147), mesmo que ela pareça indispensável à ordem pública. Falar de "fatos" significa ligar, ao mesmo tempo, de um lado, aquilo que torna perplexo, e, de outro, o que é absolutamente seguro; falar de "valor" leva a misturar uma moral impotente diante dos fatos estabelecidos e uma hierarquia de prioridades que não tem mais o direito de eliminar fato nenhum. Isso é paralisar, de uma vez, as ciências e a moral.

Introduz-se ordem nessas associações quando se diferenciam dois outros *poderes: o de consideração e o de ordenamento* (p.157). Dos fatos, o primeiro poder vai guardar a exigência de perplexidade* e, dos valores, a exigência de consulta.* O segundo vai recuperar dos valores a exigência de hierarquia* e, dos fatos, a exigência de instituição.* Vamos ter, pois, em lugar da impossível distinção de fatos e de valores, *dois poderes de representação do coletivo* (p.165), ao mesmo tempo distintos e complementares. Apesar de a distinção fato/valor parecer tranquilizadora, ela não permite *manter as garantias essenciais* (p.173) que a nova Constituição exige ao inventar para as proposições um Estado de direito. O coletivo não se pensa mais como uma sociedade em uma natureza, pois ele cria *uma nova exterioridade* (p.179), definida como o conjunto do que ele excluiu pelo poder de ordenamento, e que obriga o poder de levar em consideração a retomar seu trabalho. A dinâmica da composição progressiva do mundo comum difere, assim, tanto da política dos humanos quanto daquela da natureza da antiga Constituição.

CAPÍTULO 4: No entanto, torna-se possível definir *as competências do coletivo* (p.189), sob a condição de evitar, de início, *a querela dos dois "écopos"* (p.192), que faria confundir a ecologia política com a economia política. Se a economia se apresenta como o resumo do coletivo, ela usurpa as funções da ecologia política e paralisa, ao mesmo tempo, a ciência, a moral e a política, impondo uma terceira forma de naturalização. Mas, uma vez esvaziada de suas pretensões políticas, ela se torna um dos corpos profissionais indispensáveis às funções da nova Constituição e cada um traz, por intermédio de seu conhecimento, *sua contribuição ao equipamento das câmaras* (p.201). *A contribuição das ciências* (p.202) vai ser muito mais importante do que a da Ciência,* pois se estenderá a todas as funções de uma só vez: perplexidade,* consulta,* hierarquia* e instituição,* às quais é preciso acrescentar a manutenção da separação de poderes* e a cenarização de conjunto.* A grande diferença é que a *contribuição dos políticos* (p.210) se concentrará nas mesmas seis tarefas, permitindo, assim, uma sinergia outrora impossível, quando a Ciência se ocupava da natureza e a política, dos interesses. Essas funções vão se tornar mais realizáveis conforme *a contribuição dos economistas* (p.218) se juntar *à dos moralistas* (p.224), definindo *um canteiro de obras* (p.232) comum que tome o lugar do impraticável corpo político do passado.

Graças a essa nova organização, a dinâmica do coletivo se torna clara. Ela repousa sobre *o trabalho das duas câmaras* (p.235), das quais uma, a câmara alta, representa o poder de levar em consideração,* e a outra, a câmara baixa, o poder de ordenamento.* O *acolhimento pela câmara alta* (p.237) nada tem a ver com a antiga separação entre natureza e sociedade: ele repousa sobre duas pesquisas, a primeira para satisfazer à exigência de perplexidade, a outra, à exigência de consulta. Se a primeira assembleia desempenhou bem seu trabalho, ela torna o *acolhimento pela câmara baixa* (p.245) muito mais difícil, posto que cada proposição se revela incomensurável com o mundo comum já coletado. No entanto, é lá que deve começar a pesquisa sobre as hierarquias* compatíveis entre si e sobre a designação comum do inimigo,* cuja exclusão vai se encontrar instituída pela câmara baixa durante um processo explícito. Essa sucessão de etapas permite definir *uma casa comum* (p.255), um Estado de direito, no acolhimento de propostas, que torna as ciências, finalmente, compatíveis com a democracia.

CAPÍTULO 5: Um coletivo cuja dinâmica acaba de ser assim redefinida não se encontra mais diante desta alternativa: *uma natureza e várias culturas*. Dever-se-á, pois, reabrir a questão do número de coletivos, *explorando os mundos comuns* (p.259). Mas não se pode iniciar essa exploração sem abandonar a definição de progresso. Não existe, com efeito, uma, mas *duas flechas do tempo* (p.264), a primeira, modernista,* que vai em direção a uma separação sempre maior da objetividade e da subjetividade, e a outra, não moderna, no sentido de vínculos cada vez mais enredados. Só a segunda permite definir o coletivo por sua *trajetória de aprendizagem* (p.272). É sob a condição de que seja acrescentado aos dois poderes precedentes um *terceiro poder de acompanhamento** que repousa *a questão do*

Estado (p.278). O Estado da ecologia política está ainda para ser inventado, pois ele não repousa mais sobre nenhuma transcendência, e sim sobre a qualidade de acompanhamento da experiência coletiva. É dessa qualidade, a arte de governar sem exercer domínio, que depende a civilização,* para pôr fim ao estado de guerra. Mas, para permitir a paz, ainda é preciso beneficiar-se do *exercício da diplomacia* (p.290). O diplomata retoma contato com os outros, mas sem mais usar a separação entre o mononaturalismo* e o multiculturalismo.* Do sucesso da diplomacia dependem *a guerra e a paz das ciências* (p.302).

CONCLUSÃO:

a) Posto que a política sempre foi feita sob os auspícios da natureza, jamais nos retiramos do estado de natureza, e o Leviatã ainda espera ser construído.

b) A primeira ecologia política acreditou inovar ao inserir a natureza na política, mas, com isso, só agravou a paralisia da política causada pela antiga natureza.

c) Para dar novo sentido à ecologia política, é preciso abandonar a Ciência pelas ciências, concebidas como socialização dos não humanos, e abandonar a política da Caverna pela política definida para composição progressiva do bom mundo comum.*

d) As instituições que permitem essa ecologia política existem todas já esboçadas na realidade presente, ainda que devamos redefinir as posições da esquerda e da direita.

e) À célebre questão "Que fazer?", há apenas uma resposta: *"Ecologia política!"* (p.307), com a condição de se modificar o sentido da expressão, atribuindo-lhe a metafísica experimental,* conforme as suas ambições.

SOBRE O LIVRO

Formato: 14 x 21 cm
Mancha: 23,7 x 42,5 paicas
Tipologia: Horley Old Style 10,5/14
Papel: Off-white 80 g/m² (miolo)
Cartão Supremo 250 g/m² (capa)
1ª edição Editora Unesp: 2019

EQUIPE DE REALIZAÇÃO

Capa
Megaarte Design

Edição de texto
Fábio Fujita (Copidesque)
Tulio Kawata (Revisão)

Editoração eletrônica
Eduardo Seiji Seki

Assistência editorial
Alberto Bononi

Impresso por :

gráfica e editora

Tel.:11 2769-9056